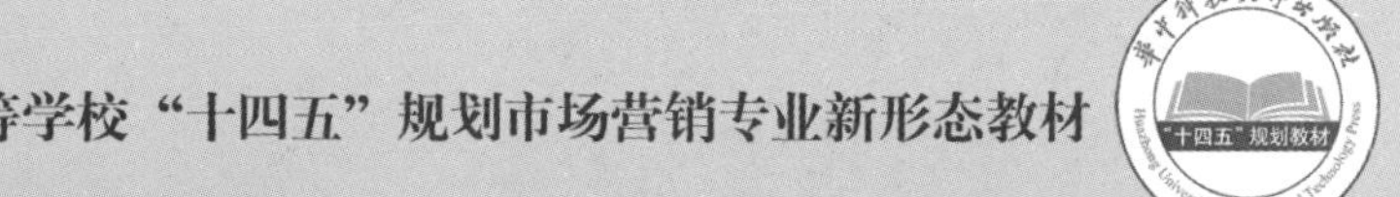

普通高等学校“十四五”规划市场营销专业新形态教材

Sales Management

销售管理

（第二版）

◉ 主　编　陈　涛

副主编　孙　伟　李习平　曹忠红

華中科技大學出版社

http://press.hust.edu.cn

中国 · 武汉

图书在版编目(CIP)数据

销售管理/陈涛主编. —2版. —武汉：华中科技大学出版社，2022.8(2023.8重印)
ISBN 978-7-5680-4460-8

Ⅰ.①销… Ⅱ.①陈… Ⅲ.①销售管理 Ⅳ.①F713.3

中国版本图书馆CIP数据核字(2022)第142966号

销售管理(第二版)

Xiaoshou Guanli (Di er Ban)　　　　陈　涛　主编

策划编辑：陈培斌　周晓方
责任编辑：陈培斌
封面设计：刘　卉
责任监印：周治超
出版发行：华中科技大学出版社(中国·武汉)　　电话：(027)81321913
　　　　　武汉市东湖新技术开发区华工科技园　　邮编：430223
录　　排：华中科技大学惠友文印中心
印　　刷：武汉市籍缘印刷厂
开　　本：787mm×1092mm　1/16
印　　张：18　插页：2
字　　数：479千字
版　　次：2023年8月第2版第2次印刷
定　　价：58.00元

普通高等学校“十四五”规划市场营销专业新形态教材

主　任：**万后芬**（中南财经政法大学）

编　委：（以姓氏笔画排序）

丁桂兰（中南财经政法大学）　**田志龙**（华中科技大学）

汤定娜（中南财经政法大学）　**张广玲**（武汉大学）

杜兰英（华中科技大学）　**余序洲**（中南民族大学）

陈志浩（中南财经政法大学）　**陈　涛**（武汉科技大学）

陆淳鸿（江西财经大学）　**黄　静**（武汉大学）

景奉杰（华东理工大学）

Zhubian Zuozhe Jianjie

主编作者简介

陈 涛 男，1963年出生。武汉科技大学管理学科带头人、教授、博士研究生导师。2006－2007年国家公派赴澳大利亚昆士兰大学访问学者。兼任武汉科技大学香涛学院院长，湖北省高等教育学会常务理事，湖北省市场营销学会副会长。曾任武汉科技大学管理学院副院长、教务处副处长、高教研究所所长、教学质量监控与评估处处长，武汉市洪山区科技顾问，国家自然科学基金项目评议专家/国家社科基金成果鉴定专家，教育部本科教学审核评估专家。获湖北省“三育人”先进个人称号，湖北省政府专项津贴、宝钢教育基金优秀教师奖等荣誉。主持完成3项国家自然科学基金项目及近20项省级重要科研和教研项目。在《南开管理评论》等国内外刊物上发表论文超过120篇。其中，中国人民大学报刊资料中心全文转载超10篇，30多篇为SCI/SSCI及CSSCI、EI、CPCI等收录和检索。先后获得国家教学成果一等奖1项，省级教学成果一等奖3项，湖北省与武汉市社科优秀成果奖2项。

内容提要

ABSTRACT

本书涵盖了销售战略与计划、销售法律与道德、销售技巧、关键客户管理、销售组织、销售人员管理等销售管理决策者的主要工作内容。书中每章章末提供了一些国内外企业销售管理方面的案例，并附有相关思考与练习题。

本书具有以下特色。

①本土化：增加了符合我国国情和企业实际背景的内容，大量采用我国本土企业经典案例。②可操作性：通过大量销售一线的实战案例和练习，帮助提高学习者运用理论分析和解决实际销售问题的能力。③编写体例科学：每章开头都设有本章提要、引例，引导学生逐渐深入到课程内容中；每章中间穿插了具有学科知识背景的专题、案例及一些最新研究进展等，增加了可读性；每章结尾配有案例研讨、小结、关键概念、复习测试以及参考文献等，便于学生更好总结复习，并有助于读者拓展相关领域知识的学习。

本书可供高校或专科院校相关专业学生学习、参考，也可为专业人士提供借鉴和指导。

总 序

在经济全球化背景下，随着市场经济的发展，一切面向市场的组织都必须投身于市场经济大潮之中，按照市场经济的规律，搞好自身的经营和管理。社会经济的这一发展趋势，使得会经营、懂管理、善策划的市场营销专业人才成为市场的宠儿，社会对市场营销专业人才的需求逐年递增。

市场营销专业是随着市场经济的发展而建立和不断发展起来的新兴专业，迄今为止，还不到 100 年的历史。随着营销实践的发展，市场营销的内涵及其对与之相关联的营销人才知识体系的要求也在不断发展和变更：市场营销已由单纯的销售产品实施过程发展到营销的战略和策划过程，由单纯的产品营销发展到品牌营销，由单纯的实物产品营销发展到服务产品的营销，由单纯的交易性营销发展到交易与关系相结合的全面营销，由单纯的微观营销发展到宏观与微观相结合的全方位营销。

从我国的情况来看，1978 年开始引进市场营销课程，1992 年才正式将市场营销专业列入本科招生目录。十几年来，随着社会对市场营销专业人才需求的增长，开设市场营销专业的院校已从最初的一部分综合大学、财经院校，发展到理、工、医、农、艺、体等各类院校，以及各类职业技术院校；人才培养的层次也由原来的本科、专科，发展到硕士、博士（重点院校自主招生或作为专业方向招生）层次。由此，我们根据学科的发展及社会对市场营销专业人才的需要来重新规划营销人才培养体系，设计市场营销专业系列教材，为新型的市场营销专业人才的培养提供工具的目的，编著出版了这套“普通高等学校‘十四五’规划市场营销专业新形态教材”。

本系列教材的编著力求凸现如下特点。

第一，按照社会对营销人才知识体系新的要求设计系列教材。本系列教材既包括交易营销方面的理论和知识，又包括关系营销、服务营销、品牌营销、营销策划等方面的理论和知识。

第二，引进营销方面的最新的理论和成果。系列教材的作者在编著过程中，都力求吸收国内外的最新成果，体现营销发展的最新动向，力求教材内容上的创新。

第三，加强案例分析。教材的每章都以小案例导入，并配备了大量的本土案例加以说明，力求理论联系实际，学以致用。

第四，创新教材形式。本套教材拟以现代教育技术为支撑，为读者提供一套“纸质教材与电子课件、课程网络”相结合的新型的立体化教材。

本系列教材由从事多年本学科教学、在本学科领域内具有比较丰富的教学经验的教师担任各教材的主编，并由他们组成本系列教材的编委会，为读者提供以《市场营销学》、《国际市场营销学》、《市场研究理论与方法》、《销售管理》、《广告管理》、《新产品管理》、《渠道管理》、《营销策划》、《品牌管理》、《服务营销》、《网络营销》、《公共关系学》等为主体的系列教材。

在系列教材的写作过程中参考了大量的国内外最新研究和实践成果，各位编著者已尽可能在参考文献中列出，在此对这些研究者和实践者表示真诚的感谢。因为多方面的原因，如果有疏漏之处，作者表示万分歉意，并愿意在得知具体情况后予以纠正，在此先表示衷心的谢意。

编撰一套教材是一项艰巨的工作，由于作者的水平有限，本套书难免会有疏漏和谬误之处，真诚希望广大读者批评指正，不吝赐教。

2008 年 9 月 10 日
2022 年 2 月修订

目录

CONTENTS

绪 论

INTRODUCTION

1. 效率和绩效——未来销售经理制定决策的关键

未来的销售活动中，销售经理不仅要主导推销工作的若干根本性变革，而且还会前所未有地被置于来自方方面面的严密监督之下。

（1）变化正在而且已经影响了大多数销售人员的工作。由于新的经销商选择，以及电话电视营销，计算机辅助市场营销等，引发产品或服务的营销方式和销售方式的变化。例如，即时生产与采购；精密的、基于计算机技术的材料计划；对向多个行业销售产品的公司而言，购买场所和地点正在日益集中等。

（2）变革的苗头已经出现并且正在按自己的规律发展。典型的发现是，销售经理既掌管着已经失去传统力量、效率和声誉的一线销售队伍，又掌管着一个集合了直复营销、数据库营销、电话营销和具备全部自动化销售工具库的最佳效果的、更强有力的销售组织。

（3）销售成本费用快速增长。由于更加注重市场细分，顾客要求的服务水平越来越高，运输费用逐渐增加，经销商的权力日益增大，以及采购人变得更加职业化等诸多原因，与商业客户联系的费用支出一直在增长。提高销售绩效是公司最基本的要求，董事会越来越多地审查那些行政性的销售费用项目，销售经理被更多地要求说明支出的合理性，许多 CEO 要求销售经理改变这一局面。

1）80/20 准则

尽管 80/20 准则（80%的销售额来自于 20%的顾客）并非像其字面意思那么精确，但实际上，仅就意外失去大客户会根本性地改变一个公司的命运这一点而言，80/20 准则是相对准确的。

销售生产率调查表明：在受访公司中，占客户总数 20%的大客户实现了平均 75%的销售量，呈现一种 75/20 准则；只占客户总数 10%的大客户实现的销售量高达 50%；50%的大客户则完成了总销售量的 90%。

2）销售经理的演变

销售经理的演变如表 1 所示。

表 1　销售经理的演变

内　　容	20 世纪 50—70 年代	20 世纪 90 年代
实现销售量的途径	直销人员	75%　通过直销
		5%　通过电话营销
		11%　通过经销商：批发商或代理商
		6.6%　通过外部销售代理
		2.4%　通过其他途径
销售工作的类型	销售代表	销售代表
	区域经理	大客户销售代表
	地区经理	国别（指不同国家）客户经理
		销售支持人员
		电话营销人员
		行政人员
		销售培训人员
		区域经理
		行业专家
营销手段	以一类顾客为目标	以若干个细分层为目标
	使用统一的营销技巧	分别使用有针对性的营销技巧
执行目标	销售量的全面增长	提高战略性市场和产品的销售量
	最低限度的支出	提高边际收入
		降低销售成本
		吸收销售高手

3）提高生产率的处方

（1）将新技术引入销售队伍中。销售人员将会更多地使用诸如手提电脑、电子邮件、Blog、传真、车载电话以及其他电子或基于电脑的工具。

专题：道路勇士

不像已往的旅行销售人员那样携带扁的手提箱，今天的销售人员带着最新的科技装备：附有调制解调器的手提电脑、传真板、移动电话、打印机或图形显示设备等。这些“道路勇士”可以通过运用这些轻便科技，建立“虚拟办公室”。

（2）增加对销售人员的激励。即将激励手段在销售上的努力投入到战略性客户和产品上。

正是基于上述销售职业本身的变化，要求销售管理人员关注以下三个方面的问题。

第一，市场营销与销售人员销售策略的协调统一。销售职能必须完全融入公司战略之中，并且应该作为市场营销的基本准则。

第二，客户关系的管理。销售人员应该接受持续的客户关系管理技能训练，而不只是被灌输某些特殊的销售技巧。

第三，销售人员行为的管理。销售队伍管理必须更加专业化和科学化，广泛应用与销售队伍有关的控制与记录系统。同时，管理系统应更侧重于衡量长期利润潜力、客户决策过程特征、战略导向，以及客户对产品、程序、知识和组织的需要。

销售人员与销售经理的时间分配比较如图 1 所示。

图 1　销售人员与销售经理的时间分配比较

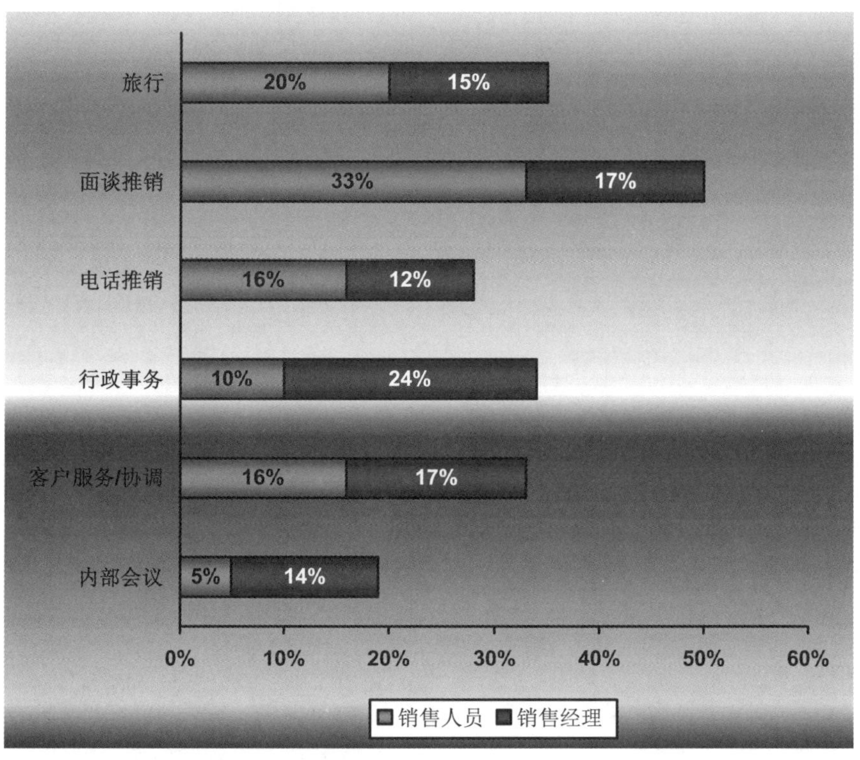

2. 销售管理趋势

不断变化的商业环境带来了一系列挑战，许多销售组织在国内外市场面临着激烈的全球化竞争。未来的销售组织将面对竞争对手、顾客，甚至是他们自己的公司的挑战。因此，从销售管理的角度看，销售组织的主要发展趋势包括如图 2 所示的内容。

未来的销售管理活动正在从进行简单的交易转向建立良好的关系，从个人活动向团队活动变化，从关注销售量向关注销售效率转变，从一般的管理转向领导销售工作，从行政性工作向企业性工作变化，更从本地性的销售及其管理向全球化销售管理转变。因此，许多销售组织正在其销售行动中作出变化以应对挑战。

图 2　销售组织的主要发展趋势

从	到
交易 →	关系
个人 →	团队
销售量 →	销售效率
管理 →	领导
行政的 →	企业的
本地的 →	全球的

第 1 章　销售在营销中的地位

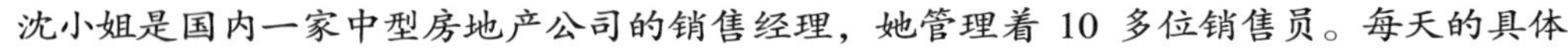

本章提要　本章从销售的性质与角色出发，分析了销售及销售管理在营销组合中的地位。重点介绍了销售管理的性质，以及销售管理与营销战略的关系。初步厘清销售管理的任务和基本内容。

引　例

销售经理的一天

沈小姐是国内一家中型房地产公司的销售经理，她管理着 10 多位销售员。每天的具体活动内容各不相同而且不断发生变化，沈小姐这样描述了她工作中典型的一天：

我的大部分时间是和我的同事在现场，帮助他们处理一天中所有的业务拜访活动。

上午 7:40　到达办公室，再次审查上午的训练主题，审查下午的销售访问，以及处理管理事务（如 E-mail）等。这也是我与老板取得联系，思考一周需要关注项目的时候。

上午 8:40　销售代表的小组训练。这是一个 45 分钟的训练主题，主要围绕改进销售技能或与关键业务伙伴建立关系来进行。

上午 9:30—12:00　团队中不同销售人员的计划会议。会议目的是检查某个客户或特殊的销售陈述项目，激发开发团队中每位销售人员的潜力，以帮助他获得突出的业绩。

下午 2:00—4:30　销售拜访。在和我的销售人员的现场活动中，我的目的是帮助他们提高业绩。我所做的是一张销售拜访反馈表，里面包括所有销售拜访的要点，从建立关系到结束销售。在 4:30 的销售计划会议上，我们一起回顾这些拜访，谈论开发活动项目。

下午 4:30—5:30　销售人员的计划会议。这是我们切实关注同事需要去改进细节的时候。用一种教练和咨询模式，我帮助销售人员建立一个模拟计划作为他今天学习的内容，并与明天的拜访结合起来。

1.1 背景——销售管理在中国

销售是基本的社会活动。从每年中国劳动力市场的统计，很容易看出许多人正在从事与销售相关的工作。据了解，目前中国有超过 6000 万的销售人员，但人才缺口每年仍高达 50 万，尤其是具备较高素质的销售人才。目前，国内人才市场人才供需排行榜始终名列前三位的就是销售人员。据调查，北京非公有制企业引进的人才类型以销售经理为主，所占比例为 23.9%。根据前程无忧 2014 年 12 月发布的“十类总监职位网上发布职位数排行”（见表 1-1）显示，北京、上海、广州、深圳等地销售类（销售、营销、市场、策划、客户）总监人才的需求占比分别达 45%、40%、55%、47%和 69%，这说明社会对销售总监、营销总监、市场总监、策划总监和客户总监等高层次人才的需求仍然十分旺盛。

表 1-1　2014 年 12 月十类总监职位网上发布职位数排行

总监级职位	北上广深职位占比	民企职位占比	北上广深民企招聘占比
销售总监	45%	75%	43%
营销总监	40%	77%	39%
财务总监	42%	74%	40%
设计总监	53%	82%	52%
运营总监	55%	79%	52%
市场总监	55%	74%	52%
技术总监	53%	75%	50%
策划总监	47%	81%	45%
客户总监	69%	68%	67%
人事总监	50%	75%	46%

资料来源：前程无忧网。

人是决定供应商客户服务水平的关键因素。调查显示，现代销售人才的短缺将会是未来 3 至 5 年困扰中国快速消费品企业的一个主要问题。一些企业的销售总监苦于现有销售人员迷信于传统渠道的经验，而具备现代渠道的有技能的销售人员少之又少，外部招聘很困难，内部培养又跟不上。2007 年以来，零售业人才，特别是其中的销售人才一直稳居需求的前三甲，但在实际招聘中，复合营销人员、零售店长、营销策划人才往往紧缺。从 2014 年 9 月 26 日公布的陕西省西安市劳动力市场工资情况（如表 1-2）来看，销售经理和销售人员由于紧缺，待遇一直不错。

表 1-2　2013 年陕西省西安市劳动力市场工资指导价位（批发和零售业）

职业（工种）	高位数	中位数	低位数	平均数
企业董事	41 4472	112 138	38 646	249 278
企业经理	39 1548	145 650	38 519	183 823
企业职能部门经理或主管	15 9622	80 769	29 330	72 267

续表

职业（工种）	高位数	中位数	低位数	平均数
生产经营经理	153 789	70 630	28 400	70 378
财务经理	173 551	68 268	29 403	62 217
行政、人事经理	164 965	61 094	26 652	58 346
人事经理	183 514	74 127	33 942	67 642
销售和营销经理	355 081	83 054	29 456	101 279
广告和公关经理	185 963	69 576	32 371	89 734
采购经理	271 580	114 896	34 862	122 856
计算机服务经理	277 785	88 282	33 580	115 845
营业人员	40 701	26 190	14 496	27 309
销售、展销人员	93 890	27 390	14 627	33 320
采购人员	56 388	34 357	19 905	36 338
商品监督和市场管理员	33 269	29 500	18 925	31 382
其他购销人员	72 971	25 200	14 532	30 717
保管人员	45 691	26 986	19 166	28 160
储运人员	55 733	29 059	19 507	31 577

资料来源：中国就业网。

1.2 销售的性质和角色

销售（Sales），传统上称“推销”，它看起来是非常简要的陈述，却常常隐含了非常复杂的过程，包含一个完整的系列原理、技术和丰富的个人技巧的应用。

企业花费大量费用培训销售人员的原因是：在大部分企业，销售人员是企业与顾客的最重要的联系。销售人员的低效率可能使最好的销售设计和计划努力都归于失败。一线销售人员对许多顾客而言意味着企业的形象。销售人员招聘、培训和保持需要支付高成本，因此有理由强调销售工作及其对提高销售效率的重要性。

在我国，销售也是一种最古老的社会经济活动。我国古代有不少有关销售活动的记载，如尧舜时期，就有“北用禺氏之玉，南贵江海之珠”的有关销售活动的记载。更有春秋战国时期有关楚人销售“矛与盾”的故事，说明销售技巧的重要性。

销售作为一种职业，在我国传统社会文化中，给人的印象往往是负面的——缺少道德，不太诚实。但不可否认，无论是从整体社会经济活动还是从企业营销的角度讲，销售都是一种具有重要价值的社会职业。销售人员通常以两种方式对国家经济增长作出贡献，一种是销售人员是企业经营活动和国家经济的助推器，另一种是销售人员是创新产品的传播者。同时，由于销售人员要与所有重要的顾客直接建立联系，因此，销售人员在企业生存和发展中，他们的贡献主要体现在：他们是企业收益的创造者，是市场研究与反馈的资源，也是高层管理者的候选人。

1.3 销售的类型

销售的类型有多种，从营销的角度一般可分为如下几类（见图 1-1）。

1）订单接受者（order-takers）

（1）内部订单接受者（inside order-takers）；

（2）运送销售人员（delivery salespeople）；

（3）外部订单接受者（outside order-takers）。

2）订单创造者（order-creators）

主要指宣传销售人员（missionary salespeople）。

3）订单获得者（order-getters）

（1）新业务销售人员（new business salespeople）；

（2）组织的销售人员（organizational salespeople）；

（3）消费者销售人员（consumer salespeople）；

（4）技术支持销售人员（technical support salespeople）；

（5）商人（merchandisers）。

图 1-1 销售的类型

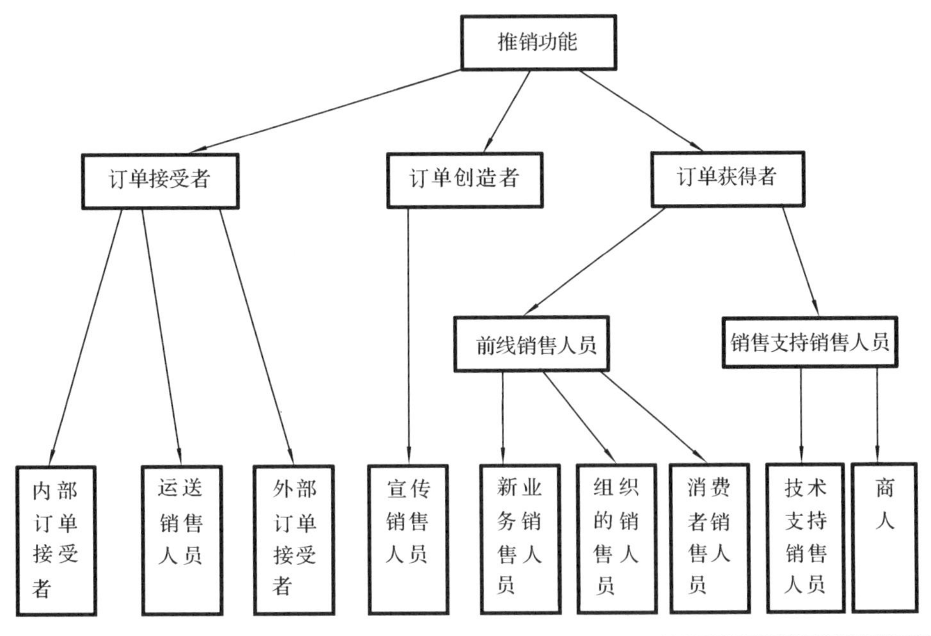

1.4 销售管理的性质和角色

随着销售变得更职业（专业）化，销售管理的作用和角色也越来越重要。一般意义上的管理，主要强调的是那些包括在管理中被称为所有经理在职业活动中承担的关键职责，也就是计划、组织和控制。就销售管理而言，强调的重点表现在作为一个优秀的销售经理必须具有的健全品格、这份工作的主要特征，以及确保销售人员销售有效的量。尽管一般意义上的那些功能仍然可能是极其重要的，但现代公司销售经理的职责已经在重点上扩大和变化了。

因此，销售管理可被定义为：为获得企业的销售和利润目标而对人员、资金、商品和信息等资源要素进行计划、执行和控制。

今天，销售经理在企业被期望扮演一个更重要的战略角色，并要求作为一个关键因素列入企业的计划编制中。因此，销售经理需要熟悉与计划相关的技术，包括销售预测和预算等。销售经理还需要熟悉营销观念以确信销售和营销活动相结合。在许多企业中，较少强调销售量而是更多的利润，销售经理需要分析和指导销售人员针对更多能获利业务的活动。在处理和销售人员的关系时，销售经理必须了解现代人力资源管理的发展。

根据上面所列出的诸多方面，销售经理的角色可能看起来是令人敬畏的，这个人必须同时是一个会计人员、一个计划人员、一个人事经理和一个销售人员。然而，最重要的责任是确保销售功能为完成公司目标作出最有效的贡献。为了履行这个角色，销售经理必须承担明确的职责，包括：销售人员目标的确定；销售预测和预算；销售人员组织，销售人员规模、地域设计和计划；销售人员选择、招聘和培训；销售人员激励机制；销售人员评估和控制。

专题 1

顶级销售经理的七个特质

如果你认为做一名成功的销售经理人很容易的话，那就错了。很多销售经理回顾自己过去的经历时才发现，成为一名优秀的销售经理要付出巨大的努力。成功的销售经理应该具备下述七个特质。

（1）能自如地应对变化。销售经理最大的挑战是，带领销售团队适应不断变化的市场。现在的市场受很多因素的影响，这就要求销售经理冷静面对混乱状况，热情投入变革，不断作出调整以应对未来的挑战。

（2）获得下属的信任。销售人员不会很在意销售经理说什么，但是会根据他的所作所为来判断他是否值得信任。信任意味着销售人员不会对你说的话做其他的猜测，他们会非常信赖你。信任不是说你对团队成员下了什么命令，而是你在没有人看到的情况下做了什么。如果你制定了规章制度，你就得带头遵守。

（3）给予反馈。如果销售经理不能提供客观的反馈，好的销售人员也许不会继续努力工作。没有人在后面推动，或者达到了一个小目标而没有得到鼓励，销售人员就会想：“我为什么这么努力地工作？”如果工作的目标达不到，或者没有适当的措施奖励目标的达成，销售人员的积极性就会下降。优秀的经理人会设定一个清晰的、可实现的目标，并且经常给予销售人员反馈。

（4）激发热情。激发销售人员的热情，是创造高业绩的前提条件。成功的销售经理会想方设法激发团队成员的热情。有时，组织一个有创造性的竞赛也可以让销售人员保持高昂的热情。

（5）善于参与。成功的销售经理应该善于让自己曝光，让顾客能感觉到你的存在，让团队成员觉得你平易近人。不要埋头于文案工作，经常到处走走，看看员工是怎么工作的，给他们一些指导，帮助他们把工作做得更好。销售经理还可以走出去，和顾客进行接触。顾客觉得自己受到了尊重，忠诚度会更高。

（6）帮助团队成员成长。优秀的销售经理不仅会给团队成员提供技能培训，还会帮助他们做好长期的职业规划。现在顾客的需求变化很快，针对这种情况，销售经理可以做一些销售培训，鼓励销售人员经常学习，理解顾客的情况，以便提供给他们更适合的解决方案。而培养销售人员的商业敏感性，则可以帮助他们获得长期的发展。

（7）持续改进。新上任的销售经理也许可以很快改善业绩，但是要长期保持这种趋势却比较难。销售经理往往比较关注是否达到了季度的销售目标，为此，有时会对销售战略作一些调整，但这些调整常使得长期的业绩增长变得困难。

1.5 销售管理和营销战略的关系

在众多有关市场营销学的教科书中，可以了解有关销售与营销的关系。但大多数人对销售的了解，还是仅限于将其作为营销的一种职能，甚至拘泥于德鲁克的所谓“营销的目的在于使销售成为多余”的境界中。但这无疑是一种理想状态，也是远远无法满足现实社会对销售作为一种经济活动和职业的要求的。图 1-2（a）和图 1-2（b）分别展示了销售导向及营销导向的企业组织构架。更关键的是，从营销战略的视角看，人员销售和销售管理在企业所扮演的角色中更是至关重要的。

图 1-2 采用市场营销观念的组织含义

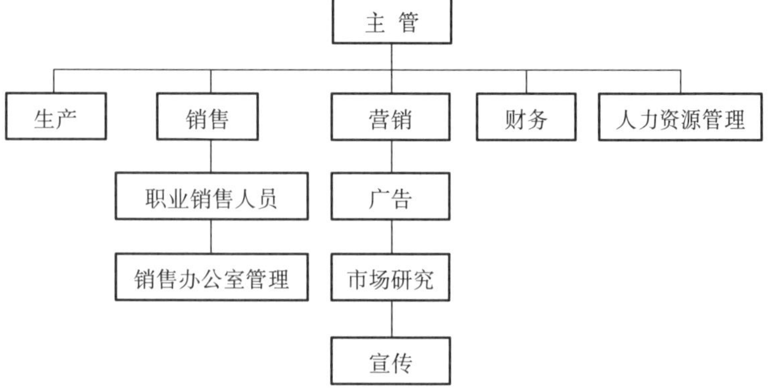

（a）销售导向企业的组织图

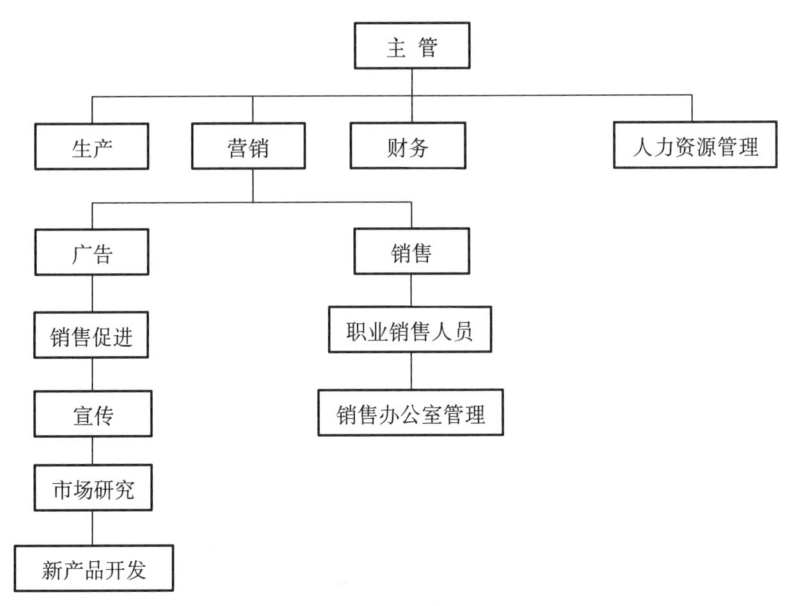

（b）市场导向企业的组织图

因为和目标客户的关系，一个目标市场对销售管理来讲有清楚的含义。一旦目标市场确定，销售管理能将计划书转化成个人目标客户，而且销售人员资源也能得到最有效的配置。

创造差异化优势是成功营销战略的起点，但这需要与销售人员沟通并嵌入销售计划中，并使他们确信能令人信服地对顾客说清楚。

图 1-3 显示销售管理与营销组合的关系，图 1-4 中营销战略通过战略目标影响销售功能。每个目标的建立、保持、收获及放弃对销售目标和销售战略都有不同的含义（见表 1-3）。

图 1-3　销售管理在营销组合中的位置

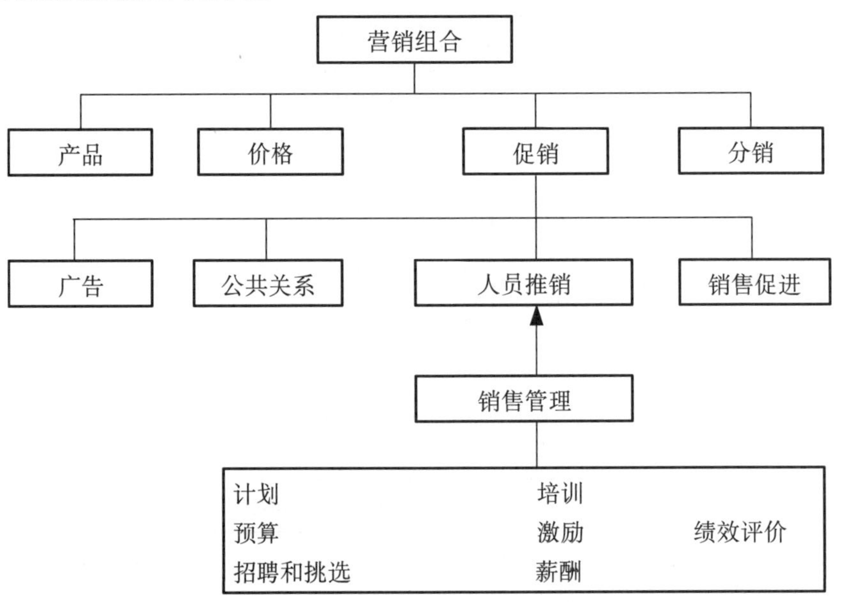

就资源的有效分配和市场的有效执行来讲，将销售业务、产品区域战略目标和功能区域战略结合起来是必要的。

销售目标和销售战略派生于营销战略决策，应该和其他的营销组合因素是一致的。的确，营销战略将确定是否需要销售人员，或者是否需要一些其他渠道，如直接邮寄能更好地完成销售角色。销售目标确定什么是销售功能希望实现的。

典型的销售目标常常表示如下：

（1）销售量（如 5%的销售量增长）；

（2）市场份额（如市场份额增加 1%）；

（3）盈利能力（如保持净利润余额）；

（4）服务水平（如在每年的顾客调查中顾客对销售人员的评价中“好或更好”的比例增长 20%）；

（5）销售人员成本（如费用降低 5%）。

图 1-4　营销战略和销售功能

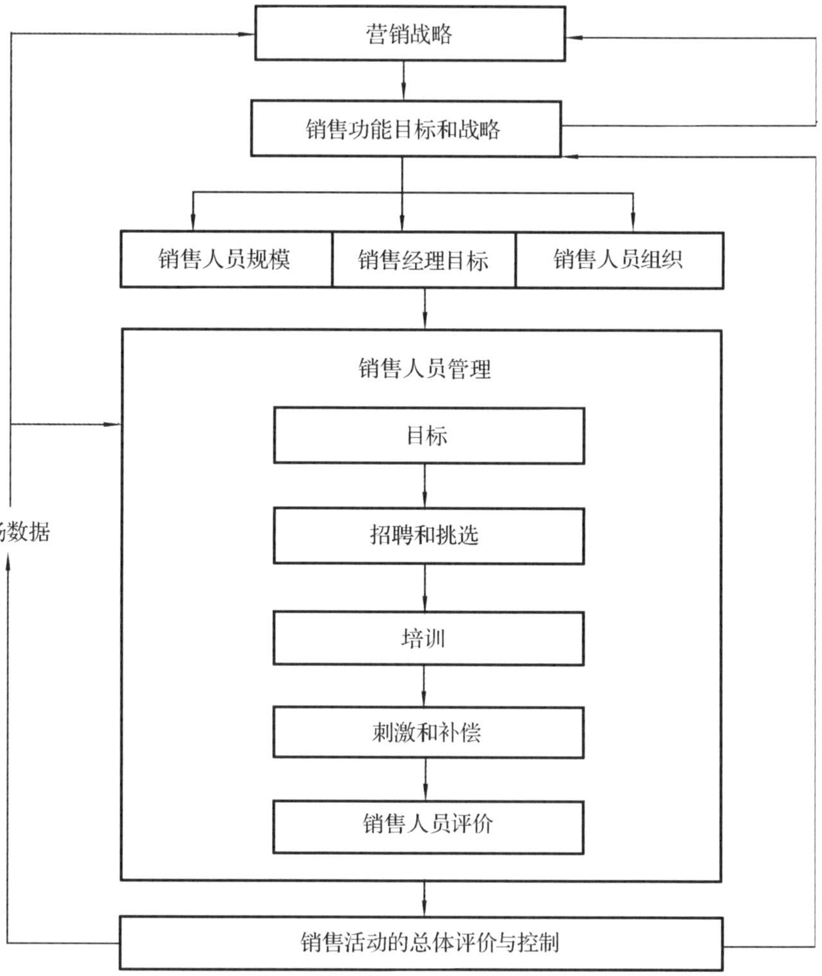

营销战略
销售功能目标和战略
销售人员规模
销售经理目标
销售人员组织
销售人员管理
目标
招聘和挑选
培训
刺激和补偿
销售人员评价
市场数据
销售活动的总体评价与控制

表 1-3　营销战略和销售目标、销售战略的关系

营销战略目标	销 售 目 标	销 售 战 略
建立（build）	增加销售量	现有客户的高拜访率
	增加分销	拜访期间高度关注
	提供较高的服务水平	拜访新客户（可能顾客）
保持（hold）	保持销售量	继续现有客户现在的拜访率
	保持分销	拜访期间中等关注
	保持服务水平	当新的渠道出现时访问
收获（harvest）	降低销售成本	仅拜访能获利的客户
	以能获利的客户为目标	考虑电话销售或降低支持
	降低服务成本和存货	无可能客户（顾客）
放弃（divest）	快速清理存货	对目标客户实施数量折扣

销售战略决定销售目标将怎样实现。确定销售目标需要考虑以下因素：

（1）拜访率；

（2）现有客户拜访与潜在客户拜访的比例；

（3）折扣政策；

（4）资源的占比主要包括新产品对老产品的比例、销售对提供售后服务的比例、现场销售对电话销售的比例、针对不同类型顾客的销售比例；

（5）顾客和销售人员的市场反馈；

（6）改进顾客关系。

专题 2

案　例　法

案例法（the case method）是介绍商业教育的现实意义（真实性）的一种方法。案例法迫使人们去处理那些在实际商业环境中发生的问题。每个案例描述了围绕一个特定商业形势的事实。

1. 案例分析的框架

（1）定义问题。一旦熟悉了案例的事实，分析出中心问题是重要的。

（2）确定代替案。即界定围绕着案例解决问题组织的可能的选择方案。有些从案例提供的材料和主要论点的陈述来看是清楚的，另一些可能需要案例分析者自己去提供。对大部分案例问题，三或四个可选择方案常常是足够的。

（3）分析代替案。

（4）推荐解决方案。

2. 撰写报告

通常包括以下四个部分：

（1）问题陈述。问题陈述是简短的，很少超过一两句。应花时间去构思好的引导文句，因为第一印象是重要的。

（2）选择方案。应限制在 3～4 个针对问题的可使用的方法（途径）内。考虑所有可能的解决方案的人很有可能使评价者糊涂。

（3）分析。可能包括数据的评价或讨论选择方案中数据的影响。一个好的分析不仅仅是列出每个选择方案的优劣。分析部分应该考虑包括这样一些内容：①控制范围；②培训；③销售人员的来源；④可选择的报酬计划；⑤竞赛和定额的影响；⑥重新设计销售地域；⑦公司销售、成本和利润的效果（影响）。

（4）建议。建议应该相对短和简练，采用一览表的形式是很适当的。

3. 总结

案例分析可提供给学生一个机会去发展一种丰富而有意义的思考并表达他们自己关于商业问题的方式。然而记住，这种问题解决方案是没有价值的，除非他们能被卖给那些能够在建议上产生效果的人。案例法为学生提供了说服他人信服自己的推论具有有效性的实践经验。

本章小结

销售是基本的社会活动。在大部分企业，销售人员是企业与顾客的最重要的联系。一线销售人员对许多顾客而言意味着企业的形象。销售人员招聘、培训和保持需要支付高成本，因此有理由强调销售工作及其对提高销售效率的重要性。

销售的类型有多种，包括订单接受、创造与获得者。销售管理被定义为：为获得企业的销售和利润目标而对个人关系（联系）项目设计的计划、执行和控制。

从营销战略的视角看，人员销售和销售管理在企业中所扮演的角色更是至关重要的。企业的目标市场对销售管理而言有着重要的意义。一旦目标市场确定，销售管理能将销售计划转化成个人目标客户，而且销售人员资源也能得到最有效的配置。

创造差异化优势是成功的营销战略的起点，但这需要与销售人员沟通并嵌入销售计划中，并使他们确信能令人信服地对顾客说清楚。

销售目标和销售战略派生于营销战略决策，应该和其他的营销组合因素是一致的。

关键术语

营销观念　　营销组合　　销售管理　　销售
市场细分　　目标市场　　差异化

参考文献

[1] Strakle W, Spiro R L. Linking Market Share Strategies to Salesforce Objectives, Activities and Compensation Policies[J].Journal of Personal Selling and Sales Management, 1986,(8).

[2] 四大行业人才需求公布，猎头揭秘最佳跳槽时机[EB/OL].(2014-12-9).[2015-01-26]. http://hrclub.51job.com/art.asp?artid=17347.

[3] 2013 年陕西省西安市劳动力市场工资指导价位（批发和零售业）[EB/OL].(2014-01-02).[2014-09-26]. www.chinajob.gov.cn/LabourRelations/content/2014-01/02/content_873201.htm.

[4] 张晴.从销售明星到销售经理的转变[EB/OL].[2014-06-07].www.article.liepin.com.

思考题

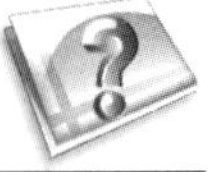

1. 阐释销售管理作为一种组织功能的重要性。
2. 讨论中国经济中影响销售经理任务的关键劳动力市场和人口问题。
3. 描述管理的一般性质和在一个组织中的角色。
4. 列出一个销售经理的职责。
5. 阐述销售管理与市场营销的关系。
6. 讨论一个有效的销售经理需要具备的技能。

案例研讨

案例 1　从销售明星到销售经理的转变

许林是一家民营企业的总经理，企业的产品质量在同行业里是最好的，但是销售一直不如竞争对手。3 个月前，他把原来的销售经理换掉了，把销售业绩第一的员工单某提拔为销售经理，希望他能把销售部业务抓上去。可是 3 个月下来，情况却让他大失所望。尽管单某个人的销售业绩不断提升，但公司的总销售额整体下滑。几位销售骨干向他反映，单某只顾自己多拿奖金，不想办法帮大家提升业绩。他找单某谈过话，单某也感到很委屈。他说自己很努力地在拼业绩，大家都在冷眼旁观，他也不知问题出在哪里。

有关建议如下。

1. 换人（销售主管，男，36 岁）

能者上，庸者下，已经 3 个月了，再给庸者机会，企业就没机会了。应当提拔更好的人选，或者可以考虑竞争上岗。

2. 培训辅导（管理顾问，女，32 岁）

这位销售经理个人业绩不错，但只表现了一个精英的素质和能力，不能得到大家的信任和支持，问题出在他不会做领导。建议在提拔业务骨干到领导岗位后，还要加以辅导，必要时让他参加一些培训，提升领导水平比提升业绩更关键。

3. 改变考核机制（总经理，男，41 岁）

对于销售经理，不能以他的个人业绩为考核标准，要把团队的指标与他的奖金挂钩，把他的能量引导到带领团队和帮助他人方面。这样不仅可以提高业绩，而且可以有效避免销售员和经理的利益冲突，使内部关系实现正常化。

4. 提拔骨干进入管理层（咨询顾问，男，44 岁）

提拔内部的业务骨干进入管理层，是一件好事。这样不仅能够激励员工士气，给员工奋斗

的目标和动力，而且他们对于企业文化的认同、企业制度的了解、企业人员的熟识，均比外聘的“空降兵”有很大的优势。

但好事也会带来新的问题，比方说力不胜任。提到的那位新任销售经理发生的问题，可归结为“角色迷失”。每一个人在社会上都在扮演着各种各样的角色，担任了一个新职务，自己的行为也必须随之调整，由于角色认知不完整或能力不足，新角色转化不到位，就会迷失方向。

优秀的职业精英走上领导位置，很容易迷失自己的角色。在这种情形下，即使他的业务能力再强、工作再玩命，也不是一个好的领导者。

思考题

你认为问题的实质是什么？有什么更好的解决办法？

案例 2 销售部的管理漏洞

我们公司对销售部的管理一直抓得比较紧，出台了各项制度并严格地遵照执行，但由于种种原因，还是不可避免地发生了问题，暴露出管理上的一些漏洞。

就在前两天，刚刚发生了一起某一销售人员诈骗客户的恶劣事件。该销售人员让客户把购买产品的钱打到其私人账户后，不再跟客户联系，自然也就没有交货。气急败坏的客户后来把投诉电话打到了客户服务部。

总经理得悉情况后当即下令严查，发现该业务员一直沿用假名与客户打交道。

“立刻报警！让警察把他揪出来。这种行为严重损害了公司的声誉与形象，必须严肃处理。同时要让有这份心思的人做事之前先掂量掂量。”总经理狠狠地说道。

该事件很快就立案了。总经理知晓后沉吟片刻说道：“我们不能只等着警察的结果，必须做点什么。这样吧，把全体销售人员及相关部门的负责人召集到会议室开一个整风大会，让大家有所警醒。”

会议是由总经理亲自主持的，意料中的狂风骤雨，大家自然都是提着耳朵受着。总经理的用心显而易见，让大家有则改之，无则加勉，看来这个目的已经达到了。

就在会议进入尾声的时候，总经理目光炯炯地看着销售一部的黄经理，话锋突然一转，缓缓说道：“今天所说的，主要是针对销售一部，请该部门自觉反省。”

扭头再看黄经理，他紧闭双唇，用眼神逼视着总经理，几秒钟后拿起桌上的笔记本摔门而去。

总经理脸上有点挂不住，讪讪地说道：“这是什么态度？！”说完夹起笔记本也离开了会议室，留下了面面相觑的大家。

发生了什么事呢？我跟大家一样，心里也充满了疑问。虽然我知道总经理和黄经理不只是简单的上级下属，黄经理其实是一位不直接参与管理的股东派驻过来的，由于这里面牵涉到种种关系，所以双方虽然暗斗不断，却还是保持着不当面交锋的默契，可今天似乎是个例外。

我本想避开这些纷扰的，无奈事情偏偏找上门来。午休时间，黄经理敲门来到我的办公室，长叹一声后徐徐说道：“这样下去我真的不想干了，总经理是故意针对我的，目的是借题发挥要赶我走。今天会议上我已经很给他面子了，如果不是那么多员工在场……”虽然黄经理省略了后半截话，不过他的意思已经很明白了。

“那么，你知道是哪个销售员做的么？”我只能故意岔开话题，因为黄经理的话让我不知道如何接茬。

“这个不难知道，总经理也很明白，他是故意给我添堵，我受不了了只好离开。就说开会吧，如果真要针对我们部门，干脆就单独召集我们部门，怎么训都行。但是不能当着二部的人这样说我们一部啊！还有上次网络招聘的事情，你不是很清楚么？他这么做的原因不也是明摆着么？”黄经理气愤地说道。

销售一部和二部是并列的两个部门，平时免不了业绩比拼。由于两个部门经理的背景不同（一部的黄经理是另一股东委派的，二部的王经理则是总经理指定的），这让三方的关系变得微妙起来，所以也难怪黄经理对总经理的那句话大为光火了。

至于网络招聘的事情，我本没有多想，听黄经理说起再联系一些事情来看，似乎也有一定道理。由于春节前后我们公司销售部人员流动比较大，所以开通了三个月的网络招聘，销售类简历都是由部门负责人进行筛选、面试，合格者交由总经理复试。就在网络招聘服务期快到期的时候，我通知各个部门进行简历备份，才得知黄经理根本就没有招聘账号和密码，平时一般由二部的王经理转发一些简历给他。就这个事情我询问过总经理，总经理告诉我由于二部的王经理是个职业经理人，对于人才挑选比较内行。现在看来要么总经理和黄经理在用人方面存在意见分歧，要么就真如黄经理所言那样了。

“嗯，我觉得如果真是你们部门的人干的，那你确实有责任，公司可是严令禁止销售人员用假名与客户联络的。”我不想直接谈论他们之间的关系，只好阐明了自己的观点。

“要说这事，我有责任，可跟技术部的监控不力也脱不了关系。我在管理下属方面，比较注重引导他们，提高他们的销售能力，当然也会尽力去监管规范他们的一些言行。但是，我不能保证杜绝一切违规操作啊，那么这时候就需要一些制度条例，借助各种手段去监控、防范了。我们公司技术部对销售部电脑、电话的监控就属于这一范畴。所以说，发生这样的事情，除了在管理上找原因外，技术方面是不是也有要改善的地方呢？”黄经理说到这里用拳头捶了一下桌子，继续说道：“如果我离开，问题就能迎刃而解，那么我走得也还有价值啊。可是现在算什么事啊？”黄经理说完长长地叹了一口气。

我也只能长长地叹了一口气，黄经理的话不无道理，发生这样的事情，公司管理层首先应该考虑如何防范类似的事件再次发生，而不应该盘算着如何利用此事件进行自己的“政治活动”，这只是我的看法，可总经理处在他的立场一定有自己的考虑，所以我也只能保留意见了。

思考题

假如你是一名销售经理，你将如何解决销售部存在的问题？

第 2 章　战略计划和预算

本章提要　本章从企业销售战略计划过程出发，相应地引出有关销售管理的问题。根据销售战略的要求，阐述了有关销售预算的概念、内容及过程、方法等。

引　　例

星巴克的经营之道

星巴克（Starbucks）是一家年销售额超过 10 亿美元的全球性咖啡连锁店。咖啡店为忙碌的人们提供了难得的休息机会，使之在轻松的气氛中享受特制的咖啡。友好的、有丰富知识的柜台服务员帮助顾客了解公司的产品。该公司已成功地通过一些创造性合伙形式将它的咖啡店打入诺世全百货（Nordstream）和巴诺书店（Barnes&Noble），而且还能让顾客在飞机上品尝到它的咖啡。对其他食品诸如冰淇淋和软饮料的品牌特许也提高了星巴克的品牌知名度。

2.1　销售战略及其过程

2.1.1　销售战略的概念

什么是战略？“战略”一词源于希腊语“Strategos”，本是“将军”的意思，并被引申为指挥乐队的艺术和科学。后来，战略一词主要应用在军事领域，主要是指军事谋略。在现代企业管理活动中，战略主要用来描述一个企业如何制定长远的经营目标及其实现的过程。

如何理解战略？

（1）战略包括目的与目标，即战略谋划。如美国的安德鲁斯（K.Andrews）认为，战略是一种决策，决定企业的发展目标，提出实现目标的重大方针与计划，确定企业应该从事的经营业务，明确企业的经济类型与人文组织类型，以及决定企业应对员工、顾客和社会作出的经济与非经济的贡献。安绍夫(H. J. Ansott)认为，总体战略考虑的是企

业应该选择进入哪类经营业务。经营战略考虑的是企业应如何在这一领域取得竞争优势。

（2）战略是一个决策过程。加拿大的明茨伯格（H.Mintzbeng）认为，人们在不同的场合会以不同的方式赋予战略不同的内涵。他提出战略是由五种内容构成的，即计划（plan）、计策（ploy）、模式（pattern）、定位（position）和观念（perspective），由此构成了战略的“5P”。

因此，所谓销售战略是指企业在经营中，如何谋划企业在市场和销售方面的长远而全面的目标，以取得企业的市场竞争优势的过程。销售战略是在企业总体战略和企业部门战略的指导下的职能层次的战略。

2.1.2 销售战略的特征

销售战略是企业从经营角度出发的全局性谋划，不论是从决策的角度还是具体操作的过程来看，销售战略都与其他的经营决策不同，具有其独特之处。

（1）全局性。销售战略是以企业经营各环节整体为对象所规定的企业整体行动，它不是单纯以销售额和短期的市场占有率为目标，战略所追求的是企业整体的经济利益和社会效益。

（2）长远性。销售战略谋求企业发展的长期目标，战略主要认识的是企业如何以自身的条件去适应复杂多变的市场环境。

（3）竞争性。销售战略是关于企业在激烈的竞争中如何与对手抗衡的行动方案，主要针对竞争对手的战略与策略谋取竞争优势。

（4）纲领性。战略所规定的是企业整体的长远目标、发展方向和重点，是原则性的、概括性的方案，具有行动的纲领性意义，必须层层分解、分步实施、具体落实才能成为具有价值的谋划。

（5）风险性。销售战略考虑的是企业的未来，而未来具有不确定性，因而，战略谋划具有一定风险性。这就要求战略者必须随时关注市场营销环境的变化，并且能根据环境及时调整战略，提高企业承担风险的能力。

2.1.3 销售战略过程

战略的制定是一个相当复杂的过程，它既是一个动态的、连续的过程，也是一个探索创新的过程。实质上，战略过程是一种非程序性的决策过程，需要战略决策者在理性分析的基础上作出适应环境的决策，制定出符合本企业实际情况的战略体系。

战略计划过程可分为四个环节：战略思想的形成，战略环境的分析，战略方案的决策，以及战略的实施与调整过程。

1. 战略思想的形成

战略思想是企业制定和实施战略的指导思想。它反映了战略决策者的思想意识和价值观念，它是在一系列战略观念的基础上形成的。包括系统观念、长远观念、创新观

念、超前观念、应变观念以及竞争观念等。

2. 战略环境的分析

对战略环境进行认真的考察、分析、研究和预测，是企业制定战略的前提和基础。企业战略环境的分析主要包括三个方面：宏观环境分析、行业环境分析和企业自身实力分析。其中，宏观环境是指存在于企业外部的各种政治、经济、科技、社会文化、法律、自然和市场等方面因素的综合，它是企业共享的环境因素。行业环境对企业是最直接的影响因素，包括需求条件、生产要素、相关与辅助产业的状况、科学技术与创新、企业市场结构和竞争状况、政府行为以及机遇等方面。

上述两方面的环境都属于外部环境，是企业不能控制的因素。企业进行外部环境分析的目的，是为了弄清在外部环境发展变化中，存在哪些成功的机会和限制条件，以便抓住机会，避开威胁。企业自身实力的分析是指对企业内部的各种因素和条件进行分析。明确企业自身的经营实力和在竞争中的优势与劣势，从而做到扬长避短，以取得竞争优势。

3. 战略方案的决策

在充分进行环境分析的基础上，战略决策者就要进行战略决策。战略决策的内容包括：①确定企业使命；②规定战略目标；③选择战略方案；④规划战略行动。

企业使命是指企业的经营目的、性质和发展方向，它反映了企业的经营领域、业务范围和服务对象。战略目标规定了企业在经营上应该达到的成果和水平。目标不能只是概念化，还要以数量表达。为实现战略目标，美国学者迈克尔・波特提出了三种基本竞争战略可供选择。一是成本领先战略，主要是通过取得规模经济效益和市场占有率，使企业总成本低于竞争对手的总成本。二是差异化战略，主要是生产出该产业中其他企业所没有的独特产品，形成独家经营的市场。三是目标集中战略，主要是企业将经营目标集中到某个特定的顾客群，在那里建立起自己的产品在成本或产品差异上的优势地位。因此，波特认为，企业战略管理的关键是如何确立竞争优势。战略方案是完成企业使命、实现战略目标的途径。规划战略行动是对战略方案的具体化过程。

4. 战略的实施及调整过程

企业制定战略的目的是为了实施战略，使其能够指导企业的行为。在战略的实施过程中，常常需要对战略进行一定程度的修改与完善。

2.2 销售计划及其过程

2.2.1 销售计划过程

销售计划过程可通过图 2-1 进行粗略的描述。

图 2-1　销售计划过程

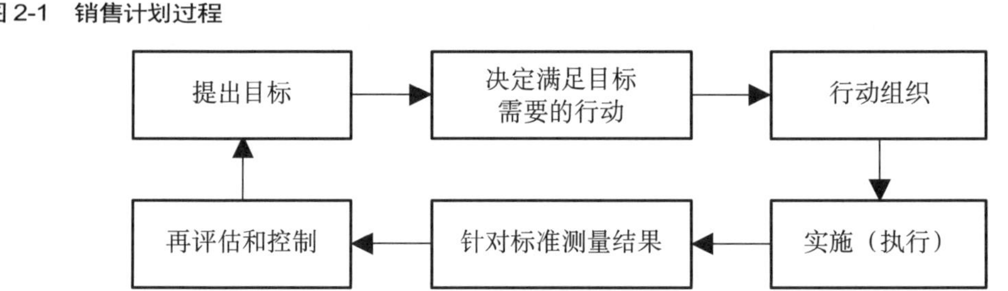

2.2.2　制订营销计划

不同的企业，其营销战略、市场规模、品牌效应、企业类型、市场环境和营销手段等都存在着差异，其市场营销计划的程度也不尽相同。一般来说，企业市场营销计划主要应包含以下几个方面的内容。

1. 市场分析/营销审计

市场分析主要分析与确定企业营销决策有关的目标市场和本企业市场地位等状况，包括市场状况、产品情况、竞争形势、分销情况及宏观环境因素等。①市场状况。包括市场容量、市场占有率、近年的营销增长情况、客户需求和购买行为方面的趋势等。②产品情况。包括近年来各主要产品的销量、价格、获利水平等。③竞争形势。明确主要的竞争对手及其在产品品质、特色、定价、促销、分销等方面的竞争策略，其市场占有率及变动趋势等。④分销情况。评价各主要经销商在过去几年的营销额、经营能力和地位方面的变化等。

营销审计包括内部审计和外部审计。

内部审计主要包括如下内容。

（1）当前和现在的市场规模及增长。在多产品公司这个分析需要进行总体分析、产品/市场分析，以及地理细分。

（2）分析顾客需要、态度和购买行为倾向。

（3）现在的营销组合。

（4）竞争者分析，包括现有战略和现在业绩评价，市场份额分析，强势和弱势分析，以及对其将来行为的预期。既要分析现存的竞争，也要评价潜在的新进入者。

外部审计的内容主要包括大范围的宏观环境——政治、经济、社会文化、法律、生态和科技等方面的发展趋势。

2. 确定营销目标

营销目标是营销计划的核心部分，影响着营销策略和行动方案的制订。营销目标主要分为两类：财务目标和市场营销目标。财务目标主要由即期利润指标和长期投资收益率指标组成。财务目标需要转换成营销目标，如销售额、市场占有率、分销网覆盖面和单价水平等。在具体工作中，这些目标都应该以定量的形式表达，并具有一定的可行性和一致性。

3. 销售预测/确定市场和销售潜力

通过销售预测工具和手段，确定目标市场的销售潜力。

4. 形成和选择战略

我们以一个形成和选择战略的例子来进行说明。假设企业的目标是从与顾客建立的交易中获得最大利润。

战略 1：确定目标

价值（高消费或低消费，购买商品的价值）

顾客偏爱（电话/E-mail 订单服务，产品/服务购买类型）

生命阶段（lifestage）(供应商与顾客的关系状况：活跃的/流失的/睡眠状态的顾客/自从上次购买后几个月来)

需要重点强调的是：

* 细分市场必须是潜在能获利的
* 细分市场不是相互排斥的
* 细分市场是不稳定的

因此，一个消费者可能在不同时间被划进多个细分市场或不同的细分市场。

战略 2：定价

下列定价战略可能被采用：

* 短期策略降低（价格）
* 建立价格奖赏
* 提升感知质量

战略 3：顾客保持力

顾客收益性（获利能力）由下列因素决定：

* 获得成本
* 顾客或在关系的不同关键阶段成为顾客的损失

在顾客关系的关键阶段能被重新分类为：

* 询问
* 转化为顾客
* 重复购买
* 可能的睡眠
* 恢复

5. 营销策略组合

针对目标市场，企业可以综合运用各种可以控制的营销手段，对它们进行最优化组合，以取得最佳的市场营销效果。营销管理者必须从各种可以选择的策略中作出选择，即战略决策，包括目标市场、产品定位和市场营销组合策略，以及新产品开发和营销调查等方面的计划。

6. 分配资源——预算（略）

7. 执行（略）

8. 控制（略）

2.2.3 营销计划的实施

1. 确定营销目标

确定营销目标主要依据下面三个方面的状况：

（1）参照企业目前和以往的营销资料，根据企业目前的营销量以及过去一年的上升或下降幅度来确定企业市场存量的自然增长量；

（2）对市场形势进行预测，以此确定市场总存量的自然增长量，并根据企业的市场占有率确定企业准备获得的市场份额；

（3）除前两项之外的预期增长量。

经过上述三个方面的分析，企业既可对已占有的市场状况进行全面评估，也可以对市场的整体状况进行全面了解和分析，同时，还可对下一年度的市场开发作出合理的安排。

企业确定营销目标的过程并不仅仅是对本企业产品市场销售状况的掌握，它其实也是一个对企业产品有关市场状况进行全面、系统分析，以及评估和规划的过程。

2. 目标的分解

在营销目标制定后再来分解营销目标，是为了更好地落实和执行目标。同时，通过分解，也可以了解目标的实际操作性。营销目标分解的顺序如下。

（1）区域。从省到地市、县，包括品种、客户、销售人员、结算方式、营销方式的季度、月份分解。

（2）品种。将营销目标分解到所有品种上，包括区域、结算方式、营销方式、销售人员、客户的季度、月份分解。

（3）结算方式。主要包括现款现货、银行承兑、按月结算等。

（4）营销方式。主要包括批发、零售和直销等。

（5）销售人员。一定要分解到每个销售人员，并说明多少由老销售人员完成、多少由新销售人员完成。包括对所辖区域的分解，即对品种、结算方式、营销方式、所管理客户的季度和月份分解。

（6）客户。分解到每个客户，并说明哪些由老客户完成，哪些由新客户完成，包括对所辖区域的分解和对品种、结算方式的季度和月份分解。

（7）季度和月份。分解到季和月，包括对区域、品种、结算方式、营销方式、销售人员和客户的分解。

通过与责任和利益挂钩的多维目标分解，可以在很大程度上检验目标的可行性；同时，通过营销目标的分解过程也可以一并完成任务的下达。

此外，分解的另一个重要意义是，将目标落实到最具潜力的市场、客户和销售人员身上。营销目标的分解计划，对财务、供应和生产，甚至仓储，以及年度计划的制订

都是非常重要的依据。在确定目标和分解目标的过程中，应该同时制订费用预算和费用分解计划，以便同时下达营销目标与资源分配方案，只有这样，营销计划的实施才是最为有效的。

3. 实施方案

在营销计划的实施中，实施方案是一个十分重要的环节，其内容如下：

（1）销售人员配备计划和每个销售人员行动要点计划；

（2）客户计划和每个客户管理或开发要点计划；

（3）区域计划和区域营销工作要点计划；

（4）品种计划和品种竞争要点计划；

（5）营销管理计划和阶段性检讨作业要点计划等。

4. 应急预案

在制订营销计划时，有些具有较大的把握，有些则可能只是一种预期。对于计划中的预期部分，企业必须尽可能地预测可能发生的变化，制订 2～3 个备选方案，以确保在市场情况发生变化时也能够保证营销计划的顺利实施。

2.2.4 销售人员的管理问题

企业的销售人员是企业营销战略和销售计划的执行者，所以，销售人员素质的高低和企业对销售人员管理的状况如何，将对企业营销战略的实施形成重要的影响。目前，企业对销售人员的管理还存在很多问题，这严重影响了企业的经营目标的实现。企业不能有效组织销售人员队伍的原因主要有以下几个方面。

1. 管理人员与销售人员之间缺乏有效的沟通

销售人员的想法和意见得不到企业领导的重视、理解，企业高层的困难也不为销售人员所知晓，彼此之间缺乏有效的沟通。在这种情况下，管理者意图往往得不到准确、有效和及时的执行，企业的优势往往得不到体现，而企业的不足却往往被扩大化。

2. 销售管理制度不健全

销售管理是以销售人员管理为核心的，是市场管理、销售计划管理、销售过程管理、客户管理和结果管理的基础。在销售管理工作中，企业必须根据自身资源条件和市场竞争的状况，设计科学、完善和实用的销售管理体系，对影响销售业绩的各方面进行全方位的系统管理。目前，有些企业将销售管理简化到以业绩、数字管理为主，这种只重视销售管理的结果却忽视了销售管理过程的管理是由于销售管理观念落后和管理制度不健全造成的。

3. 销售人员之间工作的协调性差

销售人员在经营的过程中如果缺乏相互之间的协调与配合，就等于是“个人奋斗”，其结果是不同岗位之间的业务缺乏配合，不能充分利用和发挥所有销售人员的能量。不同市场间的销售人员缺乏协调和配合，使市场被人为地分割，难以形成统一的大市场；同时，极有可能因为利益方面的原因，导致相邻市场间的摩擦。市场一旦成为销售人员个人的地盘，则它的潜力将只以销售人员个人的能力为限。销售人员之间工作缺乏协调的另一危害是，突出销售人员个人作用，淡化销售人员群体作用。个人的力量总是有限的，一个企业如不能将销售人员组织起来成为一个群体发挥作用，那就意味着它缺乏爆发力，即使它能够营造热点，也绝不可能形成竞争优势。这样的企业可能能够开发市场于一时，但是，它绝不可能长期占领市场。

4. 缺乏销售过程的管理

很多企业的销售人员在销售工作中，没有行动计划和行动方案，销售人员在市场上各行其是、行为散漫、效率低下。如果企业不能将销售人员组织起来，那么，企业就不可能从低效率的“个人营销”状态步入高效率的“整体营销”状态，这样的企业就永远不可能获得可持续的、健康的发展。

2.2.5　加强销售管理的措施

1. 科学地进行市场研究和市场规划

目标市场是企业的战场，打法不一样，结局就会大相径庭。有的企业在市场经营中不分主次，不分轻重缓急，市场开发就会失败；如果企业认真研究市场状况，科学地进行市场规划，市场开发就会事半功倍。

只有合理地进行市场规划和布局，才能使市场开发具有倍增效果，也只有出现倍增效果，企业的市场开发才有战略性可言。在市场开发中，当企业的市场开发效果是以每月50%、100%或更高的速度上升时，企业必须及时进行分析和总结。

市场开发中的具体问题靠的是销售策略，但是，市场开发中的整体性、长远性问题必须靠销售战略才能解决。如果“点”的开发制定不出适宜的策略，那么，“面”的开发将无“势”可借，企业的市场开发势必会陷入十分艰难的环境之中。

因此，市场整体的战略规划对企业市场的开发和管理就显得十分重要，它是企业市场体系的纲，纲举才能目张。市场规划所包括的市场是企业销售工作的晴雨表，企业营销策略的基本调子是依据这些市场战略的变化来制定的。

2. 销售量与其他营销目标并重

企业的市场优势并非完全在于销售额的大小，因而，销售量只是对过去经营状况的反映，对于企业最有意义的应该是那些带来销售量的推动力，即企业的产品力、营销力和形象力。企业在确定和规划未来市场及其销售目标的同时，应该对以下几个方面作出相应的规划：

（1）产品如何才能别具一格、独具特色；

（2）成本能否更低一些；

（3）如何有效地提高销售人员的素质和能力；

（4）如何有效地提高企业的营销策划水平；

（5）如何有步骤地树立企业的品牌并适时扩大品牌的影响力；

（6）如何有步骤地建立一支高效的、能力互补的销售人员队伍和销售管理人员队伍等。

3. 不断调整企业与合作伙伴之间的关系

在传统市场营销观念的指导下，大家一般认为消费者或客户是企业的“衣食父母”，是企业的上帝，但是，随着买方市场形势的不断变化，消费者或客户的位置逐步被一些合作伙伴取而代之。企业不得不一方面小心翼翼地对待消费者，另一方面则更加小心地对待合作伙伴，通过发展与伙伴的良好关系来获得企业的可持续发展，这便是所谓的关系营销。

目前，对于很多企业正在进行的促销大战、让利行动，其实，受惠者并不仅仅是消费者，而是各级合作伙伴。而且，有些促销活动，均是迫于合作伙伴的压力，不得已而为之，这就不得不促使企业认真反思自己的伙伴策略和销售战略了。

企业和合作伙伴的关系只能是战略伙伴关系，这种关系对合作者的要求如下。①要尊重企业。②要服从企业管理。③要关注企业的经营状况。在所提的要求中，提高产品竞争力方面应多于利益方面的要求，关心企业的长期利益，在面临竞争产品的冲击时，能够放弃短期利益，只追求合理的经营利益。④在区域、价格和促销方面能够理解企业的意图，配合企业的行动。⑤面对新竞争产品的诱惑，能够以伙伴关系的原则来处理。

4. 加强对销售人员的培训

销售人员队伍一般都是由年轻人组成的，他们一般都因年轻而富有活力，如何激发他们的工作热情是摆在每个企业面前的重要问题。简单的做法是企业通过支付高薪酬以达到激发销售人员工作热情的目的，但实际结果是，随着市场竞争的加剧，“薪酬政策”效用在不断递减。因此，企业不应一味地给他们“钱”，而应该培养他们挣钱的能力。

为了做到这一点，企业一方面应该制定合理的薪酬制度，保持薪酬政策的稳定性；另一方面应该为销售人员提供良好的培训和发展条件，通过不同级别、不同方式的培训和进修机会，适时调整与之知识、能力相适应的业务岗位，引导销售人员的注意力，调动销售人员的积极性。

管理者最关心的应该是两大问题：一是企业最大的机会是什么？二是企业最大的问题是什么？总之，企业在进入新的一年之前，必须对来年的经营目标、工作项目、工作任务、工作重点与难点以及可能出现的问题有一个清晰的认识和完善的计划，从而充分调动企业的营销资源，以取得竞争优势。

2.3 销售预算

获取利润是企业的最终目的，但是，企业利润问题的答案往往在销售额中。在激烈竞争的市场营销环境中，销售经理们除了要考虑销售额的增长外，还必须分析获得这些销售量的成本问题。因此，销售预算是对未来销售量及获得这些销售量的成本的财务计划。销售预算的基础是未来一定时期对销售量的预测。

2.3.1　销售预算的重要性

销售预算是一个财务计划过程，而财务计划过程又是一个连续的企业活动过程。在企业具体工作中，销售预算起着十分重要的作用：销售预算使销售机会、销售目标、销售定额明确化和集中化；销售预算为达到销售目标的合理费用的投入提供依据；销售预算有助于企业各部门之间的协调和合作；销售预算有助于保持销售额、销售成本与目标结果之间的平衡；销售预算为目标实施结果的评估提供工具。

那么，谁是销售预算的制定者呢？首先，销售战略的制定者必须参与销售预算的制定。但是，销售预算的制定者主要是销售经理或企业的营销总监，而基层的销售经理们往往很想参加到销售预算的制定中。

2.3.2　销售预算的主要内容

通常，在企业的销售工作中，销售部门的预算内容主要包括预测销售额，并且是分解为地域、产品和人员等三个部分的销售额。此外，销售预算的内容主要包括以下方面。

（1）销售人员的费用。包括销售人员的工资、提成和各类津贴，以及销售人员的差旅费，如住宿费用、餐饮费用、交通费用和其他杂费。

（2）销售管理费用。包括销售经理的工资、提成和各类津贴，以及销售经理的差旅费，如住宿费用、餐饮费用、交通费用和交际费用等。

（3）其他人员费用。如销售培训师的报酬和被培训者的补贴等。

（4）其他销售费用。包括销售会议费用，销售促进费用，销售展示费用，目录和价格清单费用，以及招聘费用和销售人员离职费用等。

（5）通信费用。如电话费、上网费和邮寄费等。

2.3.3　销售预算过程

1. 确定公司销售目标和利润目标

公司销售目标和利润目标的制定者一般是公司的最高决策层。最高决策层制定目标的原则是为了吸引投资和方便贷款，是为公司所有的投资者负责。而销售经理的责任就是努力达到能够实现公司高层战略目标的销售额，同时，考虑实现销售目标所需的成本。

2. 进行销售预测

销售预测包括地区销售预测、产品销售预测和销售人员销售预测等。企业的销售目标和利润目标确定后，销售经理就要预测在目标市场上能否通过一定的销售努力来达到这个目标。如果总体的销售目标与预测的销售额不一致，就必须对前面的销售目标和利润目标进行调整；如果目标不能调整，则必须调整营销努力及其体系。

3. 确定销售工作的范围

为了完成确定的销售目标，需要确定目标顾客及其需求，并为目标顾客设计产品、

生产产品。特别是作为销售管理的重要工作，要通过多种方式与顾客接洽和沟通，招聘、培训销售人员等。

4. 划分固定成本和变动成本

固定成本是指在一定的销售额范围内，不随销售额的变化而变化的成本。变动成本是指随着销售额的变化而同步变化的成本。

销售中的固定成本主要包括：销售经理和销售人员的薪酬，销售办公费用，培训师的薪酬、被培训人员的补贴，一般的销售展示费用，保险，以及某些固定交纳的税收、折旧等。

销售中的变动成本主要包括：销售提成和奖金，运输费，邮寄费，促销费用，以及交通费等。

5. 量本利分析

销售经理接到分配的年度销售额和利润目标后，必须对实现目标的过程进行一定的控制，以确保目标任务的完成。利用量本利分析法进行月度控制，是一种切实可行的方法。

量本利分析法的核心概念是盈亏平衡点（BEP）。盈亏平衡点是指使收入能够弥补成本（固定成本和变动成本）的最低销售量。其公式为

$$BEP=\frac{FC}{P-VC}$$

其中，BEP——盈亏平衡点；

FC——总固定成本；

P——单位产品售价；

VC——单位产品的变动成本。

根据公式，通过分析和调整固定成本与变动成本，我们能够知道其对公司总利润的影响，从而作出对销售预算的判断。

6. 以利润目标为基点分析价格和费用之间的关系

在这一阶段是用上一步骤的盈亏平衡点分析法来分析各项销售行为对 BEP 的影响。

（1）当公司的价格、成本和销售量处于 BEP 时。此时，销售收入正好弥补所有的成本费用，公司处于零利润的状态。但是，这只是一种理论上的状态，在实际工作中是不存在的，如果，“存在”也只是一瞬间。对平衡点状态的分析有助于企业分析和管理销售预算。

（2）当固定成本先下降后上升而价格和变动成本不变时。例如，当某一销售人员离开公司，固定成本会下降，因而，盈亏平衡点会下降。此时，如果销售量不变，则企业的利润就会上升，反之，则相反。

（3）要分析价格对企业利润的影响时。此时，通过测试各种价格和成本的变化关系，可以发现其对盈亏平衡点和利润的影响，销售经理可以据此结合销售预算来得出一定的结论。

7. 向公司决策层提交销售预算报告

经过量本利分析后，销售经理就要确定为了达到决策层所定的销售量目标和利润目标而必需的销售预算；同时，还要分析各种变量对利润的影响，并对各种变量的可行性进行分析和测算。

8. 根据销售预算控制销售工作

量本利分析作为一种预测工具，能够很好地分析成本费用的变化对盈亏平衡点和总体利润的影响。当销售的实际费用发生时，销售经理可以根据不同的变量对目标的影响来分析其原因和影响程度，并进行有针对性的控制。

2.3.4 确定销售预算的常用方法

销售预算一定要合理，也就是要做到既能够激发销售人员的工作热情，又不能可望而不可即。确定销售预算的方法很多，但是，其依据是基本的，即企业以往的历史状况、所销售产品的特点、营销组合的方式和目标市场开发的程度。在确定合理、可行的销售预算时，必须充分考虑这些依据，并结合销售的具体状况。

确定销售预算方法主要有如下 6 种，销售经理可以根据实际情况加以选择。

1. 销售百分比法

销售百分比法是指用上一年度的费用与销售的百分比，结合预算年度的预测销售量来确定销售预算。另外，还可以把最近几年费用预算的百分比进行加权平均，以此来计算预测年度的销售预算。

销售百分比法的不足是往往不太重视企业的长期目标，不利于开拓新的目标市场。因此，这种方法比较适合销售目标市场比较成熟的企业使用。

2. 最大费用法

最大费用法指在企业的总费用中，减去其他部门的费用，剩下的就全部是销售预算。这种方法的优点是能够充分保证销售工作的需要。但是，它也往往使得销售费用太高，不利于销售经理稳定地做好企业的销售工作。

3. 同等竞争法

同等竞争法是指以行业内主要竞争对手的销售费用为基础来确定本企业销售费用的方法。这种方法有利于企业加强以主要竞争对手为目标的销售努力，从而有利于企业总体战略营销目标的实现。但是，企业的竞争实力往往是由多种复杂因素组成的，并不仅仅是销售预算一个因素；同时，竞争对手的资料也不容易获得，获得的也往往是过时的资料。因此，用这种方法来确定销售预算，有时也不能够起到同等竞争的目的。

4. 边际收益法

所谓边际收益是指每增加一名销售人员所获得的收益。市场的销售潜力是有限的，随着销售人员的增加，其收益就会越来越少，而每个销售人员的费用却是大致相当的。这时会存在这样的一个平衡点：如果再增加销售人员，其发生的费用反而会大于所得到

的收益。因此，在实际工作中销售人员的边际收益一定要等于零。边际收益法的不足是，在销售水平、竞争状况和市场的其他因素发生变化的情况下，确定销售人员的边际收益会比较困难。

5. 任务目标法

任务目标法就是根据销售的不同任务来确定销售预算的方法。这是在实际销售管理中十分有用的一种方法。

例如，公司计划实现销售额 14 000 万元时的销售费用是 500 万元。其中，销售水平对总任务的贡献水平若为 64%，则用于销售人员努力获得的销售收入为：

$$14\,000 \times 64\% = 8\,960\text{（万元）}$$

那么，费用/销售额=5.6%。

假设广告费用为 200 万元，广告对总任务的贡献水平为 25.6%，由于广告实现销售收入：

$$14\,000 \times 25.6\% = 3\,584\text{（万元）}$$

那么，广告费用/销售额=5.6%。

可见，此时两种活动对总任务的贡献是一致的。否则，假如广告的收入低，则公司可以考虑减少广告费并同时增加人员销售的费用。

6. 投入产出法

投入产出法是对目标任务法的改进。目标任务法是一定时间内费用与销售量的比较，但是，一般情况下，销售费用在当期的投入，其产生的效果在当期是反映不了的，因此就无法真实地反映费用和销售量的比率。

投入产出法不强调其时间性，而主要是强调投入和实际产出之间的比例关系，因而在一定程度上避免了目标任务法的不足。

本章小结

销售战略是企业从经营角度出发的全局性谋划。和其他的经营决策不同，销售战略具有其独特之处。

战略计划过程可分为四个环节：战略思想的形成，战略环境的分析，战略方案的决策，以及战略的实施与调整过程。

一般来说，企业市场营销计划主要应包含以下几个方面的内容：市场分析/营销审计，确定营销目标，销售预测/确定市场和销售潜力，形成和选择战略，营销策略组合，分配资源——预算，执行，控制。

营销计划的实施主要由确定营销目标、目标的分解、实施方案、应急预案组成。

销售人员的管理问题将成为计划实施的主要障碍，为此，必须加强销售管理。其主要措施包括：科学地进行市场研究和市场规划，销售量与其他营销目标并重，不断调整企业与合作伙伴之间的关系，加强对销售人员的培训。

销售预算是对未来销售量及获得这些销售量的成本的财务计划。销售预算的基础是未来一定时期对销售量的预测。

销售部门的预算内容主要包括预测销售额，并且是分解为地域、产品和人员等三个部分的销售额。销售预算的内容主要是：销售人员的费用、销售管理费用、其他人员费用、其他销售费用、通信费用等。

销售预算过程主要包括：①确定公司销售目标和利润目标；②进行销售预测；③确定销售工作的范围；④划分固定成本和变动成本；⑤量本利分析；⑥以利润目标为基点分析价格和费用之间的关系；⑦向公司决策层提交销售预算报告；⑧根据销售预算控制销售工作。

一般通用的确定销售预算的方法主要有如下6种：①销售百分比法；②最大费用法；③同等竞争法；④边际收益法；⑤任务目标法；⑥投入产出法。

关键术语

市场营销计划	销售预测	销售预算
销售计划过程	销售战略	

参考文献

1. 吴健安. 市场营销学[M]. 北京：高等教育出版社，2007.
2. 纪宝成. 市场营销学教程[M]. 北京：中国人民大学出版社，2002.

思考题

1. 解释营销战略与销售战略的不同。
2. 目标、战略和策略之间的关系是什么？
3. 讨论销售战略管理的主要组成部分。
4. 销售预算的主要依据有哪些？

案例研讨

李宁公司知己知彼的销售战略

由于2008年奥运会在中国举行，未来数年中国的赛事资源将极大丰富，围绕奥运进行有形资产和无形资产开发的奥运经济将空前活跃，中国国内的体育市场将在很大程度上转变为国际市场，商业机会和获利前景相当可观。作为中国运动品牌中的领军人物，李宁公司（以下简称李宁）是如何转变销售战略，参与国际竞争的呢？

一、明确竞争对象

来自零点调查与零点指标数据网合作的《2003年知名运动鞋品牌价值研究报告》显示：内资品牌李宁的品牌忠诚度为53.4％，超过外资品牌阿迪达斯（39.8％）和耐克（39.1％）。双

星（13.4％）和安踏（15.1％）两个内资品牌的品牌忠诚度则相对不足。从品牌竞争性来看，中国企业只有李宁具备与耐克和阿迪达斯等国际巨头竞争的实力，并已经成为耐克与阿迪达斯在中国的主要竞争对象。2005年，耐克在中国的年销售额高达4.1亿美元，阿迪达斯年销售额达3.85亿美元，李宁以年销售额3亿美元居于第三。目前国内市场已经出现耐克、阿迪达斯、李宁三分天下的局面，可见，李宁的竞争对手已经十分明确。

二、自身弊端分析

李宁虽然在国内市场销售业绩不俗，但与国外品牌相比差距仍不可忽视。以耐克为例，通过不同角度的分析，不难看出李宁与这些国际大品牌之间的差距仍然较大。

1．销售收入的来源

李宁的销售收入来源主要是中低端市场。在其确定向专业、高端的体育用品商转型过程中，难免会遭遇高端不认可、低端不接受的尴尬局面。为应对近几年以安踏、三兴为首的福建晋江企业，李宁推出针对低端市场、价位在100元左右的“舒适装备”产品，同时开设20平方米以下的“起跑线”鞋店，控制低端品牌形成的威胁。虽然李宁公司在中国拥有2 800多家专卖店，但相比耐克的收入仅来自北京、上海、广州等五六个主要城市而李宁的业绩却来自全国市场的现状，占领高端市场成为日后李宁调整战略的考虑重点。

2．销售速度

在国内市场，李宁公司已实现了15年的高速增长，尤其是2002年之后年营业收入也由7.2亿元、8亿元、12亿元上升至2004年的18亿元。然而，看看国外竞争对手的速度：1999年李宁在中国达到7亿元人民币年销售额时，耐克在中国市场的年销售额只有3亿元人民币，阿迪达斯为1亿元人民币。然而，从1999年后，耐克、阿迪达斯在中国的增长速度远远超过了李宁公司(1997—2001年，李宁公司的年均增长率还不到10％)，耐克近年来在国内市场的增长率都高达30％以上。

3．品牌定位

李宁在国内市场最初走“休闲+运动”的发展模式。然而，随着耐克、阿迪达斯与国际主流运动项目——篮球、足球等联姻模式的推广，耐克与阿迪达斯大举进入国内市场，李宁品牌被边缘化的趋势越来越明显，甚至在一些大型城市的品牌号召力持续下滑。直到2002年“李宁”重新定位的广告语“一切皆有可能”打破了以往模糊的品牌形象，才使得这种趋势有所扭转，这对李宁公司的品牌塑造是一个里程碑的突破。这句广告语如今已深入人心，李宁品牌的形象对于消费者而言，已经逐渐清晰。

4. 人员聘用

企业与企业间竞争的实质，从某种角度来说是人与人的竞争。耐克与李宁在用人方面有很多的相同与不同，这里只选择具有代表性的加以说明。

(1) 耐克公司的用人原则，最重要的一点是热爱体育。耐克公司的员工以年轻人居多，公司鼓励这些年轻人打破商业行为中的条条框框，标新立异。“雇佣优秀的人才，差遣他们，激励他们”是耐克公司对待员工的核心原则。

(2) 李宁公司是一个快速成长的本土公司，而引进跨国公司人才是众多国内企业的选择。在李宁公司引进的人才当中，有通路建设、终端建设很强势的可口可乐的职业经理人，有门店管理、零售业态方面十分成熟的班尼路的职业经理人等。目前，李宁公司在财务、人力资源等领域从外部延请了4个年薪过百万的总监级干部，他们来自不同的行业领域。阿里巴巴的马云也曾这么干过，后来他自己形容这样做仿佛是将波音747的发动机装到了拖拉机上，结果搞得拖拉机差点分崩离析。虽然李宁公司好像没有产生这样的结果，但看看变来变去的品牌定位、聘请的风格迥异的咨询顾问，不难发现跨国公司职业经理人的聘请与本土职业经理人之间产生的观念、做法上的冲突还是显而易见的。

三、调整销售战略

李宁公司是国内为数不多拥有良好国际化色彩的公司，十分注重加强国际合作，特别是与国际各个领域最强的公司合作，进军国际，提高自身知名度。2004 年奥运会期间，李宁赞助西班牙国家男女篮球队，合同一直持续到 2008 年奥运会结束。2006 年 9 月的男篮世锦赛，身穿李宁队服的西班牙男篮首次杀入决赛，并一举战胜欧洲冠军希腊队，夺得世界冠军。2005 年 1 月 18 日，李宁公司与 NBA 在北京联合宣布，李宁正式成为“NBA 战略合作伙伴”。2006 年 1 月，李宁签下 NBA 骑士队著名后卫达蒙·琼斯，李宁品牌成为第一个出现在 NBA 赛场上的中国体育品牌；2 月，在 NBA 全明星预赛期间，李宁公司又将签约对象瞄准了奥尼尔，并与其合作，共同推出李宁 SHAQ 系列专业篮球产品线。很显然，通过体育明星代言成长起来的李宁正在向世界体育顶级品牌耐克和阿迪达斯发起挑战。2008 年奥运会将在北京举行，毫无疑问，对李宁公司来说这又是个巨大的商机。

思考题

李宁公司能否抓住机遇，在国际市场上占有一席之地？从销售战略角度看，你觉得李宁公司还有值得改进的地方吗？

第 3 章　销售伦理与法律

本章提要　销售伦理的决策是困难的。但作为销售人员，必须遵守一些基本的销售伦理和道德规范。

本章从销售活动中应处理的各类关系入手，罗列了销售人员和经理需要掌握的基本的相关法律知识。其中重点介绍了合同管理，尤其是销售合同管理的内容。

引　例

在国外网站销售假冒一线品牌手表 卖家获刑

IOFFER 平台由美国人 Steven 在 2002 年设立，目前 10 万卖家在这个美国交易平台上进行互联网交易。近日，在 IOFFER 平台上，两家中国网店被“亮起红灯”。

黄某和石某系夫妻，两人曾在国内开过网店。一日，黄某听亲戚介绍，在国际购物平台做网购能赚美元，且只需要一张信用卡无需认证就能免费开店，黄某和妻子石某立即注册、登录 IOFFER 账号，并办理了绑定国际第三方支付平台 Paypal 以及工行账户等一系列手续。于是，夫妇俩没有经过任何认证程序便在 IOFFER 上开起了名为“gongxi123456”的网店。很快，第二家网店“pinktea68”也顺利开张。

2012 年 10 月，黄某夫妇打着中国 SALE 的旗号在 IOFFER 上以略低于市场的价格销售假冒 ROLEX、LV、BREITLING 等一线品牌手表。短短半年，黄某的网店人气倍增。境外客户在上述网店看到发布的手表销售信息后下订单，黄某根据订单向上家进货，与此同时，妻子石某负责收取上家货物并予以包装，货款则打入第三方支付平台 Paypal 账户绑定的工行账户。

为方便与客户沟通，黄某夫妇先后雇用刘某、梁某负责在网上与境外客户沟通，联系进货。截至 2013 年 3 月，夫妻两人网上销售假冒品牌手表 787 块，销售金额达 41 060 美元，折合人民币 25.7 万余元。

2013 年 4 月，黄某夫妇在家中被公安机关抓获，公安机关在两人住处查获了假冒名牌商标手表 114 块。经审计，仅 ROLEX 等五个相应品牌的 92 块假冒名牌手表货值就达 4 822 美元，折合人民币 30 234 元。

法庭上，公诉机关提交了 IOFFER 网络平台的销售记录、送货单、员工梁某的证言以及路易威登马利蒂公司、古乔古希股份公司等提供的鉴定书、价格证明等证据，黄某夫妇对犯罪事实供认不讳。

上海市闵行区人民法院经审理后认为，黄某夫妇违反商标管理法规，销售明知是假冒注册商标的商品，销售金额达 41 060 美元，折合人民币 25.7 万余元，属于数额巨大，其行为均已构成销售假冒注册商标的商品罪，依法应予惩处。法院以黄某犯销售假冒注册商标的商品罪，判处有期徒刑三年零三个月，并处罚金 15 万元；石某犯销售假冒注册商标的商品罪，判处有期徒刑一年，缓刑一年，并处罚金 7 万元。

（资料来源：吴一烜.在国外网站销售假冒一线品牌手表 卖家获刑[N].人民法院报，2014-04-19.）

3.1 销售伦理（道德）及其主要内容

3.1.1 销售伦理（道德）的重要意义

在销售过程中，我们经常陷入自认为是正确的行为和自己被迫采取的行为的冲突之中，有多少次我们不得不说出善意的谎言。由于普遍公认的销售与营销观念的原因，很多销售人员在内心认为自己已为顾客提供了需求的解决方法，提供了顾客所需要的产品或服务本身，然而还有许多顾客认为销售人员是不道德的，这就值得我们进行深入的反思，这就是有关销售的道德和伦理问题。

销售伦理是企业管理伦理和营销伦理的有机组成部分。根据百度百科的解释，销售伦理（sales ethics）是商业伦理学的一个应用分支，是指对销售策略、销售行为及机构道德的判断标准。所谓销售道德，就是在销售领域中人们判定销售人员行为正确与否的标准。

销售伦理涉及企业高层管理者、销售经理和其他销售人员的道德问题，因为他们的道德水准将影响企业的销售行为。销售伦理影响到企业各个方面的活动，包括销售策略的制定，以及相关的人员销售、广告、营业推广等策略的制定和运用。

研究表明，销售人员在工作中面临许多伦理和法律上的选择。销售的法律框架是广泛的，其主要构成要素是反不正当竞争法、反垄断法、合同法、消费者权益保护法等，销售人员必须尽快知晓法律环境的变化。

虽然某些道德规范可以用法律来约束，违反规范就要受到法律的惩罚。但是，道德规范并不一定全部都是法律行为规范。销售员在销售过程中，如果有语言上的不文明，则只是一个道德规范的问题，而非法律规范问题，违反了这个规范并不会受到惩罚，至少从法律的角度来看是这样的。然而，如果违反了国家各类法律规范，尤其是违反了其中有关商业的法律规范，则必会受到法律的惩罚。

3.1.2 销售道德规范的内容

1. 道德决策行为模型

为帮助经理们作出道德决策，建议从下列几个步骤着手（见图 3-1）。

（1）认识两难问题，或选择性的影响因素。

（2）根据理论或经验事实，确定选择依据。

（3）列出选择，可以考虑：他们是合法的吗？他们是对的吗？他们是有益的吗？

（4）作出决定。

图 3-1 道德决策行为模型

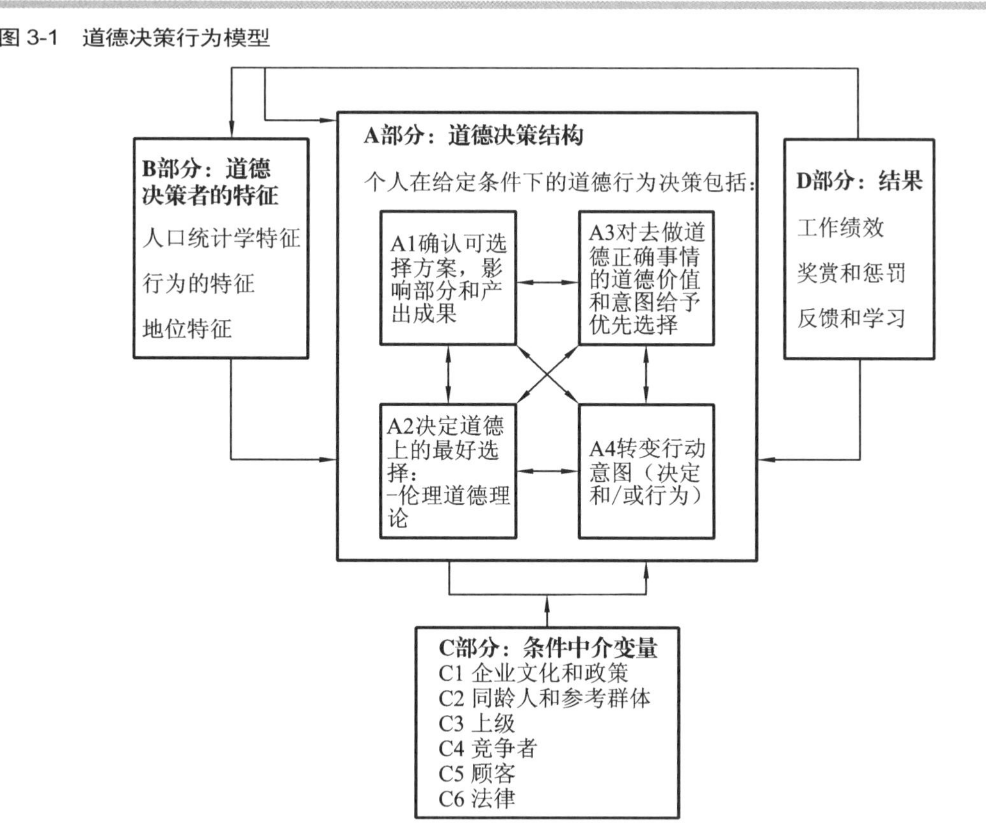

2. 销售道德规范的内容

通常，道德规范的标准会超越法律界定的范畴，一方面是法律规范在执行过程中会遇到各种障碍，另一方面，销售人员经常发现法律规范不能直接解决眼前的问题。因此，销售人员必须制定自身的行为标准。在这种情况下，销售人员总难免会先应付迫在眉睫的事，然后再考虑其中的是非曲直。然而，销售人员如果想赢得别人的敬重，就必须按照大众所接受的道德规范来进行销售活动。

一般而言，即使在最理想的情况下，道德规范也往往难以有明确的结论。因此，在销售人员的行为规范中，很难形成一个放之四海而皆准的标准。也许唯一能提供的忠

告是：没有一成不变的黄金准则。当出现道德问题时，销售人员就应当问自己："如果我处在顾客的位置，我会有什么感觉?"在处理竞争问题时，同样也可以这样自问："如果我在竞争者的位置上，我的行为是否公正?"即使有普遍认同的行为规范，在特定的情况下，也很难确定如何作出恰当的举动。

那么，销售的道德规范有哪些呢？美国营销协会（AMA）曾经规定销售人员必须遵守以下的道德规范。

1）营销人员的责任

营销人员必须为他们的行为举动所造成的后果负责，同时，要不遗余力地确保他们的决策、推荐和行动能够从顾客的角度出发，服务顾客，满足顾客的需要。顾客包括消费者、组织和社会。

营销人员的职业行为应该遵从以下几点：

(1) 职业道德基本原则——绝不明知故犯地损害顾客利益；

(2) 严格遵守一切实行的法律和规章制度；

(3) 对自己的受教育、受培训和工作经历情况绝不弄虚作假；

(4) 积极支持、履行和推广该道德规范。

2）诚实公正

营销人员应该支持并倡导营销职业的诚实、信誉和尊严，并做到以下几点：

(1) 在为顾客、客户、雇员、供应商、经销商和大众服务时要诚实守信；

(2) 在事先未告知有关各方的情况下，不得故意引起利益冲突；

(3) 建立公平的费用制度，包括支付或收取普遍惯用和合法的销售交易的补偿。

3）在营销交易过程中各方的权利和义务

营销交易过程中参与的各方应做到：

(1) 销售的产品和服务安全可靠，适合设计使用的领域；

(2) 有关销售的产品和服务的信息介绍中不得进行欺诈；

(3) 所有各方要诚实履行义务，不论是财务还是其他方面的；

(4) 要制定合适的内部措施，以处理顾客对购买提出的申诉，并给予公正的调整和赔偿。

营销人员应该了解上述几点包括以上各方面的责任，但又不仅仅局限于此。

在产品开发和管理方面应做到：

(1) 揭示产品或服务使用中所有存在的危险；

(2) 确认任何可能引起产品实质性改变或影响购买者购买决策的产品零部件替换；

(3) 确认需要额外付费的产品特性。

在产品促销方面应做到：

(1) 避免欺骗和误导的广告；

(2) 拒绝使用高压操纵或误导销售的手段；

(3) 避免采用欺诈或操纵手段进行产品促销。

在产品经销方面应做到：

(1) 不能为牟取暴利而操纵产品的供给；

(2) 在营销渠道中不能采用高压手段；

(3) 不能对销售中介机构选择经销的产品行使不当的影响和干预。

在产品定价方面应做到：

(1) 不能实行统一价格；

(2) 不能制定掠夺性价格；

(3) 公开任何交易中达成的价格。

在市场调研方面应做到：

(1) 禁止打着做市场调研的幌子而行销售和筹措资金之实；

(2) 保持调研的诚实，避免代表不当和省略相关调研数据；

(3) 公正对待外部的客户和供应商。

4) 组织关系

销售人员应该注意到，他们的行为会影响组织关系中的其他人的行为，在与雇员、供应商和顾客打交道时，他们不应该要求、鼓励和威逼其他人进行不道德的活动，应做到：

(1) 在职业交往中对特殊信息要保密并隐去信息提供者的名字；

(2) 在合同和互利协议规定的时间内履行责任和义务；

(3) 避免部分或完全窃取他人的工作成果，避免在未获他人同意的情况下，将他人的工作成果视为自己的成果或直接从中获利，而不对他人进行补偿的行为；

(4) 避免在损害他人公司利益的情况下，为获得最大的个人利益而进行操纵、利用事态发展的不公正行为。

美国市场营销协会规定，任何 AMA 的成员倘若被发现有违反任何上述道德规范中条款的行为发生，将暂时取消或永久取消其会员资格。

3.2 销售中的主要伦理问题

虽然销售工作涉及的环节很多，但最为直接和重要的则是产品策略和促销策略。在这些策略的具体实施过程中，企业经营者和销售人员用什么样的观念来指导这些行为，在具体的实施中坚持什么样的伦理准则，则直接关系到这些行为实施后所产生的社会效果，也关系到企业的形象，更进一步会影响到企业的经济效益。

3.2.1 产品策略中的伦理问题

为广大消费者提供货真价实的优质产品和优质服务，是企业最基本的社会责任，如果违背这一原则，便会产生道德问题。然而，在现实中，不少企业的产品策略往往同道德标准背道而驰。产品策略表现出来的不道德有着多种原因，或是经营者未向消费者披露与产品相关的价值、功能、用途或安全性；或是竞争对手已威胁到企业的生存和发展，生产者便采用低级材料或配件冒充优质材料或配件；或是企业使用廉价代用品而未告知消费者产品质量已改变，在产品品质方面欺瞒消费者；或是产品包装与标签注明的内容同包装内的内容不相符，等等。

上述问题对企业通过正确的产品策略向广大消费者履行社会责任产生了严重影响，从而产生产品策略方面的道德性问题，而上述这些做法同社会主义的企业伦理也是完全背道而驰的。

在产品策略中，上述道德性问题，诸如假冒伪劣、以次充好等，在现实生活中数量不少，为广大消费者所深恶痛绝。这些行为的不道德性是显而易见的，一旦这些不道德的做法被公之于众后，这些经营者的信誉便会一落千丈，他们的企业形象和经营效益便会陷入一个极为狼狈的境地。还有一种比较隐蔽的或者说是不容易为人们所辨别的非道德的产品策略，即在产品的实质层本身存在的不道德，它可能并非假冒伪劣，也不是以次充好，但在产品的外形部分，如商品的名称、包装等方面采用了一些违背社会伦理道德的做法。这种做法往往还被蒙上了“新创意”、“促进销售”等漂亮的外衣，不易为一般购买者所鉴别，但实质上却造成了很坏的社会影响。

那么，应该如何来认识经营者在产品策略方面的伦理呢？应该说在市场经济体制下，企业有权按照自己的意志和需要进行自主经营，但是，即使在市场经济体制下，企业同样是一个社会单位，企业的发展不能脱离社会大环境，企业的每一项经营活动在客观上都会造成一定的社会影响。虽然，企业在经营方面的良苦用心可以理解，但是，他们这种违背经营伦理和社会伦理的做法却是不利于企业的长远发展的。

3.2.2 促销回扣中的伦理问题

我国的经济开始进入市场经济之后，企业都十分重视产品的销售问题，使出各种手段进行销售促进。但是，在激烈的市场竞争的压力下，由于促销手段的过度使用，由此也产生出一系列的伦理问题，例如回扣。

目前许多企业普遍采用给“回扣”的方式来提高销售量，这种“回扣”一般都是直接以现金、实物或购货券等方式付给买方的经办人员，以提高购买方经办人员的购买积极性。支付或收受回扣可能会导致销售中的不公平竞争，而且也极易导致收受了回扣的一方出现“肥了个人，亏了企业”的现象。对卖方单位来说，为了达到提高销售量的目的，这种付给“现金回扣”的方式在公平竞争上存在伦理问题；对于买方单位的经办人员来说，也涉及一个伦理道德问题。

由于我国市场竞争机制尚不健全，市场竞争行为不规范，回扣风依然盛行。据一项调查表明，在对北京、天津、上海300家企业负责人就“对为做成生意，向客户有关人员赠礼、奉送回扣”这一做法征求意见时，有42.3%的人认为，这是一种不道德行为，但社会的风气就是这样，不然就做不成生意；还有29%的人认为，在生意场上，这种做法很正常；而仅仅只有22.3%的企业负责人认为，不能助长这种不道德的风气，宁愿做不成生意也不采用这种做法。以上数据表明，对销售回扣或贿赂客户等做法的高容忍度与企业强调在经营活动中坚持企业伦理道德的重要性，构成了一对尖锐的矛盾。矛盾的实质在于，对企业经营行为中遵循道德规则重要性的认同多在理念方面，而在实际的经济利益驱动下，许多企业更乐于接受销售中的非道德行为。

面对回扣这个极为敏感的问题，企业一般有三种办法进行处理。第一，规定一律不准收回扣，哪怕是销售单位主动给的也一律不准收，否则就将受到处分。卖方企业不直接向具体销售（采购）人员支付回扣，而采取在价格上给予优惠，向买方单位让利，但这样可能不利于发挥具体的销售（采购）人员的购买积极性。第二，规定可以收回扣，但明确规定采购人员在收受回扣之后必须上缴，否则视为贪污处理，这就是所谓的“收在明处”。第三，规定可以拿回扣，拿了以后要上交给企业，企业在收到员工上缴的回扣之后，可考虑提取一部分以适当方式再奖励销售（采购）人员。

企业重视销售，运用多种手段来进行促销，这是竞争意识增强的一种表现，也是市场经济的正常现象。但是，市场经济从根本讲是法制经济，一切的市场行为还必须合法和符合一定的社会道德，应该受到一定的约束。企业不能为了达到自己的商业目的，而不考虑该项行为是否会违背社会的伦理准则和人们思想深处的道德标准。

3.3 销售伦理中应处理的各类关系

3.3.1 处理与竞争者的关系

企业在销售竞争中，有些竞争行为明显是不道德的，比如一名公司的销售人员故意去破坏竞争者的机器。在零售店的销售中，销售人员也经常出现这样的不道德竞争行为，尤其是超市的商品陈列货架方面的问题。由于商品的销售状况极大地受到货架空间和位置的影响，因此，销售人员都十分重视这个问题。比如，有的啤酒销售人员把竞争者的 6 罐装的啤酒从冷藏陈列架的中间位置取下，放在最低层，然后将他自己公司的啤酒放在陈列架的中间位置。看到新设立的陈列架上堆放了竞争者的产品，销售人员会将最上面几层竞争者的商品移走，并放上自己的商品。在碰到廉价处理的装满了竞争者产品的大箱子放在通道的尽头时，他们也会使用同样的方法，将自己公司的产品铺盖在最上面。

除了这些明显的不道德的竞争行为外，还有一些与竞争者关系相关的问题需要处理。比如，在拜访顾客时，销售人员必须回答与竞争者有关的问题。这时，销售人员极有可能会贬低竞争对手，把他们的产品描述成低劣品甚至是冒牌货，以抑制竞争产品的销售。

对竞争者产品的这种短视的竞争行为，往往不利于建立与顾客的长期关系。销售人员要想维护在顾客心中的信誉，就必须坦诚地对待顾客。对竞争对手产品的不当表述，可能给人造成销售人员不值得信赖的印象。那么，什么是可取的做法呢？正确的做法是，销售人员应该客观地描述自己的产品与竞争对手产品的关系。在某种情形下，销售人员甚至可以向消费者推荐竞争者的产品，这样做只会增加购买者对销售人员的满意度，从而促进自己产品的销售。

3.3.2 处理销售人员与雇主的关系

在处理销售人员与雇主的关系时，往往也会遇到很多销售道德方面的问题。

1. 谎报费用账目

根据不同的处理费用的方式，销售人员可能将其当成偷偷赚取“外快”的机会。直接谎报费用支出当然不是良策，因为一旦被发现，会造成被解职的后果。同样，由于在这些方面存在着灰色区域，销售人员可以发挥其“聪明才智”进行欺诈，尤其是当他们觉得公司的政策不公平的时候。有的公司，甚至出现销售经理怂恿销售人员在填报费用单时进行欺诈，以获得“外快”的情况。有时，在销售竞赛中，为了赢得旅游和商品形式的奖励，有一半的销售人员往往会与顾客进行回扣交易。同样，在申报费用时普遍存在的欺诈行为，也会导致公司经营的高成本和产品的高价格，可能使公司在市场竞争中处于竞争劣势的状态。

2. 滥用公司时间和资源

俗话说："将在外，君命有所不受"。由于销售人员的工作环境是在公司之外，其主要工作内容是针对客户的，所以难以对他们进行有效的监视，从而易于出现滥用公司时间和资源的行为。比如，坐在旅馆里休息，而不去拜访顾客等。当然，这会降低工作效率，对于支付工资的公司，销售人员没有做到尽职尽责。

滥用公司时间的现象还包括兼职做一份以上的其他工作。有些销售人员晚上兼做另一份工，或者同时拥有自己的公司。自然，公司不允许这种行为，因为这通常意味着销售人员不能全心全意地进行销售。

销售人员还有大量的机会可以滥用公司资源。很多公司为销售人员配备了汽车；有些公司提供汽车，但规定不许私用。有的公司规定，配备的汽车只能用于公事，若用于私事则要付费。结果，这样的规定却为销售人员滥用公司资源提供了可乘之机。比如，如果一名销售人员悄悄开着公司配备的汽车去乡村度假了，公司该如何处理？

至于销售竞赛，销售人员也有充分的机会牺牲公司和顾客的利益以谋取私人的利益。比如，将顾客的订单搁置一段时间，直到销售竞赛开始才拿出来，这是合乎道德规范的行为吗？如果为了赢得奖品，向顾客销售他们不需要的产品，或将其与顾客需要的商品一起销售，这些都是不讲销售道德的行为。

3.3.3　处理与顾客的关系

销售人员与顾客的接触，是其工作性质之所在，这是一种人与人之间的直接交往，其关系的好坏直接影响销售是否能够顺利完成。在市场竞争十分激烈的销售环境下，顾客变得成熟了，弄虚作假和欺诈哄骗除了在极短的时期内有用外，长期来看是不可能得逞的。感到不满的顾客不会再次购买你所销售的产品；如果他们觉得受到了极大的伤害，顾客还会通过一定的途径寻求维护消费者权益。

一方面，不道德的销售行为会产生严重的负面后果；另一方面，讲求销售道德、讲求职业规范的销售人员会深受顾客欢迎。因此，销售人员着重建立与顾客的良好关系就显得十分必要。确定什么销售行为是符合销售道德的，什么销售行为是不符合销售道德的，这并不是一件容易的事情。有些情形让销售人员很难作出选择，这种情形多数是由于来自竞争和销售人员公司的压力所引起的。

专题1

如何帮助销售人员处理道德陷阱

能够在此重新提起商业道德的复苏是件好事。感谢那些诸如"安然公司"等被媒体大肆宣扬其错误的企业——它们的出现让越来越多的大学开始把"商业道德"这门课程重新增加到销售管理的学科中。尽管这种变化如同钟摆一样缓慢而左右摇晃，但是销售人员的道德规范显然已经引起人们和社会的注意。

1. 需要特殊支持的销售人员

事实上，销售人员每天都会面临许多暗藏着道德陷阱的局面，最关键的问题是：如何才能让你的销售队伍识别和处理这些陷阱?

从销售人员个体的角度来看，接受特殊的商业道德培训是十分必要的。因为销售的工作性质决定了他们常常独自奔波在路上，独自面对客户谈判，因此他们碰到棘手的道德麻烦时常常只能依靠自己的判断和道德标准，需要当场面对客户解决，同时还要保住生意。

因此公司应该敏感地意识到，销售人员需要在路上工作，他们需要更强大的支持力。事实上，销售队伍的道德水准，其根本在于管理层必须具有强烈的遵守规范的意愿。只有管理层严格、持续地遵守这些准则，销售人员才会明白商业道德乃销售的首要条件。

建立道德规范的方法之一，就是在企业的培训课程中强调价值观和道德观，包括对新雇员、销售管理层以及销售技巧的培训。而 Notre Dame 大学的做法也可以带来启发，他们在销售课程中开设了道德规范“专题研讨”，他们认为需要提醒现在的销售人员：要在商业道德的范畴之内去营造氛围、达成销售。

2. 澄清销售的“灰色地带 ”

在过去，企业和社会对商业道德的规范多强调以下两个方面：一方面是销售本身的普遍真理，比如不要夸大其词、过分承诺；另一些是针对不同行业的特殊规范，比如制药行业的伦理规范。而对销售中“灰色地带”的暴露比较少，包括那些并不触犯法律，但是会损害企业和销售职业性的做法，比如：滥用报销费用的权利；在维护客户关系中过度的承诺和销售，过少的信息告知；竞争关系中的贿赂和商业间谍；同事以及上级关系中的恶意中伤，等等。

如果公司能建立章程将以上这些“灰色地带”划分和解释清楚，则非常有助于销售人员保持清洁的职业生涯。比如当他们面临无理要求时，只需告诉对方这是公司不允许的。而这样的规则显得尤其重要，因为各种各样、千奇百怪的诱惑正在使销售人员的精神意志日益脆弱。尽管道德规范早在大约 3500 年以前就已经出现(一位叫摩西的人写出了著名的“十戒”)，但这些看似基本的道德准则却成为人类可望而不可即的境界。

不过，感谢人类历史中日益完善的公司法规和社会公认的商业道德，使得我们在追求企业利润的本能之中尚未完全迷失和堕落。芝加哥大学在对销售道德规范进行了数年研究之后，总结出以下 7 条帮助管理层建立道德规范的方法，目前已有 1 700 万人发现其行之有效：“真理高于一切”是处理所有人际关系的原则；对陌生的下属要首先赋予充分信任；对于那些值得信赖的人则更要充分信赖；要从无私的角度指导下属工作；对于新的销售和市场创意要抱着开放的心态，不要去追究其来源；在企业利益和个人利益之间选择前者；任何时间、任何地点都不要染指任何不诚实的钱财。

当然，对于一些刚刚成立的小公司来说，遵守这些严格的道德规范并非易事，它们迫于生存的需要，可能常常会放弃道德规范而作出其他选择。这就如同当一个销售人员面临是选择对客户有利还是拿更多回扣的时候，个人利益常常会首先跳出来一样。这也是为什么对于那些本身道德就不太高尚的销售人员，销售培训常常失效的原因。

1. 贿赂

贿赂也是销售道德中一个常见的复杂问题。有些公司觉得一定要提供贿赂，这又使竞争者也感受到了必须提供贿赂的压力。对销售人员来讲，眼看到手的生意要落入竞争者之手，就极有可能怂恿公司贿赂顾客。或者，如果他们拥有自主权的话，他们会篡

改津贴条款，以诱使顾客购买。

但是，公司和销售人员进行贿赂会带来一定的危险。如果是销售人员自作主张进行贿赂，就可能遭到解职；如果是公司有计划进行贿赂，那就是违法了。相当数量的美国公司（如洛克韦尔国际公司、联合品牌公司、洛克希德公司、海湾公司及其他公司）曾因为向国外的客户违法支付金钱而受到起诉，并被处以巨额罚款；许多涉及贿赂的个人被迫引咎辞职，即使他们认为他们是根据公司的授意行事的，他们还是会遭到解职，而且，他们获得另一份工作的希望也很渺茫。

除了法律上不允许外，如果贿赂达到了一定的数量，还会使销售生意的行为不再有利可图。因此，很多公司断然拒绝提供贿赂或“奖励”顾客。而且，从社会的观点看，贿赂行为也是应该遭到唾弃的。如果获得订单的不是最有效的制造商，而是有最多行贿基金的公司，作为一个整体的社会就会受到巨大损失，因为高效率没有受到褒扬。

2. 礼品

礼品的问题很容易与贿赂混淆。曾几何时，馈赠礼品之风盛行，甚至达到失控的局面。公司与公司竞相向顾客赠送更好的礼品。虽然礼品并非贿赂，但与贿赂相差无几。

在销售中使用礼品，并不表明所有的礼品绝对都是不符合道德的。如果礼品的用意是为了表达销售人员和他们的公司对一个朋友的问候，而这个朋友恰好又是购买者，很难认定这种礼品是不符合道德的。如果赠送的礼品是刻有公司和销售人员的名字的日历和钢笔，以使顾客记住他们，也很难对这种礼品提出非议。但是，如果当礼品成为获得生意的工具时，就理应受到批评。

然而，正如一位销售副总裁所说：“与公司不送礼相反的是，如今强调每个人都结成伙伴关系和建立长久关系。馈赠礼品是一种向你的顾客表达对他们与你做生意的感激之情的直观的方式。你仍然需要表达你很在意他们。”

有这样一个实验，他们选择了两组不同的顾客，每组各有5 000名顾客，连续两年只对其中一组的顾客赠送巧克力。结果，赠送巧克力的那个组的生意增长量大幅度超过没有赠送巧克力的一组。

销售人员该怎么做？如果公司的政策是禁止馈赠礼品，那么毫无疑问，就不要送礼；如果公司本身也送礼，则毫无疑问，可以送礼。然而，如果送礼与否完全由销售人员自己定夺，那就需要一些指导方针：馈赠礼品的金额要合情合理（否则就像是贿赂），只在重要的日子赠送礼品（如生日、合约签订日），特别当心假日礼品（如圣诞礼物不会受到犹太顾客的青睐），注意礼品的包装和内附的卡片（通常，后者表达的感情是至关重要的），不要送酒(即使顾客饮酒)。

3. 招待

在销售管理中，很多公司往往会限制许可的招待程度。这是因为，首先，招待会导致开销加大；其次，销售人员会觉得招待顾客可以替代有效的销售技巧，尽管招待绝不能取代优秀的产品和良好的销售服务；最后，招待有时会起反作用，因为，顾客可能认为销售人员企图用丰盛昂贵的午宴和晚餐诱使他们购买，因而会存有戒心。

不过，销售人员合乎情理地招待顾客，还是有益的，这有助于销售人员在更亲切的氛围下了解顾客。比起办公室不断受到干扰的环境，在工作午餐或晚餐的轻松气氛中，

顾客更能注意倾听销售人员的讲话。而且，招待顾客的午餐或晚餐也可以让销售人员在正常的工作日的例行工作中休息一下，以提高其关于销售的表述质量。

4. 互惠

在工业领域，一个公司通常既是其他公司的用户，又是供应商。有些公司甚至明文规定，除了其他一切相同，它们的顾客还应享有特殊的优待。但是在某种情况下，销售人员可能会暗示："如果你不从我公司购买，我也不会向你公司购买。"这显然是一种商业敲诈行为，很多购买者也这样看。因此，这也会给销售人员带来不利。即使这种行为在某个行业非常普及，销售人员也可能因为太倚重互惠行为，而忽略提供良好的销售和服务，尽管有互惠关系，最终仍会丧失顾客。

3.4 销售的法律责任与法律管理

3.4.1 与销售活动相关的法律

在销售活动中，销售人员和经理需要掌握基本的相关法律知识。表 3-1 列出了一些与销售活动相关的重要法规。

表 3-1 与国内销售活动相关的法律

法　律	颁布及实施日期	立法目的
中华人民共和国消费者权益保护法	2013 年 10 月 25 日颁布，2014 年 3 月 15 日起施行	确定消费者具有的基本权利，保护消费者的合法权益，维护社会经济秩序，促进社会主义市场经济健康发展。
中华人民共和国产品质量法	1993 年 2 月 22 日颁布，1993 年 9 月 1 日起施行，2009 年 8 月 27 日二次修正	加强对产品质量的监督管理，明确产品质量责任，保护用户、消费者的合法权益，维护社会经济秩序。
中华人民共和国广告法	1994 年 10 月 27 日颁布，1995 年 2 月 1 日起施行，2015 年 4 月 24 日二次修正，2015 年 9 月 1 日起实施	规范广告活动，促进广告业的健康发展，保护消费者的合法权益，维 护社会经济秩序，发挥广告在社会主义市场经济中的积极作用。
中华人民共和国合同法	1999 年 3 月 15 日颁布，1999 年 10 月 1 日起施行	保护合同当事人的合法权益，维护社会经济秩序，促进社会主义现代化建设。
中华人民共和国价格法	1997 年 12 月 29 日颁布，1998 年 5 月 1 日起施行	规范价格行为，发挥价格合理配置资源的作用，稳定市场价格总水平，保护消费者和企业的合法权益，促进社会主义市场经济健康发展。
中华人民共和国反垄断法	2007 年 8 月 30 日颁布，2008 年 8 月 1 日起施行	预防和制止垄断行为，保护市场公平竞争，提高经济运行效率，维护消费者利益和社会公共利益，促进社会主义市场经济健康发展。
零售商促销行为管理办法	2006 年 9 月 12 日颁布，2006 年 10 月 15 日起施行	规范零售商的促销行为，保障消费者的合法权益，维护公平竞争秩序和社会公共利益，促进零售行业健康有序发展。

续表

法　律	颁布及实施日期	立法目的
商业特许经营管理条例	2007年2月6日颁布，2007年5月1日起施行	规范商业特许经营行为，保护当事人的合法权益，促进商业特许经营健康有序发展。
直销管理条例	2005年8月23日颁布，2005年12月1日起施行	规范直销行为，加强对直销活动的监管，防止欺诈，保护消费者的合法权益和社会公共利益。

研究和销售实践表明，销售人员在工作中面临许多法律和道德上的选择。如低价销售作为一种竞争策略，如果经营者或销售者将其作为进行正当价格竞争或让利促销的手段，法律将对其予以认可或保护；然而，如果经营者或销售者为了排挤竞争对手，进行不正当低价销售，破坏竞争，则法律会将其作为一种不正当竞争行为予以禁止。另外，在销售活动中，对于抽奖式有奖销售，应该禁止其中的欺骗性有奖销售和巨奖销售，而对于附赠式有奖销售，其作为一种有效的竞争手段是不应当受到禁止或限制的，因此，我国《反不正当竞争法》没有禁止和限制附赠式有奖销售的相关规定。作为销售从业人员，必须认真研读和有效运用我国现有的法律规范，避免陷入违法的泥潭，同时也运用法律争取与保护自己和企业的利益，做到用好法律、助力销售。

案例　销售者欧阳绍新诉广州百事可乐公司生产的饮料中有异物影响其营业赔偿损失案

【案情】

欧阳绍新是广州市海珠区新记食杂店的业主，该食杂店经工商登记的资金数额为2000元，个体工商户，主营其他副食品。1997年12月31日，欧阳绍新在出售给一名顾客的一瓶200 mL玻璃瓶装百事可乐饮料里发现有一支折叠的塑料吸管，便将该瓶百事可乐饮料保存下来，并拍摄了相片，至今瓶盖尚未开启。该瓶百事可乐饮料是欧阳绍新向第三人广州市荔湾全兴饮料经营部分部所购的整箱（每箱24瓶）中的一瓶。事后，欧阳绍新与被告广州百事可乐饮料有限公司交涉未果，遂向广州市海珠区人民法院提起诉讼称，自己是被告广州百事可乐饮料有限公司的长期客户，一直为该公司销售百事可乐的系列产品。此次事件发生时，该顾客说其卖伪劣产品，引起众多的群众围观。事后，附近的街坊群众都流传其所经营的“新记食品店”卖伪劣产品，致使几个月来其销售额直线下降，名声变坏。要求被告赔偿营业损失30 500元、精神损失费3万元、照片费用58元、交通费127.5元、电话费34.5元、误工费875元，共计61 595元，并要求被告为其消除影响、恢复名誉。

广州百事可乐饮料有限公司答辩称：原告所述的那瓶百事可乐饮料是本公司的产品。因原告每月只销售1至2箱，最多不超过4箱的百事可乐饮料，此事情的发生不可能给原告带来如原告所述的损失，原告主张的损失是没有依据的，只同意给原告补偿照片费用、交通费、电话费、误工费合计500元。不同意原告的其他诉讼请求。

第三人全兴饮料分部述称：原告所述的那瓶百事可乐饮料从其处购买属实。

【审判】

广州市海珠区人民法院经审理还查明：原告与被告在1997年11月10日分别签订了两套（1个胶箱和24瓶玻璃瓶为1套）瓶箱借用协议书和1把太阳伞使用协议书，期限为1年。该院认为：第三人售给原告的百事可乐饮料，其中有一瓶瓶盖未开启的饮料里有1支塑料吸管，该瓶饮料存在危及人身健康之虞，因此，该产品的生产者对此应承担相应的民事责任，被告对原告的该瓶饮料应予更换，原告因此所支出的拍摄相片费用、交通费、电话费、误工费，被告理应予以赔偿。但原告提出的上述费用赔偿数额1 095元，既缺乏依据，也不合理。同时，原告提出的其他诉讼请求，亦超出被告对此应承担的责任范围，不予采纳和支持。被告同意赔偿原告相片费用、交通费、电话费、误工费500元，足以弥补原告的损失，予以确认。依据《中华人民共和国产品质量法》第十四条第一款、第二款第（一）项及《中华人民共和国民法通则》第一百二十二条、第一百三十四条第一款第（六）项、第（七）项之规定，该院于1998年9月24日判决如下。

第一，被告广州百事可乐饮料有限公司在本判决发生法律效力之日起7日内给原告欧阳绍新更换200 mL玻璃瓶装百事可乐饮料一瓶。

第二，被告广州百事可乐饮料有限公司在本判决发生法律效力之日起7日内赔偿原告欧阳绍新相片费用、交通费、电话费、误工费500元。

第三，驳回原告欧阳绍新的其他诉讼请求。

一审判决后，欧阳绍新不服，向广州市中级人民法院提起上诉称：因被上诉人生产的一瓶百事可乐饮料中有一支吸管被顾客当场发现，并指责其出售劣质产品，致使其名誉受到侵害，从而使其食杂店损失严重，一审判决不足以弥补其损失。坚持其在一审时所持的诉讼请求。

被上诉人广州百事可乐饮料有限公司答辩同意一审判决。

广州市中级人民法院经审理认为：生产者应对产品质量负责。现被上诉人生产的一瓶百事可乐饮料中存在一支塑料吸管，说明产品存在一定的缺陷，并对产品的销售者上诉人造成了损害，故被上诉人应承担相应的民事责任。原判决由被上诉人对上诉人支出的相片费用、交通费、电话费、误工费给予500元赔偿，数额恰当，应予支持。上诉人要求赔偿营业损失30 500元，精神损失3万元，却未能就其主张进行举证，本院不予支持。被上诉人表示愿意承担一、二审的诉讼费以示解决纠纷的诚意，本院予以接纳。依照《中华人民共和国民事诉讼法》第一百五十三条第一款第（一）项的规定，该院于1998年11月30日判决：驳回上诉，维持原判。一、二审诉讼费各2 458元，均由被上诉人广州百事可乐饮料有限公司负担。

【问题】

你对上述案例有何感想和看法？

3.4.2 销售合同

市场经济是一种契约经济，合同是维持契约关系的表现形式之一，是维持正常商品交换关系的一个重要手段，也是联结人类社会经济关系的一个重要纽带。因此，合同管理，尤其是销售合同管理也就成了企业经营管理中的一项重要内容，是企业管理的一个重要组成部分。合同管理规范与否，直接影响着企业的经济效益， 乃至影响着企业的生存。

根据 GB / T19001—2000 和 ISO9001：2000 标准的有关要求，销售合同管理主要包括三个环节，即合同签约前、合同签约时和合同签约后。

1. 合同签约前

合同签约前应该做哪些准备工作?有些人一般理解为就是与对方谈判，谈好合同内容就行，其实这样的理解是很片面的。企业与企业之间签订合同前的准备工作主要包括以下内容。

1) 识别并确定与产品有关的要求

企业只有充分了解与产品有关的全部要求后，才能通过满足要求使顾客满意，最终达到获取利润的目的。需要确定的与产品有关的要求包括如下内容。

(1) 顾客明确提出的要求，包括对产品固有特性的要求(如使用性能、可靠性等)，对产品交付方面的要求(如包装、交货期、运输方式等)，以及对产品支持方面的要求(如售后服务等)。

(2) 顾客虽然没有明确规定，但规定的用途或已知预期的用途是必然要包含的要求。此类要求一般由产品性能体现。

(3) 与产品有关的法律法规要求，一般有产品的技术标准和通用的国家标准。具体包括与产品和产品的实现过程有关的环境、安全、健康等方面的法律规范及规定。

(4) 企业自身确定的任何附加要求，如企业的承诺等。

2) 了解、审查顾客的资信情况，掌握对方的基本情况

主要目的是要查看顾客的诚信度，即是否具有履行合同的能力，是否具备签订合同的资格。一般包括以下两个方面的内容。

(1) 看顾客是否是在国家工商管理部门注册的合法的经济实体。

(2) 要了解顾客的经营情况、履约能力及诚信状况（是否按合同规定正常履约）。有些企业虽然还在经营，但经营状况不好，没有偿还债务能力或濒临破产，或者因故不按合同约定付款，若与这样的顾客签订合同势必存在一定的风险，给企业带来不必要的损失。

3）进行合同评审

进行合同评审的目的是通过评审以保证企业已经正确理解了与产品有关的要求，即理解了顾客欲购买产品的规格、型号及性能等，并确保企业有能力提供此类产品，实现这些要求。评审主要关注以下内容。

(1) 企业是否准确理解了前述的与产品有关的四项要求，并以适当的形式，如招投标书、合同、订单、技术协议、设计任务书等方式予以规定。

(2) 企业对质量标准(验收准则)是否有明确规定。

(3) 企业是否有能力满足包括对质量、数量、交付期等方面的相关要求。

(4) 成本预算及毛利润估算。

(5) 任何不一致的要求是否都得到解决。

2. 合同签约时

1) 选择适当的合同形式

根据《中华人民共和国合同法》规定，合同有书面形式、口头形式及其他形式。

本着规范管理、方便操作的原则，企业可选择不同的合同形式，一般能采用书面形式的尽量采用书面合同，书面合同最好采用国家推荐的示范合同文本。对于口头形式或其他形式的订货，要做好留存记录，尽可能详细问清楚合同的主要内容，防止双方在理解上产生误差，给合同执行带来问题；同时，当承诺顾客可执行合同时最好打电话确认，或让顾客发传真留作证据。

2) 审查合同的书写格式

国家推荐的示范合同文本应逐项规范填全，应仔细斟酌合同条款，减少缺项。合同的主要条款包括双方当事人的名称和住所、标的、规格型号、计量单位、数量、执行的质量标准(验收准则)、价款或报酬、履行期限、地点和方式、违约责任、解决争议或纠纷的方法等，还应注明联系人及联系电话、传真等。

3) 注意合同用词

合同一旦签订，对双方均具有法律约束力，因此，其用词一定要准确、恰当，防止因含糊、模棱两可的用词而引起双方理解上的歧义，给合同履行带来不必要的麻烦，或产生不必要的纠纷。

4) 查验顾客签约代理人的资格

主要查验：是否有授权？授权的范围与所拟签合同内容是否一致？是否在授权期限内？其目的在于确保所签合同的法律效力，同时也是为了预防合同诈骗，防止不必要的损失。

3. 合同签约后

合同一旦签约就形成法律上的契约关系，双方均应严格遵照执行。为了确保合同全面、恰当和如期履行，应注意以下问题。

1) 合同传递

将合同信息完整、准确、及时地传递到企业内部的设计、采购、生产等相关部门，以便组织生产。

2) 合同管理

现代企业的合同管理应当全方位、全过程地进行，有条件的还应实行电子化管理。一般建议设置专门机构或专/兼职人员管理合同，建立相应的合同管理制度，使合同管理规范化、科学化，并成为企业管理制度的一部分。加强合同专用章、公章、法人委托书的管理与使用，防止使用不当而给企业造成损失。同时，应建立合同台账和客户档案，对客户的资信情况和档案、每一笔合同的执行情况，以及客户履约(付款)情况、互访情况等进行详细记载。

3) 常与顾客保持联络

经常与顾客保持联络，一方面可加强与顾客的交流、沟通，增进了解和友谊，另一方面可及时了解顾客的需求变化，以便及时对合同或订单进行修订。修订后的合同也应经过评审、与顾客沟通确认，并及时传递。

4) 合同履行监督及违约纠纷的处理

合同关系是一种法律关系，违约是违法行为，要承担相应的违约责任，一般要支付违约金、赔偿损失，严重者要付诸法律。对合同履行的监督显得尤为重要。所以，一定要关注合同的有效履行，尽可能预防或阻止违约行为的发生。一旦发生合同纠纷，要积极采用协商、仲裁或诉讼等方式，维护企业合法权益，减少经济损失。

综上所述,合同管理，尤其是销售合同管理是现代企业管理的一个重要组成部分。建立并实施全过程、全方位和科学的合同管理流程体系，尽可能做到事前预防、事中协调、事后补救，既可避免和减少因合同签订或履行带来的纠纷和损失，又可提高企业管理水平，并为企业经济效益的提高和企业的发展壮大奠定强有力的基础。

本章小结

销售伦理（sales ethics）是商业伦理学的一个应用分支，是指对销售策略、销售行为及机构道德的判断标准。所谓销售道德，就是在销售领域中，人们判定销售人员行为正确与否的标准。

作出道德决策，可从以下几个步骤着手：①认识两难问题，或选择性的影响因素；②根据理论或经验事实，确定选择依据；③列出选择；④作出决定。

美国营销协会（AMA）曾经规定销售人员必须遵守的道德规范包括：①营销人员的责任；②诚实公正；③在营销交易过程中各方的权利和义务；④组织关系。

在销售工作中，虽然所涉及的环节很多，但是，最为直接和重要的则是产品策略和促销策略。在这些策略的具体实施过程中，企业经营者和销售人员用什么样的观念来指导这些行为，在具体的实施中坚持什么样的伦理准则，直接关系到这些行为实施后所产生的社会效果，也关系到企业的形象，更进一步会影响到企业的经济效益。

销售伦理中应处理的各类关系，包括处理销售人员与竞争者的关系、销售人员与雇主的关系、销售人员与顾客的关系等。

在销售活动中，销售人员和经理需要掌握基本的相关法律知识，如广告法、产品质量法、消费者权益保护法、价格法、反不正当竞争法、零售商促销行为管理办法等。

合同管理，尤其是销售合同管理已成为企业经营管理中的一项重要内容，是企业管理的一个重要组成部分。根据 GB / T19001—2000 和 ISO9001：2000 标准的有关要求，销售合同管理主要包括三个环节，即合同签约前、合同签约时和合同签约后。

关键术语

销售伦理　　销售合同　　产品策略　　促销

参考文献

[1] 李佳. 销售假冒“惠普”、“联想”品牌产品，12 人受到法律惩处[N]. 中国消费者报，2007-01-01.

[2] 卢英慧，于银萍. 浅谈企业销售合同管理[J]. 经济论坛,2007(5).

[3] Thomas Wotruba R. A Comprehensive Framework for the Analysis of Ethical Behavior, with a Focus on Sales Organizations[J]. Journal of Personal Selling & Sales Management, 1990(10).

[4] 杰克•威尔纳. 如何帮助销售人员处理道德陷阱[J]. 商学院，2005(3):99.

思考题

1. 如何理解销售伦理在销售活动中的意义?
2. 正确描述道德决策行为模型。
3. 销售活动中的主要伦理问题有哪些?
4. 如何正确处理与竞争者的关系?
5. 销售合同管理的三个主要环节的内容有哪些?

案例研讨

案例 1　两个促销员的效果为何不同

大商场里正在搞优惠销售，品种主要是日化用品。有一种洗发水，是个新牌子，没有听说过。销售小姐说，这种洗发水刚刚上市，以半价供应，只售 1 000 瓶。

观者甚多，皆举棋不定。

销售小姐说，这种牌子的洗发水质量很好，它适合各种发质的人，而且有止痒去屑的功能。

有人说，洗发水都有这些功能。小姐说："其他品牌的洗发水酸碱度不一，可能伤害发质。而这种洗发水，能克服其他洗发水的弱点。"

小姐很会说，言下之意，这种品牌的洗发水比任何一款都要好，但仍是无人购买。

过了几天，换了另外一位销售小姐。仍旧有人在听销售小姐的介绍。小姐说："也许有人对这种品牌还不熟悉，可能用惯了其他品牌，但是这种品牌现在正在搞优惠，价格是其他品牌的一半。如果你试用它，你就会发现，这样的价格对你来说，是十分公道的……"结果，有许多人购买了这种洗发水。

（资料来源：流沙.商道即做人[J].公共关系，2001（12）.）

思考题

两位促销小姐所获得的效果不同，你认为原因何在?

案例 2　一起网络交易平台的商标侵权案

2013 年 7 月 17 日，江西省南昌市高新技术产业开发区人民法院（以下简称高新法院）审结了一起网络商标侵权纠纷案，判令被告淘宝网店经营者魏珍君停止使用侵权图案和文字，并赔偿原告广州流行美时尚商业股份有限公司（以下简称流行美公司）经济损失 1 万元，被告淘宝网不承担责任。这是江西省第一起网店商标侵权案，具有足够的警示意义。

2010 年 3 月，流行美公司向国家工商行政管理总局商标局申请"流行美"文字及 LOGO 的商标注册认证，商标局予以注册。流行美公司向公证机构申请了证据保全，于 2012 年 11 月在"绣兰阁"网店购买了 3 款相关商品。在公证员的监督下，对物品进行观察、拍照及记录。经流行美公司鉴定，上述 3 款产品与流行美公司销售产品存在差异，均非流行美公司生产或授权指定供应商生产，属假冒产品。 2012 年底，流行美公司向高新法院提起诉讼称，该公司"流行美"注册商标遭淘宝网店经营者侵权，遂将该网店经营者和淘宝网一起列为被告，告上法庭。

流行美公司称，在淘宝网络交易平台上有一家“绣兰阁”网店，未经流行美公司同意，在相同产品上使用“流行美”的 LOGO 及字体，使消费者混淆和误解该店铺是经流行美公司经营或授权的。公司还指出，网店店主使用公司的LOGO，为其网店吸引眼球、增加点击率，实施不正当竞争。经投诉后，“绣兰阁”网店对投诉拒不改正。该公司还认为，公司多次向淘宝网投诉，淘宝网不履行网络平台经营者义务，不采取相关技术手段屏蔽侵权网店、处理侵权店家，致使流行美公司的合法权益受到严重侵害。为此，请求法院判令两被告立即停止实施侵犯流行美公司注册商标权的行为，连带赔偿流行美公司经济损失 25 万元。在诉讼过程中，网店经营者魏珍君向法院辩称，“绣兰阁”网店没有使用“流行美”及玫瑰花商标作为商品名称或者店面装潢，更不会误导消费者，故无侵害流行美公司商标权的行为。“绣兰阁”网店对商品描述为流行美丽、流行美发是正当的产品介绍，不是使用流行美公司的注册商标来误导消费者。淘宝网则辩称，其作为网络服务提供者，不实施经营行为，也从未鼓励或允许卖家销售侵权商品。流行美公司在诉前通过淘宝网专门设立的知识产权投诉，后又以律师函投诉，淘宝网均及时处理，采取了删除链接等措施。

高新法院认为，判定被告的行为是否侵害商标权，应当根据被告的使用方式和目的及公众对产品的来源是否会产生误认、混淆来分析。网店经营者魏某在其经营的“绣兰阁”网店出售头发装饰品，在商品上使用“流行美发专柜正品”、“流行美丽正品”、“流行美人”等文字描述，其销售的商品与“流行美”商标核准使用的头发装饰品的同类，已达到使消费者混淆和误认的标准，系商标法规定的商标侵权行为，故认定魏某在其经营的“绣兰阁”网店使用与注册商标所核定使用“流行美”字样的行为侵害流行美公司商标权。淘宝网作为网络服务提供者，为淘宝网的用户提供交易平台，商品信息均由用户自行发布，淘宝网对魏某在淘宝网上注册及销售商品未收取任何费用，亦未介入魏珍君与他人的交易过程。淘宝网并无共同侵权故意，故不构成共同侵权。流行美公司投诉后，淘宝网删除了相关产品链接，提供了魏珍君的身份信息，已履行监管义务，不存在主观上的过错。因此，要求淘宝网承担连带责任不予支持。据此，高新法院作出判决，判令被告魏珍君停止使用侵权图案和文字，并赔偿原告经济损失 1 万元，淘宝网不承担责任。判决后，各方当事人目前均未提出上诉。

（资料来源：邝宪平.从一案件看商标侵权行为中网络交易平台的法律责任[EB/OL].法制网，2014-03-10.）

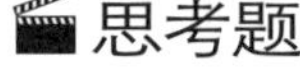

思考题

你对上述案例有何感想和看法？

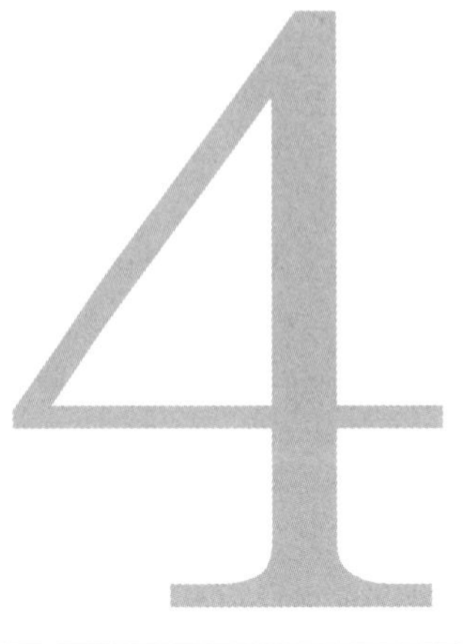

第 4 章　销售职责与准备

本章提要　销售工作对销售人员的要求既有共同之处，也有差异。本章介绍了销售人员的基本职责，完成销售拜访工作所需要的准备性工作。一般而言，销售人员的销售准备越充分，其拜访成功的可能性也越大。

引　　例

是不是销售部门的责任?

佳华化工公司是生产销售卫生面材的，销售经理谢兵在与客户的接触中发现客户经常抱怨以下几种现象：

（1）该材料在生产线上加工时，对员工的技术要求较高，拉力太大或太小都会影响最终产品的质量，同时在调试的过程中也增加了材料的浪费；

（2）售出的材料质量不稳定；

（3）时有交货不准时的现象。

面对这些现象，谢兵组织了一次部门会议，征求各销售人员的意见。

销售人员王强认为这几个问题都不是本部门所能解决的，最多只能把情况反映上去。销售人员张辉认为应该直接与生产部、技术部和运输部联系，以取得相关部门的支持。其他几个销售人员也认为这不是销售部的责任。作为销售经理，谢兵应该如何去做呢?

谢兵在仔细考虑之后，决定以书面报告的形式直接向公司总经理汇报。总经理李先生在看到报告后，立即把营销副总经理郑先生找来，要他负责解决这些问题。郑总看了报告后把销售经理谢兵找来，首先责备为什么不向他报告，后又指示谢兵与相关部门直接联系以解决这些问题。谢兵根据郑副总经理的指示先后与储运部、生产部、供应部、财务部进行联系，得到如下答复。

储运部：“因为没有成品，生产跟不上，找生产部门去。”

生产部：“原材料供应不及时，影响生产进度，找供应部门去”

供应部："没有足够的资金，找财务部。"

财务部："因为销售部回款不力，应收款占用大量资金。"

技术部："可以为客户提供技术支持。"

质管部："质量控制太严，无法交货。"

问题绕了一圈，又回到谢兵这里，可是谢兵也有话说："不就是这些问题，顾客才不按期付款的呀！"问题的关键在什么地方？谢兵现在该怎么做呢？作为销售经理，如何尽守职责？

4.1 销售人员的职责

虽然由于销售对象的差别，对销售工作和销售人员的要求不同，销售人员的具体活动也不尽一致，但一些基本的销售工作是绝大多数销售人员都应该完成的，属于销售人员的职责范围。一般而言，销售人员的工作流程及主要职责如图 4-1 所示。

图 4-1　销售人员的工作流程及主要职责

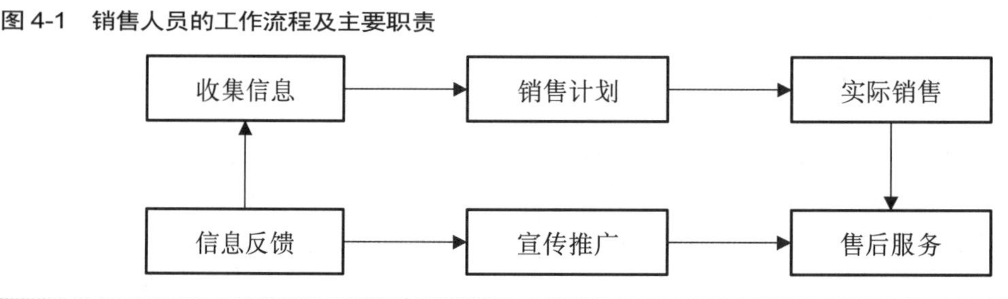

4.1.1 收集信息

在销售人员编制规划和向潜在的顾客进行实际销售之前，必须先收集有关的信息资料，其中包括有关本企业、产品、竞争对手和市场现状及发展趋势等方面的信息资料。

销售人员必须了解本企业的基本销售目标、销售哲学、经营方式和各项策略，特别要掌握与销售工作密切相关的资料，如信贷条件和交货期限等。

掌握产品知识是取得销售成功的关键，因此，销售人员必须掌握有关产品的全部知识，包括本企业产品与竞争对手的产品有什么不同和为什么不同，以及使用本企业产品所能得到的效益、产品的售后服务情况等。

任何一位训练有素的销售人员都知道，了解竞争对手的情况对本企业来说具有非常重要的意义。一般来讲，销售人员可通过年度报表、报章杂志、顾客、交易市场和对方广告等渠道去获取竞争对手的情报。应该了解的情况主要包括：①产品资料；②价格资料；③对方产品与本企业产品的主要区别；④对方销售人员的战略和战术；⑤对方产品的销售收益；⑥对方市场营销战略和战术的变化趋势。

进入市场的前提是对以上信息有了足量的收集与准确的分析，销售人员对产品市场方面的情况掌握得越多，就越能把销售工作做好。

4.1.2 销售计划

销售人员掌握了必需的信息资料之后，就应着手制订销售计划。这包括：预计可能购买、安排销售访问，拟定访问计划及确定合理有效的访问路线等。

（1）预计可能购买。根据购买者的潜在购买量和购买的可能性程度，把购买者划分成若干等级。顾客购买产品的可能性取决于多种因素，其中主要包括产品的特征和效益能满足购买者需求的程度以及购买者对现有产品的满意程度等。

（2）安排销售访问。凡是优秀的销售人员都能在销售之前妥善地安排销售访问。销售人员应确定重点访问对象，尽量排除那些不可能达成交易的洽谈，尽量减少无谓的时间浪费，有重点地确定潜在顾客的需求。

（3）拟订访问计划。有了确定的销售对象和做好了顾客的预计工作，便可编制访问计划以保证销售工作的顺利进行。要做好向顾客充分介绍产品特征的准备；制定访问的程序、步骤和方式等，甚至要逐字逐句地准备好访问洽谈的内容和发言提纲。

（4）确定访问路线。销售人员在制定销售洽谈的旅行路线时，要尽量减少旅途时间，这样既可节省差旅费，又能增加销售活动时间。

4.1.3 实际销售

在实际销售过程中，销售人员要争取引起购买者的注意和兴趣，促进购买者的购买欲望；利用提供产品鉴定证明、示范使用产品、请购买者亲自试用产品等方法，取得顾客信任；善于正确处理反对意见；运用一些策略和技巧达成交易。

（1）引起购买者的注意和兴趣。主要方法是说明本企业的产品如何能满足他们最主要的需求。

（2）促进潜在购买者的购买欲望和获得购买者对企业的信任。需求和信任可导致预计购买者作出购买决策。通常提供事实和具体指标是争取顾客需求和信任的最好办法，提供产品鉴定书也是必要措施之一。

（3）正确处理购买者的反对意见或顾客异议。只要销售人员能尽力为预计购买者提供满意的产品，反对意见就可能减少至最低程度。处理反对意见的有效办法是先表明同意这种意见，然后再设法使之转变为有利条件。

（4）达成交易。这是指预计购买者已经决定要购买。销售人员可以尝试用各种方法促成交易；大胆向对方请求订货；在洽谈中运用试探成交的语言；注意对方准备达成交易的信号，如询问价格、安装和维修等问题；尽量促使对方赞同产品的特征和优点；设法减少对方可能选择的方案；运用产品的各种保证书和担保条件；运用以往的经验来确定应该采取的最佳销售方式。

4.1.4 售后服务

服务是赢得顾客、巩固和扩大客户的重要手段。在产品销售出去之后，销售人员还必须与顾客保持经常的联系并继续为其服务，用最大的努力去获得顾客的满意。

首先，及时、勤奋地回访顾客，是巩固、稳定和提升顾客关系的最佳途径，经常与顾客联络，才能及时发现顾客对产品的意见而及时采取有效改进措施，获得顾客的大力支持。其次，尽量接受顾客退货，以维持企业信誉。最后，销售人员应充分履行安装、维修等服务方面的保证。

4.1.5　宣传推广

销售人员还应该掌握一些常用的宣传推广手段。如地域促销活动、口碑宣传、卖场气氛等。地域促销活动主要指区域内的各种促进销售的推广活动，要求考虑全面、组织缜密、执行到位，并进行及时的跟踪和评估。口碑宣传是指销售人员应运用面对面的宣传，建立、扩大、强化良好的口碑宣传网络。此外，卖场气氛往往也能极大地促进销售。卖场气氛主要的组成要素有售点广告（POP）、色彩、音乐以及服务人员的行为等。在良好的 POP 设计和布置之外，选用良好的色彩、音乐组合，而且通过培训、激励服务人员，使服务人员的行为成为活的景观，通过 POP、色彩、音乐、服务人员行为组合构成良好的卖场，也是销售人员的重要职责。

4.1.6　信息反馈

时刻注意搜集各种信息，并不断丰富完善顾客档案。顾客档案包括顾客的经济性质、规模、顾客经营网络范围、主营绩效、资信、经营管理者的个人背景等。在顾客档案中尤其值得一提的是必须建立顾客拜访记录簿、顾客进销记录簿、顾客通讯录等。这样才能有效掌控顾客资料，并为后续的工作做好充分准备。

4.2　销售准备

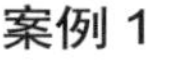

案例 1　**张某为什么不能成交？**

小张是北方某市一家生产特种水泥的国有企业的销售人员，前几年我国启动三峡工程，向工地或施工单位销售水泥等建筑材料是个热门。小张买了张飞机票，直达宜昌，并赶到某施工单位，通过多方联系，见到了该施工单位的总经理。

该施工单位的老总对特种水泥很感兴趣，并有意购买，但提出了两个条件：一是施工单位的需要量较大，特种水泥的价格应大幅度地降一降，降低到与一般水泥的价格比较接近的程度；二是由于投资额较大，需要花钱的地方多，希望采取分期付款的方法。

不料这个问题把销售人员张某难住了，因为他事先没来得及准备，也没有对这些问题进行过认真的思考。不过，张某还算比较灵活，答应马上与厂长联系。他立即向厂长拍了电报，不巧的是厂长正在北京开会，电报未能及时转给厂长。无巧不成书，就在张某焦急等待的时候，南方某水泥厂的销售人员李某也来到此地销售水泥。人家的水泥质量较好，而且价格便宜，并当场同意分期付款。当张某几天后收到“指示”再找到施工单位时，人家的买卖早就成交了。

不难分析，张某不能成交的原因就是其准备不周，对约见中的价格策略和收款问题及细节考虑不细、谋划不当，故导致销售失败。由此可见，销售前的准备是必要的。

而且要重视细节，考虑可能出现的各种问题，即使有非常丰富的销售经验，也不能骄傲自满。

与顾客第一次面对面的沟通，有效地拜访顾客，是销售迈向成功的第一步。只有在充分的准备下顾客拜访才能取得成功。“只要肯干活，就能卖出去”的观念已经过时了！取而代之的是“周详计划，省时省力”!

销售准备是指销售人员在拜访顾客之前所做的准备工作，主要内容包括个人礼仪、产品研究、收集并整理目标顾客的有关资料、制订销售计划等。销售对象不同，销售准备的内容也应有所差别。下面将分别从自我礼仪、产品研究、寻找潜在顾客、顾客资格审查、潜在顾客资料准备、销售访问计划制订以及约见顾客等方面予以介绍。

1. 自我礼仪准备

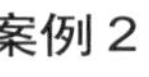

案例 2

一个有关衣着的小试验

美国著名时装设计师约翰·莫洛伊在其名著《成功的衣着》中讲述了一个试验。一位身着一套普通的蓝绿色西服，系印花棉布领带，脚穿一双磨破了的黑色鞋子的男士，要一家公司总部中的 50 名秘书替他查找文件，其中只有 12 人答应了他的要求。然而，当此人换了一套昂贵的蓝色西服和白色衬衣，系一条圆点花样的丝绒领带，脚穿一双名牌的多哥华皮革的尖翼形皮鞋之后，再要另外 50 名秘书为他查找文件时，结果有 42 人替他查找了他所需要的文件。这一试验表明：在人际交往中，衣着打扮具有举足轻重的作用。

销售，其实是一种信息传递与情绪转移，这一过程基本上就是对顾客的说服和教育过程。而要使你的顾客——受众，接受说服和教育，首先必须让他接纳和信任你。信任是一种感觉，顾客最初的信任感很多来自鉴貌辨色的视觉印象之形成。这包括销售人员的服饰、举止、表情以及开关门动作、走路方式、目光流动、体姿、坐态等给他的整体感受。

而且，销售对象大多是素不相识的陌生人，顾客在与你接触的瞬间，就会产生对你大致的印象感觉，从而决定喜欢、信任抑或是讨厌、排斥——这些将直接影响着销售的成败。所以，销售人员上门拜访要成功，就要选择与个性相适应的服装，以体现专业形象。

一般而言，常见的专业社交礼仪如表 4-1 所示。这就要求销售人员在正式拜访顾客之前对这些礼仪进行准备。与此同时，也要注意那些容易造成负面印象的动态视觉行为（见表 4-2）。

表 4-1　常见的专业社交礼仪

礼 仪 项 目	基 本 常 识
进门的礼仪	先敲门，即使顾客的门是开的
	进门时必须充满自信，与人有眼神的接触
	同时进门时应当让上司、女士先行

续表

礼仪项目	基本常识
握手的方式	与他人见面应当先握手以示友好
	握手时应当有力度，但要注意力度合适
	握手时应保持3秒，但也不可时间过久
自我介绍	向别人介绍时注意身份高贵的要最后介绍，先年轻后年老，先职位低后职位高，先次要后主要，先宾后主
办公室礼仪	保持心态轻松，遇事不可大声喧哗，应尽量保持冷静
	不能长时间谈私人电话
	进出办公室应当注意不要打搅对方
	未经同意不要吸烟，有女士在场必须首先征得女生的许可
接发名片的礼仪	接名片时应当双手迎接，并且需要当场阅读。如面前有桌子，应当将名片放于自己前方
	发送名片时应以顾客能够读懂的文字面朝上，双手呈上，并且递送的同时应当主动朗读自己的姓名、职业等
电话礼仪	必须在电话铃响三声以内接听
	和别人谈话，接听电话前需要向谈话者道歉
	在对方阐述时，要不时使用语气词使对方确认你正在听他讲话
	对于不清楚的方面一定要主动询问
	要养成听完对方表述的最后一句的习惯，不要插话或打断对方

表4-2　容易造成负面印象的动态视觉行为

目光表情	闪烁的、回避的、顾盼的、游移的、窥探的、盯视的、斜视的、阴郁的目光，并将视线停留在对方两眼与胸部之间的一个假定的三角区域作亲密注视
动作表情	皱鼻子、频繁眨眼、板着脸、咬嘴唇、伸舌头、冷笑、干笑、挤眼、蹙眉、撅嘴、撇嘴等
手势	手指某人、挖鼻孔、挖耳朵、搔头皮、摸耳朵、摸鼻子、揉眼睛、打榧子、捂嘴、擦拳、搓手等
体姿	走路摇摆、倚墙而立、手插裤兜、双腿抖动、脚轻击地、坐姿晃动、跨骑椅子、二郎腿、4字型架腿、跺脚、叉腰、袖手、背手、掌心向下握手、双臂环抱在胸前、双手交叉置于脑后、双臂交叉、双手叉腰等

当然，也应该意识到，销售人员西装革履公文包，能体现公司形象，在任何时候都是不错的选择。然而，有的时候还是要看被拜访的对象，双方着装反差太大反而会使对方不自在，无形中拉开了双方的距离。如建材销售人员经常要拜访设计师和总包工管理人员，对于前者当然要穿衬衫打领带以展示自己的专业形象，而对于后者若同样着装则有些不妥。由于施工工地环境所限，工作人员不可能讲究着装，如果穿太好的衣服跑工地，不要说与顾客交谈，可能连到办公室坐的地方都难找。所以有人提出，最好的着装方案是“顾客＋1”，也就是说应该只比顾客穿的好“一点”。这样既能体现对顾客的尊重，又不会拉开双方的距离。

2. 产品研究

1）分析产品

顾客根据自己的需求来购买需要的产品，因此对于产品的了解和介绍就成了销售人员不可或缺的准备工作。

在销售之前，销售人员需要认真了解自己公司产品的名称、性能、特点等。销售人员只有了解自己的产品，才能详细地向顾客说明产品能带给顾客什么利益，产品能满足顾客的哪些需要，由产品的质量、功能所决定自己销售的产品在满足顾客需求上能达到什么程度；只有了解自己的产品，才能圆满地回答顾客提出的疑问，从而消除顾客的异议；只有了解自己的产品，才能指导顾客更好地使用、保管产品，以便顾客重复购买。

一般而言，销售人员应分析产品的以下方面的知识：该商品能给顾客带来什么好处；它的生产方法；它的用途和使用方法；它与其他企业同类产品之间、不同类型产品之间的比较（优缺点、价格等）；它的市场状况如何；企业的交易条件、售后服务规定、财务结算知识，等等。

2）掌握产品相关政策

也就是要掌握公司的产品销售政策、价格政策和促销政策。尤其是在企业推出新的产品销售政策、价格政策和促销政策时，更要了解新的销售政策和促销政策的详细内容，特别是相对于以往政策的变动之处。当企业推出新产品时，销售人员要了解新产品的特点、卖点是什么。不了解新的销售政策，就无法用新的政策去吸引顾客；不了解新产品，也就无法向顾客销售新产品。

3）将产品销售给自己

首先要说服自己。一些销售人员喜欢抱怨自己业绩不好，抱怨顾客的诸多挑剔，却没有试过问问自己：如果自己是顾客，是否会被自己的解说打动，从而购买自己的产品吗？例如，一家公司曾举行了一次换位思考的调查，结果 90%以上的销售人员都认为如果自己是顾客，不会购买自己的产品。既然自己都不能说服自己，又怎么能说服顾客呢？所以，问题的根源还是在自己的身上。

销售人员可以经常问问自己："如果我是顾客，销售人员怎样解说我才会购买？"然后就可以按照设想的答案事先演练，这样面对真正的顾客时，就能做到胸有成竹。

其次，扮演最刁钻的顾客。在产品销售的过程中，如何打动顾客非常重要。确实有一些顾客对产品的要求比较高，会对销售人员提出各种问题，有时候会让销售人员难以招架。为了更好地完成销售解说，销售人员可以事先让自己扮演最刁钻的顾客，设想顾客可能会提出什么问题，有什么要求，自己应该怎么回答，找出和顾客沟通的最有效的途径，等等。

通过自己来扮演最刁钻的顾客，可以让销售人员更清楚了解顾客的心理，找到最好的解说方式，也有助于消除销售人员临场发挥的紧张情绪，在面对顾客的发问时从容不迫，对产品作出完美的解说。

3. 寻找潜在顾客

销售的基本原则是积极开发新顾客。销售人员必须经常寻找新的潜在顾客的原因有二：一是扩大销售额；二是取代因时间过久而失去的顾客。有数据显示，企业若不持续进行市场开拓，每年将会失去 30%～40%的顾客。所以说，寻找顾客是销售工作的

起点。但是在寻找顾客时，也不能大海捞针般地盲目寻找，除了依靠销售人员自身的努力以外，还必须掌握并正确运用各种基本的方法。

1）逐户访问法

逐户访问法也叫地毯式访问法，它是指销售人员在不太熟悉或完全不熟悉销售对象的情况下，普遍地、逐一地访问特定地区或特定职业的所有个人或组织，从中寻找自己的顾客。该方法是一种古老的销售方法，其关键之一在于无遗漏，不能放过任何一个有望成交的顾客；销售人员在人际交往方面的素质和能力也是成功的关键。

该方法具有多方面的优点：访问的范围宽，涉及顾客广，可借访问机会进行市场调查，了解顾客的需求倾向并挖掘潜在顾客；对于销售人员个人而言，也是练习与各种类型的顾客打交道并积累经验的好机会。然而，这种方法也具有很大的盲目性，一般家庭出于安全方面的考虑多会拒绝访问。而且，该方法需耗费大量的人力，若赠送样品则成本更高。

该方法的适用范围包括日常生活用品及服务，如小家电、化妆品、保险、家政服务等；也适用于工矿企业对中间商的销售或某些行业的上门销售。

2）广告搜寻法

广告搜寻法是指利用各种广告媒体来寻找顾客的销售方法，又称“广告开拓法”。具体地说，它是利用广告媒体来发布产品信息，并对产品进行宣传，由销售人员对被广告吸引来的顾客进行销售。

该方法具有传播速度快、传播范围广的优点，比较节约人力、物力和财力。然而，其广告费用日益昂贵，且企业难以掌握顾客的反应。这种方法的关键，一方面在于选择针对目标顾客的适当的媒介，另一方面广告的制作效果也极为重要。

3）连锁介绍法

连锁介绍法是指通过老顾客的介绍来寻找有可能购买该产品的其他顾客的一种方法，又称“介绍寻找法”或“无限寻找法”。该方法已成为企业常用的一种行之有效的销售方法。

连锁介绍法的优点在于可以减少销售过程中的盲目性，而且由于经人介绍，易取得信任感，因而成功率较高。该方法一般适用于寻找具有相同消费特点的顾客或在销售群体性较强的商品时采用。

4）名人介绍法

名人介绍法是指在某一特定的销售区域内选择一些有影响力的人物，使其成为自己的顾客，并获得其帮助和协作，将该范围内的销售对象转化为目标购买对象的销售方法，又称为“中心开花法”。名人介绍法的关键在于中心人物，也即名人，利用名人的影响力来扩大本企业及商品的影响力。因为名人往往是在某方面有所成就，因而成为为人尊重甚至崇拜的人物。名人具有相当的说服力，对广大消费者具有示范效应，因而容易取得他们的信任。但企业完全将成交的希望寄托在某一个人身上，风险比较大，而且选择恰当的人选是非常重要的。该方法的适用范围包括新产品、高级消费品或为企业创造声誉的产品。

5）会议寻找法

会议寻找法是指销售人员利用参加会议的机会，与其他与会者建立联系，寻找顾客的方法。这种会议寻找法，在人际交往时要注意技巧，以获得对方的信任（可暂时不

提或婉转提出销售意图)。该方法有时易引起对方的反感。

6）电话寻找法

电话寻找法是指以打电话的形式来寻找顾客的方法。采用该方法一定要注意谈话技巧。要能抓住对方注意力并引发其兴趣，否则极易遭到拒绝。注意通话的时机和时间长短也非常重要。

7）信函寻找法

信函寻找法是指以邮寄信函的方式来寻找目标顾客的方法。这种方法覆盖的范围比较广，涉及的顾客数量较多。但成本较高，时间较长，而且除非商品有特殊的吸引力，否则一般回复率较低。

8）资料查询法

资料查询法是指通过查阅各种有关的情报资料来寻找顾客的方法。目前，我国可供查询的有关资料有工商企业名录、商标公告、产品目录、各类统计年鉴、银行账号、专业团体会员名册、市场介绍、专业书报杂志、电话号码簿、邮政编码册等。

采用资料查询法，可以较快了解大致的市场容量和准顾客的情况，成本较低，但是时效性比较差。

9）市场咨询法

市场咨询法是指销售人员利用市场信息服务机构所提供的有偿咨询服务来寻找顾客的方法。在信息时代里，充斥着大量的信息。社会上出现了许多专门搜集市场信息的咨询机构，通过这些机构往往能获得许多有价值的信息。

利用市场咨询法寻找顾客，方便快捷，可节省销售人员的时间，但要注意咨询机构的可靠性。另外，咨询费用也是一个重要的问题。

10）个人观察法

个人观察法是指销售人员通过自己对周围环境的分析和判断来寻找顾客的方法。这种方法具有成本较低的优点，但对销售人员的观察能力和判断能力要求较高，且要求判断时要尽可能客观。

11）代理寻找法

代理寻找法是指利用代理人来销售商品，寻找顾客的方法。具体地说，是由代理人代理销售主体企业寻找顾客和销售商品，并从中提取中介费用。

12）委托助手法

委托助手法是指委托与顾客有联系的专门人士协助寻找顾客的方法。具体地说，是在受托人找到目标后，立即取得联系并进行销售访问或洽谈。

委托助手法可节省销售人员的时间，减轻其工作量。但助手的人选不易确定，而确定适当的助手又是该方法成功的关键。该方法适用于寻找耐用品和大宗货物的顾客，如房地产、大批灯具、大批西瓜等。

13）竞争插足法

竞争插足法是指渗透到竞争对手的销售市场中与之争夺顾客的一种寻找顾客的方法。该方法容易引起竞争者的报复行为。

14）行业突击法

行业突击法是指选择一些容易触发购买动机的行业作为销售访问的对象，进行集中性销售访问来寻找顾客的方法。采用该方法要求销售人员要关注经济发展的态势，关心国民经济产业结构的现状及其未来的发展趋势。采用该方法，若选择得当、使用得法，能够挖掘出大批的潜在顾客。

15）停购顾客启动法

停购顾客启动法是指销售人员在寻找潜在顾客时要搞清哪些顾客已经停购，分析停购的原因，把具有重新购买可能的顾客列入潜在顾客名单，通过启动措施，使他们成为目标顾客的方法。

4. 顾客资格审查

专题1

销售漏斗理论

是否所有的潜在顾客都能变成现实顾客呢？并不是这样。销售漏斗理论告诉我们，只有少数潜在顾客才能成为现实顾客，如图4-2所示。如果销售人员选择使用销售漏斗，他就能知道潜在顾客、准顾客和顾客的数目，他还能获知自己的销售活动的焦点指向哪里。

由图4-2可以看出，潜在顾客徘徊在漏斗的顶上，等待销售人员用标准一一过滤，然后将合格者推到下一层。在漏斗中第一层的潜在顾客经过销售人员的拜访与说服，会更加接近作出购买承诺，但必须有一定的购买力支持。漏斗变得越来越窄，反映出这样一个事实：很大一部分潜在顾客被淘汰掉，即有一定的筛选率。

这时，一些潜在顾客变成了准顾客。销售人员应采取必要步骤，如销售陈述、处理异议、促成交易等，将这些准顾客向下移或移出漏斗，使准顾客变成真正的顾客漏斗也变得越来越窄，同样表示有一些准顾客从漏斗中分离出去，现实顾客与顾客的比值即为成交率。通过销售人员的持续努力，走出漏斗的最终顾客可变为长期的支持者或合作伙伴。

销售漏斗示意图

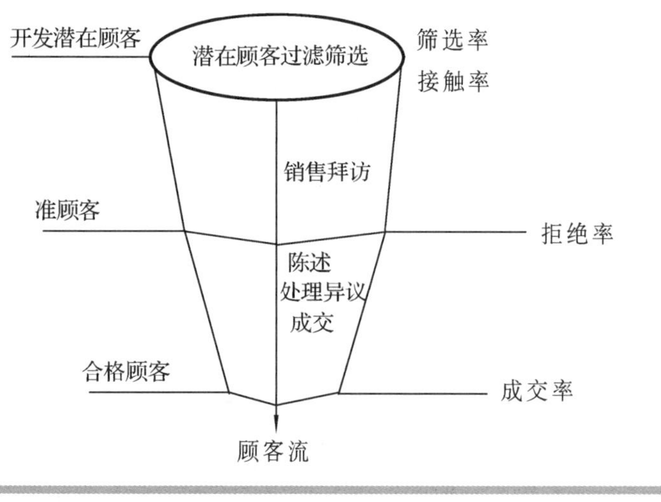

顾客资格审查就是对已选定的顾客，按一定的标准进行评审，以确定适当的目标顾客的行动。也就是销售人员在正式拜访之前，要判断出真正的销售对象，选出最有可能购买的顾客，避免做无用功，因而顾客资格审查又称“顾客评价”。

现代销售学认为，作为合格顾客的人（man），是由金钱（money）、权力（authority）和需要（need）这三个要素构成的，只有这三个要素均具备的才是合格的顾客。所以，一般而言，顾客资格审查包括顾客购买能力审查、顾客购买需要审查和顾客购买决策权审查等三方面的内容。

（1）顾客购买能力就是顾客购买产品时的支付能力。支付能力是判断一个准顾客能否成为目标顾客的首要条件。审查顾客的购买能力可以分为审查个人或家庭的支付能力和审查企业的支付能力两种。前者主要是调查消费者个人或家庭的经济收入状况；后者主要调查企业的经营状况、财务状况。购买能力调查难度较大，许多销售人员往往是自行作出判断。当然，销售人员可以设法自行调查或者让对方提供信用保证或担保。

（2）顾客购买需要审查是指销售人员通过有关资料的分析，确定某一顾客是否真正需要所销售的产品。审查的内容主要围绕是否需要、何时需要、需要多少等问题来进行。

（3）顾客购买决策权的审查，是指销售人员在向顾客销售产品时，一定要清楚谁是购买决策者。如果事先不对潜在顾客的购买决策权进行鉴定，就有可能事倍功半。

对于个人消费者是否具有决策权可以审查谁在家庭购买行为中起关键作用，谁是购买产品的倡议者，谁是购买产品的使用者。对于企业集团消费，销售人员必须了解团体顾客内部的组织结构、人际关系、决策系统与决策方式，掌握其内部管理者的相对权限，向有决策权的管理者销售产品。通常根据产品的属性、购买量的多少来确定谁是购买决策人。

5. 潜在顾客资料的准备

1）个体准顾客的资料准备

约见个人购买者，最重要的是对其个人背景资料有一定的掌握，具体说来，应包括以下几个方面。

（1）个人基本情况。主要包括姓名、年龄、性别、民族、出生地、文化、性格、居住地、邮政编码、电话号码等等。尤其是在爱好和忌讳的有关方面，更应注意尽量投其所好，不要冒犯了顾客。

（2）家庭及其成员情况。主要包括所属单位、职业、职务、收入情况和家庭成员的价值观念、特殊偏好、购买与消费的参考群体等资料。尤其要调查该家庭最有影响力的人物的好恶情况。

（3）需求内容。主要包括购买的主要动机、需求的详细内容和需求特点、需求的排列顺序、可能的购买能力、购买决策权限范围、购买行为规律等。

对于个体准顾客的资料准备重点放在需求内容和顾客的爱好和忌讳上。一般而言，销售人员可以通过顾客资料卡来进行资料准备。常见的顾客资料卡如表 4-3 所示。

表 4-3　顾客资料卡

姓名		性别		年龄	
住址		邮编		电话	

续表

工作单位			职务		民族	
家属	姓名	关系	年龄	职业	备注	
特长爱好						
性格						
销售方法						
访问记录						
备注						

案例 3

顾客资料的收集

销售人员小刘每次拜访顾客前，都会大量搜集顾客的资料，因为这是打开谈话僵局的重要手段。一般来讲，他总会在互联网上用“Google”和“Baidu”的搜索引擎来查阅资料，将与顾客有关的资料都调出来，仔细地研究一下。掌握了相关资料后，他又通过各种方法了解要接触的顾客个人资料，看顾客是哪里人，家庭怎么样，今年的工作目标是什么，等等。这为创造好的开场白做准备。

2）组织市场准顾客的资料准备

组织市场购买行为变得更为复杂，更有价值。组织市场准顾客主体同时兼有法人代表与个人代表两种社会角色，进行购买决策时会同时考虑组织与个人两方面的利益。因此，销售人员准备的资料应比个体准顾客更充分。

（1）了解组织的基本情况。包括法人购买者的机构名称、品牌商标、营业地点、规模等。此外，销售人员还应了解法人顾客的所有制性质、注册资本、职工人数、交通条件、成立时间，以及姓名、电话号码、传真号码等联系方式。

（2）了解组织购买者的生产经营情况。组织顾客的生产经营情况对其购买行为有着较为直接的影响。因此，在接近组织顾客之前，销售人员应尽可能全面地了解其生产经营情况，包括其生产经营范围、生产能力、资信与财务状况、设备技术水平和技术改造方向、企业的市场营销组合、市场竞争状况，以及企业发展方向等方面的内容。

（3）了解法人购买者的采购习惯。一般来说，不同的法人顾客有各自不同的采购习惯，包括采购对象的选择、购买途径、购买周期、购买批量、结算方式等方面都可能有差异。在准备工作的过程中，销售人员要对组织顾客的采购习惯进行认真、全面、细致的分析，再结合销售产品的特征和性能，确定能否向顾客提供新的利益以及组织顾客对所销售的产品采购的可能性。

（4）了解法人购买者的组织结构和人事状况。销售人员不仅要了解法人顾客的近远期目标、规章制度和办事程序，而且要了解它的组织结构和人事状况、人际关系以及关键人物的职权范围与工作作风等方面的内容。在接近组织顾客之前，了解和掌握机构

的组织结构和人事状况，有针对性地开展销售接近，对促进销售活动的进一步顺利进行显得非常重要。

3）老顾客的资料准备

老顾客是销售人员熟悉的、比较固定的买主。保持与老顾客的密切联系，是销售人员保证顾客队伍的稳定，取得良好销售业绩的重要条件。对老顾客的接近准备工作，不同于对新寻找的目标顾客的准备工作，因为销售人员对老顾客已经有了一定程度的了解，主要是对原有资料的补充和调整，是对原有资料错漏、不清楚、不确切等方面进行的及时修订和补充，是对原有顾客关系管理工作的延续。那么，在约见老顾客前，应该做哪些准备呢？

（1）重温老顾客的基本情况。应该注意和重视在见面之前对老顾客原有情况进行温习与准备，通过温习，在见面时可以从这些内容入手进行寒暄，这样会使顾客感到较为亲切。

（2）密切关注老顾客的变动情况。对原来档案中的资料，最重要的一方面就是审查一下是否有变动。因此，各项资料都应逐一审查，并加以核对。

（3）掌握老顾客的反馈信息。对于老顾客而言，销售人员再一次拜访接近前，应该先了解老顾客（无论是个体顾客还是团体顾客）上一次成交后的情况反馈。顾客反馈的内容是多方面的，主要包括供货时间、产品价格、产品质量、使用效果和售后服务等。

6. 制订销售访问计划

销售计划管理既包括如何制定一个切实可行的销售目标，也包括实施这一目标的方法。制订销售计划有助于销售人员合理安排和利用时间，也有助于建立信心，可以帮助销售人员在买卖方之间营造友好的氛围，还可以节省时间并时常增加销售额。

（1）制定销售拜访目标。顾客拜访目标分为销售目标和行政目标。销售目标包括要求老顾客增加订货量或品种、向老顾客推荐现有产品中尚未经营的产品、介绍新产品、要求新顾客下订单等。行政目标包括收回账款、处理投诉、传达政策、建立与顾客的关系等。

（2）访问时间和访问路线的安排。拖延不会给销售人员带来任何好处，所以销售人员每天应拿出一定的时间用于寻找潜在顾客，例如每天一小时，并把它列入每天的工作计划中。在与现有顾客接触之余，销售人员也可以挤出时间与潜在顾客保持联系。销售人员要制订潜在顾客拜访计划，以保持一定的销售额增长率。此外，销售人员还应该对访问路线进行安排，以实现在最短时间内访问到尽可能多的顾客。一般来说，访问时间能够预约安排下来将有助于成功，而访问地点与环境应具有不易受外界干扰的特点。

案例4 百事公司销售人员拜访顾客前的准备

计划性拜访顾客是百事可乐最为独特的服务策略之一。百事公司的直销人员（小店销售代表），一般每个人都拥有大约100家以上（不同地区顾客拥有量有所不同）稳定、成熟的小店顾客。而像小型食杂店、冷饮摊点、餐厅之类的小店顾客，由于其自身的经营规模、资金都有限，因此所要求的单位进货量就比较低，但对进货频率的要求却非常高。

百事可乐公司要求所有的销售人员在每天的销售过程中，必须按照公司制定的、颇具规范性和模式化的“计划拜访八步骤”来拜访小店顾客。“拜访八步骤”是百事可乐服务顾客、制胜终端的犀利武器，被喻为计划性拜访顾客的“天龙八步”。而其中第一步，也是非常重要的一步就是销售准备工作。

销售人员每次在拜访顾客前，都要做好相应的准备工作。这些工作主要包括如下内容。

(1) 检查个人的仪表。销售人员是公司的“形象大使”，百事公司要求销售人员的外表和服装要整洁、胡子要刮干净、不得留长发、皮鞋要擦亮、夏天不准穿凉鞋和拖鞋、手指甲要干净且不留长指甲，还要保持自身交通工具（百事公司配发的摩托车、自行车等）的清洁，等等。

(2) 检查顾客资料。百事公司采用的是线路“预售制”销售模式，所以销售人员每天都要按照固定的线路走访顾客。这样在拜访顾客之前就需要检查并携带今天所要访问顾客的资料，这些资料主要包括当天线路的顾客卡、线路拜访表、装送单（订单）、业绩报告等。

(3) 准备产品生动化材料。主要包括商标（品牌贴纸）、海报、价格牌、促销牌、冷饮设备贴纸以及餐牌 POP。销售人员在小店内充分合理地利用这些生动化材料，可以正确地向消费者传递产品信息，有效地刺激消费者的购买欲望，从而建立百事品牌的良好形象。

(4) 准备清洁用品。带上干净的抹布，用来帮助小店清洁陈列的百事产品。

销售人员做好这些准备工作后，接下来就可以离开公司，按照计划拜访的路线来开始一天的工作了。

(3) 拟订现场作业计划。即针对一些具体细节、问题和要求来设计一些行动的提要。在对产品有了深入了解的情况下不妨将产品的功能、特点、交易条款以及售后服务等综合归纳为少而精的要点，作为销售时把握的中心；设想对方可能提出的问题，并设计回答，经验不丰富的销售人员一定要多花一些时间在这上面，以做到有备无患。

(4) 制定销售工具清单。“工欲善其事，必先利其器”，一位优秀的销售人员除了应具备锲而不舍的精神外，一份完整的销售工具清单是绝对不可缺少的战斗武器。调查表明，销售人员在拜访顾客时，利用销售工具，可以降低 50%的劳动成本，提高 10%的成功率，提高 100%的销售质量。

在销售介绍时除了要带上自己精心准备好的产品说明书、企业宣传资料和各种资料（如样品、宣传品、纪念品、照片、鉴定书、有关剪报、录像带、价格表等），还要带上介绍自我的材料（如名片、介绍信、工作证、法人委托书、项目委托证明等），带上证明企业合法性的证件或其复印件也是非常必要的。最后还应带上一些达成交易所需的材料，如订单、合同文本、预收定金凭证、计算器、笔记本、钢笔等。

7. 约见顾客

约见顾客是指销售人员实现征得顾客同意接近的活动，其主要目的，一是为接近顾客铺平道路，避免贸然闯入易遭拒绝的情况；二是为了提高访问效率，避免等待时间的浪费。

1）约见的内容

（1）确定销售访问对象。要进行销售访问，首先要确定访问对象，即确定与对方哪个或哪几个人接触。销售人员应尽量设法直接约见顾客的购买决策人，或者是对购买决策具有重要影响的人物，避免在无决策权和无关的人身上浪费时间。为能顺利地约见主要人物，销售人员应尊重有关的接待人员。销售人员应在言行中把他们当做同等重要的人，从而取得他们的合作与支持。

（2）确定销售访问事由。确定销售访问事由是约见的重要内容。顾客通常根据访问事由来决定是否约见。销售访问的目的最终都是为了销售产品。然而，每次访问的目的是不一样的，可能是投石问路、留下印象、市场调查、签订合同、提供服务、收取货款、联络感情，或者是为进一步交往而寻找借口。除非销售人员确实知道顾客正需要这种产品，通常销售人员不会把销售产品作为约见顾客的理由，而选择其他事由易于让顾客接受。销售人员应该根据自己的实际情况、公司情况、顾客情况，选择最有利的约见事由。

（3）确定销售访问时间。销售人员应尽量替顾客着想，最好由顾客确定或由顾客主动安排时间。销售人员还应根据访问对象的特点确定见面时间，避免在顾客最忙碌的时间约见顾客。销售人员应视所销售产品与服务内容特点确定约见与访问的时间。使时间更能衬托产品的优势与服务内容的重要性，如能选择与结合顾客的心境状态则更好。当顾客的时间与销售人员的时间安排有矛盾时，应尽量迁就与尊重顾客的意图。如销售人员与另外的顾客有约在先而发生时间上的冲突时，应如实向前面的约见对象说清楚。约见时间与规定一旦明确，销售人员应立即用笔记录在案，并且应严守信用，克服困难，准时到达约见地点。此外，销售人员还应根据不同的拜访目的选择日期与时间，见面的具体时间应考虑交通、地点、路线、天气以及人物活动规律后再确定。

（4）确定销售访问地点。在什么地方见面也是约见时要确定的主要内容之一。销售人员应按约见对象的要求去选择合适的地点。可以选择一些公共场所，如展览厅、订货会，货栈、洽谈室等，也可以把公共娱乐场所作为约见地点，如咖啡厅、舞厅、音乐茶座等。但太嘈杂与来往人员太多之地只能作为礼节性拜访、初次认识、联络感情的场所，绝不能作为进行实质性谈判的地方。

专题 2

销售人员拜访顾客的最佳时间

不少销售人员失败的原因不在于主观不努力，而是由于选择的约见时间欠佳。要掌握最佳的时机，一方面要广泛收集顾客信息资料，做到知彼知己；另一方面要培养自己的职业敏感，相机行事。下面几种情况，可能是销售人员拜访顾客的最佳时间。

（1）顾客刚开张营业，正需要产品或服务的时候。

（2）对方遇到喜事吉庆（如晋升提拔、获得某种奖励等）的时候。

（3）顾客刚领到工资或增加工资级别，心情愉快的时候。

（4）节日、假日之际，或者碰上对方厂庆纪念、大楼奠基、工程竣工之际。

（5）顾客遇到暂时困难，急需帮助的时候。

（6）顾客对原先的产品有意见，对销售人员的竞争对手最不满意的时候。

（7）下雨、下雪的时候。在通常情况下，人们不愿在暴风雨、严寒、酷暑、大雪冰封的时候前往拜访，但许多经验表明，这些场合正是销售人员上门访问的绝好时机，因为在这样的环境下前往销售，往往会显示诚意。

2）约见顾客的四种方法

（1）书信约见。书信约见是销售人员利用各种信函约见顾客的一种联系方法。这些信函通常包括个人书信、会议通知、社交请柬、广告函件等，其中采用个人通信的形式效果最好。

销售人员在进行书信约见时，要注意以下几点。①文辞恳切。一封言辞恳切的信函，往往能博得顾客的信任与好感，也可使对方同意见面的机会大大增加。②简单明了。销售人员用书信与顾客约见时，应尽可能做到言简意赅，只要将预约的时间、地点和理由向对方说清楚即可，切不可长篇大论。③投其所好。约见书信必须以说服顾客为中心内容，投其所好，供其所需，以顾客的利益为主线劝说对方接受约见要求。

（2）电子邮件约见。在当今因特网的应用越来越普及的时代，电子邮件为销售人员提供了新的销售手段。电子邮件约见的前提是要知道对方的邮件地址。当今，有许多人的名片上都留有电子邮件地址。销售人员应该充分利用这一新兴的联系手段，或许会因此得到意想不到的收获。另外，网上联系成本低，方便、快捷，还可在邮件中附有产品或服务的简介。而且，电子邮件不受上班时间的限制，很多公司负责人是在闲暇时或心情比较好的时候才上网查看邮件的，这也有利于提高约见的成功率。需要注意的是，一定要突出最能吸引对方的特点，不可像做广告一样发送电子邮件。另外，电子邮件配合电话等工具，可能会收到更好的效果，因为，在电话中虽然很难把事情讲得翔实，但是电话可以提醒对方去查看电子邮箱。

（3）电话约见。电话约见是现代销售活动中常用的方法，它最能突破时间与空间的限制，迅速、方便，与书信相比可节省大量时间及不必要的费用。由于顾客与销售人员之间缺乏相互了解，电话约见也最容易引起顾客的猜忌，所以销售人员必须熟悉电话约见的原则，掌握电话约见的正确方法。一次有效的电话约见应注意以下几个方面。①提供一个明确的、简单的对打电话的原因陈述。陈述时必须注意：清楚表明事实；必须用尽可能少的词句，不要在电话中讨论业务。②用一个对目标顾客的问话结束。这样做的目的一是可以使谈话继续下去，使顾客顺着销售人员的话题来进行；二是避免遭受顾客的盘问。③把需要问的问题排列好。这可避免销售人员忘记重要内容。④对所有顾客可能提的问题准备好回答。即兴回答问题，失败的可能性将增加10倍；经过仔细考虑的回答，才会轻松、可信和更为有效。

（4）当面约见。当面约见是销售人员对顾客进行当面联系拜访的方法。这种约见简便易行，也极为常见。销售人员可以利用各种与顾客见面的机会进行约见，如在列车上与顾客相识的时候、在被第三者介绍熟悉的时候、在起身告辞的时候都可以成为销售人员与对方约见的机会。在许多场合，当面约见是在顾客不知其事、毫无准备的情况下进行的。

本章小结

一般而言，销售人员在日常工作中所从事的具体活动可能会因为产品、销售对象，以及具体销售工作和销售人员的要求不同而有所差异。但是，一些基本的销售工作是绝大多数销售人员都应该完成的，属于销售人员的职责范围之内。这包括收集信息、制订销售计划、进行实际销售、售后服务、宣传推广以及信息反馈等方面。销售人员的基本职责就是做好这些工作。

而要顺利完成一次销售拜访活动，销售人员出发前的准备工作是必不可少的。具体来讲，销售准备包括：销售人员个人礼仪，对所销售的产品进行研究，寻找到潜在的顾客并进行资格审查，搜集准顾客资料，制订正式销售拜访计划，约见顾客等方面。销售人员的销售准备越充分，其拜访成功的可能性也就越大。

关键术语

销售准备	逐户访问法	名人介绍法
停购顾客启动法	顾客资格审查	约见顾客

参考文献

[1] 熊银解.销售管理[M]．北京：高等教育出版社，2001．
[2] 欧阳小珍.销售管理[M]．武汉：武汉大学出版社，2003．
[3] 宋辉.快速消费品销售技能训练[M]．北京：企业管理出版社，2004．
[4] 杨丹妮.推销人自身视觉元素印象整饰操作举要[J]．商业时代，2005（11）．
[5] 赵志奇，时昌堡.容易忽略的 6 个销售细节[J]．企业文化，2005（04）．
[6] 李先国，杨晶.寻找顾客 15 法[J]．市场营销，2001（06）．
[7] 陆和平.工业品成功销售第一步[J]．销售与市场（职场版），2006（08）．
[8] 李铁君.拜访客户，百事施展“天龙八步”[N]．经理日报，2004-01-31．

思考题

1. 销售人员的主要职责有哪些?
2. 销售人员在拜访顾客之前应该做哪些方面的准备工作?
3. 寻找顾客的常用方法有哪些?
4. 顾客购买资格审查的内容包括哪些方面?
5. 销售人员拜访顾客之前如何制定销售访问计划?
6. 销售人员在进行顾客约见时，需要确定哪些内容?
7. 请阅读以下情景，并评价这位销售人员的调查准备工作做得怎么样?

一位销售人员正在说服拉基斯先生购买他的机器。

销售人员：拉基斯先生，你好吗？

拉基斯先生：好。

销售人员：太太和孩子们都好吗？

拉基斯先生：都好。

销售人员：好，你们家的玫瑰长得怎么样了？

拉基斯先生：好。我已经说了好多“好”了。

销售人员：好，好，好。我想你会喜欢这东西的，这是你们要买的机器。结实轻巧，携带方便。比其他机器的生产速度快28%，但它的购买费用仅贵5%，并有9种不同的颜色。

拉基斯先生：很好。但你应该知道，自从公司调整后，我不再有权决定购买它们了。现在只有维利先生有权决定是否购买。

销售人员：什么？真是遗憾。好吧，我现在去找维利先生。

案例研讨

工业品成功销售的第一步

舒德琪正陷入深深的苦恼中，他在十几年的销售生涯中，极少像现在这样感到手足无措和无所适从。4个月前的今天，舒德琪可是一副踌躇满志的模样，他由一家著名的猎头公司介绍跳槽到现在这家公司任北方区销售经理，经过一个月的欧洲培训后他走马上任了。

舒德琪服务的这家公司是为轻钢结构提供紧固件的跨国企业，目标顾客是集设计、制造、安装于一体的钢结构公司。其紧固件产品以具有专利的高效防腐性能涂层的特性而占据高端市场。由于进入中国时间不长，北方区是尚未完全开拓的处女地，公司能够提供的顾客资料也很有限。根据以往的经验，舒德琪感到找到潜在顾客并不是大问题。

而3个月后，情况并没有像舒德琪最初想象的那样，舒德琪和他新的团队竟然还无法拿出一张完整的北方地区钢结构公司潜在顾客表。说白了，他还不知道他的顾客（准确地说是最终用户）在哪里？问题是渠道的设计有很大的不同，舒德琪过去服务的公司以寻找和管理区域代理商来进行销售，与目前公司向最终用户直接销售有极大的不同。代理商顾客数量有限且在明处，只要在当地寻找到合适的代理商，利用他们现有的渠道可以很快进入实际销售；而最终用户数量多又在暗处，找到他们并且将合约一个一个敲定绝对需要花费极多的时间和精力。舒德琪不得不承认：当初对此没有充分的准备和仔细的筹划。

舒德琪在3个月内利用一切可得到的顾客信息（包括网上搜索、电话黄页等）近乎疯狂地拜访顾客和出差，也许由于产品较高端令顾客使用受到限制，在花费了不菲的差旅费用后，舒德琪没有找到多少有价值的顾客。眼看在新公司的蜜月期快要过去了，舒德琪感受到来自公司的愈来愈大的压力。

舒德琪决定跟老上司陆明谈谈，看看他有什么好的建议。陆明现在是一家营销咨询公司的首席咨询顾问，他除了对舒德琪的状况表示同情外，觉得这也是一个可以研究的很好的案例。他向舒德琪提出一个问题：以直销为主的工业品销售和通过代理商渠道销售消费品在市场开拓及寻找新顾客上有何不同，地毯式的扫街还有用吗？

一个销售人员被派到一个完全陌生的地区去开拓新的市场，人海茫茫，他最想知道顾客究竟在哪里。没有充分准备和筹划，一味分区域进行地毯式搜索和毫无目标的陌生拜访，期望以

大量的拜访次数来获得潜在顾客，不但效率低下浪费金钱，而且最终是会失败的，尤其是像舒德琪所在公司那样的工业品直销。

成功的销售过程应包括40％的准备工作、20％的销售陈述和40％的售后服务，尤其是对于工业品或大客户销售，这条经验很重要。通过什么途径才能找到舒德琪的目标顾客——钢结构公司呢？关键是能找到一个机构（类似总代理商）——与所有钢结构公司有某种业务或者行政隶属的关系，通过这个机构寻找舒德琪的潜在顾客就能起到事倍功半的效果。陆明在与舒德琪的讨论中发现，几乎所有的钢结构公司都是建筑金属结构协会的会员，同时他们大都拥有钢结构专项设计资质和钢结构专业承包资质。他们发现了问题的突破点。

（1）当地行业协会是一条有效途径。虽然行业协会只是一个民间组织，但恐怕没有人能比行业协会更了解行业内的情况了。既然钢结构公司是建筑金属结构协会的会员，能得到协会的帮助是直接接触到潜在顾客的有效方法。

（2）通过政府机构相关部门获得信息。钢结构顾客需要获得政府机构有关方面的资格认证（钢结构公司的设计资质和专业承包资质认证），提供认证的有关部门不正是获得潜在顾客的有效来源吗？而且有些还能在公开的政府网站上获得相关信息。

好像茫茫黑夜中行走，前方突现一束阳光，顿时亮堂了许多。舒德琪立刻向各省的销售主管布置任务，与当地的建筑金属结构协会和分管专项设计资质和专业承包资质的各地建委建设厅取得联系，要求务必在两周内拿到各省的钢结构公司的花名册，如有必要公司可以报销信息咨询费（这和手下5～6个人满世界找顾客所花的差旅费相比，只是一个零头而已）。

事情进行得很顺利，两个星期后各省销售主管大都把花名册拿到了手。整个北方区合计有资质的钢结构公司约有600家。为提高销售人员拜访效率，舒德琪要求对收集的信息先进行电话询问和必要筛选。例如：他们对所销售的产品是否有潜在的需要？他们有决定购买的能力吗？毕竟高端的产品不是每个人都愿意采用的。通过第一轮的电话筛选，有180家成为舒德琪的潜在目标顾客，随后销售人员的拜访就变得很有针对性了。

一个月后，舒德琪邀请其中的120个顾客，在省会城市的五星级酒店举行了两场产品技术研讨会，公司的技术总监与邀请而来的嘉宾就产品的特性和优点作了深入的探讨和演讲，舒德琪也邀请公司的外方总经理作了热情洋溢的讲话，研讨会开得很成功。公司总经理很满意，因为北方地区几乎所有最重要的顾客能同时被邀请来参加会议，这说明舒德琪的工作卓有成效。被邀请来的顾客也很高兴，研讨会上不但交流了技术也获得了行业内的最新资讯，同时也获得厂家最高的礼遇。在晚宴丰盛的酒席上，舒德琪手下的几个省区销售主管被安排在各个酒席与顾客进一步沟通。舒德琪喝醉了，几个月来他从没有如此开怀过。

研讨会结束后，舒德琪与他的团队对参加研讨会的100多个顾客进行逐个回访。由于研讨会前期已经对公司背景、产品特点和优势等作了全面的介绍，随后进行的商务谈判也变得较为顺利，最终有60余家顾客与公司签约并开始陆续订货。舒德琪和他的销售团队还在继续努力，除做好现有顾客的售后服务外，还在不断开发新的顾客。

思考题

(1) 舒德琪在寻找潜在客户的时候遇到了什么问题？

(2) 和老上司交谈过后，舒德琪找到了哪些有效的途径来搜集客户资料？

(3) 舒德琪在寻找潜在客户的过程中，有哪些经验值得总结？给销售人员带来了哪些启示？

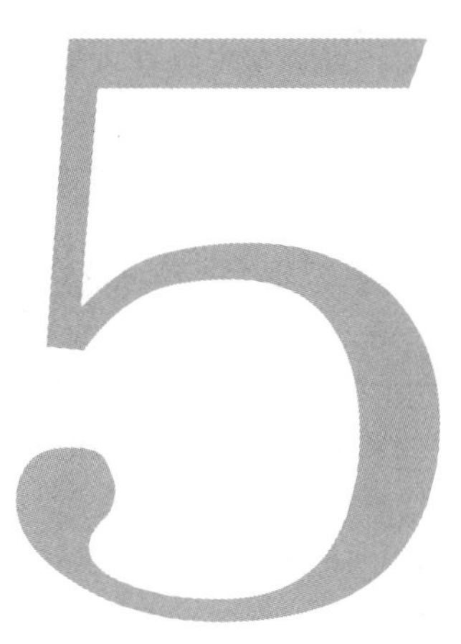

第5章 销售技巧

本章提要 本章从一个完整的销售过程出发，介绍了作为销售人员应该掌握的一系列销售技巧：包括接近顾客的方法，销售陈述的技巧以及销售演示的方法，处理顾客异议的方法，促成交易的方法，以及售后服务的内容及销售跟踪的方法等。

引 例

人员销售不仅仅是交谈

当销售人员走进房间的时候，采购员方明站了起来。“你好，方先生，”销售人员一面向方明问好，同时伸出手来。方明和销售人员轻轻握了一下手，在办公桌旁坐了下来。他开始专心致志地翻看起公司的文件来。

销售人员坐了下来，开始他那千篇一律的销售游说：“方先生，我来这里是想向您介绍一下如何能使贵公司的生产成本降低 10%。”方明把正在看的文件放在桌子上，身体后倾，双肩抱拢，他声音沉闷地说：“我很高兴听到你的话。你知道吗？年轻人，用不了多久，我们可以不花一分钱就生产出产品了。”“那是为什么？”销售人员怯懦的看着脚下的地板，喃喃地说。“为什么？你是我今天见到的第九个声称能让我们节约 10%成本的人了。”

方明站了起来，身体附在桌子上，抬高眼神盯着销售人员，缓缓地说：“我认为我这一天所听到的销售宣传已经够多了。”这名刚开始热情洋溢的销售人员非常抱歉地说：“如果现在对您来说时间不太合适的话，方先生，我可以过些时候再来。”

这名销售人员所面临的是一个常见的问题：买主整天看到销售人员；通常销售人员都说着同样的话。但是销售人员要知道的是：销售不仅仅是交谈，还涉及销售技巧。

没有拜访就没有销售，但不等于销售人员去拜访顾客就一定能实现销售。销售人员如何做有效的顾客拜访呢？销售人员进行有效的顾客拜访有哪些技巧呢？

成功的销售人员一定要掌握销售呈现技巧。掌握知识很容易，但是要调整自己的行为，调整肢体语言却是一件非常难的事情，需要经常的修炼。技巧上的投入是有回报的，一旦养

成好习惯，就会帮助销售人员赢得订单，赢得顾客，所以，销售人员的销售技巧训练就显得尤为重要。

5.1 销售过程概述

销售过程是指销售人员进行销售活动时通常采用的完整的行为步骤。虽然有许多因素会影响销售人员的销售步骤，但是确实存在着一系列有逻辑顺序的行为，如果能按这样的步骤去做，将会大大提高销售业绩。从销售人员与其销售对象接触和交往的时间顺序来看，一个完整的销售程序包括 6 个步骤，即销售准备、销售接近、销售展示、异议处理、促成交易和销售跟踪（见图 5-1）。

图 5-1 销售过程的 6 个步骤

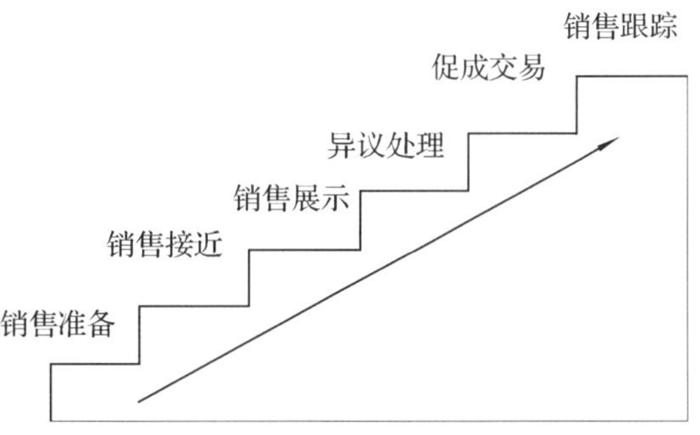

销售过程中的各个步骤是相互联系、相互渗透和相互转化的，任何一个环节的得失都会影响到销售工作的成败。需要说明的是，无论是什么类型的销售，其销售过程总是大同小异的。然而，并不是所有的销售过程都需要这几步，成功实现销售所应遵循的销售过程可能因销售人员和特定环境而存在不同。其中，销售准备环节已经在上一章做了介绍。下面具体介绍销售接近、销售展示、异议处理、促成交易和销售跟踪等五个环节。

5.2 销售接近

5.2.1 销售接近的含义

接近顾客是销售过程中的最难点，因为销售人员是带着销售的目的去接近一个陌生人的。销售人员如果成功地完成了接近工作，就为销售工作的顺利完成奠定了良好的基础。

所谓销售接近，就是在实质性洽谈之前，销售人员运用技巧和智慧与顾客做最直接的面谈，以缩短销售人员与顾客的距离。这包括两个层次的含义：一是指销售人员和顾客之间在空间距离上的接近；二是指销售人员和顾客之间消除感情上的隔阂，逐步趋于同一目标。

作为整个销售过程的一个阶段，接近顾客环节的任务主要包括：验证销售准备过程中所收集到的信息；引起并培养顾客的兴趣；顺利转入实质性洽谈等方面。一般而言，接近的过程如图 5-2 所示。

图 5-2　销售接近过程示意图

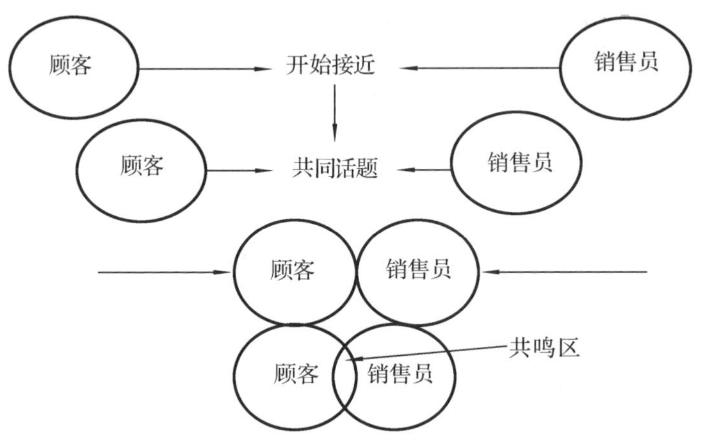

5.2.2　接近顾客的方法

1. 产品接近法

产品接近法是指销售人员利用产品的某些特征来引发顾客的兴趣，从而接近顾客的方法。这种方法对产品的要求比较高，产品应具有某些吸引力的突出的特点，并最好能便于携带，使销售人员能以有形实体产品展示给顾客。

2. 介绍接近法

介绍接近法是通过销售人员的自我介绍或他人介绍来接近顾客的方法。介绍的内容包括姓名、工作单位、拜访的目的等情况。例如："您好，张小姐，我是四通集团公司的代表严强。"为获取顾客的信任，一般应递交名片，介绍信等相关证明材料。

在介绍时应注意言语简练、语调适中。该方法的缺点是接近顾客太突然，双方没有感情基础和同化目标的中介，因此，销售人员的仪表和言谈举止显得尤为重要。由他人介绍的方式往往更有利于接近顾客，获得顾客的信任。

3. 社交接近法

社交接近法是指通过与顾客开展社会交往来接近顾客的方法。采用这种方法一般不开门见山地说明用意，而是尽量先与顾客形成和谐的人际关系。

4. 馈赠式接近法

馈赠式接近法是销售人员通过赠送礼物来接近顾客，以引起顾客的注意和兴趣的方法。馈赠礼物比较容易博得顾客的好感，从而拉近销售人员与顾客的关系，而且顾客也比较乐于合作。但赠送礼品不要过于贵重，主要是为了表示祝贺、慰问、感谢的心意，

并不是为了满足某人的欲望。在选择所赠送礼品之前，销售人员要了解顾客，投其所好。值得指出的是，销售人员赠送礼品不能违背国家法律，不能变相贿赂。例如：“罗小姐，这个高质量的高露洁牙膏是免费给你的，我只想占用你 5 分钟时间。”

5. 赞美接近法

美国心理学家威廉·詹姆斯说：“人类本性上最深的企图之意是期望被赞美、钦佩和尊重。”渴望被赞美是每一个人内心的一种基本愿望。赞美接近法是销售人员利用一般顾客的虚荣心，以称赞的语言博得顾客的好感，从而接近顾客的方法。

赞美准顾客必须要找出别人可能忽略的特点，而让准顾客知道你的话是真诚的。赞美的话若不真诚，就会成为拍马屁，这样就会引起顾客的反感。赞美比拍马屁难，它要先经过思索，不但要有诚意，而且要选定既定的目标与诚意。如：“王总，您这房子真漂亮。”这句话听起来像拍马屁。而“王总，您这房子的大厅设计得真别致。”这句话就是赞美了。

6. 反复接近法

反复接近法是指销售人员在一两次接近不能达成交易的情况下，采用多次进行销售访问来接近顾客的方法。该方法一般在交易较大的重点生意中经常采用。采用该方法，一方面要求销售人员要有恒心、有信心；另一方面要特别注意与顾客建立起良好的人际关系。通过重复接近将交易关系变成朋友关系，以促进交易的达成。

7. 服务接近法

服务接近法是指销售人员通过为顾客提供有效并符合需要的某项服务来博得顾客的好感、赢得顾客的信任来接近顾客的方法。具体的服务内容如维修服务、信息服务、免费试用服务、咨询服务等。采用这种方法的关键在于服务应是顾客所需要的，并与所销售的商品相关。

8. 利益接近法

利益接近法是指销售人员利用商品或服务能为顾客带来的实际利益以引起顾客的兴趣并接近顾客的方法。采用这种方法时，销售人员应把商品能给顾客带来的利益放在第一位，以引发顾客的兴趣，增强购买信心。例如，一位文具销售人员在介绍产品时说：“我们公司生产的账册、簿记比其他公司的产品便宜三成。”

从顾客关心的重点入手，引发顾客对所销售产品的兴趣。这种利益接近法迎合了大多数顾客的求利心态，销售人员抓住这一要害问题予以点明，突出了销售重点和产品优势，有助于很快达到接近顾客的目的。

9. 好奇接近法

好奇接近法是指销售人员通过引发顾客的好奇心来接近顾客的方法。现代心理学表明，好奇是人类行为的基本动机之一。那些顾客不熟悉、不了解、不知道或与众不同的东西，往往会引起人们的注意，销售人员可以利用人人皆有的好奇心来引起顾客的注意。

销售人员在采用该方法时，应注意新奇但不荒诞，并要注意在恰当的时机，将谈话引入正题。要使用好好奇接近法，我们不妨将自己放在顾客的位置思考一个问题：究竟是什么因素使我们认真听取销售人员的介绍？

案例 1　**人寿保险销售人员的名片**

日本一位人寿保险销售人员，在名片上印着“76600”的数字，顾客感到奇怪，就问：“这个数字什么意思？”销售人员反问道：“您一生中吃多少顿饭？”几乎没有一个顾客能答得出来，销售人员接着说：“76 600 顿。假定退休年龄是 55 岁，按照日本人的平均寿命计算，您不就剩下 19 年的饭，即 20 805 顿？”，这位销售人员用一个新奇的名片吸引住了顾客的注意力。

10. 求教接近法

美国著名的心理学家、哲学家詹姆斯说：“人类天性的至深本质就是渴求为人所重视。”求教接近法是指销售人员通过请顾客帮忙来解答疑难问题，从而接近顾客的方法。例如，销售人员问：“李工程师，你是机电产品方面的专家，你看看与同类老产品相比，我厂研制并生产的产品有哪些优势？”销售人员采用这种方法主要是利用对方好为人师的特点。注意一定要问对方擅长的问题，并在求教后及时将话题导入有利于促成交易的谈话中。

11. 问题接近法

问题接近法是指销售人员通过直接向顾客提问的方式来接近顾客的方法。采用这种方法时，要注意所提出的问题必须是对方所关心的。可以是循序渐进地提出一系列问题，也可在一个问题之后迅速转入销售主题。在提问时，切忌含混不清、模棱两可，而要语气恳切、明确具体。

案例 2　**售书小姐的两个问题**

有一位销售书籍的小姐，平时碰到顾客和读者总是从容不迫、平心静气地提出两个问题：“如果我们送给您一套关于经济管理的丛书，您打开之后发现十分有趣，您会读一读吗？”“如果读后觉得很有收获，您会乐意买下吗？”这位小姐的开场白简单明了，也使一般的顾客找不出说“不”的理由，从而达到接近顾客的目的。

12. 调查接近法

调查接近法是指销售人员利用市场调查的机会接近顾客的方法。这种方法现在为许多企业所采用。它既可以帮助企业了解顾客需求的状况，又可以借调查之机扩大企业产品的知名度并进行宣传和销售。采用这种方法对销售人员的相关专业知识水平要求较高，如此才能打消顾客的戒备心理，从而深入进行调查。

13. 表演式接近法

表演式接近法有时也称戏剧化接近法，是指销售人员利用各种表演活动引起顾客注意从而接近顾客的方法。在利用表演式接近法的时候，为了更好地达成交易，销售人员还要分析顾客的兴趣爱好、业务活动，扮演各种角色，想方设法接近顾客。

这个方法应该小心地进行操作，要选择有利时机，表演自然，不能出大失误，尤其是不能出现产品质量、性能方面的差错，否则将适得其反。如果有可能，应该事先想好出现差错时的应急措施，或在操作过程中随机应变将坏事变为好事。表演如果能让潜在顾客参与，则效果更加显著。表演中的道具最好是与销售活动有关的物品，这样更便于顺利转入实质性洽谈。

例如：一位消防用品销售人员见到顾客后，并不急于开口说话，而是从提包里拿出一件防火衣，将其装入一个大纸袋，旋即用火点燃纸袋，等纸袋烧完后，里面的衣服仍完好无损。这一戏剧性的表演，使顾客对产品产生了极大的兴趣。

5.3 销售展示

案例 3　**玻璃销售员的故事**

有一个销售玻璃的公司，年底公司颁奖的时候，一个销售人员得了第一名，公司内的很多人都纷纷为他喝彩，并向他请教销售经验。他说："我向顾客介绍了我们的玻璃很好，砸都砸不破，顾客不相信，我就拿铁锤砸给他看，果然真的砸不破，这样一来顾客自然就信服地买下了。"第二年颁奖大会，又是这个销售人员第一名，大家就觉得很奇怪，都学习了他的经验，可还是这个销售员的业绩最好。这个销售人员又向大家介绍说："以前都是我亲自砸玻璃来演示给顾客看，今年到顾客那边去，我就把这锤子交给顾客砸。"

从这个案例中，我们可以看出，第一年他运用了一种让顾客看得见的感觉，第二年让顾客不仅有看得见的感觉，同时还有一种参与的感觉。这时就成为销售人员和顾客共同参与的一种活动，大家彼此互通信息来沟通了解，加深了对产品的认同。

销售是顾客和销售人员共同参与的活动，当销售人员销售一个实物产品时，要表现得像一个游戏节目的主持人。顾客愿意投入时间来观看销售人员的展示，表示确实有潜在需求，这一时刻，销售人员要把握住机会。销售展示不是做产品特性的说明，而是要激起顾客决定购买的欲望。

案例 4　**80%综合征**

有统计显示，在销售中有一个叫做"80%综合征"的现象：当买卖双方相遇，80%是卖方首先开腔，80%的时间是卖方在陈述，陈述内容的80%是有关产品的优点而与顾客的兴趣无关。如果销售人员喜欢在顾客面前喋喋不休地炫耀自己的口才，则应该立即反省：销售人员不是一个播音员，如果只靠说话的多少和音质的好坏，那么他在专业的销售领域将难以为继。

5.3.1　销售展示的含义

销售展示是指销售人员利用语言陈述、可视辅助手段和各种方式，让顾客充分了解产品的外观、操作方法、具有的功能以及能给顾客带来的利益，并说服顾客购买的过程。简单地说，销售展示就是用完整的一段话向顾客介绍自己及自己的产品。一般来说，销售展示主要有两类：一类是销售陈述（又称劝导性沟通），另一类是销售演示。

5.3.2　销售陈述的技巧

好的销售陈述所产生的效果要大于公司和产品的知名度对顾客的影响。因此，销售人员不必因为自己的产品知名度较低而产生畏惧心理，实际上完全可以凭借自己专业的销售陈述来成功打动顾客。

销售陈述要考虑以下三点：①顾客通过销售陈述能清晰地了解到什么；②销售陈述创造了怎样的氛围，让顾客有什么样的感觉；③听完销售陈述以后顾客要做些什么。在销售陈述之前，销售人员心中要有明确的目的，充分地做好事先的准备，从顾客角度着想，以顾客为中心进行销售陈述，才能获得成功。

在销售陈述的过程中，销售人员应该注意一种销售陈述的技巧——销售提示法的运用。销售提示法是指销售人员通过言语和行动，提示顾客产生购买动机，促使其作出购买决策，并最终作出购买行为的销售展示方法。销售提示法通常有以下一些类型。

1. 直接提示法

所谓直接提示法是销售人员开门见山，直接劝说顾客购买其所销售的产品。这是一种被广泛运用的销售洽谈提示方法，其特征是销售人员接近顾客后立即向顾客介绍产品，陈述产品的优点与特征，然后建议顾客购买。因而这种方法能节省时间，加快洽谈速度，符合现代人的生活节奏，所以很具优越性。

在运用直接提示法时应注意：提示要抓住重点；提示的内容要易于被顾客理解；提示的内容应符合顾客的个性心理。

2. 间接提示法

间接提示法是指销售人员运用间接的方法劝说顾客购买产品，而不是直接向顾客进行提示。例如，可以虚构一个顾客，可以一般化地泛指。使用间接提示法的好处在于可以避免一些不太好直接提出的动机与原因，因而可以使顾客感到轻松、合理，从而容易接受销售人员的购买建议。

运用间接提示法的一般步骤如下。首先，虚构或泛指一个购买者，不要直接针对面前的顾客进行提示，从而减轻顾客的心理压力，开展间接销售。接下来，使用委婉温和的语气与语言间接地讲述购买动机与购买需求，尤其是对于一些比较成熟、自认为聪明的顾客。最后，主要是在洽谈后期采取直接提示法，以更好地把握机会。例如，针对一个脸上长青春痘的青年，销售人员说："那些油性皮肤的人，都在使用这种洗面奶。"而不说顾客的油性皮肤导致青春痘。

在运用间接提示法时，销售人员应根据不同类型的顾客和不同的购买动机，有针

对性、有区别地使用。

3. 动意提示法

动意提示法是销售人员建议顾客立即采取购买行动的洽谈方法。当一种观念、一种想法与动机在顾客头脑中产生并存在的时候，顾客往往会产生一种行为的冲动。这时，销售人员如果能够及时地提示顾客实施购买行动，效果往往不错。例如，当一个顾客觉得某个产品不错时，销售人员觉察到并及时提示顾客：“这种款式很好卖，这是剩下的最后一件了。”只要提示得及时合理，效果一般不错。

在运用动意提示法时应注意：动意提示的内容应直接诉述顾客的主要购买动机；为了使顾客产生紧迫感也即增强顾客的购买动机，语言必须简练明确；应区别不同的顾客，对于那些具有内向、自尊心强、个性强等特征的顾客最好不用动意提示法。

4. 明星提示法

明星提示法是销售人员借助一些有名望的人来说服、动员顾客购买产品的方法。明星提示法迎合了人们求名的情感购买动机，另外由于明星提示法充分利用了一些名人、名家、名厂等的声望，可以消除顾客的疑虑，使销售人员和销售产品在顾客的心目中产生明星效应，有力地影响了顾客的态度，因此，销售效果比较理想。

在应用明星提示法时应当注意以下几点。①提示所指的明星（名人、名家等）都必须有较高的知名度，为顾客所了解；对于生产资料市场的销售，所提示的企业，亦应该是该行业的真正的市场领导者。②所提示的明星必须是顾客公认的，而且是顾客所崇拜或尊敬的。③所提示的明星与其所使用及消费的产品都应该是真实的。④所提示的明星与所销售的产品间应有必然的内在联系，从而给销售洽谈气氛增加感染力与说服力。

5. 逻辑提示法

逻辑提示法是指销售人员利用逻辑推理劝说顾客购买的方法。它通过逻辑的力量，促使顾客进行理智思考，从而明确购买的利益与好处，并最终作出理智的购买抉择。逻辑提示法符合购买者的理智购买动机。

逻辑推理指的是围绕三个部分而设计的展示。这三个部分是大前提、小前提和结论。下面是一个例子。①大前提：所有的生产商都想降低成本提高效率。②小前提：我的设备能降低你的成本，提高你的效率。③结论：因此，你应该购买我的设备。

如果完全按照这种直来直去的方式进行介绍的话，这个逻辑公式未免太唐突，潜在顾客可能会产生抵触心理。然而，销售人员可以构想一个陈述的框架或者要点，用以确定潜在顾客是否对降低成本、提高效率感兴趣。如果感兴趣，向对方介绍一下价值分析过程，证明自己的产品所提供的利益优于其他产品。利用销售展示组合的各种要素，以劝导性方式，可以对诸如性能数据、成本、服务以及送货情况进行介绍。

在运用逻辑提示法时应注意以下几点：逻辑提示法的适用顾客必须具有较强的理智购买动机；要针对顾客的生活与购买原则进行销售演示；做到以理服人；不符合科学伦理的强词夺理是不能服人的；把科学的却显得有点干巴巴的逻辑推理与说服艺术结合起来，对顾客既晓之以理，又动之以情。

6. 积极提示法

积极提示法是销售人员用积极的语言或其他积极方式劝说顾客购买所销售产品的方法。所谓积极的语言与积极的方式可以理解为肯定的、正面的提示，热情的语言，以及赞美的语言等会产生正向效应的语言。例如：“欢迎参加我们社的旅游团，又安全又实惠，所看景点又多又好。”“你看，这是摩托车手参加比赛的照片，小伙子们多神气!他们戴的是我们公司生产的头盔。”

在运用积极提示法时应注意以下几点：①可以用提示的方式引起顾客注意，先与顾客一起讨论，再给予正面的、肯定的答复，从而克服正面语言过于平淡的缺陷；②坚持正面提示，绝对不用反面的、消极的语言，只用肯定的判断语句；③所用的语言与词句都应是实事求是并可以证实的。

7. 消极提示法

消极提示法是指销售人员不是用正面的、积极的提示说服顾客，而是用消极的、不愉快的，甚至是反面的语言及方式劝说顾客购买产品的方法。例如：“听说过没有，过了60岁，保险公司就不受理健康长寿医疗保险，到那时要看病可怎么办?”

消极提示法包括遗憾提示法、反面提示法等，它运用了心理学的“褒将不如贬将，请将不如激将”的道理，因为顾客往往对“不是”、“不对”、“没必要”、“太傻了”等词语的反应更为敏感。因此，运用从消极到不愉快，乃至反面语言的提示方法，可以有效地刺激顾客，从而更好地促使顾客立即采取购买行为。

消极提示法实施时应注意以下几点。①此方法只适用于自尊心强，自高自大，有缺陷但不愿让人揭短，反应敏感，爱唱反调的顾客，而对于反应迟钝的顾客不起作用。对于特别敏感的顾客又会引起争执与反感。②语言的运用要特别小心，做到揭短而不冒犯顾客，刺激而不得罪顾客，打破顾客心理平衡但又不令顾客恼怒。③销售人员应在反面提示后，立即提供一个令顾客满意的解决方案，将洽谈引向交易。

8. 联想提示法

联想提示法是指销售人员通过向顾客提示或描述与销售有关的情景，使顾客产生某种联想，进而刺激顾客购买欲望的洽谈方法。

联想提示法要求销售人员善于运用语言的艺术去表达、描绘，避免刻板、教条的语言，也不能采用过分夸张、华丽的辞藻。这样，提示的语言方能打动顾客，感染顾客，让顾客觉得贴切可信。

化妆品销售人员的暗示法

一位化妆品女销售人员来到顾客家推销化妆品，接待她的正好是一位脸上长着雀斑的女主人。当销售人员在向女主人介绍产品时，故意强调其对面部雀斑有特殊的效果，并拿出了几张宣传照片让女主人看。然后说：“她们几位脸上有这么明显的雀斑，使用了这种化妆品后，根本就看不见了，面部如镜，真是增色不少，何况像您这么年轻漂亮的姑娘，使用后效果就会更理想了。”女主人听后心里非常明白销售人员的好意，知道她是在保全自己的面子，没有点破自己长有雀斑的事实，而是采用了暗示的方法有针对性地介绍了产品。结果，女主人很高兴地购买了几瓶这种化妆品。

5.3.3 销售演示的方法

心理研究表明，人们所接受的外部信息中，有 87%是通过他们的眼睛接受的，只有 13%的信息是通过其他四种感官接受的。这就是说销售人员应该使产品介绍最大限度地可视化，才能真正打动顾客的心，直接刺激顾客的购买欲望。演示法正是很好地抓住了人们“百闻不如一见”的心理。

演示法就是销售人员通过操作示范或者演示的途径介绍产品的一种方法，根据演示对象即销售工具的类别主要可分为产品演示法、行动演示法、文字或图片演示法，以及证明演示法和顾客参与演示法等。

1. 产品演示法

产品演示法是指销售人员通过直接向顾客展示产品本身说服顾客购买的洽谈方法。销售人员通过对产品的现场展示、操作表演等方式，把产品的性能、特色、优点展现出来，使顾客对产品有直观的了解。

产品演示法的作用有以下两个方面。一是形象地介绍产品，有助于弥补言语对某些产品，特别是技术复杂的产品不能完全讲解清楚的缺陷。产品演示法通过产品本身生动形象地刺激顾客的感觉器官，使顾客从视觉、嗅觉、味觉、听觉、触觉等感觉途径形象地接受产品，起口头语言介绍所起不到的作用。二是起证实作用。产品演示法可以制造一个真实可信的销售情景，供顾客直观了解，胜于雄辩。

在运用产品演示法时应注意：①应根据产品的特点选择演示的内容和方式；②应根据顾客的特点特别是顾客的购买动机与利益需求来选择演示的重点、内容、方法、时间、地点等；③应根据销售洽谈进展的需要，选择适当的时机进行演示；④应注意演示的步骤与艺术，最好是边演示边讲解，并注意演示的气氛与情景效应；⑤积极鼓励顾客参与演示，使顾客亲身体验产品的优点，从而产生认同感与占有欲；⑥在运用产品演示法时，销售人员要坚持产品实体的展示，并且要求演示的产品具有优良的质量，演示时要重点突出销售产品的特殊功能与主要的差别优势，以取得良好的演示效果。

然而，产品演示法的运用也有一定的局限性，对于过重、过大、过长、过厚的产品以及服务性产品等，不适合采用实际产品现场演示法，但可以采用产品模型或样本演示的方式。

2. 行动演示法

行动演示法是指销售人员运用非语言化的形式向顾客展示产品的优点，以提示顾客采取购买行为的一种方法。这一方法的运用，不仅能吸引顾客的注意和兴趣，而且通过现场展示与使用销售产品，给顾客一种真实可信的感觉，很直观地暗示与激励顾客采取购买行为。但是，行动演示法只适合那些简单的、便于携带、便于表演的产品。

3. 文字与图片演示法

文字与图片演示法是销售人员展示用以赞美与介绍产品的图片或文字等劝说顾客进行购买的方式。在不能或不便直接展示产品的情况下，销售人员通过向顾客展示产品的文字、图片、图表、音像等资料，能更加生动、形象、真实可靠地向顾客介绍产品。在借助音像影视设备来展示产品时，应做到动静结合、图文并茂，从而收到良好的效果。

使用这种方法展示应该注意：销售人员应注意收集有关产品与销售的文字资料，要做好资料整理与展示的准备工作。

4. 证明演示

证明演示是指利用证明材料来进行展示的方法。产品的生产许可证、质量鉴定书、获奖证书等都是证明演示法的好材料，顾客的表扬信、产品消费前后的对比资料和追踪调查统计资料、产品销售证明、企业曾经做过的项目清单都可用做证明材料。也可用演示来证明产品的优势，例如，一位销售人员所销售的玻璃是防震的，为了证明这一点，在销售展示时，他用一个圆头锤子锤玻璃，玻璃裂了，但是并没有被锤得碎落满地。这样的演示形象地告诉顾客玻璃是防震的。

应用证明演示法时应注意：销售前准备好有针对性的证明资料，一方面应注意收集有关证明资料；另一方面在每次销售前应准备好具有专业水平的、权威性的、足够的证明资料。所有证明资料必须是真实有效的，包括一切书面证明资料、口头证明资料与实物证明资料等，都必须是科学的、合理的。

5. 顾客参与演示

顾客参与演示是指让顾客参与演示的演示方法。通过潜在顾客的参与，你会抓住顾客的注意力，减少顾客对购买的不确定性和抵触情绪。

通常有以下 4 种方法能诱使顾客参与演示。①提问。通过提问，从顾客那里获得对演示的正面的反馈，如：“操作真的很容易，是吗？”②使用产品。让潜在顾客亲自使用产品，会给顾客很高的可信度。如：汽车，让顾客亲自开一圈；衣服，让顾客摸、穿；食品，让顾客看、闻、尝；音响，让顾客试听。③用图片、音像等辅助工具吸引。④参加示范表演。让顾客在表演中，担当一定角色。例如：在卖防震玻璃时，让顾客用锤子锤玻璃；在卖洗衣粉时，让顾客将演示布块弄脏。

以上就是在销售陈述中可以采用的销售演示方法，当然，要成功地完成销售演示，销售人员还应注意以下几点。

1）实体展示

凡是可以随身携带的产品，销售人员应不怕麻烦与辛苦，坚持随身携带，以便随时随地让消费者看到真实的产品。在向顾客销售一些技术比较复杂、外观差别很大的优良产品，如保健药品、保健用具、名牌化妆品时，销售人员若只是带着产品的图片和产品广告向顾客推荐，凭自己的口才来打动顾客，则效果会差得很远。

2）演示的产品应完美无缺

销售人员向顾客展示的产品一定要完美无缺，不论是其内在质量，还是其外在的包装、附件及外观设计等方面都不能有任何疏忽，应让顾客做一些简单的、失误的可能性较小的事情，否则就会引起围观群众的哄笑，导致销售工作的失败。

3）强调产品的特色

由于受环境、地点、时间及顾客素质等多种因素的影响，销售人员在向顾客推荐产品时应着重介绍商品的特色，明确向顾客展示该产品的特殊功效，以及该产品和市面上流行的同类产品的区别及其优势，特别是要让顾客参与重要的与购买动机联系最紧密的性能的演示。

4）展示应由浅入深

先向消费者展示哪个部位或什么特点，后向消费者介绍哪种性能与作用，都应事先安排好。配合展示而进行的宣传，更应该语言生动、引人入胜。展示的顺序是先易后难，由浅入深。不可一开始就向不太内行的消费者介绍深奥的专业知识。特别是忌讳在向顾客介绍产品时，销售人员夸夸其谈，不顾听众的反应，甚至作出一些哗众取宠的不实宣传，这些非但不能起到争取顾客的作用，反而会引起顾客的反感，失去信誉，从而影响产品销售。

5.4 异议处理

专题 1

一项有关推销人员被拒绝的调查

一个销售代表的突然来访，由于他本身就是一位不速之客，因而遭到拒绝是理所当然的。那么，在拒绝中有没有真正的原因呢？

日本推销专家二见道夫，曾对 378 名销售人员进行过调查，调查他们“在进行推销访问时，是如何被拒绝的？”根据调查的结果，汇集成如表 5-1 所示的资料。

表 5-1　顾客拒绝统计表

序号	回 答 内 容	人数/人	比例/（%）
1	无理由，条件反射式拒绝	178	47.2
2	没有明显理由，随便找个借口拒绝	64	16.9
3	以忙为理由拒绝	26	6.8
4	有明显的拒绝理由	71	18.7
5	其他	39	10.4

从表 5-1 可以看出，前三项均表明顾客没有明确的拒绝理由，其和为 70.9%，这说明有七成顾客并非真正知道自己为什么拒绝，而只是想随便找个借口把销售人员打发走。

这种拒绝的实质是拒绝“销售”这一行为的本身，我们将其称为防卫型拒绝。这种拒绝常常不是真实性的，只要销售人员耐心地对顾客进行说服教育，使其克服心理上的障碍，销售活动是会顺利进行下去的。成功的销售正是从克服这种拒绝开始的。

5.4.1 顾客异议的含义

在销售过程中，顾客的任何一个举动或顾客对销售员在展示过程中的说法提出的不赞同、反对、质疑等都可统称为顾客异议。它表明潜在顾客对销售员所提出的产品很感兴趣。

从接近顾客、调查、产品介绍、示范操作、提出建议书到签约的每一个销售步骤，顾客都有可能提出异议；销售人员愈是懂得处理异议的技巧，则愈能冷静、坦然地化解顾客的异议，每化解一个异议，就摒除了与顾客的一个障碍，就相应地愈接近顾客一步。

专题2

被拒绝平均所得法——克服被拒绝沮丧心理的妙方

被拒绝，是销售人员随时随地都会碰到的销售窘境。据统计，一次销售成功的可能性只有不到8%。如果一个销售人员一次访问了100位顾客，其中8位愿意购买他的产品就算不错了，其他的90多位会用各种各样的方式拒绝销售产品。

被拒绝是一件令人沮丧的事情。尤其对于销售人员来说，它往往意味着为成交而进行的大量的前期准备工作和说服工作付诸东流、功亏一篑。但被拒绝其实并不可怕，关键是对它抱持一个正确的态度，并掌握一些克服沮丧情绪的心理技巧。

被拒绝平均所得法，被许多经验丰富的销售人员誉为克服被拒绝沮丧心理的妙方。这种方法实施起来很简单，只需作一些小小的计算。

有经验的销售人员都知道，成功的交易是由失败堆积起来的。当然，不同的销售人员由于个人能力高低有别，销售成功的概率是不一样的，有的成功率是10%，有的可达到20%到30%。不管成功率是多少，都可用下述三个步骤解除由于成交失败所带来的沮丧心理。

第一步，了解每一次交易大概能赚多少钱。假设每成交一笔，销售人员能得300元的佣金。

第二步，估计一次销售成功的概率是多少。也就是说，估计达成一笔交易须拜访几位顾客。比如，销售成功的概率是1/10，即平均每访问10位顾客可达成一笔交易。

第三步，计算每次访问所得。如上例，每次成交得300元，每成交一笔须访问10次，则每次访问得300/10元=30元。

于是，可得出结论：每次访问，尽管十有八九被拒绝，对方都说“不”，但这每一个“不”等于30元。经过这样的计算，相信每一个销售人员都会明白：一个人之所以能赚300元，并非他拜访的那一位顾客带给他的，而是他拜访的10位顾客一块带给他的。明确了这个道理，销售人员就能够坦然地去接受一个又一个的被拒绝，当然他也会因此得到一个又一个的“30”元。

5.4.2 顾客异议的类型

1. 按照顾客异议的性质分类

1）真实异议

真实异议是指顾客不愿意购买的真正原因。当顾客提出真实异议时，也就意味着：销售人员推荐的商品带给顾客的吸引还不够充分，或者顾客根本不感兴趣。这主要表现在：顾客表达目前没有需要，或对商品不满意，或对商品抱有偏见。面对真实的异议，销售人员要做的是积极洞悉顾客的心理。

2）虚假异议

虚假异议是指顾客对销售人员介绍的商品有兴趣，但是因为价格、信心等原因而不愿意购买。虚假异议包括以下 4 种理由。

（1）价格理由，即对价格的抱怨。对于这种异议，在讲价时， 销售人员可采取“化整为零法”，即在对顾客讲解时，将付款总额拆散成较小的份额，这样可以化解顾客心里的价格压力。

（2）拖延理由，即潜在顾客想推迟购买。如果顾客用拖延的理由来拒绝，销售人员不要步步紧逼，而是要像朋友一样与顾客保持联系。因为顾客现在不买不等于以后不买，销售人员保持与顾客的关系就等于保留了以后向顾客销售的机会。

（3）隐藏理由，即潜在顾客给出的理由不是真正的理由，而只是一个借口。对于这种异议，销售人员可用开放式的问题来发问。

（4）信心理由，顾客不愿意购买的多数理由是信心理由，即顾客对销售人员的承诺或商品没有信心。当顾客对销售人员的承诺或商品缺乏信心时，首先，销售人员应该向顾客表述，自己的信誉一向良好，购买的所有商品都有保障；其次，在介绍商品时要态度诚恳、实事求是，以取得顾客的信赖。同时，还要注意建立自己的专业形象，这样才能取得顾客的信任和好感。

如果顾客提出虚假异议，销售人员就要分析其原因，并采取相应的方法。此外，当顾客提出虚假异议时，只要销售人员做好充分的准备，就能够消除这些顾客的虚假异议。

2. 按顾客异议产生的原因分类

一般来说，按照顾客异议产生的原因，顾客异议主要表现为以下几种类型。

1）需求异议

需求异议是指顾客认为产品不符合自己的需要而提出的反对意见。当顾客说：“我不需要”或“我已经有了”之类的话时，表明顾客在需求方面产生了异议。而顾客的需求异议，存在两种可能：一是顾客确实不需要或已经有了同类产品，在这种情况下销售人员应立刻停止销售，转换销售对象；二是这只是顾客想摆脱销售人员的一种托词而已。

2）商品质量异议

商品质量异议是指顾客针对产品的质量、性能、规格、品种、花色、包装等方面提出的反对意见，也称为产品异议。这是一种常见的顾客异议，其产生的原因非常复杂，有可能由于产品自身客观存在的不足，也有可能源于顾客自身的主观因素，如顾客的文化素养、知识水平、消费习惯等。此种异议是销售人员面临的一个重大障碍，且一旦形成就不易说服。

3）价格异议

价格异议是指顾客认为价格过高或价格与价值不符而提出的反对意见。在销售过程中，销售人员最常碰到的就是价格方面的异议，这也是顾客最容易提出来的问题。

因为价格与顾客的切身利益密切相关，所以顾客对产品的价格最为敏感，一般首先会提出价格异议。即使销售人员的报价比较合理，顾客仍会抱怨“你这价格太高了”。在他们看来，讨价还价是天经地义的事。

当然，顾客提出价格方面的异议，也是表示顾客对产品感兴趣的一种信号，说明顾客对产品的其他方面，如性能、质量、款式等比较满意。因此，销售人员应把握机会，可适当降价，或从产品的材料、工艺、售后服务等方面来证明其价格的合理性，说服顾客接受其价格。

4）服务异议

服务异议是指顾客针对购买前后一系列服务的具体方式、内容等方面提出的反对意见。这类异议主要源于顾客自身的消费知识和消费习惯，处理这类异议，关键在于要提高服务水平。

5）购买时间异议

购买时间异议是指顾客认为现在不是最佳的购买时间或对销售人员提出的交货时间表示的反对意见。当顾客说“我下次再买吧”之类的话时，表明顾客在这一方面提出了异议。这种异议的真正理由往往不是购买时间，而是价格、质量、付款能力等方面存在问题。在这种情况下，销售人员应抓住机会，认真分析时间异议背后真正的原因，并进行说服或主动确定下次见面的具体时间。此外，由于企业生产安排和运输方面的原因，或正处于销售季节，可能无法保证货物的及时供应。在这种情况下，顾客有可能对交货时间提出异议。面对此种异议，销售人员应诚恳地向顾客解释缘由，并力图得到顾客的理解。

6）进货渠道异议

进货渠道异议是指顾客对产品的来源提出的反对意见。在销售展示过程中，顾客经常会这样说：“你们的产品质量不行，我宁愿去买另一家企业的产品。”这就属于进货渠道方面的异议。消除这类异议，一方面要靠销售人员技巧性的劝说，另一方面企业要加大广告宣传的力度，把企业推向市场，让顾客和其他公众了解本企业及产品，树立企业的良好形象。

7）销售人员异议

销售人员异议是指顾客对销售人员的行为提出的反对意见。这种异议往往是由销售人员自身造成的。销售人员态度不好，或自吹自擂，过分夸大产品的好处，或礼貌用语欠佳等都会引起顾客的反感，从而拒绝购买产品。因此，销售人员一定要注意保持良好的仪容仪表，举止得体，并注意自身素质的培训和提高，给顾客留下良好的印象，从而顺利地开展销售工作。

8）支付能力异议

支付能力异议是指顾客由于无钱购买而提出的反对意见。这种异议往往并不直接地表现出来，而是间接地表现为质量方面的异议或进货渠道方面的异议等，销售人员应善于识别。一旦觉察到确实存在缺乏支付能力的情况，应停止销售，但态度要和蔼，以免失去其成为未来顾客的机会。

5.4.3　顾客异议产生的原因

1. 顾客的原因

（1）拒绝改变。多数人对改变都会习惯性地产生抵触情绪，而销售人员的工作或多或少会给顾客带来一些改变。例如，从目前使用的 A 品牌转换成 B 品牌，从目前可用的预算中拿出一部分来购买未来的保障，等等。

（2）情绪处于低潮。当顾客的情绪正处于低潮时，可能没有心情来谈，也容易提出异议。

（3）没有意愿。顾客的意愿没有被激发出来，未能引起他的注意及兴趣。

（4）无法满足顾客的需求。顾客的需要不能充分被满足，因而无法认同所销售的产品。

（5）预算不足，因而产生价格上的异议。

（6）借口、推托。顾客不想花时间来和销售人员交流。

（7）顾客抱有隐藏的异议。顾客抱有隐藏的异议时，会提出各式各样的异议。

2. 销售人员的原因

（1）销售人员无法赢得顾客的好感，如举止态度让顾客产生反感。

（2）做了夸大不实的陈述。比如，以不实的说辞哄骗顾客，结果带来了更多的异议。

（3）使用过多的专业术语。如专业术语过多，会使顾客觉得无法胜任使用并提出异议。

（4）事实调查不正确。销售人员引用不正确的调查资料，引起了顾客的异议。

（5）不当的沟通。说得太多或听得太少都无法把握住顾客的需求点，因而产生许多异议。

（6）展示失败。展示失败会立刻遭到顾客的质疑。

（7）姿态过高，处处让顾客词穷。销售人员处处说赢顾客，让顾客感觉不愉快，从而提出许多主观的异议。

只有了解异议产生的可能原因，销售人员才可能更冷静地判断异议产生的真正原因，并针对原因来“有的放矢”，如此，才能真正有效地化解异议。

5.4.4　处理顾客异议的方法

1. 转折处理法

这种方法是根据有关的事实和理由来间接否定顾客的异议。应用这种方法的要点是首先承认顾客的看法有一定道理，也就是向顾客作出一定让步后才讲出自己的看法。例如，顾客说：“你这个金额太大了，不是我们马上能够支付的。”销售人员可以回答说：“是的，我想大多数人跟您都是一样的，不容易立刻支付，如果我们能够看到您的收入状况，在您发年终奖金时，多支付一些，其余款项配合您每个月的收入，采用分期付款的方式是不是来得一点都不费力？”

销售人员应该尽量减少使用“但是”，而实际交谈中却包含“但是”的意见，这样效果会更好。在表达不同意见时，尽量利用“是的……如果”的句法，软化不同意见的口语。“是的……如果……”源自“是的……但是……”的句法，因为“但是”的字眼在转折时过于强烈，很容易让顾客感觉到销售人员说的“是的”并没有包含多大诚意。强调的是“但是”后面的诉求，因此，若销售人员使用“但是”时，要多加留意，以免失去处理顾客异议的原意。

2. 转化处理法

转化处理法又叫利用处理法或自食其果法、太极法，此法是利用顾客异议本身对销售有利的一面来处理异议，把顾客拒绝购买的理由转化为说服顾客购买的理由。基本做法是当顾客提出某些不购买的异议时，销售人员能立刻回复说："这正是我认为你要购买的理由！"也就是销售人员能立即将顾客的反对意见直接转换成为什么他必须购买的理由。

这种方法能处理的异议多半是顾客通常并不十分坚持的异议，特别是顾客的一些借口，转折处理法最大的目的是让销售人员能借处理异议而迅速地陈述能带给顾客的利益，以引起顾客的注意。采用此法要谨慎，语言尽可能要诙谐风趣，态度一定要诚恳，以免使顾客觉得是在抓自己的话柄、钻自己的空子而感到有损于自尊。转化处理法一般不适用于与成交有关的或敏感性强的反对意见。

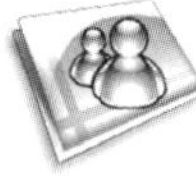

斯通公司销售人员的异议处理

有一名销售人员，代表斯通公司经销高质量的复印机。一天，他走进张先生的办公室，交谈中才知道张先生是斯通公司的老主顾。

一开始销售人员就陷入了困境，张先生说："两年前，我们买了一台斯通复印机，它的速度太慢了，我们只得丢在一边。用你们的复印机，我们损失了不少宝贵的工作时间。"在这种情况下，一般的销售人员通常会进行争辩，说斯通复印机速度同其他复印机一样快。这样的争辩很少能有结果，常常会得到这样的回答："好啦，我听到了，但是我们不再想要斯通复印机。谢谢光临，再见。"

然而，这位销售人员却没有这么做，而是把斯通公司董事长的帽子戴到了张先生的头上，说："张先生，假定您是斯通公司的董事长，已经发现复印机速度慢的问题，您会怎么办呢？"张说："我会叫我的工程技术部门采取措施，促使他们尽快解决这个问题。"接着销售人员笑着说："这正是斯通公司董事长所做的事情。"

异议被突破了！张先生继续听完销售人员的介绍后，又订购了一台斯通高质量、高速度的复印机。

3. 以优补劣法

此法又叫"抵消处理法"或"补偿处理法"，是销售人员利用商品的某些长处来对异议所涉及的短处加以弥补的一种处理方法。它与"转折处理法"的主要区别在于后半部分，转折处理法后半部是紧接着否定顾客异议，而补偿处理法的后半部则是指出产品的优点，用以补偿顾客感觉到的不足。

例如，顾客说："你这个皮包设计的颜色都非常棒，令人耳目一新，可惜啊，这个皮料品质不是最好的。"销售人员回答说："先生，您眼力特别好，这个皮料啊，的确不是最好的，若选最好的皮料的话，价格可能就要比现在这个价格高出好几倍了。"

世界上没有十全十美的东西，在顾客异议的确是事实时，宜采用此法，先承认其异议的正确性，然后，指出产品的优点以弥补产品的缺点，以使顾客心理达到一定程度

的平衡，从而认为购买商品是值得的。这样，既保持了良好的人际关系，又突出了产品优点，有利于排除障碍，促成交易。

4. 委婉处理法

销售人员在没有考虑好如何答复顾客的反对意见时不妨先用委婉的语气，把对方的反对意见重复一遍，或用自己的话复述一遍，这样可以削弱对方的气势，有时转换一种说法会使问题容易回答得多，但你只能减弱而不能改变顾客的看法，否则顾客会因感觉意见被歪曲而产生不满。你可以复述之后问一下："你认为这种说法确切吗？"然后再说下文，以求得顾客的认可。

例如，顾客说："价格比去年高多了，怎么涨幅这么高？"销售人员可以回答说："是啊，价格比起前一年确实高一些。"然后再等顾客的下文。

5. 合并意见法

这种方法是将顾客的几种意见汇总成一个意见，或者把顾客的反对意见集中在一个时间讨论，总之是要尽量削弱反对意见对顾客所产生的影响。

但是注意不要在一个反对意见上纠缠不清，因为人们的思维具有连带性，往往会由一个意见派生出许多反对意见。要在回答了顾客的反对意见后马上把话题转移开。

6. 反驳处理法

它与"转折处理法"相对应，也叫直接否定法，是销售人员根据有关事实和理由来直接否定顾客异议而进行针锋相对、直接驳斥的一种处理方法。

从理论上讲，这种方法应尽量避免使用。但如果顾客的反对意见是产生于对产品的误解或销售人员手头上的资料有助于说明问题时不妨直言不讳。这种方法最好用于回答以问句形式提出的异议或不明真相的揣测陈述，而不用于表达已见的声明或对事实的陈述。

此法最大的弱点就是直言不讳、毫无顾忌，容易使气氛僵化而不友好，使顾客产生敌对心理，使用不当会使顾客下不了台，甚至会激怒顾客。所以，使用此法时一定要注意：必须摆事实，讲道理，并注意语气委婉，态度友好，而不能强词夺理，表达否定意见态度一定要真诚而恳切，不要像是在发动攻势，绝不能露出想发脾气的样子。

7. 冷处理法

对于顾客的一些不影响成交的反对意见，销售人员最好不要反驳，采用不理睬的方法是最佳的。对于一些"为反对而反对"或"只是想表现自己的看法高人一等"的顾客意见，销售人员如果认真处理，不但费时，而且有旁生枝节的可能。因此，销售人员只要让顾客满足了表达的欲望，不要予以理睬，转而谈销售人员要说的问题。千万不能顾客一有反对意见，销售人员就反驳或以其他方法处理，那样就会给顾客造成销售人员总在挑毛病的印象。

例如，一个销售人员去拜访服装店的经销商，老板一见到销售人员就开始抱怨说："哎呀！你们这个广告为什么不找某某明星拍呢？如果你们找比较有名的明星的话，我早就向你们进货了。"这个销售员只是面带微笑说"您说得对"。然后就接着向经销商介绍自己的产品了。

常用的方法有微笑点头（表示“同意”或“听了你的话”），回答说“你真幽默”、“嗯！高见”等。

8. 强调利益法

强调利益法是指销售人员通过反复强调产品能给顾客的利益的方法来化解顾客的异议，一般适用于具有某种特点又能为顾客带来某种突出利益的产品。例如，若某种品牌的冰箱在节电方面的特点比较突出时，销售人员可以反复强调该冰箱能给顾客带来的这方面的利益，从而使这一特点在顾客的心目中不断突出，超越顾客的不满而占据上风。

9. 比较优势法

比较优势法是指销售人员将自己产品与竞争对手产品相比较，从而突出自己产品的优势来处理顾客异议。例如，在顾客提出某一异议时，销售人员可以如此回答：“您说得很有道理，这是此类产品的通病，目前国内还没有哪家企业能够彻底解决这个问题。但是，与其他同类产品相比，我们的产品在这方面是做得最好的。”

10. 价格分解法

价格分解法是指当顾客提出有关价格的异议时，销售人员可以化解计量单位，以此来改变顾客的看法，从而化解顾客异议的方法。比如，顾客说：“你们的产品太贵了，我看到××公司也卖这样的产品，比你们的便宜将近一半，每千克只 50 元。”销售人员根据自己的推测，可以这样说：“您大概看错了，是 500 克吧。我们的产品每千克 90 元，500 克才 45 元，比您看到的还便宜。”听了这句话后，顾客很可能已不确定了，并对销售人员的说法将信将疑。销售人员应进一步说明价格或强调产品的其他优点，使顾客更倾向于销售人员的说法。

案例 7　价格分解法使价格异议变得无足轻重

美国推销大师汤姆·霍普金斯讲过一段自己成功地销售高速办公复印机的经历。

一天，汤姆走进一家公司，当公司老板拉比听到高速复印机的价格是 1 万美元时，说：“价格太贵了。”汤姆问：“那么你能接受的价格是多少呢？”拉比回答说：“8 000 美元左右。”这是当时一般复印机的市场价格。这个例子中的价格异议只是 2 000 美元，而不是 1 万美元了，也就是说无须再谈这 1 万美元的价格。那么这个差额就成为异议的焦点。汤姆说：“拉比，实际的问题是 2 000 美元，不是吗？那好，我认为应当认真地把这个问题放到适当的位置上进行探讨。”

他把计算器递给拉比，继续说：“假定您拥有这种高速复印机，您认为能用 5 年吗？”拉比说：“差不多这样。”汤姆说：“好，2000 美元除以 5，每年就是 400 美元，复印机在你们公司每年能使用 50 周，那么每周就是 8 美元，对吗？”汤姆接着说：“我了解贵公司周末还有许多工作，需大量加班，因此我认为说每周使用 7 天是比较合理的。这样，8 除以 7 等于多少？”拉比说：“1.14。”汤姆微笑着说：“您觉得是不是因为每天得多花 1.14

美元，就不应该购买超能复印机来增加利润、增加产量和扩大生产能力吗？”拉比回答说：“这个……我不知道。”“拉比，我能问一下这里的打字员最低工资是多少？”“大约每小时 3.5 美元，这大概是最低的工资。”“是 3.5 美元，那么这 1.14 美元就等于你的工资最低的助手工作 20 分钟的报酬。要这么算，是 20 分钟的报酬。”汤姆说：“拉比，让我再问你一件事，这种高速机器连同它所拥有的现代化生产能力和节约时间特点及我们所讲到的效用，在一天内为你的公司创造的利润，不会比工资最低的助手在 20 分钟内创造的利润多吗？”拉比回答说：“不，我想会更多。”

汤姆接着说：“我们意见一致了，是吗？顺便说说，哪一天交货最能适合你的计划？1 号还是 15 号？”交易促成了！

11. 反问处理法

反问处理法又称询问处理法或质问处理法，是用对顾客提出的异议进行反问或质问的方法答复顾客的异议。这种方法常用于销售人员不了解顾客异议的真实内涵，即不知是寻找借口还是真有异议时，主动了解顾客心理的一种策略。

例如，一位顾客对销售吸尘器的销售人员说：“你的机器太重。”销售人员便可反问：“你为什么说它太重?”这样就迫使对方给出几个理由并使销售人员获得一次实际展示机器的机会，以说明他的机器并不很重。

反问处理法在处理异议中扮演着两种角色。首先，透过询问，可以把握住顾客真正的异议点。其次，透过询问，可直接化解顾客的反对意见。

凡是顾客提出的异议必须得到回答，若以陈述句的形式摆出一些事实，往往会引起进一步的异议；若以反问的形式回答异议，不但不会引起新的异议，并且能使顾客自己回答自己的问题。

此法的优点主要在于它既能迫使销售人员仔细听顾客说话，了解顾客的真实需要，又能使销售人员摆脱困境，迫使顾客不得不放弃借口。然而，反问法也有弱点，若使用不当，会引起顾客的反感和抵触。所以，在运用时应当用商量和征求意见的口吻回答。

专题 3

从分析中国人的个性着手处理异议

在我国，异议处理的技术要从分析中国人的个性着手。中国人的个性中的优点和弱点，都是成交的契机。

（1）中国人的记性奇好，所以，对顾客的承诺一定要兑现，否则你这辈子都恐怕没有机会成交。

（2）中国人爱美，所以，销售人员给人的第一印象很重要。

（3）中国人重感情，所以，销售要注重人与人的沟通。

（4）中国人喜欢牵交情，所以，你也要和你的顾客牵交情“哎呀，小王啊，是你同学啊，他是我邻居啊。”这样关系可以立刻拉近。

（5）中国人习惯看脸色，表情都写在脸上，所以，你要注意察言观色。

（6）中国人喜欢投桃报李，所以，一定要懂得相互尊重。

（7）中国人爱被赞美，所以，你要逢人减岁、逢物加价。

（8）中国人爱面子，所以，你要给足你的顾客面子。

（9）中国人不太容易相信别人，对于已经相信的人却深信不疑，所以最重要的是获得顾客的信任。

（10）中国人很聪明，所以，不能被顾客的思路带着走，销售的每个环节由谁来主导决定了最后是否能成交抑或会否被顾客拒绝。

（11）很多中国人不爱“马上”，怕做第一，知而不行，喜欢话讲一半，所以，在适当的时机，你要懂得帮你的顾客作决定。

（12）很多中国人喜欢获得认可，所以你要表示对他的意见的认同。

（13）中国人不太会赞美别人，所以，你要学会赞美顾客。

因此，结论是，异议处理技巧的关键是要抓住人性，懂得分析顾客拒绝背后的真正问题。

5.5 促成交易

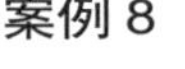

案例8

煮到八成熟的鸭子居然飞了

小王是某配件生产公司的销售人员，他非常勤奋，沟通能力也相当不错。前不久，公司研发出了一种新型的配件，较之过去的配件有很多性能上的优势，价格也不算高。小王立刻联系了他的几个老顾客，这些老顾客们都对该配件产生了浓厚的兴趣。

其中一家企业的采购部主任表现得十分热情，反复向小王咨询有关情况。小王详细、耐心地向他解答，对方频频点头。双方聊了两个多小时，十分愉快，但是小王并没有向对方索要订单。他想，对方还没有对自己的产品了解透彻，应该多接触几次再下单。

几天之后，他再次和对方联系，同时向对方介绍了一些上次所遗漏的优点，对方很是高兴，就价格问题和他仔细商谈了一番，并表示一定会购进。这之后，对方多次与小王联络，显得非常有诚意。

为了进一步巩固顾客的好感，小王一次又一次地与对方接触，并逐步和对方的主要负责人建立起了良好的关系。他想：“这笔单子已经是十拿九稳的了。”

但一个星期后，对方的热情却慢慢地降低了，再后来，对方还发现了产品中的几个小问题。这样拖了近一个月后，这笔到手的单子就这样黄了。

小王为什么会失败？是缺乏毅力，沟通不当，还是该产品缺乏竞争力？都不是。

关键在于小王没有把握好成交的时机。过于追求完美，过于谨慎，让他错失了良机。

很多销售人员之所以得不到订单，并非是因为他们不够努力。而是因为他们不懂得瞬间成交的道理，不能领悟“快”字的重要性。他们对自己的介绍缺乏信心，总希望能给对方留下一个更完美的印象，结果反而失去了成交的大好时机。

5.5.1　促成交易概述

1. 促成交易的含义

促成交易（简称成交）是指顾客接收销售人员的销售建议及销售演示，并且立即购买销售产品的行动过程。也就是顾客与销售人员就销售产品的买卖商定具体交易。

只有成功地促成交易，才是真正成功的销售。成交是整个销售工作的核心，其他各项工作都是围绕着这一核心进行的。因此，成交是销售过程中最重要、最关键的阶段之一。

成功促成交易的步骤如图 5-3 所示。销售人员先是向顾客介绍产品的优点、特点，然后设法征得顾客对优点的认同，再提出成交要求。一旦提出成交要求，销售人员要保持一段时间的沉默，至少 30 秒钟的时间。这需要销售人员的勇气，毕竟双方沉默的时候，销售人员是不舒服的，但这对成交有利。如果成交失败，销售人员就应该返回第一步，就产品的新的优点和特点进行介绍，然后再次征得认同和提出成交直到成交为止。

图 5-3　成交步骤

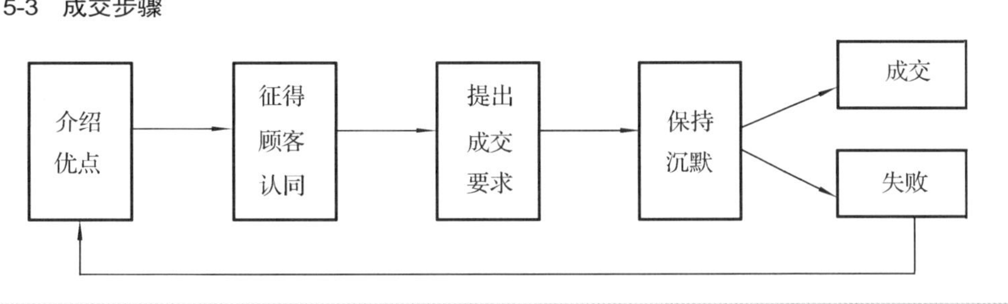

2. 促成交易的障碍

有许多障碍使得销售人员在销售实践中无法最终促成交易，这些障碍尽管比较复杂，但也不是不可消除的。成交的障碍主要来自于顾客和销售人员两个方面。

1）来自顾客方面的成交障碍

主要是顾客对购买决策的修正、推迟和避免行为。在成交阶段，顾客常常受其风险意识的影响，修正、推迟已作出的购买决策，或者避免作出购买决策，从而使销售人员的努力付诸东流。在顾客的潜意识里，因为无法确定购买行动的后果如何，在顾客看来似乎都存在一定程度的风险，风险的大小根据投入购买成本的多少、商品属性的不确定程度和顾客的自信程度而定。为了降低风险或回避风险，顾客很自然地要修正、推迟、避免购买决策，从而导致交易难以达成。要降低顾客的风险意识，要求销售人员有极大的耐心，并谙熟顾客的心理和促成交易的方法。

2）来自销售人员方面的成交障碍

来自销售人员方面的成交障碍主要是销售人员对成交的心理与态度不正确，洽谈不充分，技巧不熟练。主要表现在如下方面。

（1）害怕失败。有时候销售人员越想成交，则越害怕提出成交要求，害怕顾客说“不”；有时因害怕促进成交时过于勉强而冒犯顾客，故而面部表现过于紧张，让顾客觉得不舒服，从而造成成交失败。事实上不会这么严重。因为销售人员一旦发现顾客尚未准备好，还可以返回重新推荐商品，再次争取成交。一项研究表明，头一次提出成交要求就获得成功的买卖，只占成交的十分之一。更多的是在遭遇了一次、两次甚至好几次、几十次拒绝之后才成交的。而且由于销售人员害怕主动提出成交，对自己缺乏信心，从而感染到顾客，使顾客也变得疑虑重重、犹豫不决。这些顾客在心里想：“当我准备购买的时候，他为什么还要继续介绍下去呢？他一定有什么事瞒着我。”结果，销售人员说得越多，成交的机会就越小。其实销售人员应该明白，顾客与自己一样需要成交，需要有一个恰当的结果。顾客也希望再次得到保证，希望有人说他们的决策是正确的，“买下它，没问题”。若把成交看成是满足买主的需要和购买欲望的话，则成交就显得更轻松了。

（2）急于成交。销售人员过早地要求顾客采取购买行动也是导致成交失败的原因之一。销售人员经过接触初访、介绍产品、商洽、议价等阶段，当然期望能够顺利签约。然而，销售人员若无法判断各阶段顾客的需求、顾客购买的时间或对成交操之过急，甚至用威胁性的语言如“不赶快签约，下月就会涨价”，或者“公司将缺货，无法准时交货”等逼顾客签约，则这种急躁情绪可能使顾客感到不被尊重，甚至使顾客讨厌销售人员，还可能使顾客对产品产生怀疑，从而导致交易失败。

（3）惊慌失措或喜形于色。有的销售人员看到顾客准备采取购买行动时，表现出出微汗、颤抖等神经质动作，会使顾客重新产生疑问和忧虑，如果顾客因此失去信心，交易就会失败。一般来说，经过努力而获得成功是件令人兴奋的事情，但在硕果将至的时候，勿喜形于色是非常关键的。讨价还价后签约是销售的一个部分，此时的一笑一颦可能会使顾客怀疑你所谈成生意的概率较低，再继续推论下去就是，你的商品一定有什么缺点，或是你在这次交易中获利一定很多，等等。这会使即将到达终点的推销过程不得不重新又回到起点。尤其是新销售人员，过于得意忘形无异于自酿苦酒，必须控制自己兴奋的情绪。

（4）言谈内容消极。终结成交时应向顾客传达积极的信息，不作否定性的发言，尽量使顾客心情舒畅地签约。此时，既然已经准备终结成交，说明顾客的异议已基本上得到了圆满处理，在此关键时刻应谨慎从事，以避免因任意开口而导致顾客节外生枝并提出新的异议而导致成交失败。

（5）成交方法不恰当。促成交易是整个销售过程中最具挑战性的环节，需要销售人员掌握特定的方法和技巧。只有经过大量实践，并根据具体环境，有针对性地运用恰当的成交方法，才能顺利达成交易。而不合适的成交方法，往往会断送即将达成的交易。

（6）单项沟通。销售人员像做广告一样一个人滔滔不绝，说个没完，没有试探性地询问问题，没有注意购买信号，这就是所谓的单项沟通。双方缺乏交流，自然难以成交。

5.5.2 促成交易的时机和信号

案例 9 **错失成交信号的王强**

王强是一名大型体育用品商店的销售人员，这家商店最近在报纸上做了大量的广告，并在公司内举办了一个产品展览会。星期三下午，一名顾客走进展厅，开始仔细查看展出的帐篷，王强认为他是一名该产品的潜在顾客。

王强：“正如您所见，我们有许多种帐篷，能满足任何购买者的需求。”

顾客：“是的，可选的不少，我都看见了。”

王强：“这几乎是一个万国展了，请问您喜欢哪种产品？”

顾客：“我家有 5 口人，3 个孩子，都在 10 岁以下，我们想去南方度假，因此打算买个帐篷。但不能太贵，度假花销已经够多了。”

王强：“这儿的许多产品都能满足您的需求。例如这种，里面很大，可容纳下像您家那么大规模的家庭；质地很轻，而且不用担心，它是防水的；右边的窗子可以很容易地打开，接受阳光；地面是用强力帆布特制的，耐拉、防水；能很容易地安装和拆卸，您在使用中不会有任何问题。”

顾客：“看上去不错，多少钱？”

王强：“价格合理，985 元。”

顾客：“旁边那个多少钱？”

王强：“这个圆顶帐篷是名牌，比前一个小一点，但够用，特性与前面一个相差无几，价钱是 915 元。”

顾客：“好的，现在我已经了解了许多，星期六我带妻子来，那时再决定。”

王强：“这是我的名片，如果有问题可以随时找我，我从早上开业到下午 6 点都在这儿，星期六我很高兴能与您和您妻子谈谈。”

从案例中不难看出，在促成交易阶段，销售人员不仅要充分注意顾客的言行，捕捉成交信号，而且应灵活运用成交策略与技巧，促成交易的最终达成，实现销售目标。

1. 促成交易的时机

促成交易环节中最重要的是善于掌握成交时机。太快了，对方也许会跟不上（甚至会引起戒心）；太慢了，也许对方的购买意愿顷刻之间就会消失殆尽。所谓最好的成交时机，就是在准顾客的态度有了变化的时候。

1）顾客心情非常快乐时

当顾客心情非常快乐、轻松时，销售人员趁机提出成交要求，成交的几率会很大。例如顾客开始请销售人员喝杯咖啡或吃块蛋糕时，销售人员要抓住这样好的请求时机。此时，顾客的心情非常轻松，一般会愿意购买。

2）进行完商品说明后

当销售人员进行完商品说明和介绍之后，就应抓住时机，询问顾客需要产品的型

号、数量或颜色等外表特征，这时提出请求往往容易成交。

3）解决完顾客异议后

顾客有异议非常正常，当顾客提出异议时，销售人员就要开始向顾客解释，解释完之后，征求顾客意见，询问顾客是否完全了解产品说明，是否需要补充。当顾客认可销售人员的说明时，销售人员就要抓住这一有利时机，询问顾客选择何种产品。当销售人员解决完顾客提出的异议后，往往可以直接成交。

要找出很好的成交时机就要依靠销售人员敏锐的洞察力。在进行销售的过程中，销售人员自始至终都要非常专注，了解顾客的一举一动，尤其是要识别顾客成交的信号。

2. 识别成交信号

1）成交信号的含义

成交信号是指顾客在语言、表情、行为等方面所透露出来的打算购买的一切暗示或提示。在实际销售过程中，顾客出于所处地位的特殊心态，为了保证自己所提出的交易条件，往往不愿意提出成交。但是，顾客的购买意向总会有意或无意地通过各种方式表现出来，有时这种信号是下意识地发出的，顾客自己也许并没有强烈地感觉到或不愿意承认自己已经被说服，但他的语言或行为会告诉你可以和他做交易了。因此，销售人员必须善于观察顾客的言行，善于捕捉稍纵即逝的成交信号，抓住时机，及时地促成交易。

2）成交信号的类型

销售人员也可以通过观察顾客的动作、神态识别顾客是否有成交的倾向。因为一旦顾客拿定主意要购买产品时，就会出现与销售人员介绍产品时完全不同的动作和神态。购买信号的表现形式是复杂多样的，一般可分为语言信号、行为信号和表情信号。

语言信号是顾客在言语中所流露出来的意向。语言信号种类很多，销售人员必须具体情况具体分析，准确捕捉语言信号，顺利促成交易。

行为信号是指顾客在举止行为上所表露出来的购买意向，如细看说明书、要求销售人员展示样品，不断用手触摸商品并不住点头，拍拍销售人员的手臂或肩膀，作出身体自然放松的姿势等均是有意成交的表现。

表情信号是顾客的心理在面部表情中的反映。

一般而言，除了以上的语言信号、行为信号和表情信号以外，有时候顾客表现出来的一些表示友好的姿态也是销售人员应该注意的促成交易的重要信号。

5.5.3　促成交易的方法

1. 请求成交法

请求成交法又称为直接成交法，它是指在接到顾客购买信号后，销售人员用明确的语言向顾客直接提出购买建议，以求适时成交。正确运用这种方法，能够有效促成交易，并且可以充分利用各种成交机会，避免顾客在成交的关键时刻故意拖延时间而贻误成交时机，从而节省销售的时间，提高销售活动的效率。此外，这种方法还可以体现销售人员机动灵活、主动进取的销售精神。

然而，这种方法也有一定的局限性，主要体现在：①若销售人员急于成交，就会使顾客以为销售人员有求于自己，从而使销售人员失去了成交的主动权，使顾客获得心理上的优势；②可能使顾客对先前达成的条件产生怀疑，从而增加成交的困难，降低成交的效率；③如果应用的时机不当，可能会给顾客造成压力，破坏成交的气氛，反而使顾客产生一种抵触成交的情绪。

2. 假定成交法

假定成交法也可以称为假设成交法，是指销售人员在假定顾客已经接受销售建议、同意购买的基础上，通过提出一些具体的成交问题，直接要求顾客购买产品的一种方法。例如："张总您看，假设有了这种设备以后，你们会省很多电，而且成本也有所降低，效率也提高了，不是很好吗？"就是把拥有产品以后那种视觉现象描述出来。

这种方法可以为销售人员节省销售时间，并提高销售效率。而且在整个销售过程中，顾客随时可能流露出成交意向，若销售人员能及时觉察的话，就可正确使用假设成交法，将成交信号转化为成交行动，及时促成交易。

然而，假设成交法若在时机把握方面出现偏差，盲目假设顾客已有了成交意向而直接明示成交，很容易给顾客造成过高的心理压力，导致可能成功的交易走向失败。此外，若使用不当，还会使顾客产生种种疑虑，使销售人员陷于被动，增加成交的困难。

因此，对销售人员而言，应适时地使用假定成交法。一般只有在发现成交信号，确信顾客有购买意向时才能使用这种方法，否则会弄巧成拙。此外，还应有针对性地使用假定成交法。使用这种方法时，销售人员要善于分析顾客。一般地说，对于依赖性强、性格比较随和的顾客以及老顾客，可以采用这种方法；对那些自我意识强、过于自信的顾客，则不宜使用这种方法。

3. 选择成交法

选择成交法也称有效选择成交法，是指销售人员为顾客设计出一个有效成交的选择范围，使顾客只在有效成交范围选择成交方案的一种成交技术。比如："我们礼拜二见还是礼拜三见？"

当销售人员直接将具体购买方案摆到顾客面前时，顾客会感到难以拒绝，从而有利于交易。从表面上看来，选择成交法似乎把成交的主动权交给了顾客，而事实上是让顾客在一定的范围内进行选择，有利于销售人员掌握主动权，可以有效地促成交易；而且避免顾客对购买感到难以下决心，而使顾客掌握一定的主动权，即选择权，从而使顾客比较容易作出决定。

但是，不可否认的是，有时采用选择成交法会让顾客感到无所适从，从而丧失购买信心，增加新的成交心理障碍；有时也会让顾客感到压力较大，从而产生抵触情绪，并拒绝购买。所以，在使用这种方法时，销售人员应该注意，所提供的选择事项应能让顾客从中作出一种肯定的回答，而不要给顾客一种拒绝的机会。而且应避免向顾客提供太多的方案，最好是两项，最多不超过三项，否则就不能达到尽快促成交易的目的。不要让顾客回答"要或者不要"的问题，而应该让顾客回答"要 A 还是要 B"的问题。

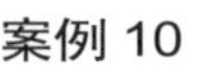
案例 10

销售情景 1

现以小汽车销售人员为例。

销售人员：“以车身的颜色来说，你喜欢灰色的还是黑色的？”

顾客：“嗯，如果从颜色上来看，我倒是喜欢黑色的。”

销售人员：“选得不错！现在最流行的就是黑色的！那么，汽车是在明天还是后天送来呢？”

顾客：“既然要买，就越快就好吧！”

如果经过这样一番话，顾客等于说要买了，所以这时销售人员应当说：“那么明天就送货吧。”这样即可很快促成交易。

4. 小点成交法

小点成交法又称为次要问题成交法、局部成交法，或者叫做避重就轻成交法，是指销售人员利用成交小点来间接促成交易的方法。如：“这件衣服你穿多大合适，你看我给你包装好，带走吧。”而不去提价格、质量问题。

这种方法在顾客犹豫不决时不直接提出成交，避免给顾客造成心理压力，而是通过一系列的试探性提问逐步消除顾客心中的疑虑，循序渐进，积少成多，逐步接近目标。此外，这种方法也有利于销售人员合理利用各种成交信号，有效地促成交易。

然而，小点成交法若使用不当，将提示的小点集中在顾客比较敏感或比较不满的地方，使顾客将注意力集中到销售人员不希望其注意的地方，很容易使顾客只看到其缺点或扩大了缺点，往往不利于成交。若销售人员急于减轻顾客压力，盲目转移顾客的注意力，还容易引起顾客的误会，不利于双方的交流。而且这种方法一般需要多个回合才能解决问题，销售时间较长，并会降低成交效率。

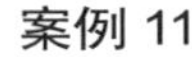
案例 11

销售情景 2

一名办公用品销售人员到某局办公室推销一种纸张粉碎机。办公室主任在听完产品介绍后摆弄起这台机器，并自言自语道：“东西倒很适用，只是办公室这些小青年，毛手毛脚，只怕没用两天就坏了。”

销售人员一听，马上接着说：“这样好了，明天我把货送来时，顺便把纸张粉碎机的使用方法和注意事项给大家讲一下。这是我的名片，如果使用中出现故障，请随时与我联系，我们负责修理。主任，如果没有其他问题，我们就这么定了？”

案例中该销售人员采用的就是小点成交法。销售人员在假定顾客已经作出购买决定的前提下，就纸张粉碎机的使用和维修与主任达成协议，而避开了重大的成交问题，使办公室主任轻松地接受了成交。办公室主任很容易地接受了这个条件，实际上他也就接受了销售人员的推销建议。

5. 优惠成交法

优惠成交法又称为让步成交法，指的是销售人员通过提供优惠条件促使顾客立即作出购买决定的方法。如："张总，我们这一段时间有一个促销活动，如果您现在购买我们的产品，我们可以给您提供免费培训，还有三年免费维修。"

正确使用优惠成交法，利用顾客的求利心理，可以吸引并招揽顾客，有利于创造良好的成交气氛。而且利用批量成交优惠条件，可以促成大批量交易，提高成交的效率。

但是，这种方法是通过给顾客让利来促成交易，必将导致销售成本上升。若没有把握好让利的尺度，还会减少销售收益。此外，采用这种方法，有时会让顾客误以为优惠产品是次货而产生不信任心理，从而丧失购买的信心，不利于促成交易。

6. 保证成交法

保证成交法是指销售人员直接向顾客提供成交保证来促使顾客立即成交的一种方法。所谓成交保证，是指销售人员对顾客所允诺担负的交易后的某种义务。例如："您放心，您这个服务完全是由我负责，我在公司已经有 5 年的时间了。我们有很多顾客，他们都是接受我的服务。"

通过提供保证可以消除顾客的成交心理障碍，增强成交的信心，从而可以使顾客放心购买产品。此外，若销售人员能出示有关的销售证据，则更有利于增强说服力和感染力，促使顾客作出购买决策。然而，如果销售人员不能针对顾客的顾虑提出保证，不但不能达到保证的目的，而且还容易使顾客产生反感。而且如果销售人员言而无信，无法实现承诺，必将丧销售信用，不利于与顾客发展长久的合作关系。

保证成交法主要适用于以下一些情况：①产品的单价过高，缴纳的金额比较大，风险比较大，顾客对此种产品并不是十分了解，产生心理障碍而对成交犹豫不决；②顾客对产品的销路尚无把握，认为是规格、结构、性能复杂的产品；③顾客对交易后可能遇到的一些问题还有后顾之忧，如运输问题、安装问题等。

7. 从众成交法

从众成交法也称排队成交法，是指销售人员利用顾客的从众心理促使顾客购买商品的一种方法。从众行为是一种普遍的社会现象。顾客在购买一件产品前，往往会询问销售人员买这种产品的人多不多。销售人员也往往利用人们的这种从众心理来敦促顾客下定购买决心。

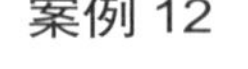

案例 12　　**销售情景 3**

销售人员："王小姐，我们的产品在质量上您可以放心，刚才我也给您看过我们的客户名单，这都是我们一些大客户。××公司有 100 多个销售人员，他们买了 4 套管理培训课程。您可以放心地使用。我也想通过这次交谈使我们能成为很好的朋友，当然我更希望您给我介绍更多的您的好朋友来分享这些培训课程。"

这种方法可以减轻顾客所担心的风险，增加顾客的信心，尤其是新顾客。而且由于销售的产品已经取得了一些顾客的认同，使得销售人员的说辞更具说服力。

然而，若销售人员错误运用从众成交法，则可能会引起顾客的逆反心理，从而拒绝购买。如果销售人员所列举的“众”不适当的话，非但无法说服顾客，反而会制造新的销售障碍，从而失去成交的机会。

所以，销售人员运用从众成交法应该注意以下几点：①销售人员必须针对顾客的从众心理动机，选择和使用具有一定影响力的基本顾客或中心顾客；②销售人员必须讲究职业道德，不能利用虚假的成交气氛来欺骗顾客；③要将从众成交法与有关的广告宣传相结合，以提高企业及其产品知名度，扩大社会影响，进而吸引大批从众顾客。

8. 最后机会成交法

最后机会成交法也叫做无选择成交法、唯一成交法、现在成交法，是指销售人员通过告知顾客现在是最有利的购买时机来促使顾客立即购买商品的一种成交方法。它利用了顾客担心失去获得某种利益机会的心理而大做文章，将购买时的压力变为成交动力。例如：“我们这个机器只剩下三台了，我们最后的优惠时间只有一个星期了……”

使用这种方法的关键在于把握有利的时机，若使用得当，往往具有很强的说服力，产生立竿见影的效果，并能节省销售时间，提高销售效率。但是这种方法最忌讳的是欺骗顾客。在以下两种情况下，可以使用最后机会成交法：①当顾客已被销售人员说服，尚未决定购买时；②当所销售的产品数量不多时。

不过，在运用机会成交法时应注意以下问题。①通过各种宣传造成一定的氛围，强调成交机会难得，失去机会就等于损失更多的利益。②销售人员应直接向顾客提示成交机会，诱发顾客的购买动机，刺激顾客对推销品急切的占有欲，以促使顾客立即采取购买行动。③所选择和利用的机会一定要属实，不能欺骗顾客，应该让顾客认识到所提示的最后机会是在向其提供重要的信息，目的是帮助顾客作出理智的决定。

9. 克服异议成交法

克服异议成交法也称处理异议成交法、大点成交法，是指销售人员利用处理顾客异议的机会，直接向顾客提出成交要求，促使顾客成交的一种方法。

因为顾客提出的异议，尤其是顾客认为重要的异议，大多是顾客购买的主要障碍。销售人员可以把异议看成是一种成交信号，将其转变为成交行为，有利于销售人员抓住一切成交机会。在处理顾客异议后立即提出成交，就不会失去如何一个成交的机会。

案例 13

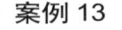

销售情景 4

顾客：“我现在没有办法决定一次购买 4 套销售人员培训碟。”

销售人员：“××小姐，我非常理解您的心情，我相信您要购买这个产品，一定要经过您的上级主管来批示是不是？但是您想想看，这个课程您只购买一套，您有 60 多个销售人员，60 多个人挤在一个小办公室来看这套课程，那是不是很拥挤？而且不同层次的销售人员应该看不同层次的教程是不是？您购买 4 套的理由应该是可以成立的。对不对？”

10. 总结利益成交法

总结利益成效法是指销售人员将顾客关注的产品的主要特色、优点和利益，在成交中以一种积极的方式来成功地加以概括总结，以得到顾客的认同并最终获取订单的成交方法。总结利益成交法的三个基本步骤是：①在销售展示中确定顾客感兴趣的产品的核心利益；②总结这些利益；③向顾客提出购买建议。

总结利益成交法能够使顾客全面了解商品的优点，便于激发顾客的购买兴趣，最大限度地吸引顾客的注意力，使顾客在明确自己既得利益的基础上迅速作出决策。

采用这种方法，销售人员必须把握住顾客确实的内在需求，有针对性地汇总并阐述产品的优点，不要“眉毛胡子一把抓”，更不能将顾客提出异议的方面作为优点加以阐述，以免遭到顾客的再次反对，使总结利益的劝说达不到效果。

11. 小狗成交法

小狗成交法又称试用促成法，是销售人员请求顾客试用少量包装的产品，如请求顾客购买远比正常包装要小得多的数量的产品，先行试用，以减少风险，如果顾客试用后对产品感到满意的话，以后就会更多量地购买。

有统计数据表明，如果准顾客能够在实际承诺购买之前先行拥有该产品，交易的成功率将会大大增加。试用的商品有的时候是免费赠送的，这里既包括在商场的专柜里，或是在闹市街头上，也包括销售人员有针对性地上门赠送。

使用小狗成交法需要注意以下几个问题：①销售人员应相信顾客，允许顾客在试用不满意时退还产品，而不必承担任何责任；②在顾客试用期间，应帮助顾客总结使用心得，指导顾客科学、合理地使用产品；③顾客有疑虑的时候，可以请他先看，因为销售人员对公司有信心，对公司的产品有信心，也对顾客有信心。

总之，销售成交的方法还有许多种，如赞扬法、特殊让步法、请求签名法等，在此不再一一介绍。需要指出的是，在销售过程中，销售人员在坚持一定的成交原则的同时，要适时灵活地根据顾客的不同类型和顾客的心态来灵活而巧妙地调整成交方法。各种方法也可以搭配使用，如第一次要求成交用的是克服异议成交法，而第二次要求成交时可以使用选择成交法，等等。只有这样才能成功地促成交易，完成销售任务。

5.5.4 促成交易的注意事项

（1）切忌将空白订货单突然在顾客面前拿出来，这样可能会增加销售的阻力。因为这时顾客可能会提醒自己：“空白订货单出来了，当心一点。”销售人员应该很自然的，毫不在意地拿出来，使顾客不至于有突如其来之感。

（2）在已知道准顾客接纳了销售人员的交易建议之后，不应直接说：“那么，你买了吧，好吗？”其实，销售人员完全可以这样问：“你需要多少？”“什么时候要货？”“你需要什么规格的？”等等。

（3）由于完成一笔交易，或者由于与一位特别艰难的顾客谈妥一笔交易，必然会引起销售人员心情上的兴奋，这最好要加以掩饰。当顾客正准备购买时，如果销售人员显得非常兴奋，可能会使顾客怀疑销售人员所达成交易的几率很低，再继续推论下去就是，销售人员销售的产品一定有什么缺点，或者销售人员在这次交易中获利一定很多。如果这样，可能下次交易就不存在了，甚至有可能牵连到本次交易。

（4）留住人情。交易顺利达成，销售人员千万不要让顾客感觉出态度开始冷淡。一旦买卖做成，就开始敷衍顾客，这会让顾客失去安全感。因此一定要让顾客记住销售人员的情义，感到购买产品是明智的决定。为了做到这一点，在商品出售后必须稳定顾客的情绪，找一些大家共同关心的问题聊一小会儿（当然最好不要提商品），这样可使顾客的心理平静下来。在成交之后不要急于道谢，在临别时不妨感谢顾客几句，但不要太过分，使人感觉亲切就可以了。在道别的同时最好与顾客握手以表达谢意。记住，一些充满情义的举动会使顾客对销售人员及其公司留下美好的印象。销售人员做事一定要善始善终。

（5）寻求引见。与你成交的顾客往往会和与他有类似需求的其他潜在顾客有某种联系。聪明的销售人员在交易成功后，往往不会忘记请顾客给自己介绍其他与之有联系并可能具有类似需求的顾客，并请顾客代为引见或约见。这样，销售人员可扩大自己的销售范围，确定准备进行下一步销售的对象。

（6）抓紧时间。最后需要说明的是，在整个销售过程中，销售人员都需要抓紧时间，提高工作效率。记住不要让顾客感到耽搁了许多时间，让顾客觉得销售人员在分秒必争是相当重要的。

5.5.5 促成交易失败的注意事项

销售人员在经过种种销售努力后，并不是每次都会成功，大多数销售努力都是以失败告终的。因此，销售人员不但要学会在成交成功情况下的做法，而且要清楚成交失败后需要注意的一些事项。

1. 避免失态

交易成功了，销售人员容易做到与顾客再沟通、再交流，而一旦交易不成，许多销售人员往往草草收场。成功的销售人员一定要做到“买卖不成人情在”，对拒绝自己的顾客依然彬彬有礼，感谢他们给自己的机会，并向他们致歉，说耽误了他们的宝贵的时间。一般的销售工作往往要几次上门方能成功，因此销售人员的耐心是必需的，同时与顾客保持良好的人际关系尤为重要，千万别将不能成交的顾客撇开，只顾自己一时痛快。

一般来说，销售人员在成交失败的情况下，难免会有失望和沮丧的情绪，但注意不要让这种消极情绪流露出来，更不要对顾客表现出怨恨情绪，而要注意保持良好的风度，可适当表示出一点儿遗憾，使对方产生一些悔意，如有可能要留下些材料或礼品，为再次销售成功铺路。

2. 请求指点

在销售人员费尽九牛二虎之力但仍未取得成功的情况下，销售人员应主动向顾客请教，了解顾客认为在自己的销售工作方面或产品方面需要作出哪些改进。

对产品，顾客一般会直言不讳地指出他不满意并希望得到改进的方面，但对于销售人员的工作，顾客则未必想要指手画脚。在这种情况下，销售人员应态度诚恳，表明只是想请顾客以客观的态度来评价销售人员的工作，从而使自己的工作得到不断的改进。

3. 分析原因，吸取教训

销售人员经历销售失败，尤其是经过一番努力仍以失败告终，确实是一件令人非常沮丧的事情。但事后，销售人员应仔细回想销售工作的每一个环节以及顾客当时的反应，如表情、语言、行动等，认真分析未能成交的原因。这样做一方面可以积累经验，改进自己以后的工作;另一方面可以在再次拜访该顾客时有针对性地解决上次销售中遗留的或潜在的问题，争取达成交易。

在分析原因、总结经验后，最重要的是从失败的经历中吸取教训，并在以后的工作中避免重蹈覆辙，犯类似的错误。

5.6 销售服务与跟踪

乔·吉拉德是德国汽车经销商，也是世界著名的销售人员，他连续 12 年荣登世界吉斯尼记录大全世界销售第一的宝座，他所保持的世界汽车销售纪录——连续 12 年平均每天销售 6 辆车，至今无人能破。他因售出 13 000 多辆汽车创造了产品销售最高纪录而被载入吉尼斯大全。他曾经连续 15 年成为世界上售出新汽车最多的人，其中 6 年平均每年售出汽车 1 300 辆。

“我坚信，销货始于售后。”这是德国汽车经销商吉拉德的著名信条。吉拉德入行十几年来，他每年卖出的新车比任何其他经销商都多。解释他成功的秘诀时，吉拉德说：“我每月要寄出一万三千张以上的卡片。”他通过每月要寄出 13 000 多张明信片，主动征求顾客意见，及时解决顾客在使用中的问题，当顾客需要服务时，他必尽全力提供最佳的服务。

5.6.1 售后服务

人们通常认为将产品销售出去，销售活动即告结束，至于出售以后的事，便漠不关心了。像这样的销售，实际上已经犯了严重的错误，那就是忽略了产品的售后服务。售后服务并不一定是产品发生了故障或问题时才需要的，任何一类产品一旦售出，销售人员就应主动跟踪。售后服务是一个完整的销售过程中必不可少的一个组成部分。

售后服务是指企业及其销售人员在产品到达消费者手里后继续提供的各项服务工作。售后服务是销售活动的一个重要组成部分，通过开展售后服务可以满足顾客的另外一些需求；同时，通过售后服务，还可以起到联络感情、搜集情报的作用。售后服务的目的是为顾客提供方便，提高企业信誉，促进企业的销售工作。

对于销售人员而言，良好的售后服务，不仅可以巩固已争取到的顾客，促使他们继续购买、重复购买，还可以通过这些顾客的宣传，争取到更多的新顾客，开拓新市场。因此，每个销售人员都必须认真研究售后服务的技巧。从目前来看，售后服务主要包括以下内容。

(1) 送货服务。对购买大件产品，或一次性购买数量较多、自行携带不便以及有特殊困难的顾客，企业均有必要提供送货上门的服务。起初这种服务主要是提供给生产者用户和中间商的，如今已被广泛应用于对零售顾客的服务中。例如，在激烈的市场竞争中，一些家具经销商十分重视及时送货上门，这种服务大大地方便了顾客，促进了顾客的购买行为。

（2）安装服务。有些产品在使用前需要在使用地点进行安装。由企业的专门安装人员上门提供免费安装，既可当场测试，又可保证产品质量。同时，上门安装还是售后服务的一种主要形式。例如：著名的海尔公司销售空调器后，会为顾客提供免费安装，安装人员为了不给顾客带来麻烦，他们自带鞋套，自备饮水，并在空调器安装完毕后帮助顾客将室内收拾整齐；同时，给顾客仔细讲解使用、保养方法，耐心解答顾客的疑问，因此深受顾客欢迎。

（3）包装服务。产品包装是在产品售出后，根据顾客的要求，提供普通包装、礼品包装、组合包装、整件包装等的服务。这种服务既为顾客提供了方便，又是一种重要的广告宣传方法。如在包装物上印上企业名称、地址及产品介绍，能起到较好的宣传作用。

（4）“三包”服务。“三包”服务是指对售出产品的包修、包换、包退的服务。企业应根据不同产品的特点和不同的条件，制定具体的“三包”方法，真正为顾客提供方便。

包修指对顾客购买本企业的产品，在保修期内提供免费维修，有些大件产品还提供上门维修服务，用户只需一个电话，维修人员就马上上门提供维修服务。有无保修，对顾客来讲是非常重要的，顾客在购买有保修制度的产品时，能减少许多顾虑，放心购买。包换是指顾客购买了不合适的产品后可以调换。包退是指顾客对所购买的产品不满意时，可提供退货的服务。销售与退货是对立的，从表面上看，退货是对已实现的销售的一种否定，对企业而言，是不利的，但从长远来看，这样做可以得到顾客的信任，有利于企业今后的产品销售。

（5）帮助顾客解决遇到的问题。销售人员必须像对待自己的问题那样对待顾客的问题。从长远来看，只有顾客获得成功，销售人员才能再次与顾客进行交易，来扩大自己的成交额。同时，销售人员处理顾客所遇到的问题的速度，也体现出对顾客的重视程度。

案例 14

奔驰汽车公司的销售服务

德国著名的奔驰汽车公司的销售服务措施简直就像是撒向全国乃至全世界的两张网。

第一张网是销售服务网。任何一位顾客或潜在的顾客在它的销售处或销售人员那里，都可以对其汽车的样式、性能、特点等得到全面的了解。而且，根据顾客的不同需求和爱好，对诸如车型、空间设备、车体设备、车体颜色，甚至不同程度的保险钥匙等，都可以分别给以满足。他们常常在厂里未成型的汽车上挂一块牌子，牌子上写着顾客的姓名、车辆型号、式样和特殊要求等。

第二张网是维修网。在德国的公路上，平均不到25公里就有一个奔驰汽车的维修站。维修站的工作人员技术娴熟、态度热情、修车速度快。在任何一条公路上，汽车出了故障，车主只要向就近的维修站打个电话，维修站就会派技术人员来帮助修理，或者将车拉到站里进行修理，一般的修理项目当天就能完成，不影响车主使用。

由于该公司良好的销售服务，在能源出现危机，世界汽车市场竞争激烈之时，尽管奔驰车的价格比起日本汽车的价格要高出一倍，但奔驰车的销售工作仍然进展顺利。

5.6.2 销售跟踪

对于销售人员而言，销售是一个持续不断的过程。当销售人员将一位潜在的顾客转变为真正顾客时，就可以开始建立起长期的关系，而这样的关系可能会远远超出想象。要建立这样的关系，其关键就在于售出产品后对每一位顾客进行不断的跟踪服务。

所谓销售跟踪是指在成交阶段后（无论成交与否），销售人员对顾客所持的一种态度和进一步提供的服务，希望顾客能对销售人员及公司留下美好深刻的印象，为今后销售成功创造机会的行为过程。

在销售陈述中，销售人员时常面临着两种结果：要么与潜在顾客达成交易，要么成交失败。对销售人员而言，达成交易固然可喜，成交失败也不必气馁。成交后还有很多工作需要销售人员去做；成交失利，也并不表明从此永无成交的可能，只要处理得当，仍能创造出成交机会。所以，销售人员无论是否与顾客达成交易，都要进行销售跟踪。

销售人员进行销售跟踪，可以从建立顾客资料卡、制订服务跟踪计划、联络顾客感情、监控顾客满意度和提供最新产品资料等方面来进行。

案例 15　80%的销售来源于第 4 至 11 次跟踪

下面是一位销售人员的工作经历和体会。

记得 1995 年在欧洲工作的时候，我先前的美国老板对我说："嗨，伙计，做销售，你得学会跟踪。"为进一步说明问题，老板举了以下一个生动的实例："有个人看到我们的招聘广告，在应聘截至最后一天时，他向我们投来简历（最后一天投简历的目的是使他的简历能放在一堆应聘材料的最上面）。一周后，他打电话来询问我们是否收到他的简历（当然是安全送达）。这就是跟踪。4 天后，他来第 2 次电话，询问我们是否愿意接受他新的推荐信（西方人对推荐信格外重视），我们的回答当然是肯定的。这是他第 2 次跟踪。再 2 天后，他将新的推荐信传真至我的办公室，紧接着他的电话又打过来，询问传真内容是否清晰。这是第 3 次跟踪。我们对他专业的跟踪工作印象极深。他现在在我们的美国公司工作。"

从那时起，我体会到跟踪工作的重要性。直到一星期前，我看到美国专业营销人员协会和国家销售执行协会的统计报告后，我对销售的跟踪工作重新进行了一番反思。

请看生动的统计数据：2%的销售是在第 1 次接洽后完成的；3%的销售是在第 1 次跟踪后完成的；5%的销售是在第 2 次跟踪后完成的；10%的销售是在第 3 次跟踪后完成的；80%的销售是在第 4～11 次跟踪后完成的！

与此形成鲜明对比的是，在日常工作中，我们发现，80%的销售人员在跟踪 1 次后，不再进行第 2 次、第 3 次跟踪。少于 2%的销售人员会坚持到第 4 次跟踪。

跟踪工作使您的顾客记住您，一旦顾客采取行动时，首先会想到您。

跟踪的最终目的是形成销售，但形式上绝不是我们经常听到的"您考虑得怎么样？"

跟踪工作除了要注意系统、连续外，更需注意其正确的策略：采取较为特殊的跟踪方式，加深顾客对销售人员的印象；为每一次跟踪找到漂亮的借口；注意两次跟踪的时间间隔，太短会使顾客厌烦，太长会使顾客淡忘，我们推荐的间隔为2～3周；每次跟踪切勿流露出销售人员强烈的渴望。

调整自己的姿态，试着帮助顾客解决其问题，了解顾客最近在想些什么?工作进展如何?

请记住，80%的销售是在第4～11次跟踪后完成的!

1. 建立顾客资料卡

进行“销售跟踪”，首先必须建立顾客档案资料，即“建档管理”。“建档管理”是将顾客的各项资料加以科学化记录、保存，并分析、整理、应用，借以巩固双方的关系，从而提升销售业绩的管理方法。其中，“顾客资料卡”是一种很重要的工具。通常，顾客资料卡中应包括“顾客管理的内容”中的基础资料、顾客特征、业务状况、交易现状等四个方面。

销售人员第一次拜访顾客后即开始整理并填写“顾客资料卡”（如表5-2所示）。随着时间的推移，销售人员应注意对其进行完善和修订。填写的“顾客资料卡”应适当保存，并在开展业务过程中充分加以利用。充分利用“顾客资料卡”的功能可有效提升业绩。

表5-2　顾客资料卡

顾客名称						地址				
电话		邮编			传真					
性质	A. 个体 B. 集体 C. 合伙 D. 国有 E. 股份公司 F. 其他									
类别	A. 代理商 B. 一级批发商 C. 二级批发商 D. 重要零售商 E. 其他									
等级	A级　B级　C级									
人　员	姓名	性别	出生年月	民族	职务	婚否	电话	住址	素质	
负责人										
影响人										
采购人										
售货人										
工商登记号			税号（国税）							
往来银行及账号										
资本额		流动资金		开业日期						
营业面积		仓库面积		雇员人数						
店面	□自有	□租用	车辆							
运输方式	□铁路	□水运	□汽运	□自提	□其他					
付款方式		经营额								
经营品种及比重										
辐射范围										
开发日期及开发人										

2. 制订服务跟踪计划

当销售人员忙起来时，跟踪工作可能会被抛到脑后，为此应拟订一个简单的跟踪计划（见表 5-3）。顾客都喜欢受到注意和支持，虽然可能是事隔数月后的电话联系或者寄一些邮件。重要的是，这些接触会给销售带来再次交易的机会，也是促使他们帮助销售人员介绍顾客的好办法。

表 5-3　销售人员周跟踪计划示例

星　　期	联系顾客名称	联系方式（电话、信函、拜访）
星期一		
星期二		
星期三		
星期四		
星期五		
星期六		
星期日		

3. 联络顾客感情

与顾客联络感情的方法通常有以下几种。

1）拜访

经常去拜访顾客非常重要，拜访并不一定是为了销售，主要目的是让顾客感觉到销售人员和企业对自己的关心，同时也向顾客表明企业对销售的产品是负责的。

销售人员拜访顾客时不一定有明确的目的，也许只是为了问好，也许是顺道拜访。主要应把握一个原则，即尽可能使拜访行为更自然一些，不要使顾客觉得销售人员的出现只是有意讨好，更不要因拜访而干扰顾客的正常生活。

2）书信、电话联络

书信、电话都是联络感情的工具，在日常生活、工作中被广泛使用。当有些新资料需要送给顾客时，可以附上便笺用邮寄的方式寄给顾客；当顾客个人、家庭或工作上有喜忧婚丧等变故时，可以致函示意，如邮寄各种贺卡，通常，顾客对收到的函件会感到意外和喜悦。用打电话的方式与顾客联络也是一种很好的方式，偶尔几句简短的问候会使顾客感到高兴，但对于这些友谊性的电话，要注意语言得体、适当，不能显得太陌生，也不能表现得太肉麻、离谱。

案例 16　**服务跟进**

据 1999 年 5 月《中国经济时报》报道：武汉景明大楼的业主收到一份来函，告知该楼已超期服役，并提请有关方面注意。谁承想这份来函竟是来自远隔万里的英国，一家设计单位在经历了漫长的 82 年之后，至今仍念念不忘他们 20 世纪初在长江和汉水河畔设计的一幢大楼。这座当初由英国人设计、位于武汉鄱阳街 53 号的景明大楼建于 1917

年，共有 6 层楼，现已被武汉市列为历史优秀建筑保留。英国这家设计院的做法，对销售人员来说是一个很大的启示。“真正的销售始于售后”，销售人员在签完订单后，不是就了事了，而是应该对顾客服务到底。

3）赠送纪念品

这是一种常见的操作手法。成功的销售机构和销售人员会为其顾客提供包括赠送纪念品在内的各种服务。这种方式至少可以起到两种作用：一是满足人们贪小便宜的心理；二是可以借此作为再次访问及探知情报的手段或窗口，这是成功销售的一种技巧。

IBM 公司曾经做过一个调查，研究老顾客为什么选择了离开。调查的结果显示，顾客的需求得不到关注，抱怨得不到及时处理，以及长期对产品有抱怨情绪占顾客离开原因的 78%。不难看出，要保证老顾客继续留在身边，非常重要的一点就是要求销售人员做好销售后的顾客跟踪工作。

4）监控顾客满意度

每次顾客完成购物后的感受会各不相同。如果满意，可想而知，在将来有新的需求的时候，他们会成为销售人员的回头客；否则，在下次购买时顾客会另找其他的企业及其销售人员。因此，对于使用过产品的顾客，销售人员及时收集、反馈顾客的购后感受是非常重要的。

对于消费型产品，有必要调查顾客的使用情况。一般而言，销售人员可以通过“顾客意见反馈表”（如表 5-4 所示）获得顾客对产品售后服务满意度的评价。

表 5-4 ××公司顾客意见反馈表

亲爱的××用户：

您好！感谢您使用××产品，××愿为您提供一流的产品和售后服务，为了我们能更好地为您服务，请对我们的售后服务作出您公正的评价。

1. 您认为我们的售后服务是否及时（ ）

A. 非常及时 B. 比较及时 C. 一般 D. 不够及时 E. 极不及时

2. 您认为我们的维修质量（ ）

A. 非常好 B. 比较好 C. 一般 D. 不太好 E. 很差

3. 我们的服务人员的态度（ ）

A. 非常好 B. 比较好 C. 一般 D. 不太好 E. 很差

（以下由服务人员填写）

顾客签名：________ 电话：________

顾客姓名：________

地　　址：________

服务范围：________

服务时间：________ 服务人员签名：________

4. 提供最新产品资料

使顾客了解产品的最新情况是销售人员的一项重要工作。在说服顾客购买之前，销售人员通常将产品的简介、使用说明及相关文件资料递交顾客参考，而在顾客购买以

后，却常疏于提供最新的资料，这是一种很不妥当的做法。

销售人员向顾客提供的最新资料一般包括以下两种。

1）产品商情报道资料

有许多产品的销售资料常以报道性的文件记载，销售人员以此作为赠送顾客、联络感情的工具是最好不过的。譬如卖钢琴的销售人员每月给顾客邮寄一份音乐及乐器简讯，这样，一方面可以给顾客提供参考资料，同时也可以借此报道商情，这样做可使顾客对产品有持续的好感。而且，通过不断为顾客提供资料，也能起到间接的宣传效果，往往会引导出更多的顾客。

2）产品本身的资料

产品售出后，顾客基于某种理由，常常希望了解产品本身的动态资料。以药品销售为例，销售人员应及时将产品在成分、规格、等级等方面的变动资料提供给药房或药店。

本章小结

成功的销售人员一定要掌握销售呈现技巧。而这些技巧具体体现在销售过程中的各个环节中。从销售人员与其销售对象接触和交往的时间顺序来看，一个完整的销售过程包括销售准备、销售接近、销售展示、异议处理、促成交易和销售跟踪等六个环节。

作为专业的销售人员，除了做好销售拜访前的准备工作以外，还要熟悉接近顾客的方法。接近顾客是销售过程中的最难点，因为销售人员是带着销售的目的去接近一个陌生人。销售人员成功地完成了接近工作，即可为销售工作的顺利完成奠定了良好的基础。接下来，就要进行销售陈述和销售演示，以此来吸引顾客注意并让顾客产生兴趣。

当然，在进行销售展示的过程中，常常会遇到顾客提出的不赞同、反对、质疑等。面对顾客异议，销售人员首先需要分清顾客提出的异议类型及产生原因，并掌握处理顾客异议的各种方法，以此来顺利处理顾客的异议，将销售活动引入促成交易环节。

在促成交易环节，销售人员常常也会遇到一些来自顾客和自身双方的障碍，所以销售人员要学会克服这些障碍，在销售洽谈过程中，准确及时地把握住成交的时机和信号，通过合适的成交方法达成交易。

销售人员需要注意的是，产品成交后，并不意味着销售活动就此结束了。售后服务和销售跟踪工作仍是销售过程中必不可少的一个环节。售后服务并不一定是产品发生了故障或问题才需要，任何一种产品一旦售出，销售人员就应主动跟踪。作为专业的销售人员，进行销售跟踪可以从建立顾客资料卡、制订服务跟踪计划、联络顾客感情、监控顾客满意度和提供最新产品资料等方面来进行。

关键术语

销售过程　　销售接近　　销售展示　　顾客异议

促成交易　　售后服务　　销售跟踪

参考文献

[1] 李先国. 销售管理教程[M]. 北京：北京大学出版社，2005.

[2] 钟立群. 现代推销技术[M]. 北京：电子工业出版社，2005.

[3] 李海琼. 现代推销技术[M]. 杭州：浙江大学出版社，2004.

[4] 孔雷. 训练销售精英[M]. 北京：企业管理出版社，2003.

[5] 刘敏兴. 销售人员专业技能训练[M]. 北京：中国社会科学出版社，2003.

[6] 欧阳小珍. 销售管理[M]. 武汉：武汉大学出版社，2003.

[7] 俞雷，陈宁. 最糟糕情况下的营销[M]. 杭州：浙江人民出版社，2003.

[8] 熊银解. 销售管理[M]. 北京：高等教育出版社，2001.

[9] 牛海鹏，屈小伟. 专业销售[M]. 北京：企业管理出版社，1998.

[10] 刘红兵. 销售：与客户共舞[J]. 经贸世界， 2006（02）.

[11] 杨晶. 如何接近顾客[J]. 市场营销，2002（12）.

[12] 姚泽有：销售人员的 12 种创造性开场白[J]. 销售与市场，1996（5）.

[13] 胡非，厉以京. 推销遇到拒绝现象的成因及对策[J]. 广西商专学报，1994（04）.

[14] 庄贵军：正视拒绝[J]. 销售与市场，1997（04）.

[15] 孟昭春. 抓住客户的购买信号[J]. 销售与市场，2007（02）.

[16] 李平，胡志勇. 走出人员推销的误区[J]. 云梦学刊，2003（02）.

[17] 张天命. 80%的销售来源于第 4 至 11 次跟踪[J]. 机电信息，2006（13）.

[18] 秋水. 品牌服务：真诚到永远[N]. 市场报，1999-05-12，第 7 版.

[19] 鞠强. 售后服务管理[J]. 企业管理，2001（11）.

[20] 陆和平. 工业品销售——产品演示建奇功[EB/OL]. 中国营销传播网，2007-05-18.

测试题

1.“有些顾客的意见只是不愿购买的一种借口罢了，克服这种脆弱借口的最好办法是不予理睬。”试评价这种说法。

2.请给出一种以上应对下列顾客异议的理由（或答复），以演练处理顾客异议的各种方法。

（1）顾客 A 说：“产品很好，谢谢你向我们介绍。如果我们决定要买，就跟你电话联系。”

（2）顾客 B 说：“很遗憾，我们现在买不起，6 个月以后再来吧。”

（3）顾客 C 说：“我不能进你们昂贵的美容美发用具，我的顾客大多数是工薪阶层人士，不是公司的 Office 小姐。”

（4）顾客 D 说：“再度和贵公司往来，我确实有点担心，三年前我们曾经上过你们的当，我不希望那种不愉快的事再度发生。”

（5）顾客 E 说：“虽然你们的机器有一些优点，但我更喜欢我现在的机器。”

（6）顾客 F 说：“不错，这是很漂亮的家庭影院系统，但对我来说太复杂了，可能需要一名技术员来为我说明如何使用它。”

（7）销售人员说：“……我们公司经营的吊带比其他品牌的吊带更具安全性。”

顾客 G 说：“当然,安全对我来说是很重要的,但是我怎么知道你们的吊带就如你所说的那

么安全呢。”

3. 请你阅读以下情景（一名销售人员正在和顾客进行销售谈判），指出这位销售人员在说服顾客的过程中错过了哪些购买信号。

顾客：“这正是我们要买的东西。”

销售人员：“是吗？那太好了。”

顾客：“它们看上去质量很好。”

销售人员：“是的，太太，是很好，是很好。”

顾客：“那么……”

销售人员：“如果有什么损坏也容易拿回来修理，对不对？”

顾客：“好，我们过去用了很多，给你们添麻烦了。”

销售人员：“哦，不，不，不。我想那些不是我们的吧？”

顾客：“噢，不是你们的。”

销售人员：“哦，是吗？我想我该走了，再见。”

4. 请你阅读以下案例，并回答问题。

华联超市采购部的李经理给你邮来一份关于五金用具的询价单，内容涉及螺丝刀、老虎钳、钉锤和钉子。你马上与其负责进货的销售人员林强联系上了，并约定了时间。与进货员林强见面时，你给他做了一个展示。你说已经访问了他们的几家商店，具体讨论了旋转式零售品陈列，它包含了李经理在询价单上提到的这四种产品的不同搭配方式，并把陈列的优势和特点对林强进行了详细说明。

在展示中，林强听着，但没说什么，也没给你任何购买信号。不过看起来他挺有兴趣，对你的价格没有意见，也没有提出什么异议。展示接近尾声，现在是该提出成交的时候了。事实上，你已经说了能想到的任何事情。

思考题

1. 下面哪种是向林强提出订货要求的最佳方式？（　　）

A. 你认为我们的产品怎么样，林先生？

B. 你喜欢哪种搭配，A 式还是 B 式？

C. 我们可以签订合同了吗？

D. 如果你同意这个订单，林先生，我们可以在两周之内让你们每一家商店都收到陈列。

2. 对回答问题 1 后剩余的选项进行讨论或评价，并按从好到坏的顺序排列。如果销售人员用这些方式提出成交，请说明会出现怎样的情况，并说明在问题 1 中你选择答案的原因何在。

案例研讨

列车上十分钟成功推销术

经常乘坐列车的朋友总有一种感觉，那就是火车上的产品价位较高。因此，在列车上推销产品，是不占优势的。而当笔者在列车上亲历了一次售货员成功的推销术之后，过去的印象被

彻底改变了原来，流动的列车上也有无限的商机！

一日，在郑州开往北京的特快列车上，当旅客在途中闲暇无事时，或看报刊、或闲聊、或打盹……突然传来一阵流利、甜润而响亮的普通话声音。旅客们回头向着发出声音的方向望去，一名穿着整齐得体的列车员制服的漂亮女孩，站在车厢的过道中间，面带微笑开始演讲式的推销术。

“各位领导、旅客朋友，大家好！打扰各位了。我是本次列车的售货员，利用这个时间给大家介绍我们列车广告推广产品——袜子。没错，就是袜子。我给大家介绍的袜子与市场上卖的袜子是不一样的，它的面料特殊、不是化纤，这是我们与生产厂家联合推出的列车广告试销产品，市场上还没有。这种袜子有两大优点：一是穿不破；二是透气性好，吸汗不臭脚。”抑扬顿挫的几句演讲词，勾起一车厢多数乘客的好奇心。

售货员不失时机地拿起一双洁白的袜子，开始边介绍边示范：“大家都知道，袜子穿在脚上，最易磨损的部位就是脚拇指和脚跟，这地方损坏了，再好的袜子也成了破袜子，对吧！我给大家介绍的袜子是非常耐磨的袜子。下面我给大家做个示范，就能证明这种袜子的耐磨性。”

“这位大哥帮忙拽一下。”售货员向坐在一边的男子递上袜子的一端，自己拽着一端，另一只手拿着已准备好的一根钢针：“大家想想，用钢针往袜子上来回划，会有什么样的结果呢？”随即售货员拿起钢针用力地在袜子面上划来划去。“大家看看袜子有没有坏，没有！丝毫无损，钢针都划不破的袜子，这就是真正的穿不破的袜子。”边说边让周围的人看个究竟，证明钢针划过的袜子完好无损的真实性。

她接着介绍说：“我再给大家介绍这种袜子的第二大优点：穿这袜子不臭脚。日常生活中为什么很多人会脚臭呢？据专家研究分析，臭脚的问题是因为脚在出汗后再加上袜子透气性差，久而久之，脚被闷臭了。解决这个问题很简单，最好的办法就是让脚处于透气的环境中，脚就不会再臭了。我们推广的这种袜子就有这个优点，可做一个示范，证实袜子的透气性好。”售货员仍在旁坐的旅客帮助下，双手将袜子抻成平面状展示。从口袋中掏出一只打火机，打着火后迅速将打火机移动至袜面的底部顶起，打火机的火苗穿过袜面燃烧着。这个举动令车厢的乘客惊奇不已，问：“这种袜子不怕烧吗？”售货员笑笑答道：“钢铁都有熔化的时候，何况是袜子呢！我做这个实验的目的，是告诉大家，证明我们推广的袜子透气性好，面料特殊可吸汗，穿这种袜子不会闷脚、臭脚。”

售货员的演说和象征性的实验，引起了旅客购买袜子的欲望。“我们把袜子样品发到每排座，请大家看看面料，摸摸手感，是不是感觉袜子具有与众不同的优点呢！”随即将所带的许多袜子递发给车厢里的乘客，很多旅客争相观看。推销术进入了实质性阶段。

“这么多优点、这么好的袜子，大家想问价格一定很高吧？贵不贵？告诉大家，因为我们是与生产厂家联合推广的试销品，限量派送，大家赶上了就是机遇。在商场，普通袜子也得十元、八元一双，我们推广产品，便宜！十元一包。包装有两种：一种是一包三双的，一种是加厚型的一包装两双。价格都是十元一包，相当于一包香烟的价格，买的是货真价实的穿不破、不臭脚的袜子。大家赶上这个机遇，不要错过了，谁想要赶紧说话啊！”

笔者与许多乘客一样，被这种形象生动的推销术所感染，很舒心地选购了两包袜子，直到现在仍感觉物有所值。该售货员在本车厢演说和示范时间约十分钟，成功售出近百包袜子。无疑，售货员的推销术是成功的，不仅为生产厂家带来经济效益并提高了知名度，旅客欣然接受了这种面对面的推销方式，也为旅途增添了乐趣。

思考题

1. 该售货员成功的关键因素是什么?
2. 该售货员运用了哪些产品展示策略?
3. 该售货员的产品演示有哪些值得借鉴之处?

第 6 章　关键客户管理

本章提要　关键客户是对企业具有重要战略意义的客户，加强关键客户管理能最大化地满足顾客的需要。本章介绍了关键客户管理的优点和不足，分析了关键客户管理适用的条件，阐述了适合关键客户管理的任务和技术，以及建立关键客户关系的路径。

引　　例

联想发掘大客户终身价值“VIP 模式”优势

联想大客户市场策略的实质就是大客户市场的“VIP 模式”。这种模式既关注短期利润，更注重长期收益；既关注单笔交易，更注重长期关系。它的核心是挖掘“顾客终身价值”。

“20 000 多个行业大客户，我们用 300 个客户经理和 1 000 多家渠道商一一锁定。”联想集团副总裁、大客户业务部总经理蓝烨表示，“联想大客户这一块，已经占到联想中国 PC 销售额的 1/3 左右。”

从 2005 年新财年开始，联想将大客户业务部设立为单独的业务部门，面向金融、电信等重点行业及政府部门提供全面的针对性服务。有数据表明，“集成分销”策略经过几个月的运作，已经在大客户市场中“发威”。联想正在从对手嘴里全面抢回失去的蛋糕。

1. 关注客户“终身价值”

“我们内部建立了自己的商机管理系统，我现在每天的工作除了打开电脑看报表和商机分析，就是去拜访客户。”在蓝烨看来，联想的大客户策略吸取了惠普和戴尔的优势，并结合自身的特点，发展成一套独特的大客户市场运作体系。“我们针对大客户，不仅仅是销售渠道变了，而是企业各个环节都变了。产品、营销、销售、供应、售后服务，从企业资源这块看，我们对零散消费者和大客户打造的 5 个价值链完全不同。”

从目前联想推行“大客户市场”策略的手法来看，可以认为其实质就是一种有针对性的“VIP 模式”。这种模式既关注短期利润，更注重长期收益；既关注单笔交易，更注重长期关系。它的核心是挖掘“顾客终身价值”。同时，联想大客户市场“VIP 模式”既保障了联想的利益，也顾及了分销渠道的利益，并调动了渠道的积极性。

2. “VIP 模式”的优势

“和竞争对手相比，联想在大客户市场方面有三大优势，”蓝烨强调，“第一是产品品质，第二是服务，第三是我们的销售队伍和合作伙伴的稳定性。”

首先是产品线的区隔。与针对中小客户市场和家用电脑市场不同，大客户对产品的稳定性、安全性等具有较高的要求，同时还要求较低的价格。大客户的个性化需求必须用定制服务来满足。而且大客户市场更强调服务增值，有时甚至是整体解决方案的提供。联想针对大客户市场将产品线独立出来，以“开天”、“启天”系列 PC 和“昭阳”系列笔记本专供于大客户市场。

其次是服务体系的区隔。在新的客户模式下，联想专门为大客户设立以 400 打头的服务专线，提供 VIP 级服务。如对大客户出现的售后服务问题，会挑选最优秀的工程师上门服务，而不是像对普通用户那样就近派员。对一些重要的大客户，联想甚至提供“驻厂工程师”服务。

除此之外，巨大的服务网络也成为联想大客户的卖点。“我们在全国有 3 000 多个服务站点。在全国 30 多个城市，能够承诺 48 个小时修好。”蓝烨底气十足，“即使是到县一级，也有 70%能够做到同城维修。”

3. 双重界面锁定大客户

联想夺回大客户市场的重要的杀手锏之一就是捆绑式合作带来的稳定与透明。“戴尔的流程、价值链很优越，但人员流动性太大，导致短期行为比较多，”蓝烨这样评价联想与戴尔大客户市场模式的不同，“而我们通过客户经理与代理商的双重界面来锁定客户。”

在联想大客户模式下，客户经理与代理商同时面对客户，但客户经理只管谈判不管签单，联想客户经理的主要任务是协助代理商获取大客户信任，以利于合同进行，而并非与代理商争利。

在与代理商的合作上，戴尔通常都采用“按单合作、下回再说”的方法。而联想通过签署合作协议的方式，从法律上保障了与代理商合作关系的稳定性，“我们跟渠道商之间都签了一年的法律协议，正常情况下还会续签。”蓝烨表示。

无论是对大客户，还是渠道商，联想大客户市场“VIP 模式”关注的都是“长期价值”和“深度开发”，强调一种共同利益的和谐构造，并在重整竞争力的过程中实现联想、渠道商与客户的“三赢”。

6.1 什么是关键客户管理?

关键客户，国内一般称为大客户（key account）。确切地说，对企业具有战略意义的即为关键客户。当然，关键客户的管理和关键客户的销售是完全不一样的，关键客户的管理范畴包含的内容很广，但它的目的只有一个，那就是“为客户提供持续的个性化服务/产品”，以此来满足客户的特定需求，从而建立长期稳定的关键客户关系。而且关键客户管理必须和企业整体营销战略相结合。关键客户通常是某一领域的细分客户，而且和传统的大众客户管理相差甚远，关键客户管理能够最大化地满足顾客的需求。

关键客户管理是供应商用于目标用户和服务于具有高级、复杂的需要的潜在顾客时，在营销、管理和服务方面给他们提供特殊待遇的一种战略。为了获得关键客户的身份（地位），顾客首先必须有较高的销售潜力。其次是有复杂的购买行为。第三，关键客户身份更有可能给予那些愿意成为长期联盟或伙伴的顾客。这种关系提供给购买者很多利益，包括供应的可靠性、风险降低、更容易解决问题、更好的沟通和高水平的服务。地理上分散的关键客户通常被称为国家客户。

对关键客户要求销售者给予特殊的关注，可能会超过正常状态的销售能力。关键客户经理的关键责任是计划和开发与客户公司广泛人员的关系，动员人员和他们公司的其他资源去支援这个客户，协调和激发公司的职业销售人员努力与关键客户的不同部门、分部和区域机构沟通信息。

根据 Hise 和 Reid 的看法，保证关键客户管理取得成功的六个最重要的条件如下：

（1）一体化关键客户计划使之成为公司的全面销售努力；

（2）上级管理者了解和支持关键客户小组（部门）的工作；

（3）明晰与关键客户销售和服务单位无关的信息界限；

（4）确立目标和任务；

（5）建立销售管理和专业销售人员之间协调的工作关系；

（6）清楚界定和识别关键客户的身份。

交易推销和关键客户管理的区别见表 6-1。

表 6-1　交易推销和关键客户管理的区别

	交 易 推 销	关键客户管理
总体目标	销售	优先的供应者地位
销售技能	提问，处理异议，结束与结算	建立信任，提供极好的服务
关系性质	短期的，间歇的	长期的，更强烈的交互作用
销售人员目标	完成销售	关系管理
销售人员特性	每个顾客由 1—2 名人员负责	常常包括多功能团队中的许多销售人员

6.2 关键客户管理的优点和风险

对供应商来讲，关键客户管理有许多优点。

（1）与顾客紧密的工作关系——销售人员知道谁作决策和卷入决策过程的各类人员各自扮演的角色。

（2） 改进沟通和协调——顾客知道一个专门的销售员或销售团队的存在，他们知道出现问题时与谁联系。

（3）更好的销售和服务跟踪——额外的资源贡献对关键客户意味着关键销售结束后有更多的时间跟踪和提供服务。

（4）更深入的决策机构渗透——有更多的时间在关键客户间培植关系。销售人员能通过从使用者、决策者和购买者到影响者，有组织地“拉（pull）”到购买决策，而不必像传统销售途径那样，通过购买者“推（pushing）”进组织那样面临更多困难的任

务。

（5）更高的销售业绩——大多数采用关键客户推销技术的公司声称销售业绩得到提升。

（6）为职业销售人员提供提升的机会——对希望提升销售力而非进入一个传统的销售管理职位的销售人员，一个顶级关键客户推销的等级销售系统提供了进步的机会。

（7）通过联合协议制定最适宜的生产与运送时间表和需求预测，使成本更低。

（8）新产品研究与开发上的合作和联合促销。

然而，Burnett 指出，关键客户管理也有其潜在危险。

（1）当资源被导向有限数量的公司时，供应商将面临依赖增加和攻击，以及相对少的顾客。

（2）如果顾客滥用其关键客户地位，就会产生挤压利润余额的风险。

（3）存在一旦知道自己拥有首选客户地位，顾客会要求不断增加高水平服务和关注的可能危险。

（4）集中资源于少数关键客户可能会导致忽略一些可能具有较高的长期销售潜力的小客户。

（5）关键客户管理所要求的团队方式可能对具有职业抱负的某些卓越者是多余的，他们愿意采用更多的个人主义方式，反对当赢得一份大订单时不得不与另外的人分享从而减少奖赏。因此招聘关键客户销售人员时要特别留心。

6.3 决定是否使用关键客户管理

对供应商来讲，一个重要问题是关键客户管理的适宜性。无疑它仅仅是销售力组织的一种形式，需要注意的是，是否使用关键客户管理与其实施所需的额外资源和成本相联系。下列情况存在的程度越高，公司越可能倾向于设立关键客户。

（1）少量的客户占据供应商销售的较高比例。

（2）有可能区别供应商提供的、在某种程度上被客户认为具有高价值的产品或服务。

（3）客户复杂的购买行为和大型购买单位常常在多样化的区域申请变更选择标准，意味着地理组织结构是不适当的。

（4）要求供应商和客户签订多功能的合同。

（5）可能通过有选择地处理与少量大客户的关系，以及签订产销联合协议和交货进度表而导致较多的成本节省。

（6）存在这样一种危险，即供应商销售队伍中不同的销售人员拜访相同的顾客、销售不同的产品或提供冲突性的问题解决方案。

（7）和客户建立深入的沟通和强有力的关系可能获得更多机会，提供适合的产品和服务满足特殊客户的需要。

（8）客户的交易集中化。

（9）竞争者正在改进其客户处理，转向关键客户管理。

6.4 关键客户管理的任务和技巧

选择最好的仅仅获得高层管理者支持的人员去管理和配合（协调）关键客户计划是次要的，最好选择能对该工作所要求的任务和技能有全面了解的人员。简单地选择公司的顶级销售人员去处理关键客户管理是不明智的，因为该工作是如此的不同，它要求有更高水平的管理能力（如领导能力、协调配合能力、客户战略发展能力和交流沟通能力等）。

Wotruba 和 Castleberry 对关键客户销售人员的调查确认了其履行的任务和工作技能要求，表 6-2 列出了前 10 项。该表能被用做招聘、选择和评价关键客户经理的标准。其中，关系建立的技能是最重要的。

表 6-2　关键客户管理履行的任务和技能要求

任　　务	技　　能
1．发展长期关系	管理建立
2．参与和关键客户的直接接触	协调配合
3．保持关键客户记录和背景信息	谈判
4．识别推销机会和关键客户的销售潜力	人际关系
5．监控影响关键客户的竞争发展	聚焦特别目标
6．向上级报告管理的结果	诊断顾客问题
7．监控或控制关键客户合同	表达技巧
8．对关键客户作高水平的陈述	产生可见性（使之引人注目），名誉
9．协调和加强为关键客户服务	交流
10．协调公司各机构间服务关键客户的信息	在一个团队工作

专题 1

大客户开发步骤

1．对现有或潜在大客户进行分类

根据公司经营方向和发展的重点，将公司现有客户或准客户按照产品类别、客户性质、服务内容等方式来加以分类，以便大客户小组的分类开发能更有效。

2．对大客户进行分析

在开发每一个大客户之前必须首先了解客户，知道客户的优势和劣势，以及其可利用的资源。这样有利于更全面地了解并迅速开发出其潜在需求，通过产品/服务来扩大公司的优势，把劣势减少至最小。主要分析的内容有流动资产率、净利润率、资产回报率、回款周期、存货周期等。

3. 客户购买习惯/过程分析

大客户所涉及的资金都是相当庞大的，其购买决策并不是一两个人就能决定的，所以其购买过程就会显得漫长和复杂。

4. 影响客户购买（经销）的因素

(1) 费用；

(2) 购买（经销）产品是否有足够的科技含量；

(3) 购买（经销）的复杂程度；

(4) 政治因素——政府的政策是否会对自己的行业或客户以及客户的客户有影响呢?

(5) 决策人在公司的地位，决策人的性格，等等。

5. 分析公司与客户的交易记录

主要包括客户每月的销售额、采购量，产品在该地所占的份额，以及单品销售分析等。

6. 对最大竞争对手进行分析

任何公司都希望最大利益化地满足客户需求，以获得客户较高的价值认同，要做到这些，就必须和最大的竞争对手进行比较，并做好决策，同时也要看到自己的开发风险。

7. 费用、销售预测分析

包括销售额、销售利润，需要的库存利息、人员的支出、差旅费、风险系数高低、开发客户所带来的管理和经营费用，等等，从而真正得出该大客户是否有价值开发。

8. 为大客户提供不同一般的价值和服务

这是最关键的一点，要根据不同行业不同产品进行区分，为大客户创造不同一般的价值和服务。

(1) 减低综合采购成本——劳动成本、设备损耗、保养费用、库存利息、能源开发等；

(2) 增加收益——提高销售、加强生产线、提高利润率等；

(3) 避免浪费——减少对新人员的需求、减少对新设备的需求和维修次数；

(4) 提高工作效益——简化采购流程、优化采购组织；

(5) 解决方案——真正为客户解决实际的问题；

(6) 无形价值——提高公司声誉、加快决策过程。

专题 2

大客户就像是大象

美国营销企管顾问公司 the Difference Maker 创办人史提夫·卡普兰（Steve Kaplan），35 岁时，从赢得宝洁（P&G）的合约开始，将一个年营业额不到 10 万美元的家庭办公室，变成一个年收入 2.5 亿美元，拥有 1 300 名员工，分公司遍布 21 个国家的顶尖营销顾问公司。

卡普兰已经帮助过无数在不同行业中的大小公司，成功赢得大客户合约。卡普兰以自己的亲身经验，认为要抓稳大客户，就像是要赢得大象的芳心，必须非常有耐心，长期培养，才能成功地将其装进自己的袋中。

大客户就像是大象。大象很大，行动缓慢，反应迟钝；大象容易交往，却又很固执；大象很聪明，记性又好，但有时具有危险性。所以，在跟大象打交道的时候，必须要非常小心谨慎。

在打交道的过程当中，了解大象的想法与习性，与大象建立长期而深厚的友谊，是最关键的准则。

想象自己就是那只大象。试想，如果你是大企业的执行长，对你来说，什么是最重要的？

站在大象的立场思考，就会清楚地了解一些大客户的习性与需求。

1. 一次就到位

大客户通常不喜欢卖方在已承诺的事情上有任何迟疑。一旦给对方承诺，就要在最短的时间内达成，不要有片刻的停留，否则他们将失去耐心，而你将因此失去合约。

2. 我是特别的

每个人都认为自己是最特别的。所以，必须让你的大客户感觉你特别照顾他，感觉他是被珍惜的。应当早一点回电话，迅速替客户解决问题。但是，也不要忘了让他知道，其他的客户对你也相当满意。这两者间，要维持一个微妙的平衡。

有时大客户的要求可能会超出公司所能提供的，或是让你感到为难。这时，你必须在公司可以容忍的范围内，尽量满足客户的要求。不要让自己的坚持过度捆绑自己，因为这样可能会错失发展新服务或新产品的机会。

3. 不要太贪心

与大客户发展长期关系，利润自然就会来，不要妄想一步登天。

4. 享受工作的乐趣

让你的大客户感觉与你打交道是种愉快而轻松的经验，这会是你和竞争者的区别所在。

大客户喜欢与相似的人做生意。所以，你必须要知道他的思考模式与喜好。让他知道你懂得他的游戏规则，而且有能力与他一起玩。

抓住大客户的习性与口味之外，与他建立长久而深厚的友谊，才能保证得到稳定的回馈。

5. 以交朋友的态度善待大客户

大客户策略最大的优势，就是驱使你和大客户建立一个紧密的友谊，而这才是一个正确而长期的致富之道。

6.5 关键客户管理关系发展模型

关键客户的开发与管理可被认为是买者与卖者之间的一个关系发展过程。关键客户管理（KAM）关系发展模型图示了一个基于顾客关系性质（交易或合作）的买者-卖者关系典型的发展过程和客户卷入的水平(简单和复杂)。它显示了 Millman 和 Wilson 确定的六个阶段中的五个：前 KAM，早期 KAM，中期 KAM，伙伴关系的 KAM，以及协同的 KAM（见图 6-1）。第六阶段（没有怨言的 KAM）表现关系的崩溃，它可能发生在这个过程的任何时点。

图 6-1 关键客户关系发展模型

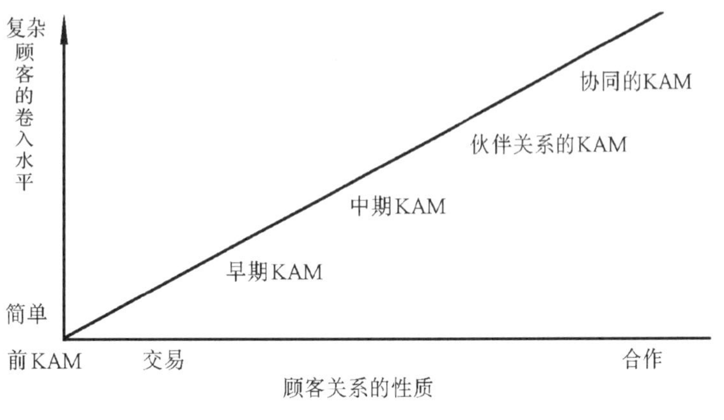

1．前 KAM

前 KAM 描述关键客户管理的准备或“探查”，其任务是识别那些接近关键客户地位的潜在客户和避免浪费投资在缺乏潜力的客户上。前 KAM 推销战略包括试图去收集关于客户的信息以便他们的关键客户的潜力能被评定而使产品和服务有效。某个客户被认为有潜力，但进入这个客户被证实是困难的，因此需要耐心和坚持。

2．早期 KAM

早期关键客户管理包括识别顾客的动机和文化，关心对较紧密合作机会的考查。公司需要使利益顾客确信是“首选顾客”。它将寻求了解客户的决策机构和过程，以及相对价值增加过程的问题和机会，提供适当的产品和服务以更好地适应顾客的需要。销售努力的目标是在稳定工作和开放信息（沟通）的基础上建立信任。

大多数信息是通过一个销售人员（关键客户经理）和购买组织的单个合同来媒介的。这可能造成一种脆弱的关系，特别是当销售员是客户的众多供应者之一时。客户将评估供应者的表现以评估其能力和快速识别可能产生的任何问题。客户经理将寻求产生一个更有吸引力的提议，建立可信性和加深个人关系。

3．中期 KAM

到现在信任已经建立，供应者是少量首选的产品来源之一。合同的数量和范围增加。而信任的建立可能包括帮助加深两个组织之间关系的社会事件。

因为客户的重要性和资源分配的水平，客户评论及销售组织执行的过程将会更吸引高层管理的兴趣。由于客户的供应者不是唯一的，将要求持续地监控竞争者的活动。

4．伙伴关系 KAM

这是购买组织将供应商看做一个重要的战略资源的阶段。信任水平对愿意分享敏感信息的参加者将是充分的。活动焦点转向解决共同问题、合作开发产品和共同训练公司其他人员。

公司采购小组将相关产品中几乎所有的业务引导至一个供应者。这种安排在一个至少3年持续期间的伙伴关系协议中被固定下来。执行过程将被监控，两组织的部门间的联系将是广泛的。购买组织希望保证供应的连续性，得到优秀的服务和顶级质量的产品。客户经理的一个关键任务是加强信任的高水平以排除潜在竞争者。

5. 协同的 KAM

协同的 KAM 是关系发展模型的最后阶段。买卖双方彼此不被看做两个分开的组织，而是作为一个更大实体的一部分。高层管理承诺出现在联合委员会议上和共同研究与开发企业计划中，以及开展市场研究中。成本系统变得透明，多余的成本被排除，互助完成改进过程。例如，一家物流公司和它的有6个交叉边界团队的零售关键客户之一一起工作在改进过程的任何时间。

6. 崩溃的 KAM

崩溃的 KAM 即交易和相互作用停止。崩溃的原因需要被了解以便能予以避免。

崩溃更常归因于关键人员的变化和关系问题而非价格冲突。崩溃的危险在早期 KAM 单点联系成功的时候特别敏感。例如，如果关键客户经理离开，其职位被某人取代，而他在买方的眼中是缺少技巧的，或有个人冲突，关系就可能结束。

崩溃的第二种原因是信任的破坏。比如，违背交货最终期限的约定，未兑现产品改进或设备修理的承诺能削弱或扼杀一种企业关系。处理这种问题的关键是减弱意外的影响。供应者应该让购买组织立即明确了解问题，还应该在和客户讨论问题时显示出谦逊的态度。

公司还可能由于忽略长期关系培养，顾客觉得被忽视而解除联合。还有文化失谐的发生，例如，当顾客强调价格而供应者关注生命周期成本时。困难还可能出现在官僚政治和企业家管理方式之间。

产品或服务质量问题也可引起关系崩溃。任何执行类型的问题或感知竞争对手现在正在提供更好性能的产品，都能引发关系的崩溃。在供应者中必须设立进入屏障，确信产品和服务质量被持续改进和任何问题被迅速、专业地处理。

并非所有的崩溃都是由客户公司引起的。一个关键客户的背离或终止可能是因为市场份额的失去或财务问题而削弱了对客户的吸引力。

 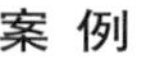

案例 **大客户管理中的冲突处理**

合作双方因利益点和价值取向的不同，矛盾会存在于合作的始终。企业注重于市场份额和品牌形象以及价格的稳定性，而客户更关注于短期利润和低价格体系。大客户经理在处理客户异议时各有风格，有时性格决定执行效果。

2004年2月21日，四川国美电器在未通知格力的情况下，擅自将相关产品降价34%。之后，双方均以强势姿态来解决问题。经过短暂的对峙，同年3月，格力全线退出国美电器而宣告合作的结束。这显然是一个双输的结局。国美失去了空调界的第一品牌，虽然在绝对销售额方面不会有太大的损失，但失去的消费者和忠诚度是无法在短期内量化

的，就如同在大型超市没有可口可乐的售卖一样，失去了这样的企业是国美的悲哀。假定国美仍延续一贯的办事风格，漠视厂家的存在和价值，将会有更多的“格力”出现，那时国美必被竞争对手超越。格力采用经销商代理政策及专卖店体系，宣称在国美的销售额贡献率不到1%，终止合作丝毫不影响整体运营。但“得渠道者得天下”的比喻路人皆知，专业的家电连锁销售模式也是大势所趋，更何况国美是国内规模最大的家店连锁企业，而且发展势头不容小视，失去了如此重量级的客户是格力的遗憾。

对于国美擅自打乱格力的价格体系，格力的做法本身没有问题，但格力如果事先充分认识到大客户的重要性，建立大客户经理制度，对于客户经营活动进行严格和细致的管理和监督，以及深层次的沟通与协调，“格力事件”也许就不会发生。当年海尔针对异军突起的国美迅速调整内部组织架构，成立了直接对接国美的大客户管理部，其效果非常明显。市场需要博弈但不需要无意义的赌气，相信格力在调整内部结构和制定不卑不亢的合作原则后，双方还会迎来完美的合作，创造出辉煌的业绩。

大客户经理对于企业的生存和持续发展起着至关重要的作用。经理们在战略上不但需要不折不扣的执行，而且要根据事情的态势执行不同的解决方案。管理需要艺术性，执行也同样离不开艺术性。

6.6 构建与关键客户的关联

与顾客建立关系的重要性这里不予讨论。然而，供应商与关键客户建立关系是有一定的途径的。建立强有力的顾客关系可通过以下 5 种途径。

1. 个人信任

目的：建立信心和获得放心。

方法：

（1）确信承诺被保持；

（2）很快地回答质疑、问题和抱怨；

（3）与关键客户建立高（但不打扰）频率的联系；

（4）安排工厂/场所参观；

（5）和顾客参加社会活动；

（6）有问题提前通知。

2. 技术支持

目的：提供技术和改进关键客户的生产力。

方法：

（1）研究和开发合作；

（2）售前与售后服务；

（3）提供培训；

（4）双重推销（供应商帮助关键客户销售）。

3. 资源支持

目的：减轻关键客户的财务负担。

方法：

（1）提供信用便利；

（2）产生低息贷款；

（3）参与和合作促销以分担成本；

（4）参加对应贸易（接受商品或服务形式的支付而非现金）。

4. 服务水平

目的：改进服务供应的质量。

方法：

（1）可靠地交货；

（2）快速/及时地交货；

（3）安装计算机再订购系统；

（4）快速准确地报价；

（5）降低过失（做对第一次）。

5. 风险降低

目的：降低顾客关于供应商和所提供产品/服务不确定性的看法。

方法：

（1）免费示范；

（2）免费/低成本试用；

（3）产品保证；

（4）交货（运送）保证；

（5）预防性维护合同；

（6）主动追踪；

（7）介绍推销。

供应商应该评估与客户建立强有力关系的每种方法的成本-收益。对每位关键客户需要用相应方法和项目成本（包括实行和管理的时间）做评价。

管理关系包括关注参加与顾客的日常会见（会议）。表 6-3 给出了一个关键客户管理中一些关键的要做和不要做的清单。

表 6-3 处理与关键客户的关系

关键客户管理要做的
制订客户同意的、可控制的客户计划
了解关键客户的决策：①关键选择标准；②决策单位的角色；③决策怎样做出
永远只同意做能被交付的产品或服务
关键客户管理要做的
尽可能快地解决问题

续表

以书面形式确认协议
通过内部沟通去确定未解决的问题（如晚交货）
像专家一样对待顾客以鼓励他们透露信息
从顾客的视角观察问题
关键客户管理不要做的
不要让小问题损坏关系
不要期望去赢得每件事，适当让步可能会改进关系
不要让其他客户泄露机密信息
不要将谈判看成输赢游戏，试着去创造双赢的形势
不要害怕说“不”，当环境需要时也可以说“不”
不要欺骗，如果不知道答案，就说不知道

6.7 关键客户信息和计划系统

关键客户的重要性意味着供应商需要去考虑信息，即需要收集和储存每位客户的信息，考虑管理客户所要求的目的、战略和控制系统。这些可经由一个关键客户信息和计划系统来实现。计划系统的好处包括一致性、监控变化、资源分配和竞争优势等。

（1）一致性。计划为经理们更好的结合和协调决策及行动指导提供了一个焦点。

（2）监控变化。计划过程促使经理们报告客户变化的影响和考虑迎接新挑战的行动要求。

（3）资源分配。计划过程提出了关于资源分配的基础性问题。要求提出的一些问题是：客户应该收到更多或更少的资源？这些资源应该怎样被配置？资源应该怎样在客户间分配？

（4）竞争优势。计划促进寻求更好的服务于客户的方式以将竞争企业挡在外面。为计划系统设置的障碍是客户审核，它是建立一个收集、储存和传播基本客户数据的信息系统的基础。其中，硬数据记录客户的事实和数据如产品销售、市场服务和销售量，关系客户发生的收入和利润。这些常规数据提供了客户的基础背景信息。特别硬数据的记录集中在销售者与顾客交易方面如销售者产品的销售和利润，供应者和竞争者的价格水平，竞争者对顾客的产品销售，他们的销售量和收入，折扣细节和合同到期日期等。目标客户的绝对水平、趋向和变化将被记录。软数据依靠对顾客条件提供定性评估来补充硬数据。一个关键的内容是对购买者行为数据如姓名，地位和决策单位成员的角色，以及他们的选择标准、理念、态度和购买过程。应该做持续的关系评价和问题、威胁与机会说明，应该分析供应商和竞争者在绝对和相对条件下的优势和劣势。最后，客观的变化（如市场下滑，科技变化和潜在的新的竞争）若可能影响将来与客户的业务时应该被监控。

客户审核的结果可在优势、劣势、机会和威胁分析中作简要阐述（见图 6-2）。供应商内部的优势和劣势可作为客户相应的机会与威胁。SWOT 分析为提高关键客户管理决策的效力提供了一个便利的框架，为发展客户计划提供了洞察力。例如，能采取行动开发机会，建立优势，以及使威胁的影响最小化。

图 6-2　客户审核的结果

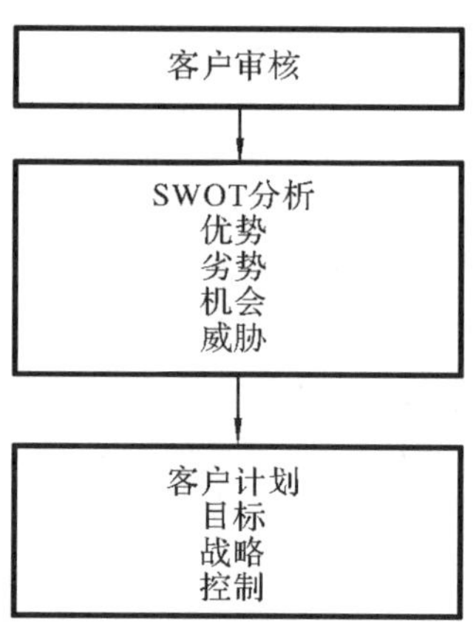

1. 目标

一个客户计划由目标，战略和控制等步骤组成。

客户计划应该为计划期设立清楚的目标。典型的目标将规定销售的期限和计划期间每个客户产品的利润。定价目标将规定该期间目标价格的变化。服务客户的供应商超过一个，就可能会设立业务分享目标。例如，SWOT 分析可能识别由于与竞争者关联的服务问题所产生的机会。这可能鼓励目标拓展到使业务份额从 40%增加到 55%。

较长的销售周期是许多关键客户销售的特征。这是因为通常在获得客户承诺的条件下明智地表达销售目标胜过完成一次关键的销售，特别是当客户计划期相对短时。这种销售目标必须在客户响应而非销售者行动的条件下设立。例如，适当的目标可能是劝告客户去访问销售者所在地，同意做一个产品示范，或给销售者的新产品做一个展示试验。

2. 战略

战略是目标实现的手段。例如，劝告客户访问销售者场所的目的将要求明确决策单位应该瞄准的目标，客户管理团队中负责接待者的身份，劝告客户访问所需要采取的行动，以及行动的完成期限。显然并非每个细节都能被计划，应该为个人的积极性和企业提供机会。如果没有一个定向的框架，活动可能会变得无法协调，任务也会被忽视。

3. 控制

客户计划控制系统检查战略目标完成的进展以便在需要时采取正确的行动。网络化销售和盈利能力分析能评价目标的实际执行情况。检查会可能要求比较实际与预期的数量和质量。检查频率、覆盖面和检查会的布置应该是一致的。这些会议的议程应该及时决定，以便去收集、分析、介绍和讨论与主题相关的信息。

一个重要的问题是每个关键客户的盈利能力。检查应该既做客户成本分析也做收

入分析。客户成本可以被分解如下。

（1）销售人员成本。包括所有为客户工作的销售人员的成本，如客户经理、客户主管和任何领域与客户相关的销售活动。例如，对于多个零售客户，客户经理将与该领域的销售经理达成一个协议，提供相同水平的支持（可能每周每个商店访问两次）。这些访问成本将包括在销售人员成本的计算中。

（2）支持人员成本。在技术环境如无线电通讯或信息技术下，这将包括诸如可能承担投标前分析和计划的系统工程师成本，也包括任何致力于系统维护的人员成本。

（3）其他销售和营销成本。包括客户特别促销、特殊包装和特殊支付条件（如折扣）的成本。特殊分销安排，也将属于客户成本的范畴。

组织可以选择如何最好地根据自己的状况和要求将客户成本分类。通过逐条列记成本，可比较预算和实际需要的成本结果。

从以上内容可以看出，做销售、做管理，其实就是做“细节”。在不久的将来，关键客户管理将在企业营销中占有重要地位。

本章小结

本章分析了推销和管理关键客户的极其重要的任务。推销技巧也因为低成本和关键销售条件而不同。另外，应对关键顾客所需要的销售技巧和技术也被研究。

关键客户，国内一般称为大客户。确切地说，对企业具有战略意义的即为关键客户。关键客户管理是供应商用于目标用户和服务于具有高级、复杂、需要的潜在顾客时，在营销、管理和服务方面给他们提供特殊待遇的一种战略。

管理关键客户的一个重要因素是在一个长期的时间段管理关系的能力。本章讨论了建立信任，提供技术和资源支持，以及提高服务水平和降低顾客风险等方式。对供应商来讲，关键客户管理有许多优点，然而，关键客户管理也有其潜在危险。需要注意的是，是否使用关键客户管理与其实施所需的额外资源和成本相联系。

本章还分析了关键客户管理履行的任务和技能要求。

关键客户管理关系发展模型图示了一个基于顾客关系性质（交易的或合作的）的买者-卖者关系典型的发展过程和客户卷入的水平（简单的和复杂的）。它显示了前 KAM、早期 KAM、中期 KAM、伙伴关系的 KAM 和协同的 KAM 这 5 个阶段。而第六阶段（没有怨言的 KAM）表现关系的崩溃，它可能发生在这个过程的任何时点。

供应商与关键客户建立关系有一定的途径。建立强有力的顾客关系可通过 5 种途径。

此外，分析了决定一个关键客户系统是否合适的方式，以及如何去创立一个关键客户信息和计划系统。

关键术语

关键客户管理（KAM）	关系的发展模式
关系建立	关键客户信息和计划系统

参考文献

[1] Wotruba, T.R. and Castleberry, S.B. Job analysis and hiring practices for national account marketing positions[J]. Journal of Personal Selling and Sales Mangement, 1993,13(3):49-65.

[2] Millman，T. and Wilson, K. From key account selling to key account management[J]. Journal of Marketing Practice, 1995,1(1):9-21.

[3] Wilson，K., Croom, S., Millman, T. and Weilbaker, D. The SRT-SAMA global account management study[J]. Journal of Selling and Major Account Management, 2000,2(3):63-84.

[4] Millman, T. Global key account management and system selling[J]. International Business Review, 1996,5(6):631-645.

[5] Holt, S. and McDonald, M. A boundary role theory perspective of the global account manager[J]. Journal of Selling and Major Account Management, 2001,3(4):11-31.

[6] 大客户关系发展的类型[EB/OL]. 中国销售培训网，2007-7-11.

思考题

1. 讨论低价值销售和高价值销售特征的不同。
2. 什么是关键客户经理所要求的关键技能?
3. 关键客户管理关系发展包括哪六个阶段?
4. 构建与关键客户的关系的途径有哪些?

案例研讨

案例 1　国航 VIP 业务

陈先生是国内某大型民营企业的 CEO，上周他乘坐中国国际航空公司（简称国航）的航班前往纽约。虽然机票价格从过去的 3.5 万元人民币涨到 7.5 万元人民币，但他认为这次“昂贵”的头等舱体验“物有所值”。国航有专用奥迪车来接他到首都国际机场，他像往常一样走过快速 VIP 安检通道，坐在头等舱后，新式、宽敞的坐椅让他感觉舒服极了，坐椅可伸展至 180 度，成为一张真正的“空中睡床”。乘务员还为他提供了新配备的睡衣。舱内可模仿日出、日落的灯光，让他觉得很人性化。飞行过程中，他从几十部电影中选择了两部自己喜欢的。餐饮是他在登机前就预订好的北京烤鸭、法国红酒。这次，陈先生觉得漫长的 13 小时航行居然轻松度过。到达纽约后，国航又派奥迪车将他从机场送到了目的地。

1．工具隐于幕后

从 2004 年 7 月开始到年底，国航斥资 6.88 亿元进行“两舱”(头等舱、公务舱)改造的 15 架飞机陆续投入中美、中欧航线，将有更多的乘客享受到陈先生式的贵宾服务。

国航这次改造头等舱、公务舱，单个坐椅投入资金分别是 60 万和 40 万元。配合“两舱”的硬件改造，国航还在餐饮、杂志、电影等方面配套进行了精心提升。如今，凡乘坐国航新“两

舱”的头等舱乘客均由国航派出的奥迪车接送，公务舱客人由帕萨特接送。所有航班的乘务员由电脑按照年龄、所掌握的语言、职位等合理搭配。

随着“两舱”改造的完成，国航的两舱票价也上升了1倍左右。但像陈先生这样的商务人事对国航的满意度并没有随着票价的升高而降低。“只要服务好，价格贵点可以接受，而且这条航线上外国航空公司的头等舱价格更贵。”陈先生说。

仅仅两个月，国航的“两舱”改造效果已经开始显现。据国航统计，其北京—纽约、北京—法兰克福航线，来自新“两舱”的收入分别占整个飞机的48%和30%。目前，这两条航线的“两舱”客座率在70%左右。

2．“两舱”改造

过去，国内大多数航空公司认为，只有将客座率提高到70%～80%，才不会亏损。但国航根据对飞机不同舱位带来的收入状况进行深入分析，发现头等舱、公务舱的坐椅最多不过50把，但它们对整个飞机的收入贡献却最大。比如北京—纽约航线，“两舱”带来的收入近一半。这是因为近半数的头等舱、公务舱乘客为商务乘客，其中有40%～50%的旅客是各航空公司的常旅客，他们的价格敏感性较低。此外，他们为了累计航程积分，不太会因为价格而轻易选择别的航空公司。不过，这部分人对航空公司的服务敏感度却很高。国航改造“两舱”的决策就是为了更好地满足这些高端人群的需求。对国航而言，提升VIP的满意度，比降低经济舱价格、一味强调客座率所获得的收入更多。于是，国航于2004年下大力气开始改造部分飞机的“两舱”。

在国航提出改造“两舱”计划之前，对国际知名航空公司，如汉莎航空、美联航等的“两舱”做过实地考察和深入的数据分析。在这些数据的基础上，国航确定了“两舱”改造方案，制定了周密的改造后定价方案。

“两舱”改造并不是简单地提高座舱硬件水平那么简单，它是国航市场策略的重要一步棋。国航的根据地是首都国际机场，国航根据调查发现，在这里上下飞机的公务和商务旅客占全部旅客的一半以上。于是，国航明智地将企业的目标客户锁定为商务旅客群体。

中国国际航空股份公司总裁曾明确表示：“国航的4大战略目标之一就是让主流旅客认可，使国航成为一家以公商务旅客为主的航空公司。”目前，在国内3大航空公司(国航、东航、南航)中，国航的商务旅客比例最高，超过70%，南航和东航大约在60%左右。因此，改造商务旅客聚集的头等舱和公务舱的软硬件条件，对提高VIP客户的忠诚度和增强市场竞争优势大为有利。

3．锁定VIP

分析国航客户管理主线，可以简单地概括为“找到商务客户，让他们成为知音卡会员，进而成为VIP会员，最后激励旅客频繁飞行”。因此，常旅客数据管理是国航客户关系管理中最重要的工作。

目前，国航的常旅客数据管理是由国航信息技术中心负责，他们利用IT系统管理着超过350万的知音卡会员，且向业务部门定期报送会员统计分析数据，供相关部门决策。而国航的会员咨询服务呼叫中心则外包给了贝塔斯曼。系统分立无疑会形成客户信息孤岛。对此国航也很无奈，但国航现阶段还没有足够的人力、财力整合客户信息系统，他们只能先牢牢抓住高价值客户。

国航在1994年就开始实施国内第一个常旅客计划——知音卡。目前，其发放的知音卡已超过350万，预计到2004年年底将达到400万。对于如何提高会员的贡献度，国航也经过一

番摸索。最初，国航只是单纯地根据飞行里程来判定会员的贡献度——飞行里程多贡献就大。但是他们通过会员信息分析，发现很多会员几年才有一次飞行行为，尽管这次飞行距离很远，但对国航的贡献度反而不如那些经常乘坐国内航班的客户。于是，国航改变策略，对会员的飞行里程和频率都做统计，并按新标准将会员分为4级：普通知音卡会员、银卡会员、金卡会员及白金卡会员，级别越高的会员获得的奖励也越多。目前，国航VIP会员(包括白金卡、金卡、银卡)共有6万人，这部分高端客户以每年10%以上的速度增长着。据悉，他们每年贡献给国航的收入达六七十亿元。

对于常旅客管理来说，国航并不看重6万会员的数量，而更看中这些会员中有多少在“活动”、有多少在“睡眠”。国航将VIP会员划分为活动和睡眠两类状态，那些在一定时间内没有航空活动的会员被认为处于“睡眠”状态。

里程积累和奖励只是航空公司常旅客计划的第一步，而挖掘常旅客信息的含金量，分析常旅客的构成、流向、流量，考察常旅客的收益状况，评估奖励政策，采取相应的措施，创造更大收益，才是常旅客计划的最终作用。国航市场部门对客户数据的敏感让常旅客客户关系管理找对了方向。

现在，他们又在大量的数据支持下，主动出击，以让更多的常旅客成为“活动”客户。今年下半年，国航在去年电话回访150名VIP会员的基础上，采取更多举措，将6万VIP会员按照联系地址划分到国航位于全球的6大分公司、142个营业部。各营业部和分公司的老总将知道其所管辖的区域有多少白金卡、金卡、银卡会员，并且要主动电话问候这些VIP会员，了解他们新的需求。国航将这次活动叫做“亲切关怀”，以鼓励和刺激会员提高每年的飞行数目。

“对高收益、高价值旅客，投入更多的成本和精力；对低价值的客户则通过电话、网络等低成本手段提供更便捷的服务”，是国航全面客户关系管理的准则。

经过几年来对各层面客户的细分，国航除了正确识别出VIP客户群，还在直销客户管理、渠道管理环节中，尝试挖掘出高价值客户。

比如，国航实施了协议大客户计划，以让国航更直接地了解企业、政府机构中的公商务群体。为此，国航将售票终端搬进这些组织的办公室，为高端旅客群体进行一对一服务。由于省去了中间环节，客户的满意度大大提高，国航也因此获得了稳定的销售收入。

此外，国航还针对不同的协议大客户，设计了个性化服务，如提供订座、出票、候补机票的优先保证及行前机场取票等服务。那些直销大客户中的重要旅客还可享受免费候机休息及代办行李交运、登机手续、导乘和快速通道登机等服务。国航还为每个直销大客户建立了专门的电子档案，定期对他们进行回访，了解他们的需求，以便及时为他们设计满足其需求的个性化行程。目前，国航协议大客户负责部门正在利用信息系统对全部1 000多家客户进行评级，从而深度挖掘他们的价值。

思考题

国航VIP业务成功的关键在哪里?

案例2　2 000万元订单的丢失

张冲曾经连续丢了几个大订单，订单总额达2 000万元，而且都输给了同一个系统集成商。他很奇怪，这家系统集成商既没有解决方案，又没有在电信行业的成功实例，就像在空气中冒出来的一样。张冲所在公司在电信行业有很强的客户群，和这家系统集成商交锋了几次，互有

输赢。不打不相识，最后双方决定坐下来谈一谈，看看有没有合作的可能性。他听说这家系统集成商赢得这些订单的是一个女销售代表，姓刘。

张冲去这家系统集成公司的时候见到了她，很普通的样子，看不出来有什么特别。因为已经开始合作，她也不讳言她是怎么赢的。他首先问起了华北某省移动局的订单，因为他们的代理商的销售代表在当地趴了几个月，上上下下做了很多工作，本来以为十拿九稳，最后居然输给了她。当问到她是怎么赢得这个项目的时候，这个刘姓的销售代表反问张冲:“你猜猜我在签这个合同以前去见了客户几次？”然后，她晃着指头骄傲地告诉他:“两次，第一次两天，第二次三天。”

“这不可能，在 5 天内你可能连客户都认不全。”张冲说。

“没错，这个项目牵扯到省局和移动局的很多部门，有局长、主管的副局长、计费中心的主任、科技处和计划处。5 天之内全见到都不可能，别说去做工作了。而且我们的竞争对手，也就是你们的代理商已经在那里泡了一个多月了，从工程师到处长都有很好的关系。但确实我就去了两次，总共去了 5 天。”

“你以前就认识这些客户?

“所有的客户都是我在这个项目中认识的。”

“你在跟我开玩笑，如果这样，我们的代理商绝不会输给你。”

“没有啊。我第一次去的时候一个人都不认识，我就一个部门一个部门地拜访，所有相关部门的人我都见过了，这时我就要去见局长。”

“局长一定不见你，即使见你，也会马上就把你打发走了。”

“比这还糟糕，局长根本不在，出差了。所以我那次出差就没有见到局长。”

“怎么可能？”张冲的代理商告诉他，就是这个局长坚持要用她的产品。

“听说局长不在，我就去了办公室，问局长去哪里出差了。办公室的人告诉我他今天去了北京。我要到了局长住的宾馆的名字。”

“然后呢？”当听到她要到宾馆名字的时候，张冲开始有些感觉了。

“我立即打电话告诉我们公司的老总，说局长在北京，请老总一定要想办法接待一下。然后我打电话到这个酒店，请酒店送一束鲜花和一个果篮到客户的房间，写上我的名字，我付账。第二天，我就乘最早的飞机回了北京。”

“到了北京之后，我立即就给老总打了一个电话。老总让我赶快来宾馆。我让出租车直接从机场开到了宾馆。我进入大堂，正要打电话，发现我们老总正和一个中年人在一起喝咖啡。原来，我打电话的当天，老总就去宾馆拜访了局长，并约局长在开会的空闲去公司参观。我到了之后，老总正来接局长。”

“然后呢？”

“局长对我们公司印象非常好，当天晚上，我们请局长去看了话剧，当时北京正在上演老舍的话剧《茶馆》，局长非常喜欢。”

“你为什么去请局长看话剧？”

“我在当地与客户谈的时候，就留意局长的兴趣，他们告诉我局长是个戏剧迷。而且一起看话剧又算不上腐败，局长就接受了。”

“话剧结束时，老总建议在当地做一个计费系统的技术交流。到时请局长露个面。局长很痛快地答应了。”

“一周以内，老总亲自带队到了当地，局长也很给面子，亲自将所有相关部门的有关人员都请来一起参加了技术交流。老总后来告诉我，当他看到这么多人来参加，他就预感到这个项目有戏。”

“你没去？”

“当时我正在做另外一个项目，客户的技术小组在北京。况且，我们老总去了，什么都能搞定，要我干什么。后来我又去了一次，第三次去就签合同了。”

“你很幸运，刚好局长来北京。”

“这有什么幸运，我的每个重要客户主要领导的行程都在这里了。”她扬起手中的记事本给张冲看，“我对客户的行程清清楚楚。只要和办公室的人熟悉就行了，一点儿都不难。”

张冲接过来一看，果然，密密麻麻地记了很多名字、时间和航班。

思考题

分析本案例中订单丢失的原因并讨论如何学习关键客户管理课程。

第7章　网络与销售管理

本章提要　网络销售管理，是指通过网络实现销售人员同企业之间从信息交流到交易实施的管理活动。本章介绍了电子商务同销售管理相结合的理论基础、因特网及新兴媒体工具在销售中的应用，强调了顾客关系管理及其重要性，分析了IT在销售管理中的应用等。

引　例

差异化经营的尝试

中国知名的服装企业雅戈尔一直考虑实施网上营销，却在定价问题上遇到了困难。原因很简单，定价不同的背后意味着渠道利益的分配不均，而渠道正是这些传统生产企业的生命线。创立于1996年的北京纽曼公司如今是国内最大的MP3、MP4等电子产品生产企业之一，他们也做了网上商城，但负责人杨学锋仍然表示在价格上会保证渠道商的最大利益。

如果网店价格没有优势，那还能做吗?

“佐丹奴网上商店的服装比门店大约便宜2%~5%，几乎很难在价格上吸引消费者，但这并不意味着我们没有在网上销售的优势。”陈劭昀说，“由于很早就采取了信息化管理，每一位光顾佐丹奴的顾客所拿到的购物小票上都有一个电脑生成的序列号，当顾客在佐丹奴网上商店输入这个序列号时，包括他所购买的什么产品、出自哪个地区的店铺和金额等信息将通过网上零售平台进入数据库。通过这些信息，我们通常在门店的设置上有一定的区别。例如，白领职员光顾频繁的店面我们可能会考虑增加衬衫的供应量，而若是以学生群体为主，则可能是增加T恤存量。”

这样的安排为网上销售留出了空间，因为即使是白领职员也有需要穿T恤的时候，女性消费者的需求会更多。而当他们的这些需求在附近的门店不能满足的时候，网上商店自然是一个不错的选择。目前，佐丹奴网上商店展示了所有品类的服装，也就是说即使你看中的一款服装只在北京有售，但身在南京的客户也能买到。在此基础上，网上商店能够为客户提供的服装搭配空间显然非常大。这也是佐丹奴网上商店避免与线下店面直接竞争的差异化举措。

关于网上零售差异化的经营，匹克体育用品有限公司也正在进行尝试。据该公司总经理助理胡立仲透露："匹克网站上主要销售过季存货，另一方面也做限量版产品的发售。比如我们发布了310双限量版的球鞋，而匹克的线下门店就有3 000多家，到底选择在哪些门店发售？这时，网络就成了最好的发售平台。另外，我们新开发的匹克系列产品，比如沐浴露、运动香水等也只在网上销售。"存货、限量版的产品、新开发产品显然不会与正常产品发生销售冲突。

同样有过网上销售限量或专供产品念头的纽曼却没有匹克的运气。"因为消费电子涉及售后保修等环节，而目前这些环节是与传统渠道共享的，一旦发售专供产品，反而增加了成本，所以这个计划还在研究中。"杨学锋表示。

可见，线上线下价格、渠道的碰撞将是持久的，企业进行类似的探索显然也是必要的。如果把个体商户比作蚂蚁，这些企业商家显然就是大象。在网上零售的这个舞台上，蚂蚁体积小，行动灵活自然，能够迅速地调整舞步；相比之下，大象每走出一步都需要前一步的扎实积淀，毕竟传统企业的网上营销离不开线下业务的支持。而目前，企业进军网上零售所呈现出的不同取向，正是处于不同发展阶段的企业意识到，利用网络零售的途径实现自己的阶段发展目标的结果。

讨论问题：关于网上零售差异化经营，除了价格外，还有什么其他有效的办法？

7.1 IT在销售管理中的应用概述

案例1　电子信息技术在销售管理中的应用

攀钢集团成都钢铁有限责任公司是攀钢集团成都无缝钢管有限责任公司和成都钢铁厂联合重组的钢铁企业，以生产无缝钢管、棒、线、型材为核心，是国内品种规格较齐、生产规模较大的无缝钢管生产基地之一，是四川省建材生产骨干企业。该公司过去一直沿用半手工的办法来处理销售各环节业务，信息传递慢，且容易出错。随着公司生产销售量逐步扩大，销售渠道越来越多，销售方式呈多元化发展，过去的老办法已不能适应新形势的需求。公司领导从长远发展考虑，决定先在销售领域启用一套高度集成化、自动化、一体化的销售管理系统，将销售公司的财务、业务等统一管理起来，以实现管理的信息化。该公司经过两三年的努力，终于在2003年开发成功，经过近一年的运用，运行稳定、高效，为公司的营销提供了及时、准确、丰富的数据信息，为客户提供了便捷的基础信息。

信息技术（IT）是当前最为活跃、最先进的生产力之一，在现代社会已深入应用到各行各业。基于计算机网络的信息系统，能把生产和流通过程中的巨大数据流收集、组织和控制起来，经过处理，转换为各部门不可或缺的数据，经过分析，使它变成对各级管理人员决策具有重要意义的有效信息。

信息技术在销售管理中的应用主要表现在电子商务活动中的销售管理。电子商务

与销售管理的结合——电子商务框架中的销售管理，或者称为网络销售管理，是通过网络应用实现销售人员同企业之间从信息交流到交易实施的管理活动。电子商务同销售管理的结合循着理论基础、需求磨合、技术实现的主线发展。

1. 理论基础

对电子商务通常的理解是在产品服务提供者同产品服务接受者之间电子工具的应用过程。广义客户理论指出，客户是在获取企业产品和服务时涉及的企业所关注的团体。可以包括企业外部客户（如消费者、供应商）和企业内部客户（如员工等）。销售人员属于广义客户中的成员，具备双重角色。面对客户时，他们代表企业；面对企业时，他们则代表客户。如医药行业中的销售，企业不同客户直接发生接触，而是通过销售人员传达定购信息、辅助交易实施。站在企业的角度，销售人员就是他们产品和服务的“接受方”。因此，从特定角度看，在企业和销售人员之间建立起的电子商务应用完全具备了电子商务通常上的意义。

2. 需求磨合

销售目标和结果均表现为在一定销售周期内所实现的一定销售收入。优化销售周期或销售收入均可有效提升企业总体利润。电子商务框架中的销售管理为实现上述目标提供了现代化的途径。

电子通信方式缩短了销售人员同企业之间的距离，节约了时间，缩短了销售周期。速度上的提升避免了由于信息滞后带来的损失，由此降低了销售成本，提高了销售收入；与此同时，销售周期的缩短带来了更多的交易机会，从另一个角度提高了企业总体销售收入。以上变化在外派销售网络企业中尤为突出。

3. 技术实现

网络销售管理是企业内部交流在网络上的实现，企业间销售人员之间的信息流涉及销售业绩、进销存管理等企业关键信息。销售管理系统可以包括以下功能模块：销售工作台模块；系统参数配置模块；客户管理模块；竞争对手管理模块；产品管理模块；统计分析模块。依据行业的不同特性，将这些功能具体化，还可能存在销售员临时库存管理、销售层次管理（如分区销售经理对销售人员的管理）等模块。科学技术的进步使上述模块均能通过网络等电子方式得以实现。网络安全技术的成熟使企业的办公范围得以进一步拓展，是网络销售管理实现的客观技术条件。

可见，IT、电子商务与销售管理紧密结合，可以聚集企业内部员工资源，有效调动了销售人员的集体合作积极性，实现了走出企业的企业内部控制和管理。

案例 2

观望者的选择

最近双星集团北京总代理邓泰波悄悄与中国网库签订了合作协议。后者将为双星搭建电子商务平台以及通过旗下的 114 鞋网打开网上销售的市场。相比在网上零售这条道

路上突飞猛进的纽曼和佐丹奴，青岛双星集团这个中国最大的制鞋企业对网上零售的态度还停留在观望阶段。

或许是双星遍布全国的上百家工厂形成的强大生产能力，分布海内外的近百家经营公司(中心)及4 500余家连锁店构成的强大的销售网络使其不必担心销售。对于互联网这块市场，尽管邓泰波称“现在还是用余光看它”，但他并不排斥在上面做一些尝试。其实对于网络的好处，邓泰波很早就深有体会。在他北京的办公室内，两台电脑中的一台就是专门用来进行局域网管理的，他可以实时了解双星北京各门店的销售和库存状况。只是出于对现阶段电子商务发展环境中存在的不规范问题以及相关法规不健全的担忧，他才对网上零售持一种观望的态度。目前中国网库相当于是双星的一个网上代理，甚至为其负责产品的物流配送。

从表面上看，都是从网上销售产品，但每一个企业实施网上零售时都深深烙上了自己既有的印记。观望者将网上零售按传统渠道的思路作为一个销售渠道来发展；初涉者将网上零售与原有渠道并行但开始尝试新的运作形式；对于先行者，网上零售已经成为企业重要的数据交换平台。这是三条路径，更是三个阶段。著名咨询公司IDC(国际数据集团)中国高级分析师黄涌涛长期关注互联网新经济，在他看来，网上零售采取怎样的运作方式是涉及企业如何规划自己在线战略的一个部分。“企业利用网络通常希望达到的目的无外乎交流、传达信息、建立社区以及实现销售。找到企业经营中最需要网络补充的部分，是这个战略的关键。”

7.2　互联网

纵观互联网不长的历史，人们对其“改变一切”的期望一直很高。麦肯锡公司对全球营销高管的一项调查显示，营销领域正在开始发生变革：企业正在将全范围营销活动（从建立认知度到售后服务）向在线媒介转移，他们将在线工具视为营销战略的一个重要且有效的组成部分。然而，高管们还指出，与数字工具显示出的重要性相比，他们对数字工具（从熟知的电子邮件、信息网站到诸如维客和虚拟世界等新兴媒介工具）的使用还不够频繁。受访者表示，企业及其代理商缺乏这方面的能力是一个重要原因，另外，还有一些担心，例如缺乏有实际意义的衡量指标等。

除了诸如电子邮件、信息网站和展示广告这些成熟的在线工具以外，受访者对用于广告、产品开发和客户服务的互动式协作技术表现出了浓厚的兴趣。

新兴媒介工具主要包括如下几种。

（1）博客　（Blogs，即网络日志）。是由网站托管的在线日志或日记。

（2）网络游戏。包括在可以联网的专用游戏机上玩的游戏和大型多玩家游戏。其中，大型多玩家游戏使成千上万的人可通过个人化身同时参与网络世界中的互动游戏，该网络世界的存在独立于任何单一玩家的活动。

（3）播客（Podcasts）。是指音频或视频录制，是博客或其他内容的一种多媒体形式，通常通过聚合器（如iTunes）发送。

（4）社交网络。使特定网站的成员能够了解其他成员的技能、才干、知识或喜好，其商业化实例包括Facebook和MySpace。有些企业在内部使用该系统来帮助识

别专家。

（5）虚拟世界（如 Second Life）。是高度社会化的三维网络环境，由通过使用化身与其他用户互动并获得即时反馈的用户形成。

（6）网络服务。网络服务是软件系统，它使不同的系统能更容易地相互进行自动通信，以传递信息或进行产品交易。例如，零售商和供应商可以使用网络服务通过公共互联网进行通信，并自动更新彼此的库存系统。Widgets 是使用户的台式电脑能够访问基于网络的内容的程序。

（7）维客。是用于协作出版的系统（如 Wikipedia）。这些系统允许很多作者参与一份在线文件的制作或讨论。

（8）微博。它是一种短小精悍的信息发布方式，允许使用者发布 140 个字的文字、视频或者图片。微博的粉丝可通过转发或评论微博的内容的形式进行互动。如 Twitter 和新浪微博。

（9）社交分享。使用社交分享，用户可以上传视频、音频或图片，通过分享网站与其他网友进行分享和互动。如海外最大的视频分享网站 YouTube 和图片分享网站 Flickr。

（10）社交书签。也称为网络书签，是对于超链接的收藏和分享的社交网站。使用者可以使用社交书签将感兴趣的网络信息收集、分类和整理在一起，方便自己和朋友使用。如知名的社交书签网站 Delicious。

专题 1

我国互联网络发展及网络购物、网络支付概况

2016 年 8 月 3 日，中国互联网络信息中心（CNNIC）发布的第 38 次《中国互联网络发展状况统计报告》显示，截至 2016 年 6 月，中国网民规模达 7.10 亿，互联网普及率达到 51.7%，超过全球平均水平 3.1 个百分点，超过亚洲平均水平 8.1 个百分点。其中，我国手机网民规模达 6.56 亿，网民中使用手机上网的人群占比由 2015 年底的 90.1%提升至 92.5%，仅通过手机上网的网民占比达到 24.5%，网民上网设备进一步向移动端集中。

截至 2016 年 6 月，我国网络购物用户规模达到 4.48 亿，较 2015 年底增加 3 448 万，增长率为 8.3%，我国网络购物市场依然保持快速、稳健增长趋势。其中，我国手机网络购物用户规模达到 4.01 亿，增长率为 18.0%，手机网络购物的使用比例由 54.8%提升至 61.0%。

截至 2016 年 6 月，我国使用网上支付的用户规模达到 4.55 亿，较 2015 年底增加 3 857 万人，增长率为 9.3%，我国网民使用网上支付的比例从 60.5%提升至 64.1%。手机支付用户规模增长迅速，达到 4.24 亿，半年增长率为 18.7%，网民手机网上支付的使用比例由 57.7%提升至 64.7%。电子商务应用的快速发展、网上支付厂商不断拓展和丰富线下消费支付场景，以及实施各类打通社交关系链的营销策略，带动非网络支付用户的转化。

7.3 顾客关系管理

顾客关系管理（CRM）是一种管理思想和理论体系。它以顾客为中心，以信息管理技术为手段，并对工作流程进行重组，以顾客需求驱动整个零售企业的运作。它包括一个零售企业判断、选择、定位、争取、发展和保持其顾客所要实施的全部过程。CRM 的目的是了解、开发顾客真正的需求，提高顾客的忠诚度，对潜在的赢利顾客进行针对性营销以及挖掘顾客的潜在价值，真正提高顾客服务的满意度，建立企业自身的竞争力，从顾客利益和公司利润两个方面和谐地实现顾客关系的价值最大化。

具体说来，顾客关系管理有很多独特之处。

（1）在大多数的场合，例如超市、百货、便利店业态，顾客关系管理往往是建立在顾客群的基础上的。大型连锁零售企业的顾客数动辄数以百万计，零售企业很难了解具体的顾客个体。因此在管理对象级别上，需要利用相关的归属特性将顾客分为不同的顾客群。例如，百货商场的品牌顾客群、超市的周边顾客群和白领顾客群、家居建材的普通装饰顾客群、中小装修企业顾客群和同城政府企业顾客群，等等。而在连锁经营的电器、图书、药品、服装、电子商务和数码 / 手机等零售场合，顾客关系管理却是面对单一顾客的，需要了解每个顾客实际的个性化需求，开展一对一的营销活动和服务活动。

（2）商品品类和顾客群的关系管理是顾客关系管理的一个重要内容。顾客群和商品品类是零售企业的两大核心竞争力要素，它们之间的关系千丝万缕，各种因素相互牵连，例如品牌、品类、地域、顾客、价格、服务、知识、营销、陈列。

（3）顾客关系管理的三大支柱是顾客营销、顾客服务和决策支持。从管理的概念和内容上看，中国的大型零售企业成功地借助会员制管理平台和“卡券”等管理工具，创造性地将三者统一起来，充分利用了“卡券”的积分、返券、服务、礼品、市场活动、折扣和储值等管理功能的不同组合，成功地吸引和扩大了关键的价值顾客群。特别值得一提的是，中国特有的区域多业态零售企业(同时含百货、超市、便利店业态的零售企业)在顾客关系管理方面发展了中国特有的管理模式特点。顾客关系管理系统(CRMS)是一套融合零售 ERP 系统的管理软件和应用技术体系。它以传统零售管理系统的 POS 系统、门店管理系统和总部管理系统为基础，集成了数据库与数据仓库技术、数据挖掘技术、在线分析处理技术、Internet 技术、面向对象技术、客户机 / 服务器体系、销售自动化技术、工作流管理技术、流程可视化技术以及其他相关技术成果，能够为零售企业的规模销售、营销、顾客支持服务等领域提供一个完整的和代价合理的解决方案，使零售企业既具有一个面向顾客的高效的商品销售系统和服务平台，又具有面向管理决策层的决策支持能力。

案例 3　大型城市超市的顾客群购物篮分析

大型城市超市的顾客群购物篮分析是一个令人期待的进展。这是一个成功的管理分析工具，目标是分析特定的顾客群在特定的商店在什么时间段到底买了什么商品组合。例如，一个初步的分析案例如下。

城市白领门店组（同城有 5 个白领社区的门店组合）
白领 25～40 岁年龄段，月收入 3 000～5 000 元
购买时间段：晚间 7 点～9 点（占 80%）
购买分布：星期四/五/六（所占比例分别为 20%/30%/25%）
客单价：50/120/180 元（所占比例分别为 30%/35%/15%）
商品的组合：300 种商品带和其中的关键商品
这个分析对商品的品类管理、促销管理、商品补货管理有显而易见的管理绩效。

最强大有效的客户关系管理在于能够将其应用到企业实际的业务和工作流程中。然而不幸的是，许多人将 CRM 仅仅看成是技术问题。正确的技术只是 CRM 发挥功效的必要条件，CRM 最终只是服务于开发更高效的业务和工作流程。

CRM 必须为企业的现实问题提供解决方案。信息技术的魔力在于：它能将准确的统计数据与客户行为联系起来，比如客户为什么流向竞争对手？CRM 应当让企业首先从可获得利润的机会开始做起，然后再进行相应的产品开发、营销和销售。

几十年前，百货公司巨头 John Wannamaker 通过多次反馈调查发现，花在广告上的费用一半没有起到应有的效果，但是他并没有发现问题的根源。然而，随着高级分析数据库和 CRM 的出现，很多问题就可以“水落石出”了。这些新技术、新营销方法和客户信息挖掘流程可让公司逐渐向“一对一营销”的目标迈进。

1. 创造“微分市场”

在加拿大皇家银行，管理层知道存在一定比例的不赢利客户和产品，但是之前的系统无法让他们了解这些客户是谁、哪些业务拖了利润的后腿。通过使用分析型数据库和 CRM，银行创建了“微分市场”来区别对待客户，为不同的客户提供不同的产品，而不是向所有的客户以相同的价格提供同样的产品。

银行重新认识到投资“统一客户视图”信息系统的价值。许多这样的“智能”公司都报告称，投资于 CRM 的 ROI（投资报酬率）超过 200%，并且呈爆炸性增长。

一旦定义了客户关系问题（描述远程服务的高价值/高风险客户），CRM 可以对来源于不同系统的数据进行数据挖掘，将数据转化为有用的信息。数据挖掘可用于目标营销，以提供营销效率。这些竞争包括部署客户服务系统并将结果反馈到数据仓库或“知识库”。

数据挖掘需要谨慎地转换所有与 CRM 相关的工作流的数据，如订单、账单、收款、服务、客户请求、产品增强、交互或交易、遭到拒绝的客户或潜在客户。

2. 寻求“可操作线索”

有效的 CRM 以分析型流程和商业智能为驱动力，但必须既要得到内部运作数据支持，又要得到外部数据源的支持。为了在企业内取得效果，CRM 必须超越管理功能，随着高价值客户的不断变化与转移，企业需要持续寻求“可操作线索”，以提高“线索”转化为“销售”的成功率。简单地将 CRM 战略、政策、技术架构、数据库和现有的操作平台“集成”起来，只会酿成系统不连贯的苦果。

CRM 解决方案作用的发挥必须在业务的基础上导入“分析”和“建模”功能。通过保存并重新使用这些分析步骤及其结果，经理就会理解已经采取的行动或即将采取的行动。此外，CRM 必须全面理解客户，包括交易、交互和客户偏好，换而言之就是“感知客户”。

决定 CRM 落后与领先的基本评判标准有：全面管理客户关系的能力；客户接触的频率和数量；获取完整客户数据库的授权和管理权限；在客户交易、交互、忠告、调查、查询和偏好的基础上提供个性化服务和产品。

CRM 获得成功的评判标准是：能够修改规则以最优化与每个客户的沟通流；集成并管理所有的渠道；通过接触点传达恰当的内容；通过与客户的交互，再借助于相应的分析模型，获取有价值的知识；建立双向的交互，进行销售、服务或了解客户的需求/问题。

CRM 提供的业务方式与传统的大规模营销存在较大的区别。CRM 并非传统的促销和接近客户的形式，CRM 考虑了个性化，来显著提高客户忠诚度，获得运营和服务目标，从而赢得持续的竞争优势。

3. “集成”能力

通过把 CRM 应用到企业的结构、流程和技能的整合中，企业能从中获得战略性和经济性效益。例如，金融机构发现它们价值最高的客户是拥有超过 5 种不同金融产品的客户；航空公司现在将所有的里程数据与实际的财务数据联系起来以识别最有价值的客户；娱乐公司正在进行交叉市场分析，为最有价值的客户提供个性化的服务（取得了可观的 ROI 和频繁的访问）。

除非新信息嵌入业务流程并用于驱动 CRM，否则它仍然是毫无用处的。要是这些技术不能将新“机遇”转变成业务活动，挖掘的信息就不能增加价值。为了实现新方法对目标营销的整体影响，业务经理需要对 CRM 和计算机的知识有更多的了解，尤其是决策者需要走向营销/销售/服务/产品层。许多成功的公司会让决策层也参与到公司的业务计划以及相应的实施过程中。

营销流程和营销技巧的获得日益需要灵活的 CRM 技术架构作为支撑，而这需要更强大的 CRM 分析能力，以及经验丰富的营销团队。

CRM 技术不同于传统的操作流程自动化技术和应用系统。数据仓库与其他数据类产品不同，它能够让用户以任何查询形式在任何时间查询新知识。

借助大量并行处理和数据仓库，可将客户隐私、操作效率和产品优势提高到新层次。金融服务行业的早期投资者发现，CRM 的 ROI 往往高于传统的技术投资。大多数投资者 1～4 年即收回投资，但真正的问题不是盈亏平衡点，而是将他们有竞争力的方法运用到市场中。一旦能够在市场中运用好方法，企业将能够获得高于普通 ROI 50 倍的投资回报。

企业通过运用 CRM 相应的分析技术和“集成”能力，让销售和营销部门迅速获得成效，影响因素是组织应对市场变化的速度。高质量的信息促使企业识别一个又一个新市场，然后迅速切入这些高价值市场，抢占市场份额，这样可以获得竞争对手所不具有的竞争优势。

4. 速度是精髓

机遇通常稍纵即逝。时常，企业发现一个机会，但当它们组织积极应对时，环境

已经发生改变，新机会也许已经不存在了，或者已经被竞争对手占为己有。CRM 信息处理能力可以让企业及时识别出不断变化的市场。因为根据历史信息能够预测未来，企业可以通过了解市场环境和顾客行为之间的关联以达到对市场准确的预测。迅速获取重要信息也节省了开发应用系统应对急剧变化的环境所需要的时间。

每个客户历史行为的详细知识可立即转化成智能，让企业更好地应对竞争。有了知识的武装，企业就可以为出现的每个细分客户量身定做相应的服务。

例如，许多财务公司发现它们有能力改进它们的资产组合管理，因为它们发现，在大大改变每个贷出款项交易后，情况发生了变化。公司可以迅速调整并重新对其贷出款项进行定价。一家航空公司通过签订代码共享协议，基于对未来 330 天业务（如乘客和货物）的估计，可以节省巨大的现金流和预期的飞机投资。

简便地访问重要信息大大提高了企业的生产率，企业可以让更少的人来完成更多的工作。商业智能与 CRM“分析”和“建模”能力的结合，可以让企业获得持续增加的 ROI。

为了保持竞争力，企业为客户提供多种服务，并努力引入新服务。然而，许多服务对客户价值不大而很少用到。CRM 中数据仓库的功能可以让企业的管理者迅速识别出一些价值不大的服务，并予以“删除”。

5．何谓成功的 CRM

企业在发布新产品时，问到的第一个问题可能是：“它是否能获得成功？”这个问题回答得越及时，企业就能越迅速地做出下一步行动。这些行动包括逐步增加产品量以满足不曾预料的需求、微调营销来纠正弱点或者以及时、经济的方式减少损失。另外，迅速弄清业务来源也很重要：“我们只是调配其他产品吗？我们是否渗透到竞争对手的市场？如果是这样，竞争对手是谁？”而所有这一切，都是一个成功的 CRM 所应当能够回答的问题。

银行和航空公司这样的企业深深了解这样一个道理，大多数客户带来小部分利润，而绝大部分利润来自于相对较少的客户。通过对客户忠诚度的识别，并努力迎合他们的需求，企业提高了客户保留度。此外，企业其他客户有可能产生更多的利润，也可以把他们挑选出来给予特殊关照。重视客户的需求可以满足客户、减少失误。

最近，有很多企业正在开发预测 CRM 投资回报率的方案。CRM 的实施应当能够为企业增加客户保留度和客户净现值（NPV）。NPV 也提供决定客户终生价值（LTV）的基本“财务视图”。最大利润来自“最忠诚客户”，他们保留的时间较长，并不断为企业带来新的业务量。

1）NPV 影响因素

表 7-1 列出了决定基本 NPV 的六个基本假设。其他方法也可计算出 NPV，但这是 CRM 中最易使用的方法。使用该方法，不懂财务的经理也能很容易看出 CRM 的影响，并能作出改变客户营销投入的决策。

如表 7-1 所示，在列 A 中以“初始情况”开始，显示企业的客户总数，接着是平均年自发流失率、来自每个客户的年收入、平均客户获取成本、客户保留年限以及销售的边际估计。最后，最重要的是关于每个客户利润的计算，因此应考虑每个客户利润的“影响因素”，并且随后有一个对终生价值的预测或确定。

在列 B 中，流失率从 24%下降到 20%，导致 NPV 增加 3 970 909 美元。

在列 C 中，原始流失率保持 24%不变，但平均获取成本下降 10%，即每个客户节省 50 美元，从而这项活动多获 14 440 000 美元的回报。对企业来说，是在邮件、抵押资产、客户接触、销售呼叫、电话销售和广告上节省成本，还是将流失率降低 4%，就有据可查。

表 7-1 CRM 与顾客保留价值的举例分析

基本假设 / 影响 NPV 的因素	A	B	C	D	E	F
	初始情况	降低流失率	降低客户获取成本	增加销售	增加客户保留年限	降低流失率
客户总数/个	500 000	500 000	500 000	500 000	500 000	500 000
平均年自发流失率	24%	20%	24%	24%	24%	18%
来自每个客户的年收入/美元	1 200	1 200	1 200	1 440	1 440	1 440
平均客户获取成本/美元	500	500	450	450	450	450
客户保留年限/年	2	2	2	2	3	3
客户毛利润率	25%	25%	25%	25%	25%	25%
当前客户净现值/美元	36 756 364	40 727 273	51 196 364	87 427 636	177 583 437	223 050 518

2）客户 NPV 影响因素变动分析

如表 7-1 所示，在列 D 中，在保持流失率不变（24%），降低获取成本的情况下，强化营销和客户接触获得，但对比列 C 可以看出，NPV 提高了 36 231 272 美元，或者说在列 A 的基础上增加了 50 671 272 美元。

在列 E 中，在列 C 和列 D 的假设条件下，关注客户保留年限。通过将客户关系增加一年，NPV 就增长到 177 583 437 美元。在列 F 中，保持列 C、D 和 E 的假设，现在将每年的流失率从 24%的水平降低到 18%，NPV 回报达到 223 050 518 美元。

显然，流失率是影响 NPV 的最重要因素，良好的客户关系或客户保留将创造更大的利润。从短期和长期来说，“以客户保留为中心”是回报最丰厚的 CRM 活动。

同样地，通过使用“行为评分”来开发“购买倾向”模型，企业可以向特定的细分客户销售利润最高的产品。

任何为促销电子邮件所扰的客户都认为大多数直邮战略只能是徒劳。但是通过将客户与相关产品关联起来，营销人员可以减少邮件发送数量，从而提高促销效率。

事实上，数据仓库对客户和渠道管理来说都是无价之宝。在不失去业务的前提下改变客户交互渠道总是一项难以攻克的难关。客户总是倾向于抵制“变化”，对他们的管理总是需要小心翼翼。详细的客户信息可以让计划者明白，当作出变化时，哪些客户可能不会流失，哪些客户可能会投靠竞争对手。

6．CRM 走向成熟

一旦 CRM 流程启动，开发和整合客户知识信息结构应当能够支持新的价值链环

境。许多业务重组未能取得既定目标，其主要原因在于，他们没有让新流程或新信息结构产生的信息支持新流程内部的决策行为。如《提升客户关系》一书提出，CRM 实施经历了 5 个阶段。在最初的启动或学习阶段，企业采用并学习使用基本信息，并制作报表和进行一些简单分析。在成熟阶段，企业应当学会如何让这些应用程序为客户定制特定的需求服务和产品，客户既包括现在的客户，也包括潜在客户。当达到决策支持阶段（也就是数据仓库的世界级应用阶段），知识系统得到完全整合，以用于最有效的设计，并自动响应实时事件。在最成熟的阶段，企业将数据仓库当做“灵活”资源，驱动动态“交互式分析”，以实现更高效的 CRM。

7.4 IT 在营销和销售管理中的应用

案例 4

用网络实现集中管理，构建新的管理架构和业务流程

宁波海菱电器有限公司（以下简称海菱）成立于 1994 年，现有员工近千名，是一家以小家电产品为主导产品的厂商，研发、生产、销售、服务等都是自主完成的。目前的产品主要有食品搅拌机、榨汁机、全自动豆浆机等。其产品均已通过中国 CCEE 认证、欧共体 CE 认证和德国 GS 认证。海菱 2000 年的全年销售额就已超过 1 亿元。近几年来，每年的销售增长率在 100%以上。目前已形成了拥有 40 多家办事处、1 000 多个销售网点的庞大的全国营销管理网络体系。

海菱早在 1998 年做企业规划时，就明确提出了要解决公司销售环节管控的力度和及时性问题。而这一点正是公司规模不断扩大、分支机构增多及市场竞争加剧过程中，随之而来的业务处理不规范、资金周转不明、客户信息管理混乱以及严重滞后的业务数据反馈等诸多问题的症结所在。于是海菱开始考虑用软件来解决企业问题，用管理软件来规范和提升公司管理水平。

海菱寻找到的 IT 合作伙伴——用友公司分销与 CRM 事业部针对海菱的分销系统和营销体系管理提出了 ASP 模式， 即所有数据都集中在总公司的数据库中，而办事处只需要登录系统，在客户端将所发生的数据按照系统模块的要求输入进去，系统将自动生成各种数据，并允许相应级别的人实时查询其相应权限下的所有相关数据。这种模式正好满足了海菱对众多分公司、子公司和办事处的管理要求。同时，由于海菱对信息化设施的要求并不太高，还可以在实施整个系统时，先将数据存放在用友分销与 CRM 事业部的服务器上。在实施完成后，如果认为需要，再建立自己的服务器，将系统接管过去。

海菱实施了这套系统以后，许多办事处只要正确输入货物出入库数据，系统平台的总数据累计就自动生成。与以往用手工合计的速度相比，提升了几十倍、几百倍。营销统计人员还可以腾出人手做其他工作。各办事处采用拨号上网的形式，进入公司网站分销系统平台中本办事处的界面进行操作。费用上与以往相比有减无增。因为以往的分销运作是各个办事处将每周数据报表通过传真形式传至总公司统计办，月底将报表邮寄至公司，统计员再进行总核算后，产生月报。这不仅浪费时间、浪费人力，而且浪费财力。用分销系统软件就省去了这一系列繁杂的程序。

根据总公司和办事处两层管理关系比较扁平化的特点，海菱分销系统强调“网络化、及时性”，实现异地商务，集中管理。在用友网络分销标准产品基础上，针对海菱管理流程和模式上的一些特点进行了小工作量的二次开发。

该系统全面基于 Internet，采用最新的 ASP 应用模式，海菱总部不需要单独构建昂贵的数据处理中心；分支机构无须安装专用的客户端软件，采用标准浏览器上网即可使用该系统的全部功能。数据处理全部在数据中心完成和存储，数据安全性高，操作简单，系统维护成本低。海菱的管理架构实际上是公司统一进行商务管理和财务管理，各地办事处相当于业务部门、商务部门和财务部门派驻当地的代表，处理当地的销售业务。实施系统之后，海菱公司的整体业务流程系统由业务管理子系统和财务管理子系统两部分构成。业务管理子系统的主要功能包括客户端电子商务功能、销售过程管理、库存管理、应收账款管理、各类计划管理、商品档案管理、客户档案管理、统计查询、系统管理等；财务管理子系统的主要功能为日常费用管理。

（1）客户端电子商务功能。客户可通过登录系统客户端，实现在线信息查询和订单处理。

（2）销售过程管理。系统对各地办事处提交的订单实行统一的商务管理，总部可对每个客户的每张订单的执行情况进行跟踪管理，对特殊订单可以实现网上实时审批、处理。

（3）库存管理。办事处当地的库存管理纳入总部统一的仓库管理体系中。当地库存不足时，由办事处提交调拨申请，总部相关部门审批通过后，由总部成品库执行调拨指令，将相应商品发运到各地办事处(或直接发给客户)。

（4）应收账款管理。各地办事处的应收账款在总部财务部门的统一监控之中，企业领导可以随时查询每个办事处的应收账款回收状况和任务完成比例。

（5）统计查询。公司领导可通过系统随时查询各地办事处的销售实时数据，如客户应收账款、当地库存数量等，同时可随时查询整个公司的销售汇总数据和财务汇总数据，实现销售过程监控和业务责任追溯。

海菱集团通过分销资源系统的实施，实现了对分销系统计划、库存、资金、配送、结算、渠道、促销及售后服务等环节的实时响应和有效控制，形成了针对分销系统物流、资金流和信息流的全面监控体系。

中国零售业信息化开始于 1981 年。在这一年，原商业部从日本进口了 4 000 台 Omron 528 收款机，以计划分配形式销往全国主要城市各大商场使用。从此，POS 机、条形码技术、色码技术、基于 POS Server 的 MIS、财务管理软件、系统集成产品等广泛进入零售业应用。

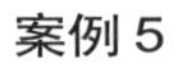

把适合的产品放到适合的店铺中

“把适合的产品放到适合的店铺中”，陈劭昀在介绍佐丹奴网上零售的目标时反复强

调这句话。与纽曼将网上零售的销售环节部分外包出去的做法不同，“自力更生”的佐丹奴更看重网上零售在企业内部资源调配方面的作用。

2003 年，佐丹奴新版电子商务网站实现了网上商店数据与 ERP 的无缝集成。当北京王府井店卖出一件秋装，在广州总部的集团高层实时就能知道。因为这套系统已经实时监控了任何一家店铺的销售情况和任何一个仓库的库存状态。这个统一的平台给佐丹奴电子商务带来的好处显而易见——佐丹奴的网上商店将门店当成库存，依靠运输工具完成货物流转。这样一来，网上商店就能够展示出最多品种的产品，在门店不时会遇到的缺货问题将不再存在。因为 ERP 会自动计算某件商品的库存，只有达到一定量后，网上商店才会展出这件产品。

对企业而言，网上电子订单易于迅速统计什么地区热卖什么产品，以便对当地的门店进行及时的货品调配。“目前，我们的系统已经能够做到实时监控各地区的销售情况，每天能够统计什么款式、面料以及尺码的产品在什么地区最为热销。”对于新系统，陈劭旳很是骄傲。

如果说纽曼选择的是和外部零售平台合作，那么佐丹奴的网上零售显然是与企业内部信息化系统“共舞”。据了解，这整个信息系统的后台维护不过 2 人，加上必要的客户服务人员也总共不到 10 人，却支撑起了整个零售平台的运作。通过这套信息系统，网上零售业务和传统门店业务就结合起来了。

进入 21 世纪，商业 ERP、商业智能 BI、供应链管理 SCM 与客户关系管理 CRM 等高端产品不断被零售企业采用。这极大地扩展了企业的信息化管理范围，使大批量、多品类的统一采购和分散销售开始代替传统零售业的手工制单、只管金额不管商品和顾客的落后交易方式。IT 带来了新的管理变革和流程优化(BPR)，极大地改变了中国零售业的面貌和内涵，使发展大规模连锁化零售组织成为现实。

2003 年，中国连锁经营协会专门成立“信息化专业委员会”，开始系统地总结和推动零售企业的全面信息化建设，迎接全行业信息化、网络化时代的到来。

目前，我国大中型零售商业企业 80%不同程度地采用了计算机管理，其中绝大多数是实行连锁经营的零售企业。

案例 6

IT 在双汇营销中的应用

双汇是以肉类加工为主，跨行业、跨地区、跨国经营的特大型食品集团，创造了新型肉类经营业态，改变了我国几千年来沿街串巷、设摊卖肉的做法，为解决放心肉问题提供了依据。2001 年之前，整个双汇集团虽已达到了集团内各企业内部之间的信息共享，但是在各个企业之间，尤其是上游的供货商、生产厂商、仓储、运输，下游的专卖店和销售分公司之间却还没有实现信息实时交换，信息传递仍然依靠电话、E-mail 和传真，然后再人工整理。

实施供应链管理之后，双汇的任一家连锁店里，系统都会自动、实时采集 POS 机收据，自动生成配货单、报表等；而集团总部则可以及时了解到各店的实时库存，并根据库存由系统自动生成订单，从而制订出符合市场需求的生产计划，并可以通过大宗采购、统一配送来降低采购和流通成本。例如，双汇每天收多少头猪，这些猪是几点几分在什么地方收购的，每头猪的标号，一级品多少头，二级品、三级品甚至伤残猪、病猪多少及每天杀多少头猪等信息，只要在任何一个可以上网的地方登陆到相关系统都可以一目了然；从猪源质量检测、屠宰加工到订单生成、配送、发货及入库、销售情况等都会在系统中得到体现。以此为据可以保证肉质新鲜，真正做到让老百姓吃上放心肉。这种信息传递和自动匹配的过程也正好形成了一个以客户为中心，决策迅速透明的扁平化管理模式。如果不是借助这样一条信息化通道，在这样大的、跨行业、跨地域的企业集团中，实现这种扁平化的管理模式简直是完全不可能的。这就是集团供应链管理系统与商业连锁管理系统、连锁店POS/MIS系统、集团财务管理系统等相结合的综合效果。

本章小结

IT 在销售管理中的应用主要表现在电子商务活动中的销售管理。电子商务同销售管理的结合循着理论基础、需求磨合、技术实现的主线发展。

企业正在将全范围营销活动（从建立认知度到售后服务）向在线媒介转移，它们将在线工具视为营销战略的一个重要且有效的组成部分。

顾客关系管理是一种管理思想和理论体系。它以顾客为中心，以信息管理技术为手段，并对工作流程进行重组，以顾客需求驱动整个零售企业的运作。顾客关系管理的三大支柱是顾客营销、顾客服务和决策支持。

IT 在销售管理及零售活动中的应用具有重要的探索价值。

关键术语

IT　　电子商务
新兴媒体工具　　顾客关系管理

参考文献

[1] 李晨，李银莲，邹静．零售商的擦边舞[J]．电子商务世界，2007(11).2007-11-15.
[2] 周桥，郑洪丽，蒋学华．电子信息技术在销售管理中的应用[J]．冶金财会，2005(5).
[3] 张海娟．网络分销开创海菱新时代[J]．信息与电脑，2003(3).
[4] 王万利．汽车网络营销重要性凸显 国内车企网络营销滞后[N]．北京商报，2007-12-18.
[5] 刘小兵．未来零售业：信息共享锻造产业链[J]．电子商务，2005(10).
[6] 周可夫．CRM——推动零售业前进的杠杆[J]．信息与电脑，2007(5).

思考题

1. 网络营销的理论基础和技术基础是什么?
2. 讨论因特网及新兴媒体工具在营销和销售中的应用问题。
3. 顾客关系管理的特点主要有哪些? 分析 CRM 在零售中的重要性。
4. 谈谈 IT 在销售管理和营销中的应用。

案例研讨

农夫山泉用大数据卖矿泉水

这里是上海城乡结合部九亭镇新华都超市的一个角落,农夫山泉的矿泉水堆头静静地摆放在这里。来自农夫山泉的销售人员每天例行公事地来到这个点,拍摄 10 张照片:水怎么摆放、位置有什么变化、高度如何……这样的点每个销售人员一天要跑 15 个,按照规定,下班之前 150 张照片就被传回了杭州总部。每个销售人员,每天会产生的数据量在 10 M,这似乎并不是个大数字。

但农夫山泉全国有 10 000 个销售人员,这样每天的数据就是 100G,每月为 3TB。当这些图片如雪片般进入农夫山泉在杭州的机房时,这家公司的 CIO 胡健就会有这么一种感觉:守着一座金山,却不知道从哪里挖下第一锹。

胡健想知道的问题包括:怎样摆放水堆更能促进销售?什么年龄的消费者在水堆前停留更久,他们一次购买的量多大?气温的变化让购买行为发生了哪些改变?竞争对手的新包装对销售产生了怎样的影响?不少问题目前也可以回答,但回答它们更多是基于经验,而不是基于数据。

从 2008 年开始,销售人员拍摄的照片就这么被收集起来,如果按照数据的属性来分类,"图片"属于典型的非关系型数据,还包括视频、音频等。要系统地对非关系型数据进行分析是胡健设想的下一步计划,这是农夫山泉在"大数据时代"必须迈出的步骤。如果超市、金融公司与农夫山泉有某种渠道来分享信息,如果类似图像、视频和音频资料可以系统分析,如果人的位置有更多的方式可以被监测到,那么摊开在胡健面前的就是一幅基于人消费行为的画卷,而描绘画卷的是一组组复杂的"0、1、1、0"。

SAP 全球执行副总裁、中国研究院院长孙小群接受《中国企业家》采访时表示,企业对于数据的挖掘使用分三个阶段,"一开始是把数据变得透明,让大家看到数据,能够看到数据越来越多;第二步是可以提问题,可以形成互动,很多支持的工具来帮我们作出实时分析;而 3.0 时代,信息流来指导物流和资金流,现在数据要告诉我们未来,告诉我们往什么地方走。"

SAP 从 2003 年开始与农夫山泉在企业管理软件 ERP 方面进行合作。彼时,农夫山泉仅仅是一个软件采购和使用者,而 SAP 还是服务商的角色。

而等到 2011 年 6 月,SAP 和农夫山泉开始共同开发基于"饮用水"这个产业形态中运输环境的数据场景。

关于运输的数据场景到底有多重要呢？将自己定位成“大自然搬运工”的农夫山泉，在全国有十多个水源地。农夫山泉把水灌装、配送、上架，一瓶超市售价2元的550ml饮用水，其中3毛钱花在了运输上。在农夫山泉内部，有着“搬上搬下，银子哗哗”的说法。如何根据不同的变量因素来控制自己的物流成本，成为问题的核心。

基于上述场景，SAP团队和农夫山泉团队开始了场景开发，他们将很多数据纳入了进来：高速公路的收费、道路等级、天气、配送中心辐射半径、季节性变化、不同市场的售价、不同渠道的费用、各地的人力成本，甚至突发性的需求（比如某城市召开一次大型运动会）。

在没有数据实时支撑时，农夫山泉在物流领域花了很多冤枉钱。比如某个小品相的产品（350 ml饮用水），在某个城市的销量预测不到位时，公司以往通常的做法是通过大区间的调运，来弥补终端货源的不足。“华北往华南运，运到半道的时候，发现华东实际有富余，从华东调运更便宜。但很快发现对华南的预测有偏差，华北短缺更为严重，华东开始往华北运。此时如果太湖突发一次污染事件，很可能华东又出现短缺。”

这种没头苍蝇的状况让农夫山泉头疼不已。在采购、仓储、配送这条线上，农夫山泉特别希望大数据获取解决三个顽症：首先是解决生产和销售的不平衡，准确获知该产多少，送多少；其次，让400家办事处、30个配送中心能够纳入到体系中来，形成一个动态网状结构，而非简单的树状结构；最后，让退货、残次等问题与生产基地能够实时连接起来。

也就是说，销售的最前端成为一个个神经末梢，任何一个痛点，在大脑这里都能快速感知到。

“日常运营中，我们会产生销售、市场费用、物流、生产、财务等数据，这些数据都是通过工具定时抽取到SAPBW或OracleDM，再通过BusinessObject展现。”胡健表示，这个“展现”的过程长达24小时，也就是说，在24小时后，物流、资金流和信息流才能汇聚到一起，彼此关联形成一份有价值的统计报告。当农夫山泉的每月数据积累达到3TB时，这样的速度导致农夫山泉每个月财务结算都要推迟一天。更重要的是，胡健等农夫山泉的决策者们只能依靠数据来验证以往的决策是否正确，或者对已出现的问题作出纠正，仍旧无法预测未来。

2011年，SAP推出了创新性的数据库平台SAPHana，农夫山泉则成为全球第三个、亚洲第一个上线该系统的企业，并在当年9月宣布系统对接成功。

胡健选择SAPHana的目的只有一个，快些，再快些。采用SAPHana后，同等数据量的计算速度从过去的24小时缩短到了0.67秒，几乎可以做到实时计算结果，这让很多不可能的事情变为了可能。

这些基于饮用水行业实际情况反映到孙小群这里时，这位SAP全球研发的主要负责人非常兴奋。基于饮用水的场景，SAP并非没有案例，雀巢就是SAP在全球范围长期的合作伙伴。但是，欧美发达市场的整个数据采集、梳理、报告已经相当成熟，上百年的运营经验让这些企业已经能从容面对任何突发状况，它们对新数据解决方案的渴求甚至还不如中国本土公司强。

这对农夫山泉董事长钟目炎而言，精准的管控物流成本将不再局限于已有的项目，也可以针对未来的项目。这位董事长将手指放在一台平板电脑显示的中国地图上，随着手指的移动，建立一个物流配送中心的成本随之显示出来。数据在不断飞快地变化，好像手指移动产生的数字涟漪。

以往，钟目炎的执行团队也许要经过长期的考察、论证，再形成一份报告提交给董事长，给他几个备选方案，到底设在哪座城市，还要凭借经验来再作判断。但现在，起码从成本方面已经一览无遗。剩下的可能是当地政府与农夫山泉的友好程度，这些无法测量的因素。

有了强大的数据分析能力做支持后，农夫山泉近年以30%～40%的年增长率，在饮用水方面快速超越了原先的三甲：娃哈哈、乐百氏和可口可乐。根据国家统计局公布的数据，饮用水领域的市场份额，农夫山泉、康师傅、娃哈哈、可口可乐（冰露），分别为34.8%、16.1%、14.3%、4.7%，农夫山泉几乎是另外三家之和。对于胡健来说，下一步他希望那些销售人员搜集来的图像、视频资料可以被利用起来。

获益的不仅仅是农夫山泉，在农夫山泉场景中积累的经验，SAP 迅速将其复制到神州租车身上。“我们客户的车辆使用率在达到一定百分比之后出现瓶颈，这意味着还有相当比率的车辆处于空置状态，资源尚有优化空间。通过合作创新，我们用 SAPHana 为他们特制了一个算法，优化租用流程，帮助他们打破瓶颈，将车辆使用率再次提高了15%。”

（资料来源：赵奕.农夫山泉用大数据卖矿泉水[J].中国企业家，2013（7）.）

思考题

1．农夫山泉的大数据除了用于降低物流成本外，还可用于销售管理的哪些环节？

2．根据案例你认为，3.0时代，如何解读信息之间的相关关系？可用的工具有哪些？

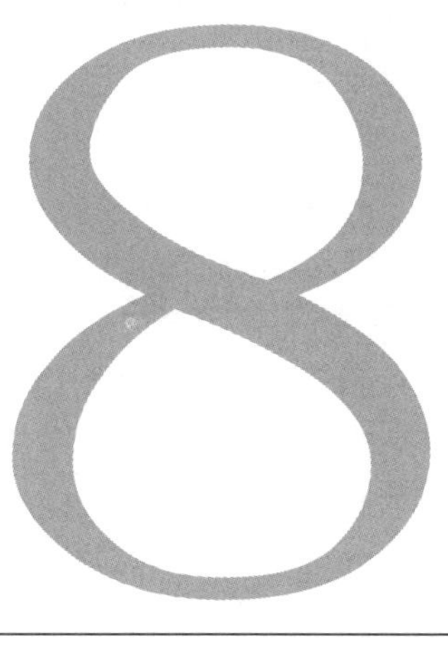

第 8 章　销售人员的招聘与选拔

本章提要　销售人员的招聘和选拔对公司具有相当的重要性。本章介绍了优秀销售人员的必备素质，销售人员的岗位分析和岗位描述方法，销售人员的招聘渠道，以及面试的方法、辅助性测试方法等。

引　例

宝洁分销商销售代表的招聘

宝洁公司的销售代表体系比较特殊，经销商负责组建宝洁产品销售代表专营小组，由宝洁公司代表负责该小组的日常管理。众所周知，宝洁的成功很重要的原因之一，就是因为它有一个让同行敬佩、富有效率的销售网络。而分销商的销售代表是这个网络中最敏感的神经末梢。这些神经末梢数量的多少，工作业绩的好坏，都会直接影响到公司这个神经中枢对市场反应的成功运作。因此，招聘足够数量的销售代表是销售工作顺利开展的重要环节。

宝洁认为，不管是零售覆盖，还是郊县拓展，销售代表应具备一些最基本的条件：积极进取，踏实肯干，吃苦耐劳，身体健康，学历原则上为高中毕业或以上，年龄在 18～30 岁之间，同时具有良好的沟通技巧。这几点是考虑到销售工作本身的艰苦性、挑战性，同时也考虑到进行培训时人员的接受能力及发展潜力而制定的。

1. 与分销商一起制定招聘政策

当与分销商确定好要招聘的人数和条件后，就要开始制定招聘政策和招聘计划。招聘政策主要指要招聘人员的薪酬政策，以及招聘活动中各种有关费用的控制。薪酬政策在整个招聘前期的准备工作中占有非常重要的地位。薪酬政策不合理，对于有效地进行鼓励、奖勤罚懒及防止人才流失都会有很大的消极影响。

在宝洁公司内，销售代表是作为分销商的雇员，宝洁需要和分销商协商确认他们的薪酬待遇。那么，如何制定销售代表薪酬政策呢？宝洁的意见如下。

（1）工资福利的总额要参照当地同行业人才市场工资水平，高于竞争对手。

（2）要参照目前在职销售代表的工资福利水平，避免差距太大或太小。起薪太高，会造成以后销售代表的不满足感以及激励不够；起薪太低，显而易见，会无法留住比较优秀的人才。

（3）确定工资/奖金方法。在和分销商初步确定工资总体水平后，还要根据对分销商的工作期望，将其应承担的职责纳入工资奖金系统中。一般来讲，工资制度有以下几种：固定薪水制，薪水＋佣金制，薪水＋奖金制，以及薪水＋奖金＋佣金制。这几种方法各有利弊，宝洁建议分销商实行薪水＋奖金制，这样既可以保持一定程度的稳定性，又有一定的灵活性，一般比例为30%～70%较合适。主要工资奖金结构可分为基本工资、销售提成、分销奖金、工龄奖金、突出贡献奖等。

（4）要有一定的福利政策。由于目前招聘销售代表越来越多，特别是所有的销售代表并不是宝洁公司员工，或许只是分销商的临时员工，对于这批人员的管理和激励有很大困难。因而，宝洁公司遵守《劳动法》的规定，要求分销商为新招聘员工购买的各种保险，特别是人身意外伤害保险、养老保险等，必须要单独购买，而非纳入工资里面。

2. 销售代表的招聘途径

宝洁招聘销售代表的途径主要有以下几种。

（1）通过报纸、电视台、电台来刊登招聘广告。它的特点是传播覆盖面较广，可吸引众多的应聘者，其中报纸招聘是最常见也较容易的一种途径。它比较适合批量招聘，比如，当地刚建经营部，需要大店、小店等各种销售人员。

这种途径目前存在的主要问题是：费用较高；位置不醒目，篇幅内容千篇一律；招聘来源数量不稳定。为了解决以上问题，提高效率，宝洁公司选择刊登媒体时尽量选择当地发行量较大的报纸。招聘广告一般刊登在分类广告版，其他版面的效果较差，刊出日期一般在周五、周六、周日效果较好。招聘方式和期限：对于宝洁公司来讲，一般要参与分销商招聘销售代表，这样能充分满足双方的需要。首先要安排面试，一般要求应聘者先寄回简历，初步筛选后再安排面试，应聘期限一般为一周至二周，面试地点一般安排在公司经营部。

（2）当地定期招聘会或人才交流会。各地区每年都要组织大型人才交流会。由于参加单位很多，因而规模和针对性都较强，而且时间短、见效快。参加这种招聘会，宝洁认为应注意：①尽量安排醒目的招聘台；②准备较充分的公司宣传材料；③安排人员接待；④解答应聘者问题。

（3）大中专院校及职高、技校。这是招聘应届毕业生人才的主要途径，这对于分销商定期补充人才有很大帮助。分销商可以有选择地去学校物色人才，派人去学校召开招聘会。为鼓励学生到企业中工作，应向学生详细介绍企业情况及工作性质和要求。

（4）职业介绍所。这种途径的特点是简单易行、费用较低，适于小规模招聘。但这类介绍所待业者多为因能力差而不易找到工作的人。不过，如果有详细工作说明，让介绍所专业顾问帮助挑选，也能找到合适人选。

（5）内部同事和朋友。内部职员既可自行申请适当位置，又可推荐其他人。比如小店中优秀者提升为批发或大店人员，这样做既可以调动员工的工作积极性，又可以降低招聘费用。但是注意要有严格的标准，以免营私舞弊，以及将来因各种关系而引起纠纷。

（6）其他。通过业务接触，工作中接触到的顾客供应商、非竞争同行及其他各类人员都可以成为销售人员的可能来源。

3. 人员挑选过程和录用

宝洁公司先阅读简历，通过年龄、性别、体格、教育状况淘汰一批。接着是面试，这是整个挑选过程的核心部分，其目的是进一步相互了解情况。若对简历的资料有不明或可疑之处，通过面试可以证实和加以讨论。此外，透过应聘者表现，可以判断他未来的实际工作情形。

宝洁的面试原则：①准备好问题，即问题应明确和简短，并且问题应有针对性；②让应聘者有更多时间作表达，而不是招聘者滔滔不绝；③收集资料完整后才进行评估。

宝洁招聘合格的应聘者还有重要的一项——实地工作。耳听为虚，眼见为实，让通过面试的应聘者来到商店，每人做一个简单的销售访问，这样可以进一步观察他的主动精神、言语表达能力，以及发展潜力。同时，也让应聘人员对他/她即将承担的工作有一个感性的认识，让他/她在一个真实的基础上作出抉择。

一旦录用就要开始履行下列手续：由分销商发录用函，由分销商与录用者讨论工资待遇，由分销商和应聘者签订劳动合同，办好人事关系，办理各类保险。

最后录取的工作也不可忽视，因为在这一步开始，分销商要履行对应聘人员工资、福利等各项待遇的责任。若不能准确到位，很可能会造成接受率降低或流失率增高。

作为一名销售经理，无论是新建一个区域销售队伍，还是接受一个业已存在的区域销售队伍的管理工作，都会遇到招聘销售人员和组建销售队伍或者重新组建销售队伍的问题。那么，一个新上任的销售经理，应该如何开始组建区域销售队伍的工作呢？要组建一支强有力的销售队伍，就要从不同背景和能力的销售应聘者中招聘和选拔出公司最合适的销售人员。

8.1 销售人员招聘和选拔的重要性

许多企业存在着这样的现象：从人才市场上招聘来的销售人员，流失率极高。一份近 10 年国内销售型企业人员管理咨询统计资料表明：销售人员的年流失率为 30%～80%，而且，平均每流失一个销售人员，企业遭受的直接与间接损失是该流失人员月薪的 4 倍以上（其中最大损失是该员工的不良情绪对团队和客户产生的影响）。

由此可见，对于企业来讲，招聘到合适的销售人员，并留住优秀的销售人员是企业销售管理工作中至关重要的一环。

1. 销售是企业经营的最后一个关键环节

企业经营者去研究及了解顾客的需求和欲望，生产出符合消费者的产品，建立自己的分销渠道及设计包装。然而，如果没有合适的销售人员，产品就很难销售出去，变不成商品，因此，销售是企业运营中最后一个关键环节，也是决定企业运营成败的关键。只有通过销售人员把商品销售到消费者的手上，企业才可以获取收益，实现企业的利润目标。

2. 销售人员代表企业与顾客建立良好的关系

销售人员在销售产品、洽谈业务时，代表的是企业，这些人员对企业的成败负有重大的责任。出色的销售人员能认清和解决顾客的疑难问题，为顾客提供优质的服务，使企业与顾客之间建立起良好的关系。

3. 销售人员能够为企业创造良好的外部环境

企业成功的关键之一是使顾客了解企业，在这里，企业形象起着至关重要的作用。销售人员身在销售第一线，通过销售活动和宣传活动，既能促进顾客的实际购买行为，使产品顺利到达消费者手中，为企业赚得更多的利润，又能为企业赢得社会和广大顾客的信任，在他们心目中树立企业的良好形象，从而提高产品的信誉，为扩大产品的销量和长远的销售创造了良好的外部条件。

4. 销售人员能促进产品的研发和创新

要保持企业的发展，研发和创新是必不可少的，但几乎每一种产品的问世都需要一个有朝气、有创新能力的销售方案和销售队伍，才能使企业的销售活动达到理想水平。另一方面，销售人员身处市场，与顾客打交道，能够了解到各方面的经济信息和市场具体情况，他们既可以了解企业的一般环境，也可以了解企业的具体作业环境，调查竞争对手产品质量的优劣，从而收集到市场的第一手资料，把握市场行情和发展变化趋势。尤其是在与顾客的接触中能得到顾客对产品的评价和一些改进意见，为企业改造老产品、开发新产品提供决策依据。

5. 销售人员是战胜竞争对手的砝码

现代企业间的竞争主要是人才的竞争，由于科学技术的进步，企业之间产品的差距越来越小，此时销售人员就成为影响竞争成败的主要因素。销售人员能适时有效地拜访潜在顾客，为顾客提供满意服务，创造销售业绩，从而使企业战胜竞争对手。

销售人员是企业营销工作的一个非常重要的组成部分，企业必须重视销售人员的招聘和选拔。

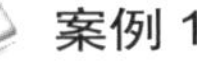

招聘失真

某集团公司华东分公司，一年前曾经面向社会招聘了一位总经理，这位“空降”的总经理管理理论丰富，并有多年市场开拓经验，在面试过程中深得集团高层赞许。但一年多过去了，此人在工作中的表现与其在面试中的表现相比简直判若两人。其管理和协调能力较差，导致华东分公司人心涣散、内耗严重，销售业绩连连滑坡。新一年的销售旺季就要到来。如果再这样下去，公司将最终失去整个华东市场。于是，公司决定解聘此人，再度面向社会公开招聘华东分公司总经理。但令公司高层担心的是，此次招聘是否会再出现一年前的结果，再聘来一个“说”和“做”相差甚远的经理人?

类似这样的例子比比皆是：中国民营企业最早的职业经理人、原华帝集团总经理姚吉庆宣布离开华帝集团；曾经最风光的“空降兵”TCL 集团副总裁、TCL 信息产业集团总经理吴士宏悄然淡出 TCL 集团；曾经风光一时的“八大空降兵”之一、原“上广电”副总经理兼销售中心总经理陆强华在黄宏生（原创维集团董事长）的盛邀之下就任创维中国区销售总经理一职，最后双方的合作在不太愉快的氛围中结束，陆强华带领 100 多名手下集体跳槽……种种现象暗示着一个问题：“招聘失真”。“招聘失真”是很多国内企业，特别是民营企业频频遇到的问题。

专题 1

员工离职的 232 原则

众多的公司经过分析比较，发现员工离职较为集中的有三个时间段，即入职的第 2 周、3 个月试用期届满及在公司工作了 2 年的老员工，这就是员工离职的 232 原则。

第一个“2”即 2 周。为什么员工到公司 2 周就辞职不干了？可能的原因是员工在公司工作了 2 周，已了解了一些公司的基本情况，发现与应聘时介绍的完全不同，于是提出辞职。

第二个“3”是三个月试用期。为什么员工在试用期之内就辞职了？这有很多的原因，如招聘人员曾许诺他到岗后担任什么职位、参加什么培训、享有什么福利、将有什么发展机会等，然而 3 个月时间过去了，这些都没有发生。或者是在应聘时招聘人员描述的公司企业文化如何如何，然而三个月下来，他深入了解了公司的企业文化，发现招聘人员把公司的企业文化太夸大了。这时员工就会重新思考，就不会在试用期过了以后还再等待或适应下去。

这前面两个原因都跟招聘有关系。最后一个“2”是两年。员工在一个公司做了 2 年，可以称为老员工了。对于老员工而言，既然他在这个单位工作了 2 年的时间，他从心里是认可这家公司的，是热爱他的这份工作的。然而经过 2 年的时间，他希望在自己目前的工作岗位上能够实现一个突破，能够得到学习新知识和新技能的机会，想要升职或者进行工作轮换了，这时若公司不能给他提供这个机会，不能给他工作扩大化，到两年这个节骨眼上老员工也就留不住了。

8.2 优秀销售人员的必备素质

实践证明，不是所有的人都适合做销售，也并不是所有做销售的人都能够成功。普通销售人员和高效率销售人员之间的水平有很大差异。一项对 500 多家公司的调查结果表明：27%的销售人员共创造了 52%的销售额，同时大多数公司的销售人员只有 68%的人坚持工作到当年的年底，而留下的人中，仅有 50%的人是公司希望在下一年中希望继续聘用的。因此，选用和留用优秀的销售人员，其重要性不言而喻。

那么一个优秀的销售人员应该具备哪些素质呢？

1. 心理素质

美国有关研究机构的抽样调查表明，销售业绩优秀的人群与销售业绩一般的人群之间的平均智商值是基本相当的，而反差最大的是心理素质，即销售业绩优秀人群的心理素质大大高于销售业绩一般的人群。可见，导致销售业绩好的主要原因并不是脑袋瓜聪明，而是良好的心理素质。

良好的心理素质是指抵抗挫折的能力很强，遇到困难与失败时，能保持情绪稳定，以高昂的精神状态去面对环境的压力。销售是最容易遭遇挫折的职业。销售人员经常受

到冷落、拒绝、嘲讽、挖苦、打击与失败，每一次挫折都可能导致情绪的低落、自我形象的萎缩或意志的消沉，最终会影响销售工作的拓展，或者使销售人员干脆退出竞争。此外，销售人员肩上扛着巨大的销售指标，而且身后有主管销售经理一次接一次的催促，面临的却是客户的冷漠与拒绝。所以，良好的心理素质是一个合格销售人员必备的素质之一。

2. 专业素质

销售人员要靠专业知识而不是只靠经验进行销售工作。在千变万化的市场上，过去的成功经验常常会成为今天成功的最大障碍。

销售人员要具备专业能力，如产品知识、销售技巧、消费心理、促销策略、经销商管理、渠道管理、终端管理、市场运作、谈判等方面的知识和实务能力。销售人员只有掌握了这些专业能力，面对市场挑战时才能应对自如。销售人员如果具备很强的专业能力，使客户感觉到自己是在与一名解决自己需求问题的专家而不是一个急于让自己掏钱买产品的销售人员打交道，其销售业绩一定是骄人的。

3. 市场悟性

良好的“市场悟性”是成为一个优秀销售人员的充分条件。在这个世界上，没有任何东西能替代销售人员的市场敏感性和良好判断力。

所谓“市场悟性”，就是销售人员发现问题和机会，并利用机会、解决问题的能力。“市场悟性”包括销售人员对市场的敏感性和良好的判断力。如果没有市场敏感性，就会对市场上出现的市场机会视而不见、充耳不闻，白白坐失良机；如果没有良好的判断力，就会对市场上出现的问题不能及时解决，从而导致事情的恶化。“市场悟性”好的表现可能是销售人员的灵机一动、心有灵犀、举一反三、触类旁通、去伪存真，甚至是未卜先知。但“市场悟性”不是玄学，是可以培养出来的。

案例2 **海尔销售人员的“市场悟性”**

上海实施分时电价，夜间用电便宜一半。这个政策立即引起海尔公司华东区销售人员的注意。在经过与消费者的沟通后，他们发现精明的上海人在购买电器的时候对产品耗电性比较关注，于是立即建议公司为电热水器设计一项定时功能，使它可以在夜间加热，白天使用。赶制的分时家电推出后，两个月销量就翻了一番。良好的悟性，使销售人员从政府政策中发现了新的市场机会。

4. 价值取向

价值取向代表个人对特定事物的重要性的判断，例如面子、权力、生活地域、生活方式等。对销售工作而言，有一种价值取向很重要：功利主义的价值取向。具有这种价值取向的个人，十分看重对自己努力付出的物质回报。他们同时也十分重视保护自己的物质回报，不容许他人分享自己的努力，有时甚至会表现得较为吝啬。

这种价值取向是与销售工作的物质导向和个人主义性质相吻合的。需要指出的是，功利主义不是简单的自私自利，而是强调自己的努力必须得到物质回报，并且不容许他人侵占；同时，他们也不去侵占别人的利益，而且在自己的物质回报得到确认后，并不排除将自己的物质回报同其他人分享的可能性。

5. 个人动机

个人动机是影响销售能力最为关键的一个因素，它影响到销售工作的每一个方面。这个因素反映出一种发自内心的追求特定目标（如金钱、名誉、地位、创新等）的欲望。当欲望达到一定的强度，一个人就会有足够的内在动力和敏感性去捕捉可以实现特定目标的机会，并在实现目标过程中投入足够的努力。

对任何一种销售工作而言，个人动机都是必须具备的关键性条件。它与销售工作中的热情、努力程度、韧性、敏感性都有关系。个人动机直接影响到一个人是否能在压力下保持自觉工作，是否追求在工作中发挥个人作用，是否追求以客观的物质标准来衡量自己的工作结果，是否对沟通对象的情感变化有足够的敏感性和自发的应对能力，是否有足够的热情和动力根据外部环境的变化及时调整自我等。

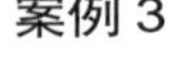
案例3　**林小姐的成就动机**

林小姐是一家著名的通信设备公司的销售人员，她具有比较强的成就动机。在接手一个区域后，她发现几个主要客户对公司有很强的敌意。而这种敌意与前任销售人员的行为有很大的关系，因为前任销售人员在处理客户关系时，对客户的许多要求总是简单地以不符合公司的规定或超出自己的职责范围为由加以拒绝。客户的敌意给林小姐的工作造成很大的困难，客户甚至不愿意和她见面。面对困难，她并不气馁，而是想方设法创造各种机会接近客户。例如，她了解到一位客户喜欢摄影，她就去参加摄影培训，学习摄影知识，并且邀请客户一起去户外摄影。对于客户提出的合理要求，她在不伤害公司利益的前提下，都尽可能地予以满足。在一次假日期间，客户希望公司能够派出技术人员协助值班。虽然这个要求不符合公司规定，但林小姐并没有简单地予以拒绝。她了解到客户担心如果假日期间出问题，调动资源不方便，会造成很大的麻烦。因此，她主动与公司的有关方面协调，最终满足了客户的要求。结果客户非常高兴，而且还很感激。在林小姐的努力下，到年底时，该区域的业绩翻了一番，销售人员与客户的关系也处理得非常好。

6. 洞察力

洞察力，即洞察他人心理活动的能力，或善于站在对方的立场上考虑问题的能力。这首先要求销售人员善于倾听，能察言观色。

另外，销售人员还要能设身处地地为客户着想，帮他们解决各种困难。如果不能清楚地察觉到消费者内心的真实想法，又怎么能将产品销售给客户呢？在商业谈判过程中，销售人员应该通过对方的谈话用词、语气、动作、神态等微妙的变化来洞察对方的心理活动，这对销售成功是至关重要的。

在销售过程中，“倾听”其实比“劝说”更加重要，善于倾听的销售人员能充分调

动对方的积极性，让对方产生如遇知己的感觉。善于倾听的要则在于：销售人员的肢体语言与口头语言和顾客说话的内容高度配合一致。比如，顾客在讲述自己艰苦奋斗的创业史，善于倾听的销售人员就会表露出敬佩的表情，甚至适当地睁大眼睛并用一些感叹词来配合顾客的述说，肯定对方从而调动顾客说话的积极性，为深入交谈创造条件。

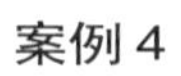

案例 4　**洞察客户的真实需求**

某小型咨询公司，因业务发展的需要，希望内部实现现代化办公及信息化管理，为每一位员工配备电脑，同时在公司内建立局域网。为此，该公司的采购人员咨询了中关村多家著名经销商，却得到十分类似而并不适用的解决方案。

几周后，一家小公司的销售人员却拿到了这份订单。仔细分析，发现其原因在于，当这位销售人员进行客户拜访时，他发现这家公司已经购买了不同配置、不同品牌的电脑。他了解到，这都是该公司在不同时期购进的产品，目前在使用上没有问题。因此，这位销售人员想到，这家公司对解决方案始终不满意的原因就在于这批机器。经过询问，他发现自己的猜测是正确的，该公司为了节约成本，希望能够将现有的机器加以充分利用。了解到客户真正的需求，这位销售人员自然可以很顺利地拿到订单。

7. 表达能力

表达能力对销售工作的重要性可以说是不言而喻的。然而，通常在分析这个因素时容易出现一个误区，就是有些人将“话多”与“表达能力好”画上了等号。其实，能够滔滔不绝地说话并不等于具有良好的表达能力。对销售工作而言，首先是要能把话说清楚，别人要能听懂；其次是有逻辑性，不要自相矛盾。

有了基本的表达能力，接下来的要求就是表达的通俗性与生动性。通俗性就是能够使用大众化的语言表达自己的想法。生动性反映一个人在表达时能否使用多种表达方式（例如手势、表情、肢体动作、音调变化、使用比喻、讲故事等）。另外，还有表达的积极性与礼貌性。积极性表现在总是以正面的、促进的、爱护的语调和用词来表达自己的看法。礼貌性表达则会避免使用令对方不快或反感的词汇或语调。

8. 组织能力

销售人员的组织能力具体体现在一系列销售活动中，要通过策划、安排形成合理的时间序列链和事物序列链，使整个活动的运行能够有条不紊，充分发挥效能。销售人员掌握着大量的顾客信息、产品信息、行业信息和经济信息，每种信息都必须以可用的方式组织起来。

在销售工作中，常开展产品推介会、商品展销会、用户联谊会等大型活动，这需要销售人员有良好的组织才能。要把握好为什么要做（why），在什么地点（where）、什么时间（when）做什么事（what），何人参加（who），如何做（how），即“5w 1h”。此外，如何处理信息，如何安排时间和日常工作等都反映出销售人员的组织能力。安排得好，工作条理清晰，故障率低，个人、顾客双方都满意；反之，若杂乱无章、又忙又乱，则会严重影响工作的有效性。

9. 社会交往能力

卡耐基基金为期 5 年的研究表明：一个人获得工作、维持工作、提升工作，15%取决于他的知识，85%取决于他与人打交道的能力。作为一个销售人员，在日常工作中，会接触到形形色色的客户，遇到各种各样的社交场合，所面对的客户有着不同的知识背景，不同的社会阅历、生活习惯和风俗礼仪，所以就要求销售人员具有较强的社交能力，能在各种场合应付自如、相机行事。

社交能力是衡量一个销售人员是否适应现代开放社会和做好本职工作的一条重要标准。销售人员要善于与各界人士建立亲密的交往关系，而且必须懂得各种社交礼仪、宴会礼节、公共场合礼节等。在与顾客进行洽谈过程中，往往有些问题在正式洽谈场合不能得到解决而在社交场合能够解决。

当然，社交能力的提高不是一蹴而就的，它往往需要一定的社会经验和社会阅历的积累。此外，还要占有大量的信息，寻找一个双方都感兴趣的话题，在自己的周围吸引一批忠实的听众。

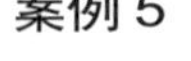

案例 5　卓越公司眼中的优秀销售人员

如果一个公司不知道到底什么人适合做公司的销售，需要哪些基础的素质及技能，那么所组织起来的营销队伍到底会是什么样就非常难以预料。纵观所有的成长起来的驰名企业，他们都有自己的优秀销售人员的标准，这个标准的存在，无疑为建设一支强大的营销队伍提供了必要的指针。

施乐公司——理智

施乐公司选择销售人员的标准为：进取心和激情，沟通技巧，成就，思维的理智性，成熟。从这五点来看，施乐公司似乎更加喜欢偏重个性与素质方面的标准。在个性方面突出冲动性，但同时兼顾性格的成熟，具有相对矛盾的性格定位，这样的人员往往多会集中在 30 岁左右的男人身上。除了性格之外，施乐公司对销售素质更多地集中在沟通以及个人的思维能力上，就是说销售人员应当能够慎重而严密地思考，同时能够有效把握自己与别人的意图。

这样的销售人员标准与施乐公司的文化，以及产品特性有关系。施乐公司复印机产品的销售模式比较复杂，有大客户的销售，有零售销售，还有渠道销售，合同数额一般不大，且需要大量的客户拜访。尽管合同绝对金额不是很大，但是客户的产品选择仍需要相对复杂的决策过程，销售人员面对的销售环境比简单的直销复杂得多。从这个方面可以理解，积极、主动地工作，以及善于沟通，并且表现沉稳的个性特点，可能更利于这类产品的销售。

雅芳——实干

雅芳的销售人员标准为诚实、有进取心、实干、适应变革、领导力、传承。雅芳由于是直销模式，所以销售人员标准与施乐公司有很大的不同。雅芳的销售为典型的效率型销售，需要员工不断地重复千篇一律的销售动作，并且要适应无数次的拒绝，因此它对于销售人员的忍耐力有极高的要求。除此之外，一直很重视销售人员领导能力的培养。

这里的领导能力更多地应当理解为组织能力和说服能力。按照雅芳自己的描述应当是“设立标准、公正执行”。传承是雅芳特有的特点，传承的概念就是“按照公司的要求做”。所有的雅芳销售小姐，都必须进行亲身示范，并且自己的下属也要亲身示范，这就是传承。通过对雅芳销售人员的标准分析，可以发现雅芳除了强调销售人员的自觉性之外，更重要的是强调严格按照程序完成动作。这种标准的确立对于重复性的效率型销售是非常合适的一种设计方式。

家乐福——执行

家乐福的销售标准主要包括热情、勤勉、诚实、服从、整洁。作为中国境内最成功的外资商业连锁，家乐福对于销售人员的要求，也是非常值得学习的。家乐福的销售人员基本上也是导购人员，而导购人员进行的是典型的效率型销售。与雅芳的效率型的销售相比，家乐福在技能上的要求要简单得多，多数情况下需要重复。由于是典型的服务行业，家乐福对销售人员的持久性、耐性有着极高的要求。其中，热情、勤奋、服从就是这个要求的直接体现，而且他们更偏重于执行的色彩，强调执行命令、上级对下级的绝对领导等。这与导购人员自身的基础素质有着密切的关系，面对持续、枯燥的导购销售，用的又是素质相对较低的销售人员，以服从、命令为导向的人员标准不失为一个比较好的选择。

除了行为上的执行导向，在个人品质上，家乐福更注重“诚实”的重要性。事实上，不光家乐福是这样，多数成名企业对诚实的认识，甚至远远超过了所有的品质。

8.3 销售人员的岗位分析和岗位描述

1. 岗位分析

工作与销售人员的匹配是招聘优秀销售人员的关键，对某项工作的理解是招聘过程的起点。每个公司和销售职位都是不同的，销售经理在聘用前，要对每个特定职位需求相关的特点进行分析。企业的招聘人员在确定选择销售人员的标准后就要涉及具体的岗位分析。

岗位分析是对组织中某个特定工作岗位的目的、任务、责任、权力、隶属关系、工作条件、任职资格等相关信息进行收集和分析，以便对该工作岗位的任职作出明确的规定，并确定完成该工作所需要的行为、条件和人员的过程。

通过工作分析能够明确各项工作的要求、责任，掌握工作的特点，提出任职人员的心理、生理、技能、知识和品格要求。在此基础上确定任用标准，招聘工作就有了明确的选择依据，就可以通过素质测评等项工作，选拔和任用符合工作要求的合格人员。

企业在进行岗位分析时，要考虑市场、产品线、任务和责任、权限范围等因素。

（1）市场。这些销售人员与谁打交道?市场是由批发商和最终用户构成的吗?销售人员是否只需拜访购买者？其他人对购买决策是否有影响（比如工程师）？

（2）产品线。产品线的技术程度如何?一个人将负责多少种不同的产品?产品是通用的吗?产品是否必须满足每一个顾客的特殊要求?

（3）任务和责任。这项工作是否需要特殊的技能?包括哪些类型的出差?销售人员履行服务时如何与公司保持联系？与谁联系?

（4）权限范围。个人所具有的决策权有多大？如何与上司相处？

2. 岗位描述

企业针对每一个岗位进行岗位分析后，下一步就是对其作详细岗位描述。岗位描述是在工作分析的基础上进行的，岗位描述的正式书面结果为工作说明书（job description），包括工作内容与特征、工作责任与任务、工作权力、工作目的与结果、工作时间与地点、工作岗位与条件、工作流程与规范等。其中最重要的是工作职责与任务，包括销售和服务的职责、计划、报告、公司联系、日常行政事务及内容处理。

工作说明书因不同的产品或服务、用户购买行为、销售形式和公司文化而不同。相同职务不同区域、产品和客户的销售人员也有区别。销售经理要详细分析目标市场，研究在新老客户、主次区域、高低档产品之间最佳的时间分配结构，明确每个所需销售人员的工作重心，以便认识对候选人在经历、技能、知识和个性特征方面的不同要求。销售经理还应该定期分析、检查并修改工作说明书以反映产品/服务、竞争、用户、环境和战略的变化。

岗位描述为销售人员的招聘提供了很好的参照标准。有了这个岗位描述，不管谁去招聘，被选人员都会基本相同。

案例 6 用友软件高级客户经理的职位描述及岗位要求

1. 职位描述

(1) 开发、建立和维护与行业内重要客户长期的沟通和合作关系；

(2) 负责制作销售预测报告、大客户登记及项目机会分析报告，负责项目前期开发、跟踪，协调销售资源；

(3) 创造高层交流的机会。

2. 岗位要求

(1) 大学本科或以上学历，计算机或理工科专业背景；

(2) 有 3 年以上软件销售经验，在国内外财务软件或 ERP 软件企业销售经验 1 年以上，最好有大客户销售经验（包括 HR、CRM、SCM、BI、DW 等）。

(3) 具有丰富的行业经验，至少有以下一种从业经验或向以下行业提供过管理解决方案：制造业、烟草、化工制药、电子电器、汽车及配件生产、快速消费品、商贸物流运输业等。

3. 应聘者应具有的特质

敬业，坚韧，敢于承受压力，团队合作意识强，良好的沟通和协调能力，专业的语言表达能力。

8.4 销售人员的招聘渠道

选择优秀的销售人员要求企业寻找多种多样的招聘渠道，所以企业要清楚每种招聘渠道的优缺点，以便根据具体情形正确选择。一般而言，招聘渠道可以分为四大类，

如表 8-1 所示。

表 8-1 招聘渠道的类型及内容

招聘渠道	内　　容
内部招聘	现有人员推荐，非销售部门，公司人才数据库
公开招聘	招聘会，媒体广告，网络招聘，校园招聘
委托招聘	职业介绍所，人才交流中心，专业协会，猎头公司
隐秘招聘	供应商，客户，竞争者

1. 内部招聘

企业内部竞聘的优势很明显。首先，应聘者熟悉产品类型，熟悉公司运作，能够更好地理解职位的要求，同时对企业文化也更加认同。其次，因为省掉了广告费、会务费等，内部招聘比外部招聘成本低。再次，企业对应聘者往往较为了解，很容易选择到一些有发展潜力和对企业有较高忠诚度的销售人员。另外，还容易使所有员工感觉到，企业为大家提供了广阔的发展空间，从而增加员工的工作满意度。

但是内部招聘也存在一些不足。例如，可能缺少适合岗位的人选，应聘者被拒绝后可能不满意，应聘者对销售工作有误解，应聘者在转向销售工作时有一段困难的适应期，等等。

内部招聘的形式包括现有人员推荐、非销售部门、公司人才数据库等。内部招聘流程如图 8-1 所示。

1）现有人员推荐

公司现有人员特别是销售人员，往往可以推荐优秀的销售人员。被推荐的人一般有丰富经验，理解岗位要求，对职位有浓厚的兴趣。若接受被推荐的人，公司给推荐人奖励并根据后期业绩追加奖励；若不接受或接受后又解聘，则应当给推荐人以适当解释，并继续鼓励其推荐新的人员。

2）非销售部门

考虑从公司内部调研、策划、设计、生产、财务、人力等部门挑选人员，挖掘内部潜力，是让人才各得其用的有效途径。公司可以短时间、低费用地获得熟悉产品、公司、顾客、竞争对手、行业状况的候选人，但候选人可能缺乏销售技巧，并倾向形成帮派，造成管理困难。

3）公司人才数据库

这种渠道适用于大中型公司。销售经理协同人力资源部查询公司数据库保存的文件，选择符合任职条件的候选人。他们大多是忠诚度较高、背景参差不齐的销售人员。

图 8-1　内部招聘流程

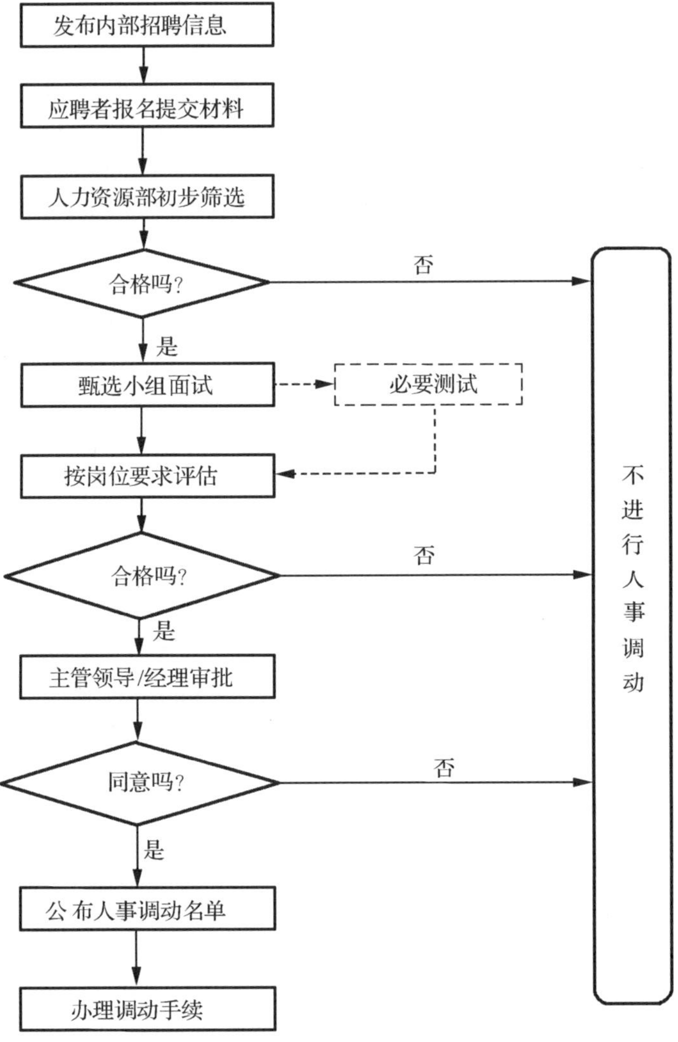

2. 公开招聘

1）招聘会

这种途径的优点是：能与面试者面对面交流，提高招聘质量，甚至可以减少初试流程；能很好地介绍和展示公司实力，更容易吸引应聘者；可以按标准招聘，减少私人偏见，节省时间和成本，直接获取候选人的详细资料；节省招聘时间，很容易一次实现招聘目的；能更好更直接地了解其他公司的招聘策略和招聘方法。

这种途径的不足是：对优秀销售人员招聘难度很大，因为优秀的销售人员往往不情愿去招聘会找工作；应聘人员容易在了解公司要求后填写简历，造成简历失真。

2）媒体广告

传统的媒体广告有广播、电视、报纸、杂志等。

(1) 随着科学的发展与时代的进步，接触广播和听广播的人越来越少，所以在广播上做宣传难以达到理想效果。

(2) 随着电视的普及，电视广告成了大家喜闻乐见的一种形式。但电视广告的费用高，播放时间短，又存在严重的可选择性，所以也不是首选。而且，优秀的销售人员看电视的时间很有限，未必能在播出的时间内得以观看。但对于知名企业的招聘，电视广告是种一石二鸟的好方法，既可达到招聘的目的，又做了很好的企业宣传。但是中小型企业和知名度不是很高的企业需慎用。

(3) 报纸宣传是现阶段企业常用的招聘方式之一。①企业的招聘往往带有地域性，和报纸的特征极其相似。②各地方往往有专业的招聘类报纸或专刊，阅读的有效性较强。③地方性招聘类报刊往往以周为发行单位，相对时效性较好。④相对来说，报纸的价位较低，性价比较高。⑤这也是对企业的侧面宣传。

(4) 专业杂志的广告对招聘较高级人才效果较佳，但需对本企业作一定的形象介绍，才能吸引人才。使用这种方式容易出现候选人来源、数量不稳定，广告内容单调，以及广告位置不醒目等问题，且费用会逐步上涨。

3）网络招聘

现阶段，随着互联网的普及和应用，网络招聘也随之兴起。据美国一家咨询公司公布的一项跟踪研究报告显示，《财富》500 强中使用网上招聘的已占 88%。

网络招聘具有时效性强、速度快、效率高、成本低、费用省、覆盖面广、招聘方式灵活等优势。但该渠道虚假信息多，信息处理难度大。这种方式往往对使用的群体有限制，所以其效果还要看具体招聘的岗位如何。通常在互联网及其相关行业，以及管理类、销售类企业的效果相对较好。

4）校园招聘

企业选择招聘普通高校或职业学校具有营销理论基础的应届生，是由于企业能够在校园中找到足够数量的高素质人才，应聘者学习愿望和学习能力一般比较强，可塑性较强，更容易培训；应聘者渴望开始工作，工作热情高，应聘者已展示了建立和实现目标的能力；与具有多年工作经验的人相比，应届毕业生的薪酬比较低；应聘者更年轻、更有精力投入到工作中，更具适应性和愿意被重新分配，比老销售人员更乐于出差。

招聘应届毕业生要注意的是，一般来讲，应届毕业生的心理素质、社会适应力、个人期望值等都有一个适应成熟的过程；缺少工作经验，可能并不完全理解销售工作的要求，需要进行一定的培训才可以胜任工作；可能在一定程度上不成熟，新销售人员比老手有更高的销售拒绝率；很多应届毕业生在刚刚步入社会时，对工作的期待往往过于理想化，对自身的能力也有不现实的估计，由此往往容易对工作产生不满，在毕业后的前几年可能会有较高的工作更换频率；此外，在校园招聘需要经过系统的策划，在组织方面也需要付出较大的努力。

3. 委托招聘

1）职业介绍所

企业提供详细的工作说明书及求职条件，请介绍所的专业顾问帮助筛选，以简化工作程序，获取合格的候选人。不过该渠道的候选人大多是能力不高且不易找到工作的人员。

2) 人才交流中心

人才交流中心储备了大量的候选者信息，并代为推荐和选择优秀的销售人员。鉴于国内人才交流中心的机制还有待完善，企业可选取北京、上海、广州、深圳、武汉等影响力较大的人才交流中心。

3) 专业协会

专业协会了解行业情况和销售特点，经常拜访厂商、经销商、销售经理和销售人员，企业可以请专业协会代为联系或介绍销售人员。

4) 猎头公司

猎头公司是现阶段招聘中高级销售人才非常有效的途径。猎头公司往往掌握了很多中高级销售人才的详细资料，可以给招聘单位提供较多的选择性。同时，可节省招聘单位人力资源部门的招聘和初选过程，大大节省了时间成本。而且，猎头提供的人员具有较强的专业性和职业性，职业道德普遍较好，能满足企业对人才快速使用的需求。

但猎头招聘也有很大的局限性。首先，在职位上大多数只限于销售主管以上的职位，即中高级职位。对于一些需要较低职位的企业很难达到理想的招聘效果。其次，猎头招聘的服务费较高，一般是招聘岗位年薪的 20%～50%之间，一些小型企业可能难以负担。再次，由于猎头公司之间的竞争，猎头公司在实施人员操作中也经常会运用一些手段和技巧。最后，猎头公司推荐的人才往往是在职人员，所以面试成功后的后续工作较多，容易造成等待，影响公司人力资源招聘计划的实行，甚至会影响企业的正常运营。

4. 隐秘招聘

1) 供应商

供应商的人员了解产品质量、性能及使用方式，所以许多零售商聘请供应商的销售人员，他们可以熟练地展示产品并使用技巧，但这种招聘费用高、培训难。

2) 客户

产品销往政府机构的企业，往往聘请曾就职政府部门尤其是采购部门的人员，以获得更好的销售业绩。客户了解市场及产品，知晓购买产品的决策者，拥有客户关系基础，但可能缺乏谈判技巧或销售品质。销售经理最好征得候选人主管的同意，采取谨慎态度，否则将永远失去客户。

3) 竞争者

这种渠道的优点是应聘者具有丰富的销售经验，并了解他们自己的企业，了解购买公司产品的客户的类型，对销售工作有实际的理解，应聘者已建立了客户群，并可能带来客户，具有可供评价的销售记录，可能对应聘公司产品有所了解。

这种渠道的缺点是雇佣费用较高；忠诚度较低；已养成了固定的工作方式，难以再培训；应聘者离开可能会带走客户。

如果公司有很多空缺，没有时间培训新员工，要求较高的销售业绩，从竞争对手挖掘是最有效的方式。实际上，很多销售经理每月拜访竞争对手的销售卖场，不是为了了解价格，而是为了寻找优秀的销售人员。

案例 7

宝洁——校园招聘的标杆

与其他外企强调有工作经验不同，宝洁只接收刚从大学毕业的学生。由于我国只有每年的 7 月份才有毕业生，宝洁才不得不接收少量的非应届毕业生。在中国，宝洁 90% 的管理级员工是从各大学应届毕业生中招聘来的。1988 年宝洁刚刚进入中国，第二年就开始在高校中招聘应届毕业生。宝洁的校园招聘在理念、程序与方法，以及招聘人员配置等方面，都具有一套独特的系统与做法。此外，宝洁的校园招聘，也为宝洁带来了品牌价值，成就了宝洁最佳雇主的名号，的的确确增加了其在人才市场上的竞争力。

那么，宝洁为什么如此重视校园招聘？宝洁的校园招聘是如何具体实施的？他们又是如何选到合适的人？他们的招聘人员是怎么配置的？宝洁对新人的培养究竟怎样呢？

1. 策略和理念

宝洁公司选人是有明确的策略和坚实的理念的。宝洁把校园招聘作为人力资源管理的根基来经营，这是由宝洁本身的组织发展策略决定的。宝洁的用人策略是内部培养，这是一个非常昂贵的策略。比如，如果中国区空出了一个总监的位置，宝洁会先看自己在中国的这些副总监有没有比较合适的。如果没有太合适的，就会考虑从集团内其他公司引进一个总监，其实这就比在本土市场上请猎头公司帮忙招一个总监贵得多，因为外籍员工的工资是相对较高的。然而，宝洁却一直坚持这种有效的方式。这种内部培养的组织发展策略在宝洁内部是有惯性的。比如说宝洁的前任总裁，一直强调新人是关键的，一定要培养他们。对于那些对是否来宝洁还在犹豫的优秀应聘人，人力资源总监都会亲自跟他们面试，如果总裁方便的话也会来见一见。

宝洁公司对人才的重视来源于三个根基的企业理念。这个根基呈三角形，顶端是公司的客户，即消费者，然后是最基本的两个基座，一个是品牌，另一个就是员工。宝洁前总裁讲过这样一段话："你现在把我的钱、设备、厂房全部拿走，但留下我的人，十年之后我还可以卷土重来。但是，如果你把人拿走，只把东西留下来，我可能就很难做起来了。"因此，员工是公司最重要的财富。

另外，宝洁的核心价值观有五个：领导才能、信任、主人翁精神、积极求胜和诚实正直。从选人开始，宝洁就很注意比较候选人在这些方面的潜质以及目前的情况，跟公司的期望值和需求是否一致。在宝洁，应届大学生一届一届地进来，他们每人都有自己不同的特点、个性，但宝洁希望他们一届一届都能传承企业文化上的 DNA。也就是说，基本上都应认识到公司的终极目标，并在做事的原则、工作的方式等方面与公司保持一致。

2. 程序与方法

从方式上来讲，宝洁是很传统的。从网上申请开始，宝洁会组织一些校园的宣讲会，由各个用人部门的高级经理介绍各自的部门是做什么的，而人力资源部则具体介绍对人有什么偏向性的要求。然后，公司把选择部门的权利交给应聘者，而不是由人力资源部来分配。同时每个用人部门的协调委员会要做招聘计划，由人力资源部安排相应的人员帮助当地的招聘队伍开展工作。

基本程序是先网上申请，然后安排一些笔试。目前在中国内地有两种笔试，一种是认知能力测试（不是性格测试），另一种是英语测试。笔试过后，还会有两轮面试。

网上申请不是简单的投简历，在应聘者递交简历的时候，宝洁会根据胜任力模型的要求，让他回答一些问题，并在网上设计一定的程序，由系统自动给他打分。然后根据评分筛选出相对符合要求的人参加笔试。笔试相对来讲是不带任何感情色彩和文化倾向的，主要看他的认知能力和英文水平怎样。当然，这也是宝洁人应当具备的最基本的素质。

从面试环节开始，宝洁会更加紧密地根据宝洁的胜任力模型来进行评价。比如说领导才能，我们会根据领导才能的不同等级，作出一些具体的行为描述，把能够细化或者具体化的东西都和应聘者的具体行为联系起来。这就是宝洁评价人的一把尺子，它是完全中立的。当然，宝洁会对面试官进行培训，让他们熟悉面试的套路和这把尺子。

因此，宝洁会对来面试的人说，参加我们的面试要好好思考一下自己过去做过的事情，整理一下成功的经验。在介绍自己时，一定要讲具体的行为事例，如果只对招聘人员谈感想，可能会帮助招聘人员理解他，但对最后的评分没有太大帮助。

8.5 有效的申请表的设计

对申请者的挑选过程，是在人力资源部门收到申请表以后开始的。销售职位申请表格是获取应聘人员基本资料的关键，设计的内容与结构是否科学将直接影响初试的质量。

求职申请表没有统一的格式，但它只能要求申请人填写与工作内容有关的情况。因为申请表所反映的资料对招聘者对申请人的能力、资历的判断都有极其重要的作用，所以申请表的设计一定要科学、认真，以便能全面反映所需要的信息。

一份填写完整的申请书可以为招聘者提供如下信息：①通过申请表所反映的资料，可以对应聘者的有关资料作出一定的判断；②可以对应聘者以前的发展及成长情况得出初步结论；③通过应聘者在申请表中所显示出的工作经历，可以看出其是否经常变换工作，以判断其工作的稳定性。

一般而言，申请表应包括下列全部或者部分内容。

（1）个人资料：姓名、性别、年龄、健康状况、婚姻状况、兴趣、住址、联系方式等。

（2）教育程度：学校、专业、学位。

（3）学术及专业活动情况：学术成果、参加何种学术团体。

（4）技能：技能证书、进修培训经历。

（5）工作简历：单位、职位、主要职责、离职原因等。

（6）个人要求：薪酬、住房、休假等。

总体而言，企业在设计销售人员职位申请表时，应注意以下要点：

（1）对英语等外语有较高沟通要求的销售职位，一定要求提供中英文两种简历，借此考察申请人基本的英语应用能力；

（2）某些销售工作要求长时间出差和加班，应设立专门的问题供申请人选择；

（3）对某些对外貌有特殊要求的销售岗位，要求提供照片和身高、体重资料；

（4）提供销售业绩证明资料或证明的对象，对于申请“高级销售管理”职位的人员，还要求提供直接管理的人数及直接上级的姓名和联系方式；

（5）工作经历栏目中，对每份工作要提供证明人或咨询人，包括他/她的姓名、具体头衔和联系电话等，以备今后取证；

（6）在申请表格的结尾，应声明所有填写信息均真实准确，如经过调查发现信息失真，企业有权对应聘者作出解职处理，并让应聘者签名，以确认此声明生效。

8.6 面试

面试是销售人员招聘和选拔过程中一个重要的环节，通过精心设计的面试来测量应聘者的岗位胜任能力和个性特征。通常的做法是：由主考官根据面试设计向应聘者进行系统提问，几位训练有素的面试考官再用客观化评分表对应聘者进行量化评价。

一些研究也表明，在满足下列条件时，面试是比较有效的：①面试仅限于与工作有关的内容，且这些内容经工作分析证明是对工作成败至关重要的；②面试按一套具体规则进行，使面试者的行为规范化；③面试考官经过训练，能够客观地评价应聘者的行为。

1. 面试的优缺点

面试能够在销售人员招聘中占据重要地位，就在于它有许多其他测试方法没有的优点，主要体现在以下方面。

(1) 核对申请表上所述资料，询问更多的相关情况。对申请表上的资料有不解及怀疑之处，均可利用面试加以讨论与验证。并且可借此了解申请表上没有的更多的情况，如兴趣、爱好、以往的工作经验等。面试人可据此估计申请人的潜能。

(2) 面试人可把公司及未来工作的情况予以介绍。使应聘人员对公司、工作、报酬、提供培训和发展机会等有更详细的了解，并澄清以前可能误解的地方。

(3) 可以直接了解应聘者的体貌特征、性格特点、对事物的分析判断能力、口才和社交技巧等。例如，假定应聘人员会见顾客时将怎样展示自己的商品，面试人可借此判断应聘者的思维、态度、声音及谈话能力。

(4) 通过应聘者的表现，判断其他未来实际工作的情形。面试即面对面的交谈，实际上是销售工作的最重要的部分。应聘者会把自己视同任何其他商品一样，向客户即考官推销自己，这有利于对他未来在销售工作方面的能力进行准确预测。

面试虽然有上述的优点，但是也存在一些不容忽视的缺点。主要体现在如下方面。

(1) 时间较长。面试往往是一个应聘者要由至少一个考官来进行测试。因此，如果大规模的人员招聘运用面试，效果就不会很理想；而如果面试时间太短，则不容易了解到足够的信息，面试也就失去了意义。

(2) 费用比较高。因为面试需要聘请专家，而且时间比较长，这样面试的费用就不得不增加。

(3) 可能存在各种偏见。不管面试的专家如何高明，都会存在一定的偏见，因此偏见在面试中是不可能被完全排除的。

(4) 不容易量化。面试数据往往可以定性，但不容易定量，因此在统计的时候难度较大。

2. 面试的方法

根据面试时所提问题，面试可以分为结构化面试和非结构化面试两种。

1) 结构化面试

在结构化面试中，每一个应聘者被询问一组预先准备好的相同问题，这种方法对无面试经验的考官来说是再好不过的。标准化的提问，可以指导面试比较全面地涉及与销售工作有关的问题，而且询问相同的问题，能容易比较出各个应聘者的优缺点。

结构化面试的不足体现在：考官可能会机械地掌握已准备好的提问，从而不能发现应聘者潜在的优点和缺点。

结构化面试一般包括四类问题。①情景问题。提出一个假设的工作情景，以确定应聘者在这种情况下的反应。②工作知识问题。探索应聘者与工作相关的知识，这些问题既可能与基本的教育技能有关，也可能与复杂的科学或管理技能有关。③工作样本模拟问题。比如设计一种场景，在该场景中要求应聘者实际完成一项样本任务。④当工作样本模拟不可行时，可以采用关键工作内容模拟。

结构化面试中采用的另一类问题要涉及工作要求。工作要求问题旨在确定应聘者是否愿意适应工作要求。例如，面试者可能问应聘者，是否愿意从事重复性工作或迁往另一城市。这种问题的性质是实践工作的预演，并可能有助于应聘者的自我选择。

2) 非结构化面试

在非结构化面试中，不是预先准备好要提的问题，而是面试者会提出探索性的、无限制的问题，让应聘者围绕主题自由发表意见，考官只是引导谈话，使之不离开主题。这种面试是综合性的，面试者鼓励应聘者多谈。这种方法可以通过让应聘者自己发表意见来洞察其个人特征和动机。采用非结构化面试方法，需要考官具有一定的经验和洞察力。由于在非结构化面试中没有一套事先准备好的问题，考官可能忽略或忘记某些重要内容，或对不同的回答难以比较，而且一般比结构化面试耗时更多。

专题 2

行为性 STAR 面试法检验真伪

在销售人员招聘的面试过程中，当有丰富的面试经验、做好充分准备的应聘者对答如流，而且回答也非常“漂亮”时，就会让自认为有经验的面试人员产生错觉，被应聘者的表象所迷惑，以至于当销售人员真正被招进来后，却发现他的实际表现与面试表现相差很远，这让面试考官感到非常迷惑。

通过行为性 STAR 面试法可以有效检验应聘者话语的真伪和背后的信息。在 STAR 面试法中，问题由四个要素组成：情境（situation）、任务（task）、行动（action）、结果（result）。

STAR 面试法一般是这样的：用一个引导性的问题引发应聘者讲述一个重要的事例，他举的事例要符合几个条件，一是有情景（situation），当时是怎样发生的；二是有任务（task），事例的任务或目标是什么；三是有行动（action），采取了哪些步骤，关键时刻他是怎么处理的；四是有结果（result），有没有达成结果，有何经验教训等。

假如应聘者曾经销售业绩优秀，采用 STAR 原则是较好的方式。首先问是在什么情景下进行的，包括地域特点、客户情况、销售渠道等；再询问具体任务，包括销售额、回款量、客户关系等；接着询问何种行动，包括计划、谈判技巧、促销措施等；最后询问结果，包括是否达到预期目标，有何经验教训，如何在以后工作中避免失误。

根据应聘者的回答进行适当的连续追问，让应聘者对关键过程和细节进行详细陈述，通过应聘者的回答确定其背后信息。由于这些问题，特别是细节性的追问都是随机的，而且层层抽丝剥茧、顺藤摸瓜、打破沙锅问到底，应聘者无法准确预测，也无法进行充分的事先准备，只能据实以答。这样就极大地减少了应聘者说谎的机会，其真实水平和诚实度也会充分得以体现。

例如，岗位需要应聘者具备团队合作能力，可以设计如表 8-2 所示的问题来检验。

表 8-2　团队合作能力测评问题

序　号	问　　题	要　　素
1	请讲述一个实际例子来说明你具有团队合作能力	情境（situation）
2	当时团队的目标是什么？你在团队中的角色是什么	任务（task）
3	你和团队中其他成员的关系如何	
4	请你描述一下你们的团队是怎样完成任务的？工作结果如何	行动（action）
5	在团队完成任务的过程中，你都做了哪些贡献	
6	你与团队其他成员有没有意见冲突情况，你是怎么克服的	
7	你认为团队合作中最大的困难是什么	
8	通过此次团队合作，你最大的体会是什么	结果（result）

如果应聘者确实具有团队合作能力，做过这些事情，相信他肯定会侃侃而谈，把事情的详细经过、心得体会一五一十地描述清楚。如果应聘者在撒谎，一开始可能会编的有鼻子有眼，随着问题的逐步深入，到后来可能就会支支吾吾，不能自圆其说，答到最后可能会面色苍白、冷汗直流。

3. 面试注意事项

1) 紧紧围绕面试的目的

这一点十分重要。有的考官在面试时，往往会岔开主题，这样就达不到面试目标；有的时候应聘者也会主动或无意识地把目标引开。

2) 制造和谐的气氛

一般来说面试的气氛和谐，了解的信息就会比较准确。除非是为了了解在压力状态下应聘者的心理素质，这时可以利用一些压力气氛。在一般情况下，尽可能在面试刚开始时，和应聘者聊聊家常，缓解面试的紧张气氛，使应聘者在从容不迫的情况下，表现出其真实的心理素质和实际能力。

3) 避免重复谈话

面试应该规定一个基本的时间界限，不要一次面试拖过场时间，这样既影响了以后的面试，又使面试的内容不容易集中。

4) 避免过于自信

有些考官过分自信，不管应聘者反应如何，他都根据自己事先已经考虑好的东西去判断，这样就容易造成失误。

5) 对每一个应聘者前后要一致

也就是说不能先紧后松，或者后紧先松，这种现象在面试时经常会出现。刚开始由于考官精力较旺盛，思想较集中，提问较仔细，对应聘者测评比较准确，但后来由于长时间的工作，考官有可能产生疲倦感，就草草了事，这样面试的结果就不够理想。

6) 对应聘者要充分重视

有时考官在面试中会表现出对应聘者漫不经心的态度，这样会使应聘者感觉到自己受到冷落，就会产生消极反应，这样就不能了解应聘者真正的心理素质和潜在能力。

7) 提问时围绕主题

问的问题尽量要与工作有直接的关系，不要问与工作无关的问题，这样才能够紧紧围绕面试目标。

8) 要防止“与我相似”的心理因素

“与我相似”这种心理因素是指当听到应聘者某种背景和自己相似时，就会产生好感或同情的心理活动。例如，听到应聘者是某地人，考官一想是老乡，就产生一种“与我相似”的感觉。考官在面试时要尽量防止“与我相似”的心理因素的影响。

9) 避免刻板印象

刻板就是指有时对某个人产生一种固定的印象。例如，认为穿牛仔裤的人一定是思想开放的人。这种刻板印象往往会影响考官客观、准确地评价应聘者。

10) 注意非语言行为

人们的语言行为往往是通过大脑的深思熟虑才作出的，尤其在面试的时候，应聘者往往事先做过充分准备，在讲话的时候往往把最好的一面反映出来，但是要真正了解应聘者的心理素质，就应该仔细观察应聘者的非语言行为，这里边包括他的表情、动作、语调等。

案例8

宝洁公司的面试

现实中，宝洁公司的面试是分为两轮进行的。第一轮为初试，一位面试经理对一个应聘者面试，一般都用中文进行。考官通常是有一定经验并受过专门面试技能培训的公司部门高级经理，而且基本上是应聘者所报部门的经理，面试时间为30～45分钟。通过第一轮面试的学生，宝洁公司会出资请应聘学生到宝洁中国公司总部参加第二轮面试，也是最后一轮面试。第二轮面试大约60分钟，面试官至少3人，为确保招聘到的人才是各部门所需要的，复试都是由各部门高层经理亲自面试。

宝洁的面试过程主要可以分为以下四个部分。

(1) 相互介绍。相互介绍并创造轻松交流气氛，为面试的实质阶段作铺垫。

(2) 交流信息。这是面试中的核心部分。面试官持有一张人力资源部门提供的题目清单，根据实际需要评估的能力要素，面试官会挑选其中的一些问题要求应聘者作出回答。应聘者在讲述个人经历的时候，需要辅以具体的事例，并向面试官陈述一些关键细节，

如当时的情景，事件要达成的目标，自己所扮演的角色，遇到的困难，如何应对，最后达到的成果，在整个过程中如何处理各种关系，以及得到的启示，等等。高度的细节要求让个别应聘者感到不能适应，没有丰富实践经验的应聘者很难很好地回答这些问题，而编造故事的应聘者也会原形毕露。同时，面试官会通过应聘者对这些问题的回答来评估其行为能力。比如说领导才能，考官会根据领导才能的不同等级，作出一些具体的行为描述，把能够细化或者具体化的素质要求都和应聘者的具体行为联系起来。

(3) 应聘者提问。讨论的问题逐步减少或合适的时间一到，面试就引向结尾，这时面试官会给应聘者一定时间，由应聘者向主考官提几个自己关心的问题。

(4) 面试评价。面试结束后，面试官会立即整理记录，根据应聘者回答问题的情况及总体印象作评定。

以下是宝洁公司一般采用的面试题目。①请举例说明你在一项团队活动中如何采取主动，并且起到领导者的作用，最终获得你所希望的结果。②请你举一个例子，说明在完成一项重要任务时，你是怎样和他人进行有效合作的。③请介绍一下你共事过的“最难相处”的同事。为什么跟他难以相处?你是怎样才做到和他共同工作的? ④怎样统一不同意见?当与别人甚至你的领导有矛盾时，你怎么解决? 如果是你做领导，你敢不敢挑战他?

根据以上这些问题，面试时每一位面试官当场在各自的“面试评估表”上打分。评估分为三等：1～2 分（能力不足，不符合职位要求，缺乏技巧、能力及知识），3～5 分（普通至超乎一般水准，符合职位要求，技巧、能力及知识水平良好），6～8 分（杰出应聘者，超出职位要求，技巧、能力及知识水平出众）。具体包括说服力/毅力评分、组织/计划能力评分、团队合作能力评分等项目。

在“面试评估表”的最后一页有一项“是否推荐栏”，有三个结论供面试官选择：拒绝、待选、接纳。在宝洁公司的招聘体制下，聘用一个人，须经所有面试经理一致通过方可。若是几位面试经理一起面试应聘人，在集体讨论之后，最后的评估多采取一票否决制。任何一位面试官选择了“拒绝”，该应聘者都将从面试程序中被淘汰。

面试是基于宝洁的核心价值观，对应聘者的行为能力进行评估。考官可以通过连续发问及时弄清应聘者在回答中表述不清的问题，从而提高考察的深度和清晰度，并减少应聘者通过欺骗、作弊等不正当手段获得通过的可能性。

8.7 辅助性测试

为了准确发现优秀的销售人才，企业不但要运用合适的面试，与此同时对应聘者进行有关方面的辅助性测试也是必要的。通过辅助性测试可以了解其营销动机、人际敏感性和沟通技能、失败承受性等职业心理特性，从而使人员录用的失误率大幅度降低。

最常见的销售人员辅助性测试方法有如下几种。

1. 心理测试

使用系列心理测量量表来测量一个人的潜能和个性特点，如基础职业能力、价值取向、进取意识、创新能力、风险承受能力等。通常的做法是：让应聘者在答题卡或在计算机上做答一些客观性试题，然后对做答结果进行系统评价，并出具相应的职业心理素质测评报告。

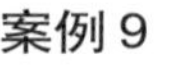

案例9

从需求出发定位销售人才

上海罗氏制药有限（ROCHE）公司将研究公司的需求视为招到适用人才的最重要的一个环节。罗氏销售系统包含三类职责分明的销售人员，各自发挥不同的职能，包括医药代表（负责调研药物的产品临床应用效果、产品支持等）、商业代表（即传统的销售代表，负责合同谈判、市场开发等）和零售店代表（开发非处方药市场），对不同层次的销售人员有不同的要求。罗氏通过研究公司的人才需求，事先定好招聘职位的素质要求，进行严格界定，这样在筛选和面试时，针对不同职责的职位，运用不同的标准和方法。罗氏副总经理兼处方药品部总监李欣认为这一点非常重要，“一旦需求不明确，或将所有销售人员笼统地归为一类，采用一个标准，就会导致决策上的不明朗。”要求和目的明确，在招聘时就能做到相对高效和节省资源，迅速定位恰当的人才。笼统地将不同职责的销售人员归为一个群体，对于一个相对庞大的体系来说，就可能导致发现进来的人才不是公司所需要的。

为控制招聘的质量，确保公司获得真正需要的销售人才，罗氏从招聘程序的上游进行控制。罗氏对销售主管和经理有一个性向测试，但这个测试并不对普通销售人员做。该测试从性情、品格和经验等方面把握销售主管和经理的特质，使他们能与公司的销售战略保持一致。每种职责的销售人员在应聘时都要经过其未来直接主管的面试。这样，通过相对简单的程序就能确保销售人员的性向上下一致。在未来的业务操作中，上下更可能齐心协力。罗氏公司缘何如此重视“性向”？李欣举了个例子，他们非常重视销售人员的“主动性”，“因为销售人员的工作是从家直接到客户，没有很好的主动性是难以想象的”。

在招聘程序上，罗氏有两条平行的路。一条是根据内部各部门的需求反馈进行招聘，每个职位的申请都要填写非常正式的申报单，对职位的需求进行严格和详细的描述。另一条是每半年在几个大城市定期进行招聘，以补充新鲜血液。“我还鼓励经理们非正式地不断到市场上看看有什么合适的人才。”李欣说。

2. 角色扮演

角色扮演是一种情景模拟活动。所谓情景模拟就是指根据应聘者可能担任的职务，编制一套与该职务实际工作相似的测试项目，将应聘者安排在模拟的、逼真的工作环境中，要求应聘者处理可能出现的各种问题，用多种方法来测评其心理素质、沟通和解决问题等方面的实际工作能力的一系列方法。

角色扮演法既是要求应聘者扮演一个特定的管理角色来观察应聘者的多种表现，了解其心理素质和潜在能力的一种测评方法，又是通过情景模拟，要求其扮演指定行为角色，并对行为表现进行评定和反馈，以此来帮助其发展和提高行为技能的最有效的一种培训方法。

案例 10 **角色扮演示例**

你在组织中获得了一个提升的机会，而且你已被提名这一职位，但是还有一些其他的候选人。一份备忘录放在你的桌上，是来自于人事经理的。鉴于已有多名候选人的情况，组织决定通过采取一种竞争方式来产生一名最好的候选人，评选小组由 3～4 名高层管理人员组成，要求每一个候选人发表一次讲演以支持自己的资格。

每个人只有 10 分钟的发言机会，时间定在明天。你发现备忘录的日期是昨天，正巧电话铃也响起来了，是人事经理打来的。他通知你，评审将于 15 分钟后开始。你现在只有 15 分钟来准备你的讲话提纲。记住，你要问自己四个问题：你为什么要讲？你讲给谁听？你准备讲些什么？你准备如何讲？

3. 演讲

这里的演讲是指应聘者按照给定的材料组织自己的观点，并且向考官阐述自己的观点和理由。例如，请你谈谈对“一山难容二虎”这句话的理解。有时，在应聘者演讲之后，考官要向应聘者提问。这种方法可以可以考察应聘者的分析推理能力、语言表达能力以及在压力下的反应能力。

应聘者拿到一个演讲题目，准备 5 分钟之后开始演讲，正式演讲的时间大约为 5 分钟左右。有时演讲的方法还和其他的评价方法结合起来使用。比如，演讲和小组讨论结合，先由小组共同讨论一个问题，再派一个代表做演讲。

4. 无领导小组讨论

小组讨论包括有领导小组讨论和无领导小组讨论，其中无领导小组讨论更为常用。无领导小组讨论（leaderless group discussion，LGD）是让应聘人员以 5 到 8 人为一组，不指定任何人当领导。针对某些争议性较大的问题（如额外补助金的分配、任务分担、干部提拔等）进行自由讨论，发表自己的观点，提出解决方案，并努力统一大家的看法，推选一名成员向评委汇报。主考官只是通过安排应聘者的活动，观察每个应聘者的表现，对照事先确定的指标来对应聘者进行评价，判断他/她是否表现出所需要的能力特征。这种方法特别适用于对人际关系处理能力要求较高的销售人员招聘。

这实质上是一种采用情景模拟的方式对应聘者进行集体面试的方法。无领导小组讨论的目的是考查应聘者在需要小组成员共同合作才能完成的任务中表现出来的各种综合能力特征，如组织协调能力、口头表达能力、分析判断能力、决策能力、团队领导能力、人际影响力、情绪稳定性、处理人际关系的技巧等。无领导小组讨论选拔优秀销售人员的评价要素如表 8-3 所示。

表 8-3 无领导小组讨论选拔营销人员的评价要素

评价要素	观察要点	评分 1 2 3 4 5 6 7
沟通能力	口头表达清晰、流畅 善于运用语言、语调、目光和手势 敢于主动打破僵局 能够倾听他人的合理建议 遇到人际冲突保持冷静，并能够想出缓和的办法	
分析能力	了解问题本质 解决问题的思路比较清晰，角度新颖 能够综合不同的信息，深入自己的认识 有悟性，领会新问题的速度快	
应变能力	遇到压力和矛盾时积极寻求解决方法 情景发生变化时能够调整自己的行事方式 在遇到挫折时仍然积极客观面对 在难题面前能够多角度思考问题	
团队精神	很快融入小组讨论之中 为小组整体利益着想 有独立的观点，但必要时会妥协 为他人提供帮助 尊重他人，善于倾听他人意见	
人际影响力和自信心	观点得到小组成员的认可 小组成员愿意按照其建议行动 不靠命令方式说服他人 善于把大家的意见引向一致 积极发言，敢于发表不同意见 强调自己的观点时有说服力	
营销业务知识	善于运用先进的营销理论来解决实际问题 对营销理论理解透彻 能充分考虑工作情景中可能遇到的各种实际难题而提出解决方案	

5. 管理游戏

管理游戏是一种以完成某项“实际任务”为基础的团队模拟活动，大多通过游戏的形式进行，并侧重评价管理潜质。管理游戏采用小组形式进行，数名应聘者集中在一起按照要求，就给定的材料、工具共同完成一项游戏任务，并在任务结束后就某一主题结合游戏进行讨论交流；考官通过观察应聘者在游戏中的行为表现，对预先设计好的某些能力与素质指标进行评价。有时引入一些竞争因素，如两三个小组同时进行销售或市场占领。

管理游戏通常既包括可见行为（如一定的体力活动），也包括不可见的更为复杂的

决策过程；同时，在管理游戏测评过程中，由于应聘者处于一种更为放松的状态，其行为表现会更加真实，可以减少掩饰的机会，提高测评的效度。这种方法的测评指标包括团队领导能力、沟通能力、创新意识、主动性等。

6. 案例分析

在案例分析中，让应聘者先看一些有关某个组织管理中的问题材料，案例中的问题一般是制度或流程分析。应聘者通过对商业案例、数据报表等原始材料进行分析，试图解决某个实际问题，并提出方案或拟订一份商业计划。然后要求向高层领导提出一个分析报告和一系列的建议，可以是书面报告，也可以是一个口头演讲。书面案例分析是考察被评价者的战略思维、市场意识、行业远见、问题解决能力、综合分析能力、判断决策能力、创新意识、口头或书面表达能力等的有效工具。

需要强调的是，有效地使用以上的测试方法（包括其他未列出的方法）有个前提条件，就是面试考官对需要考查的因素有明确的认识，并且有充分的证据表明这些因素确实对销售能力有显著的影响。否则，使用这些测试工具就会陷入盲目的猜测中，最终只能凭个人的主观感受判断应聘人员的销售能力，仍然停留在感性招聘的阶段，从而失去了使用辅助性测试工具的意义。

专题 3

外企招聘面试出奇招

1. 做管理游戏

例如“小溪任务”这种游戏，给一组应试者滑轮、铁管、木板、绳索，要求他们把一根粗大的圆木和一块较大的岩石移到小溪的另一端。这个任务只有通过应试者的努力协作才能完成，主考官可以在客观的环境下，有效地观察应试者的领导特征、能力特征、智慧特征和关系特征等。做管理游戏的优点是能够突破实际工作情景时间与空间的限制，模拟的内容真实感强，且富有竞争性，更具趣味性。

2. 看情景考察

1) 分拣跳棋子

有的外企在招聘员工时，为测试应聘者的手脚灵活程度，给每个人放一堆跳棋子，要求其在 1 分钟之内，挑出混杂在一起的跳棋子，并按各色分别排列好。如在规定的时间内没有按要求完成，即被淘汰。

2) 看图说话

有的外企招聘员工需测试应聘者的反应能力：在转动的机器上装上彩色图画，画面上有动物、植物、建筑物、交通工具、家用电器等，在应聘者面前按一定的速度移过，要求应聘者在规定的时间内，说出自己所看到的内容。

3) 分蛋糕

有一家外企在进行面试时，出了这样一道题：要求应聘者把一盒蛋糕切成 8 份，分给 8 个人，但蛋糕盒里还必须留有一份。面对这样的难题，有些应聘者绞尽脑汁也无法完成；而有的应聘者却感到此题实际很简单，把切成的 8 份蛋糕先拿出 7 份给 7 个人，剩下的 1 份连蛋糕盒一起分给第 8 个人。由此，应聘者的创造性思维能力就显而易见了。

4) 顶着烈日长跑

考察应聘者的意志、吃苦耐劳精神，常常是外企招聘面试时的一项重要内容。有一家外企从应届高校毕业生中招一批员工。面试时要求应聘者头顶烈日，跑到近郊的一座山后再返回。测试结果，有的应聘者投机取巧，未跑到目的地就返回了；有的应聘者虽然跑到目的地，但在返回途中却搭乘出租车；有的应聘者按规定跑到目的地后再跑回。外企公布录取名单时，前两种人榜上无名，后一种人被录用为员工。

5) 在雨中打伞

一家外企招聘员工时，要求应聘者冒雨到附近指定地点后返回，但只给一半的应聘者发雨伞。应聘者在这场面试中出现这样的情况：有的有雨伞的应聘者主动与无雨伞的应聘者搭档，风雨同行；有的无雨伞的应聘者则与有雨伞的应聘者协商，合用一把伞；还有的有雨伞的应聘者只顾自己、不顾别人，独自用一把伞。结果，独自用一把伞的人被淘汰，而合用一把伞的人被录用。

3. 乐观测试

20 世纪 80 年代中期，美国一家人寿保险公司雇了 5 000 名销售人员，人均支出培训费 3 美元。可是，1 年后一半人“跳槽”，4 年后只剩下 1 000 人。销售人员“跳槽”的主要原因是：他们在上门推销人寿保险的过程中，一次又一次地被拒之门外，十分尴尬。为解决这一问题，公司请来了宾夕法尼亚大学的心理学教授马丁·塞里格曼。塞里格曼教授认为，“乐观精神”对一个人的成长尤为重要。在塞里格曼教授的帮助下，该公司对员工进行了入围资格的测试和乐观程度测试，并对测试结果进行了追踪调查。结果表明，“超级乐观主义者”的人工作任务完成得普遍出色，与“一般悲观主义者”相比较，“超级乐观主义者”第一年的销售额高出 21%，第二年的销售额高出 57%。

本章小结

招聘和选拔优秀的销售人员是企业销售人员管理的一项重要任务。销售是企业经营的最后一个关键环节，只有通过销售人员把商品销售到消费者的手上，企业才可以获取收益，实现企业的利润目标。而且，销售人员为企业创造良好的外部环境，也能促进产品的研制与开发，为企业在竞争中战胜其对手提供坚实保证。

一个优秀销售人员应该具备一些基本的素质。一般而言，可以从心理素质、专业素质、市场悟性、价值取向、洞察力、社会交往能力、表达能力、组织能力、个人动机等方面来进行考察。

在确定选择销售人员的标准后，接下来需要对销售人员的岗位进行分析，以确定特定工作岗位的目的、任务、责任、权力、工作条件、任职资格等，并以正式书面形式即工作说明书（job description）来对具体岗位进行描述。

当然，在进行正式招聘前，企业还需要弄清销售人员的招聘渠道。选择优秀的销售人员要求企业寻找多种多样的招聘渠道，所以企业要清楚每种招聘渠道的优缺点，以便根据具体情形正确选择。一般而言，招聘渠道可以分为四大类，即内部招聘、公开招聘、委托招聘、隐秘招聘。

对申请者的挑选过程，是在人力资源部门收到申请表以后开始的。销售职位申请表格是获取应试人员基本资料的关键，设计的内容与结构是否科学将直接影响初试的质量，所以申请表的设计一定要科学、认真，以便能全面反映所需要的信息。

面试是销售人员招聘和选拔过程中一个重要的环节，通过精心设计的面试来测量应聘者的岗位胜任能力和个性特征。但是，面试既具有优点，也具有缺点。在实际运用中，有结构化面试和非结构化面试等两种面试方法可供选择。

除了面试以外，为了准确发现优秀的销售人才，企业同时还需要对应聘者进行有关方面的辅助性测试。最常见的测试方法有心理测试、角色扮演、演讲、无领导小组讨论、管理游戏和案例分析等。

关键术语

岗位分析　　岗位描述

结构化面试　　非结构化面试

情景模拟　　无领导小组讨论

参考文献

[1] 齐世春，行滔. 新销售人员管理[M]. 北京：企业管理出版社，2003.

[2] 熊银解. 销售管理[M]. 北京：高等教育出版社，2001.

[3] 欧阳小珍. 销售管理[M]. 武汉：武汉大学出版社，2003.

[4] 江洪明. 如何迈出突发性人力资源招聘困局[J]. 销售与管理，2007（5）.

[5] 张建国，张承光. 宝洁的校园招聘和“内部培养”[J]. 销售与管理，2005（11）.

[6] 赵天. 宝洁招聘：精细“相马”[J]. 销售与管理，2006（1）.

[7] 鞠强. 招聘什么人做销售人员[J]. 企业管理，2001（4）.

[8] 王荣耀. 销售人员做市场的“悟性”[J]. 中国商贸， 2004（8）.

[9] 陈为. 发现销售明星——销售业绩管理中的“实惠学”[J] . 成功营销，2005（4）.

[10] 孙路弘. 销售业绩：从招聘起步[J]. 销售与市场，2005（3）.

[11] 常冠军，郭灵. 招聘优秀销售人员的有效步骤[J] . 人才资源开发，2006（5）.

[12] 高强. 关键细节决定招聘成败[J]. 中外管理，2005（6）.

[13] 佚名. 外企招聘面试出奇招[J]. 中国青年研究，2003（10）.

[14] 李宇新. 销售人员的招聘与选拔[J]. 黑龙江科技信息，2004（6）.

[15] 游云，刘兵，罗利亚. 销售人员招聘过程诠释[N]. 21 世纪人才报，2004-12-17.

[16] 王建. “卓越公司”眼中的“优秀”销售人员[EB/OL]. 中国营销传播网，2006-10-13.

[17] 陈宁华. 如何设计销售职位申请表格[EB/OL]. 中国营销传播网，2006-12-21.

[18] 吴金河. 宝洁分销商销售代表的招聘与培训[EB/OL]. 中国营销传播网，2004-05-11.

[19] 佟琳琳. 分析员工离职的 232 原则[EB/OL]. 牛津管理评论网，2007-03-20.

思考题

1. 优秀的销售人员往往需要具有哪些必备素质?
2. 岗位分析和描述在销售人员招聘和选拔中的作用是什么?
3. 试评价销售人员招聘的各个不同的渠道。
4. 销售人员招聘过程中的面试应该注意些什么?
5. 销售人员招聘过程中的辅助性测试有哪些?

案例研讨

天翁公司的人才招聘

天翁公司于 1995 年生产出系列饮品，拟在全国范围内招聘国内市场部经理，并许诺年薪 50 万元人民币。此举引起当地新闻界的关注，被舆论界称为天翁公司招聘“中国第一打工仔”。

天翁公司的招聘引来了 108 名应聘者，经过有关专家和企业领导的层层测试、把关，最后上海复旦大学毕业、持有经济学学士学位的 W 君脱颖而出。1995 年 4 月 14 日天翁公司在浙江省钱江电视台现场举办了一场招聘揭晓晚会，并请来中央电视台某著名主持人做主持，使揭晓晚会增色不少。之后，W 君正式走马上任。

不料，时隔不到半年，1995 年 10 月 4 日，天翁公司下文，决定免去 W 君的全国市场部经理的职务。此举又引起了新闻界的关注，记者和所有关注者迷惑不解。对此，记者进行了追踪采访。

天翁公司总经理孙尧忠认为，当初在全国范围内招聘国内市场部经理，是因为天翁必须有一位走全国一盘棋的能人。天翁公司解聘 W 君的主要原因有两个。一是 W 君上任后干了两件事即开辟杭州和苏南市场。但是，4—9 月天翁饮料在杭州的销售额不足 100 万元，而温州却有近 200 万元。苏南市场发货达 110 万元，广告等费用开支 32 万元，而返回货款只有 17.8 万元。经济效益很不理想。二是 W 君以每片 0.18 元的价格向一个体户订了价值 8 万元的“天翁餐饮纸”。孙尧忠认为这种餐饮纸每片只值 0.10 元。并且，9 月 W 君未同公司打招呼，开车去了苏南和上海，一走十来天。为此，天翁公司被迫作出解聘决定。

W 君对总公司免去他的职务表示惊讶。他认为开拓苏南市场是成功的，对公司出具的数字需要重新核实。至于餐饮纸一事，他说是他同意让部里的人办的，跑了 5 家厂，最低就是这个价。

对于年薪支付问题，天翁公司 10 月 9 日晚召开了董事会，决定按 50 万元年薪的日平均付给，从 4 月到 10 月约是 25 万元。但 25 万元必须由公证处指定打到某一银行，一年后待 W 君的财务账全部结清后支付。W 君表示，不是他的他不拿，是他的不去拿也是对不起自己。“天翁事件”继续被媒介追踪报道。

2 个月后，经上虞市劳动争议仲裁委员会调查、调解后，双方达成了协议。11 月 28 日下午，天翁公司在杭州天翁大厦举行了“天翁兑现高薪情况发布会”，会上天翁总经理和 W 君都作了发言。本着互谅的原则，W 君向天翁公司表示感谢。孙总则说，天翁说话是算数的。双方签字后，公证员将 14 万元（扣除所得税）现金当场交给 W 君。国内新闻界包括人民日报、

中华工商时报、中国贸易报、文汇报、浙江日报以及省市电视台50余名记者参加了发布会，对此进行了广泛报道。

思考题

1. 天翁公司的招聘大大提高了知名度，但中途解聘会不会对其美誉度有影响?

2. 从人才招聘的方式、方法、途径来看，此次招聘是否具有科学性? 年薪50万元的依据是什么?

3. 如果你是天翁人，是否同意中途解聘W君? 有没有更好的处理方法，如私了、因健康或其他原因让其自动辞职、明升暗降、分权驾空、去国外开拓市场等?

4. 你认为针对该公司的有效招聘应该是什么样的?

第 9 章　销售人员的激励和培训

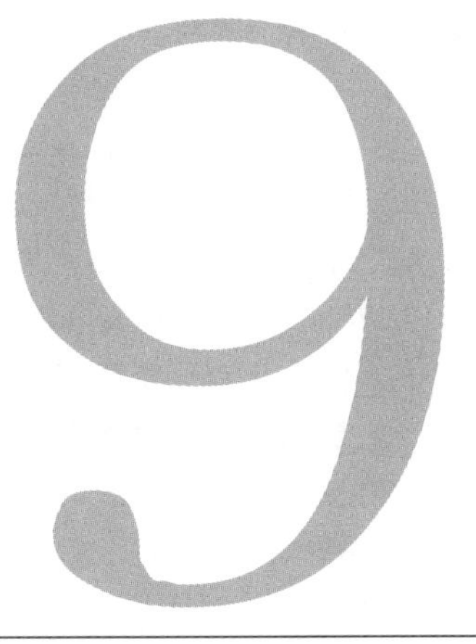

本章提要　本章介绍了销售情况下的激励理论，分析了销售实践中激励的应用——物质性激励与非物质性激励。研究了销售人员不同阶段的期望与激励重点，阐述了一个成功的领导者所需要的权力，以及合适的销售培训项目和评价等。

引　例

汽车行业销售人员的激励机制

销售是汽车行业的命脉，所以激励销售人员是汽车厂商提高销量的重要手段之一。外资品牌汽车的销售激励机制极大地鼓舞了其销售人员的积极性，带来了销量的快速增长。

日系一汽丰田汽车销售人员的激励方案

一汽丰田汽车销售有限公司，是中国第一汽车集团公司和丰田汽车公司多年合作的结晶。一汽丰田 2010 年全年累计销量为 49.98 万辆，在全国汽车企业销量排名中名列第八位。据 2011 年 1 月汽车企业销量排行来看，一汽丰田单月累计销量为 4.83 万辆，同比增长 9.10%，在汽车企业全国销量排名中也位于第八位。以 2011 年 1 月数据来看，一汽丰田占丰田销量额的 66.16%。一汽丰田目前激励制度主要包括积分奖励和竞赛评比两种形式，奖励对象主要是销售顾问和销售部长，奖励形式主要包括现金、购物卡和旅游等。积分由基础积分和岗位积分构成，根据目标达成情况设置了不同的积分系数，销售顾问和销售部长所采用的积分计算方法也完全不同。一汽丰田内部还设置了一个网络积分商城，商品品种繁多，销售人员可以根据自身积分情况任意兑换商品。

德系宝马汽车销售人员的激励方案

宝马汽车 1994 年正式进入中国市场，现在中国是宝马全球第三大市场，宝马汽车在中国的销量位居豪华车品牌第二位。2010 年宝马汽车在中国内地共销售 16.9 万辆，销售增长率高达 86.7%。宝马厂商对一线销售人员的直接激励基本上是通过培训、竞赛等活动来实现的。销售人员每卖出一台车，宝马厂商都设置了单车提成奖励，对于一些促销款车型也将提

供额外奖励。宝马还设立各种奖项，奖励杰出的销售人员或团队。宝马厂商每年都会举办全国性和区域性的销售冠军竞赛，对销售人员的销售绩效、销售技能和销售知识等方面进行综合性考核，以奖金或赴德国进修的形式来激励销售人员的工作积极性。除此之外，宝马厂商每年会组织一些新车上市的培训，安排在旅游城市，相当于旅游福利。而且宝马还为每位销售人员设计了一本宝马护照，并制定相应的福利政策，以此来提高销售人员的工作积极性和工作稳定性。只要销售人员参加厂商规定的培训并通过考试后即可获得，持有护照的销售顾问可以在全国宝马经销商网内自由转岗。

美系汽车通用别克销售人员的激励方案

20 世纪 90 年代，美国通用汽车携手上海汽车工业（集团）总公司将通用汽车旗下的别克品牌率先引入中国，别克开始踏上在中国新时期的旅程。别克作为上海通用汽车的支柱品牌，2010 全年别克累计销售已突破 55 万辆。对于销售人员，别克厂家主要通过在线软件和网络平台来了解一线销售人员的销售情况，但并没有基于这一平台的积分机制或者长期激励体系。由于别克经销商在销售人员管理上有较大的自主权，各经销商可以制定自己一线销售人员的薪酬制度。基本工资也是随着销量而递增的，比如卖了 2 台，这个月的基本工资就是 1 000 元；卖出 3 台，基本工资就是 1 200 元。销售人员的奖金主要是单车奖，公司奉行的是多奖少罚的理念，比如公司规定，销售人员每个月必须卖出 1 台二手车，完成了就会奖励 500 元/台，如果没有完成则会扣 400 元/台。当销售团队销量达到一定程度，还会获得销售团队奖励。别克厂商较少地直接激励经销商一线销售人员，通常是为了消化库存而制定一种临时性奖励政策。奖励对象一般是团队，奖励方式是现金或实物奖励，奖励频次大约半年一次。别克厂商每季度会举行一次销售评比（如 MOT）。全年还有金牌销售员评比，且分全国性和区域性，得到的奖励程度将不同。别克厂商和经销商每年都会组织人员培训、人员评级等激励活动，但各自工作重点不同。别克厂商更多地关注中高层销售管理人员，而经销商在中低层销售人员管理上具有较多决定权。

（资料来源：杨英.汽车行业销售人员的激励机制[EB/OL].http://blog.sina.com.cn,2011-08-19.）

9.1 销售人员的激励

9.1.1 销售人员激励的必要性

激励是组织和人类活动中任何人员都需要的，销售人员更不例外。一般来讲，激励在管理学中被解释为一种精神力量或状态，对组织或个人起加强、激发和推动的作用。激励通常包括三个方面的内容：激励强度、激励保持与激励方向。激励强度指的是销售人员投入到销售工作中的脑力和体力的努力的总量程度。激励保持则指的是销售人员随时间的变化而选择的消耗力量的程度，特别是当面临不利环境时。激励方向则指明销售人员在其多样化的工作中所应选择的努力方向。

对销售人员来讲，他们需要更多的激励以确保自己能努力工作并保持努力程度。这是因为销售是一项艰苦而烦琐的工作，往往需要作出较大努力才能获得成功，尤其是对新加入销售组织的成员。销售人员大多独自工作，经常面对陌生人并遭受冷遇和挫折；面对顾客或客户，他们往往需要更多的主动，付出相当的努力才能赢得客户的青睐；在销售活动中，他们还要时刻面对竞争对手的挑战；此外，他们远离组织和亲人，缺少及时有效的沟通，常常会有更多的个人烦恼。所以，只有通过特别的激励，包括物质奖励及非物质奖励等，才能促使销售人员全力以赴地做好工作。

销售人员经常会负有众多的推销与非推销工作责任，因此他们选择怎样的工作行为来确保他们的行动与他们如何努力工作或如何保持努力是同等重要的。国际上的相关研究表明，高水平的努力或激励强度并不一定与高水平的业绩相联系。除非销售人员努力的方向与公司中销售队伍的战略作用是一致的，否则激励工作是不完全的。

9.1.2　销售人员激励的形式与技术

激励活动既可以看作是内在的，也可以看作是外在的。但不同的人可能对不同的激励有不同的偏好。一些人对外在的激励有强烈的偏好，如薪水和正式的认可等奖励，而另一些人则愿意寻求内在的激励，如有兴趣、富有挑战性的工作等。

另外，还可以选择和运用组织奖酬去引导销售人员的行为以实现组织的目标。而组织奖酬又可以分为物质性奖励与非物质性奖励。其中，物质性奖励包括与每个销售人员的工作状况和福利状况相关的因素。非物质性奖励是对那些可接受的业绩或努力的非物质回报，包括非财务奖励，如认可、发展和提升的机会等。

（1）物质性激励。指对获得优秀业绩的销售人员给予晋升、奖金、奖品和额外报酬等实际利益，以调动销售人员的积极性。研究发现，物质激励对销售人员的激励作用最强烈。

（2）精神性激励。指对获得优异业绩的销售人员给予口头表扬，颁发奖状，授予荣誉称号等，以鼓励销售人员更上进和努力。这是一种较高层次的激励，通常对那些受教育较多的年轻销售人员更为有效。尤其是当基本的物质需求得到满足后，他们对精神方面的需求就会更强烈一些。不少公司设立的“销售排行榜”，评选的“冠军销售员”、“销售状元”等，就具有良好的激励效果。

专　题

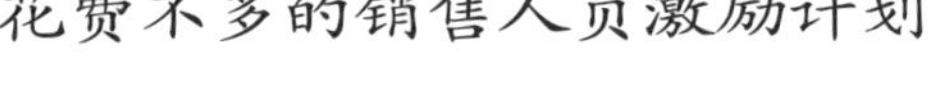

花费不多的销售人员激励计划

很多管理者都认为销售人员激励计划花费不菲，但是即使是在一个并不确定的经济环境中，各种激励办法仍然是对销售员工激励计划中最重要的一个元素，并且绝不能被放弃。《1001 种激励员工的方法》的作者、Nelson Motivation 公司总裁鲍博 · 尼尔森认为，很多有创意和有效的奖励计划其实并不需要大量的经费，就会达到意想不到的效果。在竞争激烈的市场中，销售人员总是被物质上的回报和公司的认可驱动着，而作为经理人，就应该利用这点来更积极地激励员工创造出更好的业绩。比如说经理可以让表现出色的销售人员在公司高层或员工会议上讲述自己完成任务的经过，这种做法让他们很有成就感，仿佛重温了一次自己的成绩。那么如何在有限的预算中策划出有效的激励计划呢?

1. 以较少预算获取最大效果

作为只有较少奖励经费的公司，经理人必须要设计出具有创意性和战略性的员工激励计

划，花最少的钱，达到最大的效果。如果您的预算只有5 000美元甚至更少，那么，免费加油卡等实惠的礼物是最好的选择。

著名的通信公司Sprint位于美国田纳西州，并不昂贵的礼品卡成了这个公司最可靠的一种激励手段，通过短期竞赛的形式，有效地激励销售员工工作的积极性。这种方法通常只需要为每人花费50美元左右，并从SVM公司购买加油卡。由于汽油是每个有车者的必需品，因此，这种激励办法使得销售员工的积极性被有效地调动起来，公司的销售量保持了持续增长。

Inmarketing是专门致力于为公司提供"激励计划方案"的公司，其创始人之一Andrew认为，奖励的多少其实并不重要，老板能够花时间去给予和鼓励才是对销售人员最好的激励。当一个员工为完成自己的定额而熬夜努力工作时，如果老板带来了一束鲜花，或者是一张加油卡或宾馆住宿卡，那么对员工来说，这才是最为温情和有效的激励。

人与人之间的沟通和交流，以及人性化的鼓励在TBB成为员工激励计划中最为重要的一个部分。"我们总是安排一些特别有意思的激励活动，这些办法能够有效地节省激励经费。"TBB的总裁Cagnetta这样描述他的员工激励计划。在公司举办的"棒球比赛"中，销售人员可以在他们的每一笔业务中赢得参与1～4场棒球比赛的机会。他们每获得1万美元的订单，就能参与一场棒球赛。同时，如果销售人员为TBB的合作伙伴，譬如银行或出版社等销售出产品，同样也可以参与比赛，这种竞争是在集体层面和个人层面上共同开展的。当竞争结束时，公司将给5位最具价值的球员颁奖。在这个激励项目结束时，公司的销售总量增长了近20%。Cagnetta最关键的另外一个激励计划就是在他自己家或者副总家为销售人员举行"回报晚会"。销售人员及其家庭的每位成员都会被邀请参加这个晚会，而销售队伍将在家庭的颁奖台上领取奖品，奖品是各种类型的礼品卡。在一个非常温馨的氛围中，这种激励办法极大地促进了员工对公司的忠诚度和工作士气。

2. 将中等激励经费做到极致

如果公司的经营预算是中等水平，即在25 000到50 000美元之间，那么一定要将大部分经费用在对员工的奖励上，而不要将过多的经费花在五花八门的行销手段上。CMG的总裁推荐了至少1 000种奖励办法，最受欢迎的包括奖励员工MP3、DVD等电子设备和家庭用品，甚至是一次旅行或一晚双人的酒店住宿。

作为美国TSE公司总裁，Tuchman为他的销售队伍想出了一个与众不同的激励计划，在3个月中，将办公室变成了一个虚拟的"美国国家足球联盟"。他将15个销售人员分成了三个队，即东部队、中部队和西部队，在每个队中，每周都举行竞赛，最终的目标是获得"TSE最有价值球员"的称号。为了达到这个目标，公司每周都为每个队打分。Tuchman则通过公司在美国快线账户上的积分来奖励队员们，这样不但节省了经费，而且调动了员工的积极性。而奖品通常是DVD、音像设备、体育用品，以及音乐店和服装店中的礼品卡，最高奖一般是立体音响或一辆山地车。Tuchman发现，其实最具激励效果的是这种竞争的方式。在公司里专门有一个董事记录每个销售人员的销售业绩。每当一个销售人员完成了一个订单，Tuchman会亲自向全公司的员工发出一封电子邮件，通告这个员工销售了什么，他在整个销售队伍的竞争中处在一个什么位置。这种激励是公司中最重要的一个激励项目。TSE的激励预算在15 000美元到20 000美元之间，但从上一年的9月到今年10月，公司的销售量增长了400%。

作为MGE UPS渠道营销经理的Chalkin，通过25 000美元以内的激励经费，达到了营

业额增长50%的业绩。她为期两个月的“网上自助激励项目”更是别出心裁。在这个她特别设计的网站上，每个销售人员都能够登录网站，并且随时察看自己的销售业绩和自己所能获得的奖励。公司为每个产品都定下了奖励的现金价值，销售人员能够在网上看到他们的奖励积分，以及与积分相对应的奖品。与此同时，由于她公开通告激励经费有限，反倒促使销售人员能在有限的时间内更快、更有效地完成订单。

3. 高成本激励经费的理想选择——旅游

位于波士顿的Castle Group则将其激励计划主要锁定在旅游和举办各种活动上。无独有偶，位于亚特兰大的MSI International公司也将旅游列为其激励计划的主要内容。去年，CG的年度最佳销售人员得到去墨西哥等地旅游的奖励，今年的旅游目的地将会是百慕大群岛。一般来说，每次的旅行者为25~30人，每个人还能带一位自己的亲人或朋友。作为拥有100名左右销售人员的公司，这个激励项目花费了MSI总收入的1%~2%。据CG总裁Lindberg估计，它同时增加了公司10%～15%的经营业务，何乐而不为呢？与此同时，Lindberg还开始开展更多的国内旅游项目。前年，公司组织员工去了佛罗里达、奥兰多等消费水平适中的地方。在具体操作上，CG通过两轮竞赛方式来实现这一激励目标。通常情况下，第一轮竞赛中的获胜者才有权争夺第二轮专为旅游奖励而设立的竞赛。但同时，Lindberg建议，在设立竞赛目标时一定要注意适度，以免挫伤员工的积极性。

可以看出，旅游奖励无疑已经成为如今最受欢迎的员工激励项目，旅行不一定要非常昂贵或充满异国情调，但必须要包含一些有意思和令人激动的内容。此外，组织表现出色的员工参加露营等体验式短途旅行，也能够加强销售人员之间的沟通。

具体来讲，对销售人员的激励，需要运用灵活的激励手段。尤其是对中小企业而言，销售是中小型企业的龙头，而带动龙头前进的是公司的销售人员。因此，一些实用的、有效的销售人员激励技术是必须重视的。

1. 改变薪资结构

中小型企业为了吸引高级营销人员，在设定薪资时，一般都和部分名企不分伯仲，但这些企业唯工资而论，很少有与工资匹配的福利待遇，导致一些人才进来后享受不到相应的待遇，因而工作没有积极性，甚至工作一段时间就辞职。

其实在这种企业中，由于自己的发展空间有限，难以吸引高级营销人员，倒不如引进一些次高级的人才。这些人员对工资看得不会过高，他们追求的是一个施展自己才华的环境，如果能够充分发挥他们的才能，他们的贡献并不一定会亚于高级营销人员。但这些次高级人才也有自身的弊端，容易受外界干扰，一旦在单位成长起来，他们也要进步，加入到高级营销人员的行列。这时企业光有工资没有福利，他们和那些其他单位拿着高福利的经理相比，心理上会产生落差。机会一旦来临，这些刚成熟的人才，就会另攀高枝。

要想解决这个根本问题，企业和企业领导就要转变思想。通过高工资可以找到合适的人，但不一定能留住他们。企业可以把原来的高工资加以变通，将80%留作工资，把20%变作福利，如为职工买保险、替他们交养老金，等等，让那些有作为的营销精英，自进入企业开始，无论从工作舞台还是薪资及福利待遇，都能从内心得到满足，从而为企业的长远发展作出贡献。

2. 增加培训深度

中小型企业的培训，大部分是围绕着销售进行的，一般是每月底举行一次，培训的内容无外乎五个方面：对上月任务完成情况作一总结；对上月市场上存在的问题加以讨论并找出解决办法；对上月的促销活动加以回顾；对下月市场加以规划；对下月任务加以分解。在这些企业中，上面的五个问题，可以说既是新问题，又是老问题，如果月月讲，年年讲，会影响业务员的兴趣，削弱培训的效果。

其实上述企业每月也开和其他企业一样的营销会，只不过他们是以看电影的方式，把培训会加以延伸，增加了培训的深度，把培训会开得更活了，类似这种形式很多，如一些游戏比赛等。开好这种会议，要遵循两个原则：①找准和营销培训会的结合点。②适可而止。这种会议，在营销会议中，只起到配角作用，不能喧宾夺主。

案例 1　**另类培训**

章生，成都某食品公司销售总监，他每月对营销人员的培训内容是首先安排业务员看1～2小时的电影，这些电影都是他们销售部精心挑选的，一般包括以下三种类型。①通过团结奋斗最后取得胜利的战斗片。这类影片主要用于培训营销人员的团队精神。②人物纪实片。这类片子主要用于培训营销人员的个人规划。③爱情片。这种片子用于培训营销队伍的亲情观、价值观。通过这种方式，该公司业务员的素质无形中得到了提高，销售团队的凝聚力也逐步加强了。

3. 改善学习环境

学习环境对于营销人员来讲是至关重要的。业务员每月一般在外工作的时间为 20 天到 25 天，能够坐下来安心充电的时间很少。而回到公司，这些中小型企业对学习环境又不重视，有的不设阅览室和图书馆，有的企业即使有此类设施，也是形同虚设。这样，每月业务员回来后除了开会无事可做，以致他们给企业的印象是庸碌无为。

作为一个中小型企业，成立一个阅览室，改善一下学习环境是很有必要的，领导要从思想上重视起来。有了这些设施，业务员回到企业后，可以及时学习交流，逐步提高业务素质，对于企业的发展，也会起到一定的促进作用。

4. 完善娱乐活动

一些娱乐场所如篮球场、乒乓球室等，在中小型企业中也有，但不够完善，其表现为娱乐活动没人组织、娱乐场所没人管理、设备陈旧等。这充分说明很少开展娱乐活动。作为企业的行政人员，相对还好一些，他们可以抽时间休息一下，而营销人员在企业的时间很短，他们长期奔波在市场一线，思想压力很大，每天都要考虑很多问题，在市场上根本无法放松自己，再加上家庭的一些事情，业务员需要承受多重压力，压力一旦超过他们的负荷，他们在市场上就会失去动力，容易产生当一天和尚撞一天钟的思想。因而，销售人员回企业后，企业应组织一些有益的娱乐活动，如拔河赛、篮球赛等，这很有必要，既可活跃企业的气氛，又能让营销人员释放一下压力。

5. 解决后顾之忧

中小型企业的领导者，对业务员是相当厚爱的，但对业务员的家庭关注甚少，而业务员出差后，恰恰关心最多的是他们的家庭。现在虽然通信比较方便，但通信往往不能解决一些实际问题，只能从思想上给家里以安慰，家里一旦出现问题，销售人员又离家很远，难免会影响开展工作。

鹤壁天元不是一家小公司，但我们可以学习一下它的做法。该公司为解决营销人员的后顾之忧，专门成立了一个营销人员后顾办公室，具体有两项工作，一是有开通两部热线电话，营销人员家里一旦发生紧急问题，可以拨通电话，工作人员立即上门服务；二是工作人员定期跟踪服务，如为营销人员的家庭换煤气、买煤球等。鹤壁天元之所以能够发展到今天的规模，在很大程度上与它有效的管理方法是分不开的。中小型企业正处于发展期，很需要一个稳定的销售团队，使他们安心地工作在一线上，把他们的大后方安排好、解决好，也是激励他们努力工作的一项措施。

9.1.3　销售人员不同阶段的期望与激励重点

激励的最大难点是如何保持激励的有效性，往往对这个人有效的激励对别的人可能会不起作用，或者在某个时期很好的激励措施过了一段时间就没有什么效果了。

这里面最主要的原因就是没有考虑到激励的针对性和持续性。激励的关键是要与被激励者的期望相符，否则再好的激励也没用。而每个人的期望又是各不相同的，在每个阶段的期望也不同。所以在实施激励措施时，特别是在对销售人员进行激励时，首先要弄清楚销售人员的期望。

很多人都用马斯洛的需求理论来分析人的需求，其实销售人员的期望概括起来是比较简单的。

1. 物质回报

工业品的营销模式是销售人员上门直销，相对于其他职位，其工作需要更大的自主性和主观性，其价值也是他人所不能替代的，同时销售人员的工作又极为辛苦。因此一般的企业给予销售人员的待遇都高于其他职位的人，销售人员本身也对此有着更强烈的期望。

给予销售人员满意的物质回报，自然关系到销售人员主观能动性的发挥，也与销售业绩的取得有着直接的关系。当然这个物质回报也要在企业的承受范围内，不然成本过高肯定也不是长久之计。

物质回报要建立在合理的基础上，关键是要及时兑现承诺。大型企业一般都有完善的制度，其承诺的兑现也不会有什么疑义。但很多私人企业的老板往往事先给予过高的承诺，而事后又经常不予兑现，这样的承诺还不如没有。

如果企业不能处理好给予销售人员的物质回报，再谈什么销售管理都是没有意义的，这也关系到公司的诚信。任何管理都要落在实处，对所有的工作人员而言，物质待遇无疑都是第一个基点。

当然，也不能把物质回报当做刺激销售人员的唯一办法。

2. 工作愉快

没有合理的物质回报，工作肯定不会愉快。工作愉快的范围要远远大于物质回报，

每个人愉快的标准可能各不相同，但一般都应该包括身心的愉快、环境的良好和工作的顺利。

身心的愉快主要是对个人的调节，可能还包括很多工作以外的东西。如果没有愉快的身心，工作也不会愉快。身心的愉快并不是完全能由企业所决定的。

环境的良好与企业的文化、工作条件、直接领导者密切相关。良好的工作环境除了工作所需要的硬件之外，工作氛围和内部关系更为重要，直接领导者的领导素质和领导能力往往也起着决定作用。

工作能否顺利进行是由很多因素综合决定的，有客观的，也有主观的，销售人员的个人努力在其中起着主要作用。

3. 不断进步

任何人都渴望自己能够不断地进步，这种进步既包括外在的待遇和地位，也包括自身的素质和能力。销售人员刚工作时都很年轻，视自己长期的发展更重于短期的物质回报。

职位的升迁是对销售人员成绩和能力的肯定，无疑也是大多数销售人员的职业目标和理想，自然也能带来更多的物质回报。

销售工作本身就需要广博的知识，销售人员只要踏实工作，是能够不断丰富自己的知识并进行更新的。任何人的职业生涯都是经验积累的过程，销售人员除了销售经验之外，肯定也希望能拥有更多的其他经验，为今后的工作打下良好的基础。

销售人员随着从事销售工作时间的增长，其心态和期望一定会产生变化，所以相应的激励措施也必须随之调整（详见表 9-1）。

表 9-1 销售人员各阶段分析

阶段	从业时间	特　点	通常的期望	激励的重点
Ⅰ	1 年之内	销售人员刚开始从事销售工作，热情迅速高涨，但没有任何工作经验，缺乏物质基础	迅速掌握销售技能，在工作上迅速取得成绩和得到认可	他们这时是企业的潜力，企业应当给予他们有效的帮助，使他们较快地具有独立工作的能力
Ⅱ	1～3 年	工作热情仍在上升，但速度相对变缓。逐步积累了一定的工作经验，开始获得物质回报	进一步扩大销售业绩，拥有稳定的工作和收入	他们这时是企业的希望力量，企业应在提供有效帮助的同时，不断激励，使其尽快成为业务骨干
Ⅲ	3～5 年	工作热情达到顶峰，并能相对保持，有时也会有所下降。已有大量的工作经验，并取得了相当的物质回报	保持销售的持续性，得到升级或升职	他们这时是企业的中坚力量，在有效激励的同时，要适当减压
Ⅳ	5 年以上	工作热情逐渐下降，并保持在一定的程度上。拥有丰富的工作经验，物质回报也达到了较好的程度	得到升职和认同感及成就感	他们这时是企业的元老，还要继续激励，同时让他们帮带新的销售人员，发挥其更大的作用

基本满足销售人员的合理需求是激励的基础，激励也才能发挥作用，如果没有实际的东西，激励只能是空谈。

适时的肯定和奖励是最常用的激励方法，但不能变成简单的物质刺激和奖赏，因为人的欲望是没有止境的，这样的激励是不能完全做到的，也是不会长久的。

设置合理和具有挑战性的目标是激励的一种方式，挑战更高目标是每个人都会有的信念，如果能把这种信念具体化，将能产生巨大的驱动力量。

团队的力量是激励的一种保证，在凝聚的集体中，每个人都会感到温暖的力量和外在的动力。

内部竞争是激励的一种促进，力争上游和永创第一是每个人都有的内心冲动，要善于鼓励和利用这种冲动。

激励是销售管理非常重要的内容，也是体现销售管理作用的地方。激励最主要的目的就是充分发挥销售人员的主观能动性和独立自主性，激发销售人员的工作热情和潜力。

9.2 销售人员的培训

9.2.1 销售人员培训的目标

对众多企业来讲，新员工的就职培训极具重要性。因为销售培训是成功的关键，也是一项重要的投资。当然，培训是一项不间断的过程，而不仅仅是最初的就职培训。另外，培训必须确保其有效性。

一般来讲，新招聘的销售人员通常要接受企业的基本情况培训，以便于熟悉企业的历史、政策、设备、手续及与销售人员要接触的关键性人物。通常，就职培训项目的目标主要包括：

（1）传授有关企业、市场、企业提供的产品和服务以及顾客的知识；

（2）传授推销技能和建立我们所要求的分类顾客管理；

（3）建立良性的工作行为；

（4）造就对企业和工作有正确态度的、积极的、主动的、自信的员工。

作为一项重要投资的销售培训，许多企业花费不少的时间和资金开展销售培训。如英特尔公司的销售增长就是归结于高素质的销售队伍和对销售培训的大量投资。

在销售培训中，时间和资金的投入是可观的。美国公司每年大约花费 71 亿美元向销售人员提供培训，平均每个销售人员每年有多于 33 小时的时间接受培训。

9.2.2 销售人员培训的主题

1. 培训主题

（1）知识—— 产品范围，规格，包装，价格；产品应用；顾客怎样使用产品；零售商在该产品上获得的利润；市场，规模，份额，趋势；相对竞争的产品特色和利益；关于顾客的每一件事；顾客的系统和程序；我们的系统和程序；我们的营销战略；我们的促销项目；我们的企业和它的目标。

（2）技能—— 基本销售；演示；谈判；组织事件；计划；分析；问题解决；报告；时间管理；人际技能；沟通；训练另外的人怎样销售或使用我们的产品；客户管理。

（3）态度—— 力争上游；成本效率；顾客服务；领导；贡献或利润。

2. 主要的销售培训主题

（1）销售技术；

（2）产品知识；

（3）顾客知识；

（4）竞争知识；

（5）时间与区域管理。

9.2.3 有效的培训方法

- 工作示范（on-the-job demonstration）
- 工作训练（指导）（on-the-coaching）
- 外部礼仪课程(external formal courses)
- 正式的内部课程和专题研讨会（workshop）
- 非指示性技巧（non-directive techniques）
- 角色扮演 (role plays)
- 专家讲授（教诲）（specialist tuition）
- 销售会议(sales meeting)
- 销售讨论会(sales conferences)
- 委托（授权）(delegation)

9.2.4 销售人员培训效果评估

1. 培训效果与培训评估的概念

培训效果是指企业和受训者从培训当中获得的收益。对于企业来讲，培训效果是因为进行培训而获得绩效的提升和经济效益。对于受训者来讲，培训效果则是通过培训学到各种新知识和技能，培训所带来的绩效提高以及获得担任未来更高岗位的能力。

培训效果评估是依据组织目标和需求，运用科学的理论、方法和程序，从培训项目中收集数据，以确定培训的价值和质量的过程。这一过程首先会涉及如下四个关键性问题：①有没有发生变化？②这种变化是否由培训引起？③这种变化与组织目标的实现是否有积极的关系？④下一批受训者完成同样的培训后，是否还能发生类似的变化？

2. 培训效果评估的内容

1）学员学习成绩

对学员学习成绩进行评估包括：一是培训结束时对学习成绩进行检验，这种检验一般在培训结束后进行，主要考察学员对所学知识和技能的掌握情况如何；二是培训结束后，考察培训对学员回到工作岗位后的工作是否产生作用，主要考察学员的工作态度、工作方法和工作业绩等有无改善和提高。

2）培训师的评估

对培训师的评估可在培训前和培训后进行。培训前可以采用试讲或审查教材等方法；培训后可采用访谈、问卷调查等方法。评估主要考虑：课程的内容是否符合培训目标的要求；课程的形式是否被学员接受；培训方法是否适当；培训讲师的语言表达如何；课程还需要进行哪些改进。

3）培训组织管理

对培训组织管理的评估在培训课程结束后进行，许多情况下常与培训讲师的评估结合在一起进行。评估的内容主要有：培训时间安排是否合适；培训场所的环境如何；培训使用的设备或器材准备如何；学员的生活和娱乐活动安排如何；学员的投入和情绪反应如何。

4）组织培训的效益

对培训的经济效益进行评估，主要考虑：核对培训办班的预算，检查是否超支；计算培训的投入产出比，检查办班的效率和效益，比如投资利用率、投资收益率；培训办班直接取得的经济效益或收入。

9.2.5　销售人员培训计划制订及实施

一旦培训需求确定，就可以开始着手编制人员培训计划。一个良好的培训计划能够使受训者真正学有所获，而且激起受训者学习的渴望，从而促进培训过程的良性循环。培训计划是根据企业的近、中、远期的发展目标，对企业员工培训需求进行预测，而后制定培训活动方案的过程。

1. 培训计划的内容

（1）培训的目的。培训计划中的培训项目均需要达到一个什么样的培训目的、目标或结果。

（2）培训对象。培训计划中的培训项目均是对什么岗位的任职人员进行的，他们的学历、经验、技能状况怎样。

（3）培训内容。培训计划中每个培训项目的内容是什么。

（4）培训时间。培训时间包括：本培训计划的执行或者有效期；培训计划中每一个培训项目的实施时间或者培训时间；培训计划中每一个培训项目的培训周期或者课时。

（5）培训地点。培训地点包括：每个培训项目的实施地点；实施每个培训项目时的集合地点或者招集地点。

（6）培训方式。培训方式是外派培训还是内部组织培训，是外聘培训讲师培训还是内部人员担任，是半脱产培训、脱产培训还是业余培训等。

（7）培训教师。这个计划中每个培训项目的培训讲师由谁来担任，是内聘还是外聘。

（8）培训组织人。培训组织人包括：培训计划的执行或者实施人；培训计划中每一个培训项目的执行人或者责任人。

（9）考评方式。每个培训项目实施后，对受训人员的考评，分为笔试、面试、操作。笔试又分为开卷和闭卷。笔试和面试的试题类型又分为开放式或者封闭式试

题。

（10）培训费预算。培训费预算包括：整体计划的执行费用预算；每一个培训项目的执行或者实施费用预算。

2. 培训计划实施前的准备

1）确认和通知学员

在学员入学前，首先，应该再一次确认参加本次培训的学员类型、人数，以便安排合适的培训场地以及食宿等问题。其次，要对本次培训的目的、内容、时间安排、学员事先需要准备的事项、预先发给的资料以及培训费用等问题通知学员，以便使他们在培训前做好准备。另外，还可以借此机会了解学员对培训课程安排的意见，以便及时调整和改进。

2）培训场所的选择

对在职培训来说，只有在舒适的环境中受训者才有可能集中精力学习。培训场所布置应考虑的细节具体如表 9-2 所示。

表 9-2　培训场所布置应考虑的细节

噪音	检查空调系统噪音，临近房间和走廊及建筑物之外的噪音
色彩	轻淡柔和的色彩
房间结构	使用近于方形的房间。过宽或过窄的房间会使受训者彼此难以看见、听见和参与讨论
照明	光源应主要是日光灯。白炽灯应分布于房间的四周，并且在需要投影时作为弱光源
墙与地面	会议室应铺地毯，使用相同的色彩，避免分散注意力。只有与会议有关的资料才可以贴在墙上
会议室的椅子	椅子应有轮子、可旋转，并有靠背可支持腰部
反光	检查并消除金属表面、电视屏幕和镜子的反光
天花板	天花板最好有 3 米高
电源插座	房间里每间隔 2 米设置一个电源插座，电源插座旁边还应放一个电话插头，培训者应能够方便地使用电源插座
音响	检查墙面、天花板、地面和家具反射或吸音的情况，与三四个人共同调试音响，调节其清晰度和音量

3）培训前与讲师联系

培训前，首先，作为培训机构应该经常与各类有关的专家学者保持联系，最好编制一个讲师信息库，以供培训时选择。其次，培训讲师选择后，应将有关培训课程内容、形式、时间以及酬金等事项与培训讲师达成共识。再次，为了保证培训讲师如期到达，预防万一，主办者应在上课之前，就培训讲师来上课的接送方式、时间、用餐等事项明确地传达给培训讲师。另外，还要与培训讲师说明有关教室的场所、设备及其布置状况等准备情况。

4）有关资料的编印

培训课程和日程安排、培训生活须知、分组讨论的编组名单等。

3. 人员培训的管理及相关注意事项

1）对受训人员的管理

加强课堂受训期间出勤、纪律及态度的管理考核，加强课下群体性安全事故的预防管理。

2）培训后的考试

一般而言，技能类培训要通过考试，以检验培训效果并对学员的学习成绩进行评价；理论培训可采取写心得、论文等形式进行考试，实践中理论培训采用闭卷考试的形式并不多见。

3）培训的激励效果

在许多企业里，员工把培训看作是一项“任务”，缺乏主动性和积极性。建立培训激励制度的关键是把培训与个人利益紧密结合起来，将员工是否参加培训、培训成绩如何与物质奖惩、职务晋升等联系起来，或与个人职业生涯发展联系起来。

4）培训实施中需要考虑的因素

（1）充分准备。准备工作包括培训材料的确定和选择、培训方式的选择、培训讲师和学员的选择、后勤保障（诸如时间和地点的安排、教学辅助用具的准备）等。

（2）授课效率。培训组织者一定程度上已经充当了培训讲师的角色，培训实施中关键的一环就是要提高授课效率，调动学员的积极性。作为一个优秀的培训讲师，要充满激情，精心设计每一堂课。授课时注意与学员的沟通交流，要充分调动学员的积极性，集中学生的注意力，避免照本宣科或漠视学员的态度等。

（3）学员参与。在培训过程中调动学员参与的积极性，是使培训工作取得成功的关键之举。当一个学员全身心地投入学习的时候，学习过程就开始了，参与程度越高，学习效果就越好。调动学员参与的方法有很多，例如：提问；体验性操练；角色扮演；记住每一位学员的姓名并使用它们；在培训中提供信息反馈；让学员参与讲授；书面练习；签订学习合同；进行个别访谈等等。

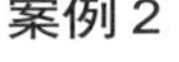

案例2 IBM公司的销售人员培训

IBM公司绝不让一名未经培训或者未经全面培训的人到销售第一线去。

IBM公司的销售人员和系统工程师要接受为期12个月的初步培训，主要采用现场实习和课堂讲授相结合的教学方法。其中75%的时间是在各地分公司中度过的，25%的时间在公司的教育中心学习。分公司负责培训工作的中层干部将检查该公司学员的教学大纲，该大纲包括从公司中学员的素养、价值观念、信念原则到整个生产过程中的基本知识等方面的内容。学员们利用一定时间与市场营销人员一起访问用户，从实际工作中得到体会。

此外，还经常让新学员在分公司的会议上，在经验丰富的市场营销代表面前，进行他们的第一次成果演习。有时，有些批评可能十分尖锐，但学生们却因此增强了信心，并赢得同事们的尊敬。

销售培训的第一期课程包括IBM公司经营方针的很多内容，如销售政策、市场营销实践以及计算机概念和IBM公司的产品介绍。第二期课程主要是学习如何销售。在课程上，该公司的学员了解了公司有关后勤系统以及怎样应用这个系统。他们研究竞争和发

展一般业务的技能。学员们在逐渐成为一个合格的销售代表或系统工程师的过程中，始终坚持理论联系实际的学习方法。学员们到分公司可以看到他们在课堂上学到的知识的实际部分。

现场实习之后，再进行一段长时间的理论课程学习：紧张的学习每天从早上 8 点到晚上 6 点，而附加的课外作业常常要使学生们熬到半夜。人们必须学会合理安排自己的时间。课程开始之前，像在学校那样，要对学员分班，分班时的考试是根据他们的知识水平决定的。

经过一段时间的学习之后，考试便增加了主观因素，学员们还要进行销售学习，这是一项具有很高的价值和收益的活动。用户在判断销售人员的能力时，只能从他如何表达自己的知识来鉴别其能力的高低，商业界就是一个自我表现的世界，销售人员必须做好准备去适应这个世界。

一般情况下，学员们在艰苦的培训过程和在长时间的激烈竞争中迅速成长。每天长达 14～15 小时的紧张学习压得人喘不过气来，然而，却很少有人抱怨，几乎每个人都能完成学业。

IBM 公司营销培训的一个基本组成部分是模拟销售角色。在公司第一年的全部培训课程中，没有一天不涉及这个问题，并始终强调要保证学习或介绍的客观性，包括为什么要到某处推销和希望达到的目的。

同时，对产品的特点、性能以及可能带来的效益要进行清楚的说明和学习。学员们要学习问和听的技巧，以及如何达到目标和寻求订货等。假若用户认为产品的价格太高的话，就必须先看看它是否是一个有意义的项目，如果其他因素并不适合这个项目的话，单靠合理价格的建议并不能使你得到订货。

该公司采取的模拟销售角色的方法为，学员们在课堂上经常扮演销售人员的角色，教员扮演用户，向学员提出各种问题，以检查他们接受问题的能力。这种上课接近于一种测验，可以对每个学员的优点和缺点两方面进行评判。

另外，还在一些关键的领域内对学员进行评价和衡量，如联络技巧，介绍与学习技能，与用户的交流能力以及一般企业经营知识等。对于学员们扮演的每一个销售角色和介绍产品的演习，教员们都给出评判。特别应提出的是 IBM 公司为销售培训所发展的具有代表性、最复杂的技巧之一就是阿姆斯特朗案例练习，它集中考虑一种假设的，由饭店网络、海洋运输、零售批发、制造业和体育用品等部门组成的，复杂的国际业务联系。

通过这种练习可以对工程师、财务经理、市场营销人员、主要的经营管理人员、总部执行人员等的形象进行详尽的分析。这种分析使个人的特点、工作态度，甚至决策能力等都清楚地表现出来。

由教员扮演阿姆斯特朗案例人员，从而创造出了一个非常逼真的环境。在这个组织中，学员们需要对各种人员完成一系列错综复杂的拜访。面对众多的问题，他们必须接触这个组织中几乎所有的人员，包括从普通接待人员到董事会成员等。

由于这种学习方法非常逼真，每个“演员”的“表演”都十分令人信服。所以，每一个参加者都能像 IBM 公司所期望的那样认真地对待这次学习机会。这种练习的机会就是组织一次向用户介绍发现的问题，提出该公司的解决方案和争取的订货的模拟用户会议。

本章小结

本章从销售人员激励必要性出发，分析了销售激励的形式和相关技术。在此基础上，分析了销售人员不同阶段的期望与激励重点。介绍了销售管理的领导模型，分析了权力与领导的关系。最后，在培训方面主要讨论了就职培训目标、培训和发展销售团队的主题以及有效的培训方法。

关键术语

激励强度	激励保持	激励方向
物质性激励	精神性激励	销售竞赛
销售会议	角色扮演	

参考文献

[1] 马文水. 激励营销人员的 5 大必杀技[J]. 贸易论坛，2005（7）.

[2] 老骥 Blog. 销售人员激励[EB/OL]. [2006-05-10.] http://www.laoji.cn/article.asp?id=126.

[3] IBM 公司的销售人员培训[EB/OL]. http://cho.icxo.com/htmlnews/2004/05/19/21850/.htm，2004-05-19.

[4] 范云峰. 销售激励的十六大症结[EB/OL]. www.emkt.com.cn/article/192/19235.html，2005-01-04.

思考题

1. 有效的销售人员激励技术包括哪些?
2. 试阐述销售管理的领导模型。
3. 就职培训项目的主要目标是什么?
4. 销售团队培训的主要内容和方法有哪些?

案例研讨

他做错了吗?

安全系统公司（SCC）是一家在中西部三省交界地区的电视安全监视系统的分销商。他们向办公室、仓库与工厂销售一种先进的照相机/显示器监视系统。马琳是公司的总裁与 CEO，而唐幸生刚被任命为销售副总裁。他负责培训和指导公司 15 个销售人员。

唐幸生来自于一个更大的电视安全监视系统生产销售商。马琳一直在计划直到经济萧条危及销售时才扩张其业务。电子监视系统业务因两大原因受到重创：①在市场中有很多公司，因此 SCC 第一次遭遇到真正竞争；②经济情况迫使很多公司推迟了在电视监视系统上的大笔支出。换句话说，自从诞生后，这一产品就供不应求，很少有竞争，同时客户有很高的采购费用。

马琳意识到必须采取措施使销售回到 5 年前的水平。于是唐幸生就被挑选来实现这一目标，同时被赋予在销售培训及管理方面独立操作的职权以刺激销售。

在研究了当前情况，同时将现在的销售组织设置与前公司比较以后，唐幸生决定必须采取严厉的措施以提高销售。这些措施包括区域调整、佣金计划调整以及销售培训流程调整。

唐幸生花了一天时间在 SCC 两个销售人员的工作区域内观察他们的行为。其中一个在公司工作好几年了而另一个却只来了 9 个月。每天的观察均带给唐幸生强烈的印象。以前的销售培训流程需要被修改，同时更多有经验的销售人员需要被挽留。唐幸生确信马琳并没有真正意识到销售队伍中存在的问题的严重性。毕竟，过去两年同样的销售队伍创造的销售业绩非常好。然而，她似乎并没有意识到虽然这样的销售队伍在经济繁荣且少有竞争的环境下已足够了，但他们却缺乏克服目前不利状况的某些素质。正是在这一基础上唐幸生建议在次年 3 月召开一个销售会议。

唐幸生向马琳提出在会议上他可向销售人员阐述自己的看法，并列出即将发生的一些变化。这一会议也将成为这两位经理激励销售人员在今年业务不如往年的情况下，更努力地去销售的一个讨论会。他们将不得不自己去发掘业务。

马琳批准了这次会议，因为她感觉这一会议将是公司转折中一个好的起点，所以她表示乐观。就这样，时间被确定了，有关要求销售人员两周内来公司总部的 E-mail 也被发给了每一个人。

这一会议以马琳首先发言讨论公司未来而开始，她阐述了希望扩张的意愿以及影响电视安全监视业务的市场环境。接下来介绍了唐幸生。唐幸生归纳了在销售队伍中即将发生的一些变化。这些销售人员对此反应积极，这是因为他们也认为必须采取措施提高销售业绩。

唐幸生一直在等待下午的会议。这将给他向马琳演示真正问题提供了机会。他要求马琳认为最有经验的销售人员安生以角色扮演的方式进行销售推荐。唐幸生扮演客户的角色，也不刻意增加难度，只是表现出正常的兴趣或正常的抵触。正如唐所怀疑的，安生对产品并不十分熟悉，而且运用销售技巧并不熟练，在实际工作中，安生是不能实现成功销售的。

在余下来的时间内，唐幸生允许每个销售人员进行销售推荐。没有人的表现是有实际效果的。唐本来也怀疑有一些问题，但还是被他们的表现震惊了。当然，马琳也完全震惊了。她几乎不相信这些销售人员，特别是一些老销售，居然不了解产品知识，不能进行产品推荐。她开始怀疑这是否是导致销售低迷的主要原因。

这一天结束时，唐幸生对所有销售人员的表现深感不满与失去信心。就这样，在这些销售人员结束时，他在没有与马琳协商的前提下，告诉他们在下周回来后进行另一次销售推荐。同时，他希望看到进步。

第二周，15 名销售人员，马琳和唐幸生在公司总部会面。同样，唐幸生叫安生做第一个销售推荐。安生明显在销售推荐上花了一些时间，因为他的产品知识与销售技巧明显进步了。

其他人也被要求去参加与唐幸生之间的销售人员-顾客的角色扮演。除安生之外，另有 4 个人的表现也值得称赞。然而，其他人进步不大，仍然缺乏足够的产品知识和有效的销售技巧。

同样，当销售人员完成销售推荐时，唐幸生对他们表示强烈不满。他甚至将 4 个表现最差的人单独挑出来，当着整个团队的面表达了对他们的不满。

在这些销售人员走后，唐幸生对销售人员缺乏产品知识、工作热情和销售技巧表示郁闷。他和马琳都不知道接下来该怎么办。

更为糟糕的是，这 4 个被当众批评的销售人员第二天早晨就等在办公室里，他们通知唐幸生他们集体辞职，当场生效。

思考题

1. 唐幸生做错了吗？如果错了，那他错在哪里？
2. 针对现在的情况，你有什么办法帮助唐幸生解决当前的问题？

第 10 章　销售组织与薪酬

本章提要　本章首先分析了影响销售组织设置的因素和销售组织类型结构，接着介绍了确定销售人员数量的基本方法，重点分析了销售区域设计与管理的步骤。并在此基础上，介绍了现实销售活动中销售人员薪酬的基本类型和模式。

引　　例

某石油销售分公司的薪酬体系

某石油销售分公司将全部岗位划分为 6 个职系：管理职系、行政事务职系、财会职系、技术职系、销售职系及加油员职系。针对这 6 个职系，该公司对其薪酬采取分类管理的办法，即对不同类别的员工采取不同的薪酬结构形式。相应的薪酬体系分为三部分，即岗位技能工资制、提成工资制及吨油含量工资制。

1. 岗位技能工资制

岗位技能工资制的适用对象是公司的管理、行政、财会及技术职系的员工，其构成主要包括以下 6 个部分。

(1) 基本工资。用以保障员工的最低生活水平需要，是参照当地最低工资标准的相关规定确定的，约占工资总额的 20%。

(2) 岗位工资。该公司根据岗位的性质和责任的不同，将不同职系分别划分为若干等级（见表 10-1），并为不同等级设置了不同的岗位工资标准，这部分是岗位技能工资制度的主体部分，占工资总额的 50%左右。

(3) 技能工资。这一部分是根据岗位对技术水平的需要，以及员工实际具备的学历、技能水平，通过技能等级考核确定的工资（约占工资总额的 10%）。

(4) 年功工资。年功工资随着员工为企业服务年限的延长而增加，在工资总额中所占比重较低（约为 10%）。

(5) 效益工资。根据公司当年实际效益，按一定比例计提效益工资总额，再根据岗位等级进行分配。

(6) 各种津贴。包括中餐补贴、住房津贴以及各种岗位性津贴。

表 10-1　某石油销售分公司职位序列等级表

	一等	二等	三等	四等	五等	六等	七等	八等	九等	十等
管理职系	总经理	副总经理	总经理助　理	处长	副处长	高级主管	主管	主办	助理主办	员级
财会职系	—	总会计师	副总会计师	处长	副处长	高级主管	主管	主办	助理主办	员级
技术职系	—	教授级	高　级		中　级		助理级			员级

2. 提成工资制

提成工资制是针对公司的销售人员设计的，主要由两部分构成：基本工资和根据销售额按一定比例提取的奖金（其中奖金的相对比例较低）。

3. 吨油含量工资制

吨油含量工资制适用于公司所属的各加油站的加油员，也由两部分构成：基础工资和吨油含量工资。

基础工资（含各种津贴）：每月 500 元。

吨油含量工资的计算方法如下：

吨油含量工资= 与加油站全体加油员挂钩的工资基数/加油站月定额销量

加油站计提吨油含量工资= 加油站吨油含量工资 × 加油站实际销量

加油员计提吨油含量工资= 加油站计提吨油含量工资/加油站实际销量

这种薪酬体系的设计有一定的代表性，但无疑有许多不足，你觉得呢？

10.1 组织结构

10.1.1 销售组织的内涵

组织（organization）是关于群体活动的安排或运行机制，目的是使相关者一起活动的效果优于单个人单独活动的效果。对销售管理来说，组织是企业销售部门的组织，是企业内部从事销售工作的人、事、物、信息、资金的有机结合，通过统一协调行动完成企业既定的销售目标。当一群人在一个团体内为一个目标而努力时，就会产生组织的需求，为了发挥最高效率并达到销售目标，必须组织一支强有力的销售队伍，这是对一个销售管理者的要求。销售队伍中每一个销售员都是公司在某种条件下分派而来的，把这些人员组成一个团队，并使这个团队具有强大生命力是销售管理者首要的责任。一般来说销售队伍的组成比例是 2∶6∶2。第一个“2”是指优秀销售员，他们能完成整个销售额的 50%；“6”是指一般销售员，他们能完成整个销售额的 40%；后一个“2”是指落后销售员，他们只能完成整个销售额的 10%。

企业销售组织有四个重要概念：分工、协调、授权、团队。

1. 分工

公司为追求既定的利润目标，必须靠各部门分工合作才能完成。例如产品分析、采购、仓储、促销、推销、收款等工作，只有通过专业的分工，企业才能最终获得效益。产品的销售涉及促销、推销、售后服务等。客户分布在不同的区域，因此，销售人员需要分工，才能顺利完成企业的销售任务。

分工导致企业销售组织的部门化与阶层化。所谓部门化，是指企业如何划分必须做的销售工作，以及经过划分的销售工作分配给哪一个单位去做的问题。换句话说，销售组织的部门化，也就是把分配给各销售组织单位的工作的种类、性质、范围分别加以限定。

2. 协调

销售工作是一个自由度较高的工作，销售人员分布在不同的地方，更需要协调，以便按照企业的销售计划统一行动。销售经理需特别留意，要实施销售战略上的协调与业务上的联络、洽商及信息交换，以及与各部门意见的沟通，以免发生误会或不协调。总公司的销售部与分公司要联络与协调。总公司销售部的经理，应尽量找机会访问分公司或办事处，不可总是把分公司的人叫到总公司来。访问分公司时，需作必要的指示、引导、激励与慰问，不要以总公司的名义烦扰分公司的人。

分工带来工作上的绩效，但也会产生若干问题。特别是实行了目标管理后，各部门人员对公司总体目标不了解，只以部门目标为最终目标，“本位主义”妨碍到公司整体的目标。企业谋求补救之道，就是运用“协调”这一方法，使部门与部门之间协调、人员之间的协调，相互了解沟通、消除冲突、整合力量，发挥各部门力量，达成整体效果。

3. 授权

所谓授权，是授予发布命令与执行的权力。随着企业销售工作的发展与膨胀，企业内部的销售活动分工越来越细，销售组织层次不断增加，销售组织的阶层化由此产生。并逐步形成了公司销售管理层、部门销售管理层、一线销售管理层、销售作业层四个阶层，且各负其责。当销售各部门间有分歧而无法取得一致，或是销售上下层部门在执行的细节上无法协调，公司的最大效益无法获得时，企业管理当局必须建立授权制度。另外，销售人员一般远离公司独立作战，他们必须面对客户作出适当的反应，需要有决策权。因此，销售经理在分配任务时，就应当授予他们一定的权限。

4. 团队

团队可以定义为在特定的可操作范围内，为实现特定目标而共同合作的人的共同体。换言之，团队就是一些人在一起做某件事情。团队涉及销售队伍组织的策略问题，即销售人员以何种方式与目标客户接触。是单打独斗，还是采用小组销售、销售会议或销售研讨会的方式。从目前发展的趋势看，销售工作越来越需要集体活动，需要其他人员的支持配合。因此，团队形式的小组销售越来越受到重视和顾客的欢迎。

10.1.2　影响销售组织设置的因素

建立销售组织时，需要考虑以下几个因素，即商品特征、销售策略、商品销售的范围、渠道特性以及外部环境等。

1. 商品特征

不同的商品具有不同的销售特征，故应采用不同的销售组织。也就是说，在建立销售组织时，首先要考虑该商品的性质和特征。例如，本公司将出售的商品究竟是生产资料还是消费资料，是专用品还是一般商品，等等。家电企业的销售队伍结构就不同于计算机企业销售队伍的结构。特别是当产品技术复杂，产品之间联系少或数量众多时，按产品专门化组成销售队伍就比较合适。例如，柯达公司就为它的胶卷产品和工业用品配备了不同的销售队伍。胶卷产品销售队伍负责密集分销的简单产品，工业用品销售队伍则负责那些具有一定的技术含量的工业用品。

除上述内容外，还需考虑本公司预备的商品是否齐全，在预备商品的过程中是否要安排重点商品。如果商品少、重点性强，那么就要采取按地区建立组织的方式。

2. 销售策略

企业如何销售产品影响着销售组织的设计。企业是通过广告销售还是人员销售来销售产品则对企业销售组织的要求不同。例如通过广告销售产品的企业的销售人员较少，则其销售组织较简单；若是通过人员销售就要求有较多的销售人员，故销售组织结构较复杂。企业是通过中间商销售产品还是直接销售产品，其销售渠道长短的不同也会导致其销售组织不一样。例如美国安利公司采用直销形式，其销售队伍庞大，销售组织也较复杂。此外，企业的售后服务政策怎样也影响着企业的销售组织结构。

在销售策略中，影响企业销售组织结构最大的因素是销售形式。各公司为从消费者手中获得订单而互相竞争。它们必须有一套销售策略，即在适当的时间以适当的方法去拜访适当的顾客。销售代表（人员）可用以下几种办法和消费者打交道。

(1) 销售代表对一个顾客。一个销售代表通过电话或亲自拜访，和一个现存顾客或潜在顾客进行交谈。

(2) 销售代表对一群顾客。一个销售代表尽可能多地结识顾客群体中的成员。

(3) 销售小组对顾客群体。公司销售小组向顾客群体进行销售工作。

(4) 销售研讨会。公司销售小组为客户单位举办一个有关产品技术发展状况的教育讲座。

因此，企业采用什么样的销售形式则要求设立相应的销售组织。

3. 商品销售的范围

商品销售的区域范围影响着销售组织的结构。区域由一些较小的单元组成，如市或县，它们组合在一起就形成了具有一定销售潜力或工作负荷的销售区域。划分区域时要考虑地域的自然障碍、相邻区域的一致性、交通的便利性等。因此，产品销售区域范围小，则销售组织相对简单；产品销售范围大，则销售组织较复杂一些。例如，地区性的产品销售组织就不同于全国性的销售组织，而国际性的销售组织也不同于全国性的销

售组织。

4. 渠道特性

还有一个重要的问题是要考虑商品的流通渠道究竟有多宽，还要看各渠道的不同行业性质。如果渠道宽且行业性强，则要按顾客对象或商品建立销售组织。此外，如果整个企业组织采用部门制，则要考虑其部门是按商品类别还是按商品群类别建立。

5. 外部环境

企业外部环境对销售组织变化的影响较大。一般来讲，在比较稳定的外部环境中，企业的销售组织结构一旦确定，就会在一个较长的时间内发挥效用，而不会产生剧烈的变动。而在迅速变动的外部环境中，企业的销售组织乃至整个公司组织体系也会经常呈现出一种相应的变动状态。

导致销售组织变动的外部因素主要有两个：一是市场需求变化，二是竞争状况。从消费者市场来看，市场需求的变化也会影响销售组织的调整。如当家电在城市市场逐渐趋于饱和时，开拓农村市场就成为家电企业销售工作的新的增长点，一些企业相应加强了对农村市场的促销力度，并成立了专门的销售部门承担这项工作。从竞争的角度来看，企业为了谋取竞争优势，往往需要加强某一方面的销售力量或增加某些销售组织机构。例如，一些公司为了提高销售管理质量，聘请了销售管理专家，并且设立了销售策划部，以加强对企业销售工作的指导。另外，一些奉行市场跟随战略的企业，也往往会学习竞争者的销售组织设计模式，增加或调整某些销售部门。

10.1.3 销售组织的类型

1. 区域结构型组织

按地区划分销售区域是最常见的销售组织模式之一。相邻销售区域的销售人员由同一名销售经理来领导，而销售经理向更高一级的销售主管负责，图 10-1 是按地区规划的组织模式。

图 10-1 区域结构型组织

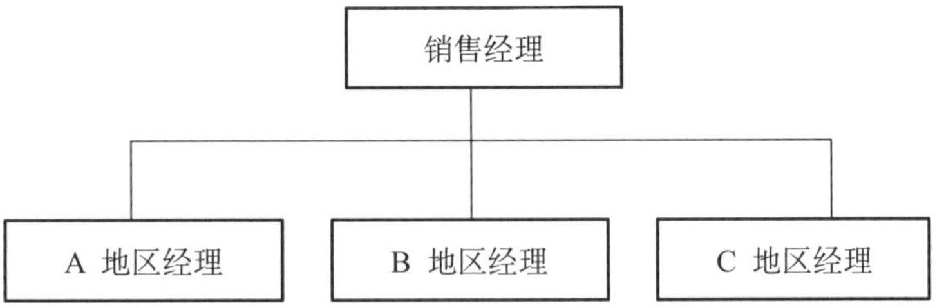

销售经理

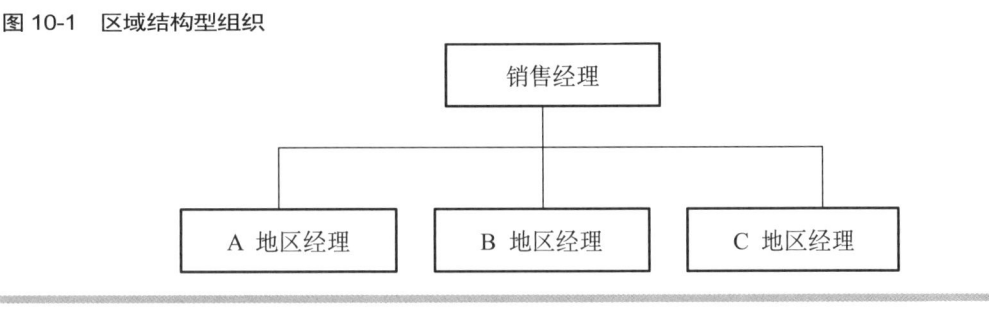

A 地区经理 | B 地区经理 | C 地区经理

这种模式的特点如下。

(1) 优点：地区经理权力相对集中，决策速度快；地域集中，费用低；人员集中，容易管理；区域内有利于迎接销售竞争者的挑战。

(2) 缺点：销售人员从事所有的销售活动，技术上不够专业，不适应种类多、技术含量高的产品。

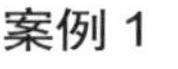

案例 1　Campbell 公司的销售组织模式变迁

Campbell 公司是一家食品零售业的供应商，它原来的组织模式是按产品来划分的，结果，往往是一家零售店被多次访问，费用较高。另外随着市场竞争的日趋激烈，零售商受当地促销活动影响很大。所以 Campbell 公司决定针对不同地区的营销状况，成立以地区划分的组织模式，取消部门经理，增设品牌经理，并赋予基层经理充分的权力，增加了地区竞争力及产品竞争力，取得了很好的效果。

可以说在考虑销售组织时，应根据各地区的情况来考虑销售组织结构。无论是采用何种形式，最终销售组织单位的分布都是根据各地区的因素而定的。那么安置在各地区的销售网点数量应为多少呢?这要由销售渠道的长度、渠道的使用形式、商品的购买特性、需求特性等因素确定，如表 10-2 所示。

表 10-2　决定销售网点数量的因素

影响的因素及其划分		销售网点数量
流通渠道的长度	长	少
	短	多
渠道的使用形式	利用型	少
	专用型	多
商品的购买特性	选择性商品	少
	非选择性商品	多
需求特性	地区集中	少
	地区分散	多

销售组织之间要统一管理，并明确下放权限。分布在各处的销售网点的称呼，通常都是与地区的各级划分相对应的，如销售部、销售分公司、销售点、经销处、办事处等。要明确这种上下级组织关系，并统一管理。统一管理就是使指示命令、销售商品的责任、功能范围和任务及指导性建议内容等明确化。

2. 职能结构型组织

职能结构型的销售组织就是按照不同职能组建的销售组织，如销售业务科、销售计划科、宣传推销科、售后服务、客户管理等。销售人员不可能擅长所有的销售活动，但有可能是某一类销售活动的专家，基于这种思路，有些公司采用职能型组织模式。由于这种组织模式管理费用大，因此，经济实力小的公司不宜采用；规模较大的公司，由于销售队伍庞大，很难协调不同的销售职能，较多采用这种模式。

图 10-2 显示了按职能划分的销售组织模式。

图 10-2 职能结构型组织

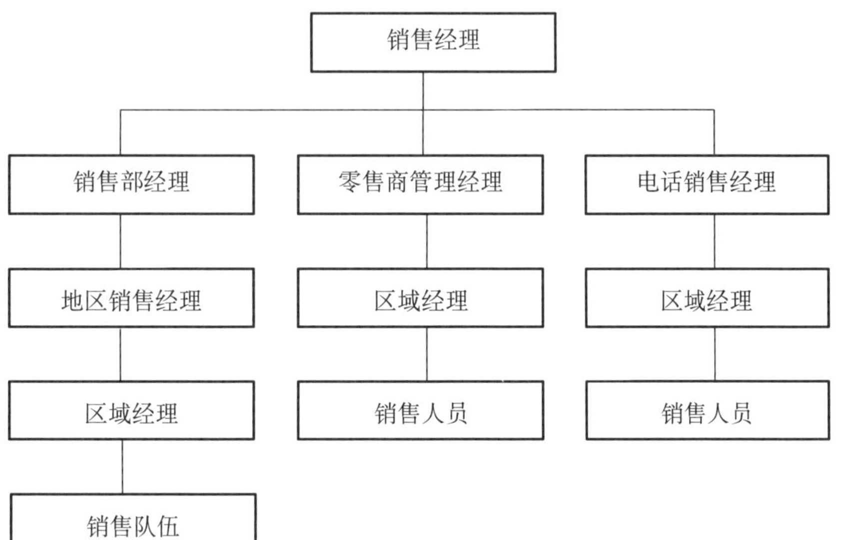

建立不同职能销售组织的条件有以下五个方面：

(1) 企业规模比较大，需要将销售所需的各种职能专门化，并需辅助经营者和管理者；

(2) 销售分公司、经销处、办事处广泛分散在各地区，并且销售网点较多；

(3) 生产的商品或经营的商品品种繁多，需要突出个性、体现差别；

(4) 销售人员的素质水平高，可以根据各种销售职能指示完成指标；

(5) 根据各种销售职能所建立的销售制度已成为其他竞争公司的竞争焦点。

这种销售组织模式既有优点又有缺点。其优点是销售职能可以得到较好地发挥，并可进行专门而合理的销售活动，因而销售活动分工明确，有利于培养销售专家。其缺点是：指示命令系统复杂，如果各职能间失调，就会发生混乱；责任不明确；销售活动缺乏灵活性等。

要想使不同职能的销售组织有效地发挥作用，就应注意以下几点：

(1) 给各职能之间设定明确的职能范围，密切进行相互之间的联系和调整；

(2) 使指令系统一元化，避免因繁多的指令而造成不必要的混乱；

(3) 使销售组织的运行带有灵活性，避免迟缓和不适宜的情况出现。

此外，职能型组织结构也可按销售活动的功能类型划分，如图 10-3 所示。

3. 产品结构型组织

所谓产品结构型的销售组织是指按照不同商品或不同的商品群组建的销售组织，比如 A 商品销售部、B 商品销售部、C 商品销售部等。但是在一些情况下，其基层组织会按地区来划分。

建立不同产品销售组织的条件有以下四个方面：

(1) 公司商品的种类之间性质明显不同，如家电和食品；

图 10-3 职能型销售结构组织

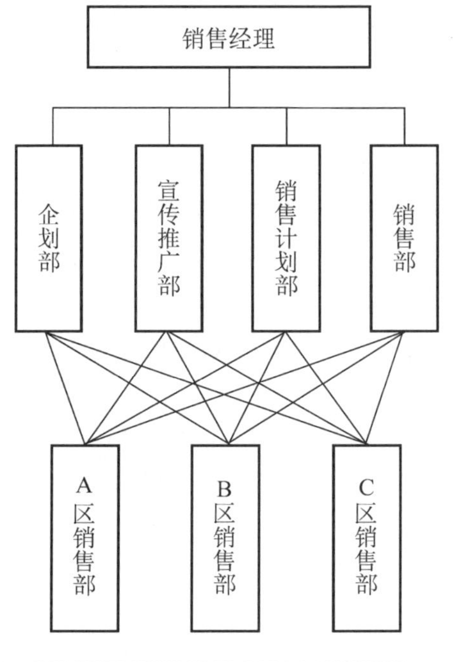

(2) 各商品的销售方法和销售渠道不同，如化妆品和计算机的销售渠道和方法就不相同；

(3) 各商品的销售技巧不同，或是必须具备特殊的销售主体条件（销售工程师）；

(4) 商品打人市场较晚或是在市场的处境不佳。

产品结构型销售组织适用于拥有多种品牌或生产多种产品的企业，尤其是对于产品品种较多或产品品种差异较大的企业更为有效（见图 10-4）。

图 10-4 产品结构型组织

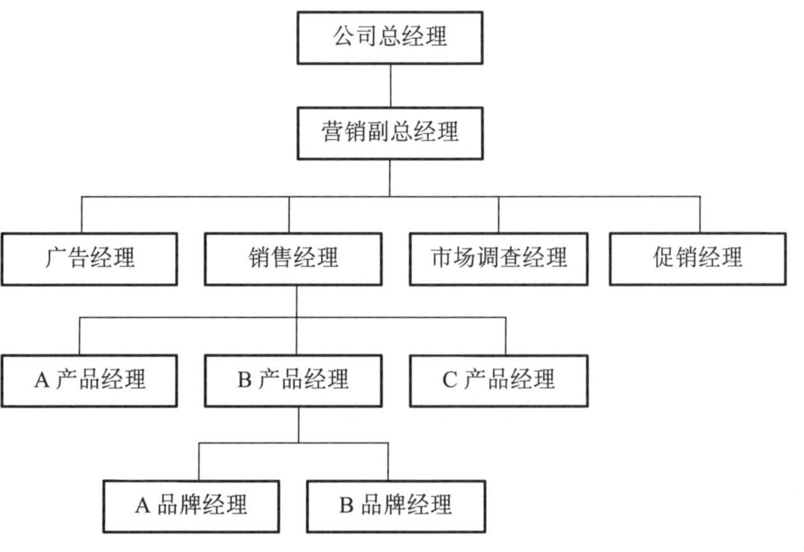

案例 2　**宝洁公司的产品结构型销售组织**

1927 年，美国的宝洁公司按照产品式组织机构来从事企业的营销活动。当时，宝洁公司推出了一种佳美牌的新型肥皂，但是，这种新产品的销售非常不好。后来，公司任命了一位名叫纳尔 · H.麦克埃尔罗伊的年轻人（后来升任宝洁公司总经理）来专门负责这种新产品的开发与销售，结果他的工作取得了巨大成功。于是，宝洁公司又针对其他产品项目增设了新的产品经理。从那时起，这种组织机构形式流行开来。食品、卫生用品以及化学制品等行业纷纷采用了这种方法来组建其营销部门。

产品型销售组织是在职能型销售组织的基础上发展而来的，一般来讲，它具有这样几个优点：

(1) 由于各个产品项目有专人负责，所以那些较小的产品一般也不会被忽视；

(2) 专人负责某项产品，可以使得该产品营销组合的各个要素更加协调，因此产品经理更加贴近市场，对市场的反应更为迅速；

(3) 容易实现销售计划，便于进行着眼于追求利润的商品管理，而且还易于进行生产与销售之间的调整；

(4) 产品型销售组织是年轻的经理人大展宏图、一试身手的场所。

然而，产品型销售组织机构也有一些弊端，比如，成本支出费用较高；产品经理对其他营销职能部门的依赖性较强；许多销售人员要应付同一位顾客，浪费人力且会使顾客感到麻烦；销售人员的视野会逐渐狭窄，他们在销售活动中会逐渐缺乏灵活应用的能力；由于产品经理的频繁更换，造成营销活动缺乏连续性。因此，不同产品结构型销售组织的运用关键在于以下三点：

(1) 在实施销售部门和计划销售部门之间进行认真的调整；

(2) 越是基层销售组织，按商品建立组织就越不适宜，应调整与不同地区组织要素和不同顾客组织要素之间以及按商品分管制度之间的关系；

(3) 设法提高销售人员灵活销售的能力。

4. 顾客结构型组织

顾客结构型的销售组织是根据不同顾客对象组建的销售组织。对不同的顾客销售相同的产品，但由于顾客的需求不同，销售人员所需要掌握的知识也不同，企业按顾客类型规划销售组织模式，便于销售人员集中精力服务各种类型的顾客，从而成为服务于某类顾客的专家。图 10-5 说明按顾客类型规划的组织模式。

在下述三种情况下可以组建这种类型的销售组织：

(1) 针对各销售活动的对象要求的销售技巧不同；

(2) 商品的关联性强，或是在商品的处理和采用方面有较强的关联性，能够进行关联性销售；

(3) 本公司的商品在市场上处于强有力的地位。

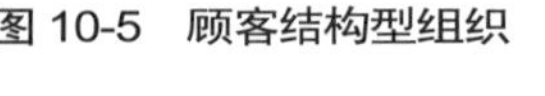
图 10-5　顾客结构型组织

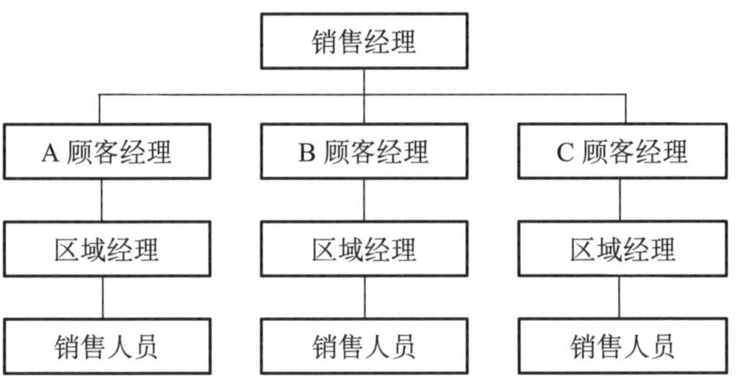

顾客结构型的销售组织具有以下优点：

(1) 更好地满足顾客需要，有利于改善交易关系；

(2) 可以减少不同销售渠道之间的摩擦；

(3) 易于展开信息活动，为新产品开发提供思路；

(4) 易于加强销售的深度和广度。

然而这种类型的销售组织也有缺点：

(1) 商品政策和市场政策由于受销售对象的牵制而缺乏连贯性；

(2) 由于负责众多的商品，销售人员的负担加重；

(3) 销售人员要熟悉所有产品，因而培训费用高；

(4) 主要消费者减少带来的威胁较大，且不同销售对象之间无法进行商业活动；

(5) 销售区域重叠，造成工作重复，销售费用高。

因此，在运用顾客结构型的销售组织时要注意以下几点：

（1）要看清整个市场、整个行业、整个公司的潮流和动向；

（2）不要造成销售人员只专一项，其他方面不闻不问，而应发展多项能力；

（3）不要搞成偏向销售对象的销售活动。

无论企业采用以上哪种类型的销售组织，都必须视企业的特性、对客户的服务、企业的产品与市场的组合而定。上述四种形式的销售组织各有利弊，企业可根据实际情况决定选择一种适合自己的销售组织形式，也可以是四种形式的综合。选择时可以参考表 10-3 进行。

表 10-3　销售组织结构分类表

市场 \ 产品		品种・产品差异：小	品种・产品差异：大
渠道・客户数・差异	小	区域型组织	区域型・产品型组织
		职能型组织（跨两列）	
	大	区域型・顾客型组织	区域型组织，采用区域型・顾客型混合的组织

专题 1

销售组织的新发展

1. 巡回销售与派驻人员制度

1）巡回销售

企业的销售环境会不断发生变化，例如本公司下属的颇有成绩的商店在销售渠道中出现的变化、本公司商品或经营商品的需求领域的变化、商品使用方式的变化以及与竞争商品关系的变化等。这些条件变化对于本公司的重点商品和核心商品的销售产生了影响。因此，要在确定特定重点商品和时间的基础上，以销售渠道和用户为对象展开巡回销售活动，以便公司在出现这些变化的情况下，使销售措施具体而合理化。

巡回销售活动就是定出特定的重点商品和巡回时间的活动。其目的在于以下几点。

（1）完善本公司商品或经营商品的销售渠道。

（2）加强对各经销商店的销售业务管理，创造并确保各销售店不断售出商品的态势。例如开辟新的销售渠道，寻找新的顾客；促使最初经营的商店连续经营，最初使用的顾客不断使用这些产品。

（3）进一步挖掘现有需求领域的潜力，开辟特殊的需求领域。例如，动员现有销售渠道经营新产品，号召现有客户采用新产品。

（4）收集各巡回对象的信息。

在进行巡回销售活动时需注意以下问题。①定期进行这种巡回销售活动（一年一次或两次），根据各商店的信息和情况编制销售预算，将其纳入公司的整个销售活动的体系中。②明确巡回销售小组与有关销售组织的关系。③明确任务的优先顺序，突出活动的主题，并将活动标准和活动程序编成手册以实施事前教育训练。④将信息汇总后进行分析，并根据巡回销售活动的结果来筹划和制定各项具体对策以及以地区市场为单位的销售战略。

2）派驻人员制度

在考虑销售组织的设立时，需考虑派驻人员制度。派驻人员制度就是在重要的销售点周围或地区布置销售人员，使其承担销售活动，而无需经常去公司上班，也叫派驻推销员制度。厂方人员派驻管理以及组建经销商专业经销代表队伍是许多外企，特别是日化类公司（如宝洁、联合利华、强生、金百利、高露洁）销售政策的重点，派驻的厂方代表通过管理经销商及其下属销售代表，最大限度地实现网点覆盖和产品的最佳陈列。由于经销商专业销售代表的奖金由厂方代表通过协同拜访考核发放，厂方所要求的铺点陈列、POP 等目标一般也能被较认真地贯彻执行。这种制度一般是在必须依靠有限的人员负责广泛的地区和需要直接掌握市场和销售渠道等情况下实施的。

派驻人员制度可使销售活动更为有效。其成功的关键在于结构、任务分配和管理系统的完善。参与派驻人员制度的人员中，管理者的任务是：每天向派驻人员发出指示并上报情况；接受联系；向所处理项目的各有关部门发出指示；出席定期的报告和协商会议；出席公司的销售战略会议和全国性销售会议等。

派驻人员的任务是：承担销售人员的一般性任务，巡回走访销售活动对象；接受每天的

指示并报告活动的结果；定期出席报告和协商会议；出席公司的销售战略会议和全国性销售会议等。

3）团队销售

团队销售（team selling）受到越来越多的企业的重视，它是企业巡回销售和派驻人员制度的发展。销售团队将进行销售访问所需要的合适人选和资源集中起来，可以使顾客很快得到大量的信息、建议、意见，甚至还有决策服务。销售团队的建立首先要求团队目标明确，其次要选择合适的人选，团队成员要有合作意识。最后，要加强领导和控制，保证销售团队能顺利运行。

2. 利用外部销售组织

一般企业在建立销售组织时只是着眼于公司内部，而忽视了公司外部销售组织资源的利用。随着竞争的加剧和合作意识的兴起，许多企业将本公司外部的批发商、零售商和客户组织起来，形成销售组织的补充队伍，以使销售组织发挥更大的作用。这是因为通过被组织起来的客户进行销售，其销售效果更好，还可挖掘出新的销售措施和诀窍。

1）将批发商纳入企业的销售组织体系之中

这是指在企业的批发商中，根据特别有影响的特约销售商、特别合作商等标准将这些批发商组织起来。这些被特别组织起来的批发商，可作为整个特约商政策渗透和组织化的媒介，也可作为特殊措施的试验点和检查本公司设想及措施方案的基地。

2）零售店的组织化

同批发商的组织化一样，它也是将特别有影响的零售商店和特别合作零售商店组织起来。其目的是：开辟有效的现场推销方法；开拓有效的橱窗陈列；开发有效的销售用具；投放新产品时进行销售试验，等等。

随着顾客主导市场局面的来临，一些公司加强了与最终客户的合作，从而出现了最终客户的组织化。它是指将大客户组织起来，或将现有客户中愿意合作的组织起来，作为介绍新客户和反复购买商品的关键性单位。此外，还可起到试验性基地的作用，可以用来开拓新商品，开拓现有商品的有效推销方法和有效的销售用具以及有效的商品陈列等。

20 世纪 90 年代，随着战略联盟的兴起，企业利用外部销售组织的方式也发生了变化，出现了销售联盟。销售联盟是指处于同一营销渠道的两方或多方成员（供应商与分销商）之间通过签订协议的方式，形成风险-利益联盟集团，按照商定的销售策略和游戏规则，共同开发市场，共同承担市场责任与风险，共同调整和规范销售行为，并共同分享销售利润的一种销售战略。如企业与批发商、零售商进行联合销售，共同开发市场；与最终用户通过协议形成一个俱乐部式的联系（会员制）进行动作，互相遵守游戏规则，互相协调，互相信任，共同发展，达到买卖双方共赢的目的。

3. 辅助性销售组织的发展

在现代市场营销观念的指导下，现代企业的销售组织无论是采用职能型模式，还是地区型模式；无论是产品型模式，还是职能型模式，其组织设计的一个基本特点，就是注意辅助性销售部门（即服务于一线销售工作部门）的发展。这些部门包括：销售参谋机构（如销售企划部或市场研究部）、信息处理机构、顾客服务机构或客户呼叫中心、产品促销机构，等等。实践证明，这些机构的设立，对于增加销售部门的技术含量，提高销售决策的科学化程度是必不可少的。

4. 销售组织的网络化

伴随着企业实力的进一步增强，竞争加剧。为了更好地服务于顾客，销售组织的发展将逐步趋于网络化。从横向看，网络化组织表现出越来越完善的功能性特征，并分别获得相对独立的发展。除了传统的企划、服务、市场调研、广告活动外，还会增加诸如营销投资、渠道辅导等方面的机构。一些专业性的辅助机构也获得迅速的扩充，进而有可能成立专门的公司，并作为企业的一项新增业务获得发展。从纵向看，网络化销售组织表现出更为复杂的综合性特征。从销售组织设计的方法上看，既要考虑到功能分化的要求，又要体现区域化销售的特征，还得体现企业产品多元化的要求；从市场范围看，既要考虑国内销售的要求，又要反映国际化经营的大趋势；从组织控制的角度看，既要不断完善企业自身的销售组织，又要充分发挥社会销售网络的功能。

（资料来源：熊银解，查尔斯·M.富特雷尔. 销售管理. 2版. 北京：高等教育出版社，2005）

10.2 确定销售人员的数量

对于一个公司，特别是销售型公司来说，销售人员是公司最有价值的资产，同时随着销售人员数量的增加，成本也会增加，因此，必须合理地确定销售人员的数量。

对于销售人员人数的确定，可以采用以下三种方法。

1. 销售目标分解法

销售目标分解法是根据企业的年度销售目标，并预测平均每位销售人员所能完成的年销售额来确定销售人员的数量的一种方法。具体计算公式是：

销售人员数量＝企业年销售目标÷每位销售人员的年平均销售额

公式中，企业年度销售目标在公司的战略目标中已经确定，关键是确定每位销售人员的年平均销售额。每位销售人员年平均销售额的确定，必须根据每个企业的具体情况和市场环境的状况来综合考虑；同时，也可以借鉴其他方面的信息，如可以根据本企业销售人员前几年或者同行业竞争对手现在的销售状况来考虑。

2. 工作总量分解法

工作总量分解法是根据销售人员要完成的销售目标，估算所必须付出的工作总量，再结合每个销售人员的工作负荷，以此来确定销售人员的数量的一种方法。具体的步骤如下：

(1) 将顾客按年销售量分类；

(2) 确定每类客户每年所需的访问次数，这反映了与竞争对手公司相比要达到的访问密度是多大；

(3) 每一类客户数乘上各自所需要的访问数便是整个地区的访问工作量，即每年的销售访问次数；

(4) 确定每一个销售人员每年可进行的平均访问次数；

(5) 将总的年访问次数除以每个销售人员的平均年访问数即得所需销售人员的人数。

具体计算公式是：

销售人员数量＝企业年度工作总量÷每位销售员的平均年访问数

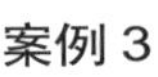

案例 3

某企业共有客户 1 000 个，这些客户按其重要性可分为 3 类，A 类客户有 200 个，每年需进行 36 次访问，B 类客户共有 400 个，每年需要进行 24 次访问，C 类客户有 200 个，每年需要进行 12 次访问。如果每位销售人员每年的平均访问次数为 400 次，则可确定该企业需要的销售人员的人数：N＝（200×36＋400×24＋200×12）÷400＝48（人）

3. 边际销售额-成本法

边际销售额-成本法是根据增加一名销售人员所创造的边际销售额和企业所付出的成本来确定销售人员数量的一种方法。当增加一名销售人员所创造的边际销售额大于企业为该名销售人员所付出的成本时，就应该招聘一名销售人员。据此可以推断出，最佳销售人员的数量应该满足下面的公式：

该名销售人员所创造的边际销售额＝企业为该名销售员所付出的成本

在上面的公式中，关键在于确定销售人员的数量变化与销售额之间的变化关系，以及销售人员数量变化与该企业为销售人员所付出的成本之间的变化关系。

可以看出，以上三种销售人员数量的确定方法各侧重点有所不同：销售目标分解法是从完成销售目标所需人数来考虑的，注重结果；工作总量分解法是从实现目标所需工作量来确定人数的，注重过程；边际销售额-成本法注重从经济的角度来考虑。在实际应用中，必须根据企业的实际情况来选择合适的方法。

10.3 销售区域设计与管理

销售区域设计与管理是企业销售组织战略得以实现的关键因素。不合理的区域设计，不仅会导致销售成本的增加，还会浪费销售人员的时间，影响销售人员的销售效率。由于直接销售成本上涨、交通费用较高以及时间资源有限，销售经理必须关注如何设计和管理销售区域。

10.3.1　销售区域的概念

销售区域也称区域市场或销售辖区，它是指在一段给定的时间内，分配给一个销售人员、一个销售分支机构或者一个分销商的一群现实及潜在顾客的总和。销售区域可以有地理界限，也可以没有地理界限。企业一般将总体市场划分为多个细分市场，通过估计每一个细分市场的潜力及企业自身优势，选择目标市场，确定企业在竞争中的定位。一个销售区域可以被认为是一个细分市场。一个销售区域包括分派给一名销售员的一个顾客群或是一个地理区域。具体分类方法如下。

1. 按地区划分

这是指定销售区域的最普通方法，它是根据有形的（路或河流）或假设的 （邮政编码或地区的界线）范围来划分不同销售区域的边界。对零售销售人员，其销售地区性范围可能是门市部或交易厅。如果是从事汽车零售，地区性范围可能被称作展览厅或下一个未经预约而来的客户。

2. 按行业划分

这种销售区域分配的方法不是根据它们的地区位置，而是根据它们所从事的业务类型将潜在的客户予以划分。例如，一名销售员可能向获得经销特许权的汽车商销售，也可以向汽车使用者销售。又例如，对销售石油化学制品的销售人员，他的销售区域可能由产品的最终用户、产品的经销商和另一些经销商构成。

3. 按产品划分

根据这种安排，已经使用某种特定产品或服务的公司（如网络服务器）被指定给某个特定的销售员。换句话说，是根据使用特定产品（如某种会计软件、管理信息系统软件）的潜在客户建立起来的销售区域。

4. 按客户名单划分

按客户名单划分即将销售员限制在目前客户的名单之内。在某些情况下，对这张客户名单而言，销售人员同时扮演“农夫”和“狩猎者”的角色。

不属于上述任何一种，或是以上几个部分的组合。一个公司可能会简单地认为任何一个准客户对一名设法先于其他人建立最初联系的销售员来说，就构成了他的销售区域。例如，在房地产的销售中，如果某销售人员得到了那些准客户的名单，这就属于该销售人员的销售区域。在这种情况下，销售区域的划分要能够保证不会有多个销售员同时与一个准客户打交道，同时更重要的是不会让一批准客户同时没有人上门服务。

虽然销售区域有不同的划分方法，但在许多企业里，销售区域通常却是按地理界限来设计的。小企业在发展之初，无需设计销售区域来控制销售人员的活动。随着企业规模发展壮大和市场的扩张，采用销售区域管理方式的优点就越来越突出。有的企业发展到相当规模，产品技术先进、结构复杂，它可能会采用产品标准型或市场标准型的组织方式，但仍然有必要按地理界限来设计销售区域。

10.3.2 销售区域的作用

销售区域设计对于销售队伍的士气、企业为顾客服务的能力及销售业绩的评价与控制都有很大的影响。依照合理的标准设计销售区域，按销售区域管理销售队伍，至少有以下几个方面的好处。

1. 有利于获得全面的市场覆盖

由于目标市场的每一个销售区域都由专人负责，就不会有被忽略或遗忘的销售“死角”。此外，好的销售区域设计可以促使销售人员提高工作效率，为企业创造更大利益。销售人员会致力于开发自己的市场领土，而不必担心会出现“自己栽树，他人乘凉”的局面。每位销售人员对特定的销售区域负责，可以更好地了解每个客户的需要。大多数客户也愿意与固定的销售人员建立长期往来，而不喜欢每次与不同的销售人员打交道，因为那样相互间难以建立起了解与信任。这也意味着，区域设计应该具有长远眼光，销售人员的安排也应相对稳定，以防止销售人员的短期行为。

2. 对销售队伍士气的影响

销售区域设计对销售人员的利益有极大影响。若销售区域的好坏造成销售人员收入的悬殊差距，就会打击销售队伍的士气。销售员是他们所管销售辖区的业务经理，他们负责保持和增加销售量。销售员的任务是明确规定了的。他们知道顾客位于何处以及每隔多久去访问他们，他们还知道预期的业绩目标。这能提高销售员的业绩和士气，即一旦销售人员被赋予对所在区域全体客户负责的重任，就会很自然地唤起销售人员的责任感。销售人员会很乐意地努力工作以使客户满意，客户的满意与信任让销售人员获得成就感，感到工作是有意义的，从而更倾力于自己的工作。同时，明确的区域划分体现了权责一致的原则。各区域销售人员感到目标明确，相互之间不会发生争夺顾客的恶性竞争的局面。

3. 有助于改善访问质量，提升客户关系

销售人员对客户的定期访问会得到客户的信任。对客户而言，销售人员就是公司。以宝洁公司为例，当顾客购买时，他要找的是销售人员而不是宝洁公司的办事处。与某企业的销售人员打交道就是与该企业打交道，客户购买该企业的产品往往不是由于对该企业或该企业产品的偏爱，而是基于对这位销售人员的信任。销售人员一旦与客户之间建立起长期合作与信任的关系，企业也就留住了该客户。当顾客受到定期访问时，公司的商誉和销售额有望提高。在顾客看来，经过几年努力后，一些销售人员建立起了极高的信誉，为此预期顾客会推迟下订单，因为他们知道销售人员将在每个月的某一天或是某一特定时间前来谈生意。

4. 有利于降低营销费用

因为每一个销售区域由指定的销售人员负责，就可以避免不同销售人员对各客户的重复访问。销售人员可以细心设计访问路线，尽量减少和合理利用旅行及等待的时间，从而降低销售成本。不仅如此，一对一的访问还可以在客户心目中树立起统一的企业形象。

5. 对销售业绩评价与控制的影响

按地理标准设计的销售区域，使得按地区收集销售数据比较容易。企业将不同区域的数据资料进行统计汇总和对比分析，可以很清楚地看出本企业在竞争中的优势和劣势。然后针对不同区域的问题，设计新的营销计划。此外，还可以将本企业不同地区的销售额与市场销售总额相对比，评价每个销售人员的个人业绩。同时，销售区域管理还有利于成本分析和成本控制。企业通过对各销售人员在不同销售活动中花费的时间与成本的分析，可以设计出更好的方案，提高工作效率，降低销售成本。并为科学地规划销售队伍规模提供数据支持。

当然，销售区域管理方式也有局限性，并非对所有企业都适用。首先，销售区域

管理的上述优点与销售区域自身设计是否妥当有关。销售人员的活动范围被限制在各自的销售区域内，其销售业绩很大程度上受到区域特点的影响，进而影响到对销售人员业绩的评价及销售人员获得的薪酬是否公平。其次，在以销售人员的人际关系为基础设计的销售方式中，没有必要按地理标准划分销售区域。比如保险销售人员和房地产销售人员总是将亲朋好友作为首批客户，销售人员的社交圈子就是其销售区域。对于采用直销方式的企业而言，比如玫琳·凯公司采用美容师直销的方式销售化妆品，就没有为每位销售人员（即美容师）划分销售区域。

10.3.3 销售区域设计

1. 销售区域设计的基本原则

1) 公平合理原则

销售区域设计的首要原则是公平合理、机会均等。这一原则主要体现在两个方面：①所有销售区域具有大致相同的市场潜力，所有销售区域工作量大致相等。只有当市场潜力相等时，不同区域的销售人员业绩才有可比性；②所有区域工作量大致相等则可避免“贫富不均”，减少区域优劣之争，提高销售队伍士气。

2) 可行性原则

销售区域设计的可行性原则，一是销售区域市场要有一定的潜力。销售经理一定要了解市场潜力在哪里，有多大，如何利用才能使市场潜力变成销售需求，以实现销售收入。二是销售区域的市场涵盖率要高。销售经理一定要明确与客户联系的方式，要与公司的每一位潜在客户进行联系。三是销售区域的目标具有可行性，一定要使销售人员经过努力可以在一定时间内实现。

3) 挑战性原则

销售区域目标的设置要体现出实现目标的过程，要具有挑战性，使销售人员有足够的工作量，同时使每个销售人员能够通过努力工作取得合理的收入。

4) 目标具体性原则

销售区域的目标应尽量数字化、明确、容易理解。销售区域目标一定要明确，销售经理一定要使销售人员确切地知道自己要达到的目标，并且尽量把目标数字化。

2. 销售区域设计的步骤

销售区域的设计过程一般分成下面几步（见图 10-6）。

1) 选择控制单元

首先将整个目标市场（如整个国内市场）划分为若干个控制单元，划分原则是宜小不宜大。①如果控制单元过大，有可能会将市场潜力小的地区包含到市场潜力大的地区中去，造成控制单元内市场潜力分布不均匀，反之亦然。②便于灵活调整初步分配方案。控制单元太大，就不容易调整均衡。另一方面，如果控制单元太小则会无谓地增加工作量。

划分控制单元的目的是为了按照一定标准将它们组合成销售区域。一般可以选择省、市、区、州、县等行政区域或邮政编码区域作为控制单位。当然也可以根据本企业实际情况设计划分控制单元的标准。两个常用的划分控制单元标准是：现有客户数和潜

图 10-6　销售区域设计的步骤

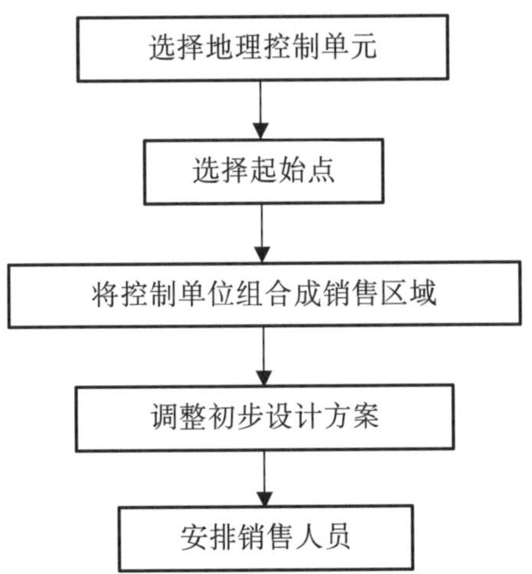

在客户数。利用现有客户数可以很好地估计目前的工作量，潜在客户数则只能是预测值。这一工作应由营销调研部门来完成。一般来说，工业品市场客户数量比较少，购买比较集中，因此市场潜力估计相对容易一些。而对消费品市场的估计就要困难一些。由于实际销售额不能很好地反映工作量及市场潜力，所以一般不用作分配标准。此外，地理面积、工作量等也可以作为分配标准。

2) 选择起始点

起始点是销售人员设计客户访问路线的出发点。合理的起始点应该是使访问总路线最短、访问成本最低的地点。一般有如下几种选择：

(1) 以销售人员的居住地为起始点。这种方法有两个好处：一是可以节省重新安家的费用，二是销售人员可以兼顾工作与家庭。

(2) 以大城市为起始点。大城市可能是销售区域中市场潜力最大的部分，交通与信息交流比较方便。

(3) 以主要客户所在地为起始点。在这种情况下，往往以主要客户所在地作为销售人员的工作生活基地，再加上周围其他次要控制单元构成一个销售区域。如工业品销售往往以某一大客户所在地为起始点。

(4) 以销售区域的地理中心为起始点。在各个控制单元内客户分布比较均匀时，可以考虑这种办法。

3) 将相邻控制单元组合成销售区域

选定起始点之后，接下来的工作是将邻近的控制单元组合成销售区域。在这一过程中，设计者必须牢记划分标准。如果以客户数量为标准，在将邻近起始点的控制单元组合到该区域中时，一定要考虑各区域之间客户数量的平衡。那些位于几个起始点之间的控制单元就是调整平衡的砝码。

依照划分标准将每一个控制单元都组合到各个起始点之后，就完成了销售区域的初步设计。

在初步设计完成后，各个销售区域依据某一划分标准已经达到平衡。但一般而言，仅仅满足一个标准的平衡还是不够理想的。需要在兼顾其他标准的基础上进一步调整，

使之达到更高要求。比如说初步设计的销售区域具有大致相等的客户数，可是各销售区域地理面积却相差悬殊，销售经理希望各区域在客户数相等的同时，地理面积也能大致相当，以平衡各区域的工作量。他可以将客户规模最大的销售区域中一个地广人稀客户较少的控制单元重新划分给一个地理面积较小的区域，以达到新的平衡。如果面积大的区域正好与面积小的区域相邻，而且符合条件的客户正好处于两区域交界处，新的平衡就很容易实现。否则，就可能要同时调整好几个区域才能成功。

要协调各个区域的销售量就要做工作量分析。做工作量分析时首先要做客户分析。销售经理即使不能对所有客户逐个进行分析，至少要对大客户进行分析，按分析结果将客户分类排队，并以次此结果为依据来制定有区别的客户政策。除了总销售潜力标准外，也可以采用其他标准进行客户分类，只要这些标准能够准确反应工作量与销售成果之间的关系就可以了。表 10-4 就是一种常用的客户分析表。

表 10-4 客户分析表

客户代号	客户分类	总需求量①			本企业所占份额②			本企业销售额③=①×②			总销售潜力④=X+Y+Z
		X	Y	Z	X	Y	Z	X	Y	Z	
001	C	200	100	300	0.10	0.30	0.20	20	30	60	110
002	B	400	300	100	0.20	0.30	0.40	80	90	40	210
003	A	700	200	500	0.30	0.20	0.40	210	40	200	450
…	…	…			…			…			…

将表 10-4 中各类客户汇总可得客户分类汇总表，即表 10-5。

表 10-5 客户分类汇总表

客户分类	客户数量
A	20
B	60
C	250

各类客户数量统计出来之后，按照公司客户政策规定的各类客户的访问频率以及每次访问的时间，计算出整个销售区域的工作量。

4) 调整初步设计方案

要保证市场潜力和工作量两个指标在所有销售区域的均衡，用手工来做是很困难的。虽然利用手工作业来寻找最佳方案有一定的难度，但通过努力至少可以使修正后的方案优于初次设计方案。比较常用的有以下两种方法。一种方法是改变不同区域的客户访问频率，即通过修改工作量的办法来达到平衡，因为市场潜力已经达到平衡了。另一种方法是用试错法连续调整各个销售区域的控制单位以求得两个变量同时平衡。如果还要兼顾更多标准，调整过程就更加复杂了。这种情况下一般采用“渐近法”：先将标准排出优先次序，比如先满足工作量大致相等，再考虑客户数或地理面积的平衡。然后遵循上述步骤设计出满足工作量平衡要求的初步方案，再用反复试错的方法满足第二、三标准的要求，逐步接近目标。

5) 分派销售人员

直到现在为止，我们都假设销售人员的能力没有差异。然而，实际情况是销售人员在能力和工作效率方面存在明显差异。销售区域设计的最后一步要做的就是如何将销售人员分配到特定的销售区域中去，让他们各尽所能，创造出最好的销售业绩。

在实际操作中，这项工作将会遇到很多麻烦。因为销售区域与销售队伍都不是一朝一夕建立起来的，而是随着企业成长不断发展扩张的。假如企业已经建立了一支稳定的销售队伍，每个销售人员已经在各自的销售区域中工作。此时再来重新设计和分配销售区域，那么可以设想，若新旧方案差异较大，则无论新方案多么科学合理，实施起来都会遇到很大阻力。另外一种情况是，当企业刚刚成立时，虽然没有新旧交替问题，却也没有可靠的数据资料，也难以设计出精确的方案。

归根到底，销售组织设计和人员配置问题，因其对象是敏感而且素质差异很大的销售人员，因而涉及微妙的管理艺术问题，单纯依靠历史数据和计算方法是很难达到理想境界的。

10.3.4 销售区域管理的步骤

在设计了销售区域之后，就涉及销售区域的管理问题。企业如何进行销售区域管理呢?在企业实际操作上，有以下三个执行步骤。

1. 规划公司的销售区域

以行政区域、山川地理、商业交易习惯、种族文化等条件相符合为划分标准，可将市场划分为若干销售区域。销售区域的划分，要优先考虑符合市场因素，其次是要考虑公司的销售策略。当外界的市场因素改变或公司策略改变，此销售区域的规划也要进行检查，以适应公司策略，获取最大的绩效。

2. 确定每个销售人员的责任辖区

在公司的某个销售区域，一般有多位销售人员，如何将此销售区域适当地分配至每一位销售人员呢?必须考虑销售人员的工作状态（何种工作）与工作负担能力（巡回辖区面积，经销商数量）。每位销售人员的业务多半是负责商品介绍与促销、承接客户订单、销售服务、信息反馈等工作，由于涉及许多经销商拜访工作，所以每位销售人员在进行销售工作时，必须对销售路线加以科学的规划。企业为达到有效销售，必须考虑“销售区域”、“销售人员数目”、“销售人员的销售路线”三者加以妥善的协调。

由于销售人员的绩效是与拜访（经销商）客户成正比关系，所以，公司在规划销售人员的责任辖区大小时，要考虑“经销商数量多少”、“经销商分布的密度”、“拜访次数多少”、“每位销售人员当天出勤时间多少”、“销售定额多少”等因素，例如每人每天拜访 10 家经销商，每月拜访 200 家经销商，若经销商数量多，而销售人员数量不足，势必无法“深耕”市场。

除“拜访经销商效率”外，另一个考核量是“配送效率”。由于商品配送是一种实体运输功能，配送周期与配送距离的相关性是相当高的，例如 30 公里是半天的配送范围，那么 60 公里就得花费一整天的时间来处理。如果把距离延长 100 公里的话，销售人员的责任辖区就会加大，工作量加多，在销售业务工作与销售人员数量就应加以调整。

3. 设计销售业务人员负责辖区的销售路线

在美国企业中，销售业务人员的责任辖区可能“跨州”，而在我国的企业，其销售业务员的巡回责任辖区，可能要“跨省”。一旦划分销售责任辖区后，销售人员必须对所负责辖区的经销店加以有效经营，对各个经销店视重要程度、任务不同，分别进行销售路线的拜访。

一个销售人员一般要负责为多个客户服务。客户散布于销售区域内，设计一条从起始点出发，经过所有当天要拜访的客户后又回到起始点的访问路线，可以节约时间、降低销售费用。如果销售人员采用分类法管理客户，意味着对不同等级客户的访问频率是不同的。那么，销售人员就面临设计每天访问路线的问题。

1) 销售路线的功能

销售路线是指销售员每天或每月按照一定区域内的路线，对客户加以巡回拜访，以便完成每天或每月所订的销售目标。采取“销售路线”做法，具有以下功能：

(1) 掌握每一经销店、零售店的销售态势与销货量的变化，作为设定未来销售目标的基础；

(2) 作为新产品上市及实施促销活动的路线及经销点、零售点选择的基础；

(3) 对客户提供定期、定点、定时的服务；

(4) 作为铺货调查的依据，能彻底了解经销店、零售店的存货周转及其消化速度。

2) 设计销售路线的步骤

(1) 绘制“销售责任辖区地图”。销售人员可将所在辖区的商业地图备齐，然后用彩色笔绘制出销售业务员本身的“销售责任辖区地图”。再将销售辖区内各个经销商照实际街道地图加以标示。在图上同时标出“竞争对手的经销店”和“本公司的经销店”（用不同的颜色标出）。根据此地图就可以估算出本公司在此辖区内的市场活动战略与竞争强弱。

(2) 设计“销售责任辖区地图”内的销售活动顺序。销售人员在责任辖区内的销售活动，包括拜访、推销、送货、收款、服务等，应设计具体活动路线，使销售工作有计划、有效率地加以执行。销售路线图有三种基本的模式，即直线模式、苜蓿叶模式和主要城区模式，如图 10-7、图 10-8 和图 10-9（图中的 C 代表客户）。

3) 销售路线的设计要求

(1) 通过销售拜访路线，逐户拜访销售责任辖区内的经销商，建立起客户资料库（包括地址、负责人、销售内容、类型、业绩、占地面积、进货接洽人、收款单位等）。

(2) 以销售地图方式，圈出此责任辖区地图，将经销商按地址逐一标明在此地图上。

(3) 整理区域内经销商（客户）的资料，以便决定拜访顺序和拜访周期。

图 10-7 销售路线的直线模式

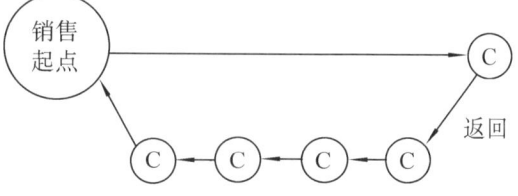

图 10-8　销售路线的苜蓿叶模式

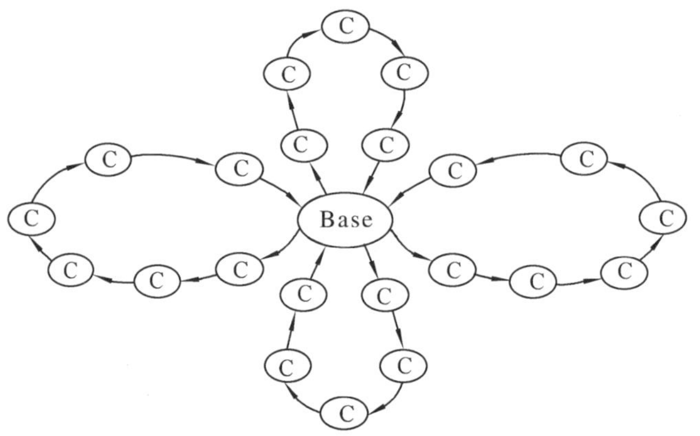

C：客户。Base：销售人员的办公地点（每条叶形线路的客户在一天内拜访）

图 10-9　销售路线的主要城区模式

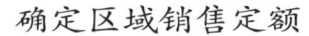

(4) 每条销售路线的划分，以辖区销售人员能照顾到为原则，销售人员依此销售路线逐一拜访客户。为顺利完成任务和提高销售效率，每一条销售路线所规划里程数应有所限制（如销售圈在 50 公里以内）。

(5) 销售人员的“责任辖区分配”与“销售路线”并不是一成不变的，而是应根据市场的变化和公司营销战略的变化而进行调整。

专题 2

确定区域销售定额

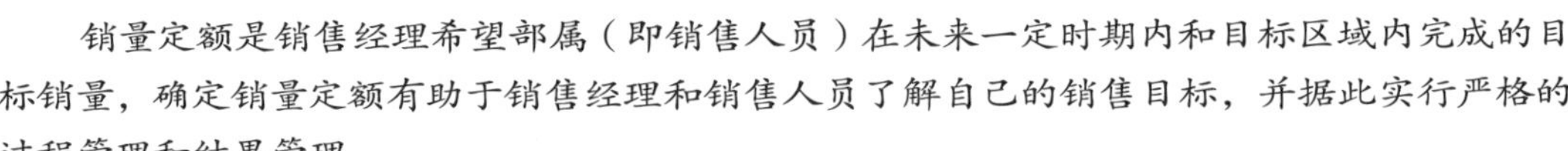

销量定额是销售经理希望部属（即销售人员）在未来一定时期内和目标区域内完成的目标销量，确定销量定额有助于销售经理和销售人员了解自己的销售目标，并据此实行严格的过程管理和结果管理。

如何才能确定公正、合理、兼具挑战性和激励性的销售定额呢？概括地说，销售经理在确定销售定额时须综合考虑以下因素：区域产品的历史；区域购买力指数；本企业各产品销售目标；本企业各产品推广安排；本企业各区域关键客户（大客户）的收支分析；本企业销售人员及区域收支分析；本企业产品和产品组合收入分析。

企业通常以区域为基础来确定各区域的目标销量，然后再把区域目标销量分解到个人手头，所以，确定区域销售定额是一个关键。通常，确定不同销售区域销售定额的方法有三种：目标市场占有率法；销售构成比法；市场指数法等。

1. 目标市场占有率法

这是以“目标市场占有率”为基础的一种计算方法，具体步骤如下（可参考表10-6中的数据来理解）。

(1) 确定各区域“市场需求构成比（A—各区域市场容量占行业市场总量的百分比）”、“目标市场占有率（B—本企业在该区域市场上的目标占有率）”、“目标区域整体市场占有率（$C=A\times B$）”。

(2) 求出不同区域“市场构成比（A）”与“目标市场占有率（B）”的乘积，即可得到“区域实际占有率（C）”。

(3) 把各“区域实际占有率（C）”相加即可得到“企业实际占有率（D）”（本表中的企业实际占有率为20.5%），以“企业实际占有率（D）”为分母、“区域实际占有率（C）”为分子，即可算出各“区域市场定额指数（E）”。

(4) 各“区域市场定额指数（E）”求出后，就可以此为基准把目标销售额或销量按区域进行分解。如果目标销售额为1 000万元，则甲区域的目标销售额=1 000×61%=610（万元）。

表 10-6　根据目标市场占有率确定定额指数

区域	市场需求构成比 A	目标市场占有率 B	区域实际占有率 C	区域定额指数 E
甲	50 %	25 %	12.5 %	61 %
乙	30 %	20 %	6 %	29 %
丙	20 %	10 %	2 %	10 %
合计	100 %	55 %	55 %	100 %

2. 销售构成比法

这是根据各区域几年来“销售构成比”的变化趋势来推测下一年度各区域的“销售构成比”，并以此百分数为基准将目标销售额分解到各区域的一种分配法。这是企业实际最常用的一种方法，但是，这种方法尽管考虑了历史及变化趋势，它还是具有很大的主观性，对销售经理的经验要求较高（可参考表10-7）。

表 10-7　销售构成比法

区域	销售构成比/（%）					销售构成比的趋势/（%）
	2001 年	2002 年	2003 年	2004 年	2005 年	
甲	30	31	29	30	28	29
乙	50	45	40	35	30	24
丙	20	24	31	35	42	47
合计	100	100	100	100	100	100

按照表10-7中的数据，如果企业2006年全年的目标销售额为1 000万元，则：甲区域的目标销售额为290万元；乙区域的目标销售额为240万元；丙区域的目标销售额为470万元。

3. 市场指数法

这是以各区域市场实际因素为基础来计算“市场指数”，从而确定分配额度的一种方法。常见的区域市场因素包括常住人口、工资收入、区域零售额等。“市场指数法”是一种比较理想的分配法，具体来说，它可以分为“单一因素法”和“组合因素法”。

“单一因素法”是以单一市场因素为基准来计算“市场指数”的方法，此法相对简单，本文不做赘述。例如，如果只选择“人口数量”这一市场因素，则各区域的“市场指数”就是各区域市场的人口总数占所有区域市场人口总数的百分比。“组合因素法”是通过多项市场因素的组合来计算个区域“市场指数”的一种方法，这种方法相对复杂，多种市场因素举例如表 10-8 所示。

表 10-8 组合因素法

区域 \ 因素	人口数量/人	工资水平/元	零售店销售额/元
A	7 800	3 900	4 600
B	3 900	1 250	1 800
C	3 300	1 350	1 600
合计	15 000	6 500	8 000

具体来说，“组合因素法”又包含评分法、构成比法等 2 种方法。

(1) 评分法（如表 10-9 所示）

表 10-9 评分法计算表

区域 \ 因素	人口		工资		零售店销售额		合计
	实数	百分比值	实数	百分比值	实数	百分比值	百分比值
A	7 800	156	3 900	180	4 600	173	509
B	3 900	78	1 250	58	1 800	68	204
C	3 300	66	1 350	62	1 600	60	188
平均	5 000	—	2 166	—	2 666	—	总计 901

评分法的基本步骤如下。

① 求出各要素的平均值。

② 求出各区域要素占该平均要素的百分比。

③ 算出不同区域各要素百分比的合计，然后对各区域的合计值求总和。

④ 把各区域合计的百分比值与总计百分比值相比，所得值即为各区域的“市场指数”。

例：A 区域的“市场指数”=（509÷901）×100%=56.5%

(2) 构成比法的基本步骤如下。

① 求出各要素的不同区域的构成比。

② 以上一步求出的值乘以各因素的权数。

③ 以第二步求出的各值按不同区域进行加总，并算出不同区域占该加总的百分比，即可得到市场指数（定额指数）。

例：如果人口、工资、零售额 3 种市场因素的权重分别为 0.2、0.5、0.3，那么，A 区域

的 3 种“市场因素构成比”分别计算如下：

人口因素构成比=（7 800 ÷ 15 000）× 100% × 0.2=10.4%

工资因数构成比=（3 900 ÷ 65 000）× 100% × 0.5=30%

零售额因素构成比=（4 600 ÷ 8 000）× 100% × 0.3=17.3%

合计：57.7%（即 A 区域的市场指数为 57.7%）

总之，销售经理应该设法使各区域销售定额尽可能显得公平、可行、易于理解、灵活。具体来说，“公平”是指销售定额能真实地反映区域市场的销售潜力，“可行”是指定额可行且具有一定的挑战性，“易于理解”是指大家容易理解定额数量及其中的道理，“灵活”是指能依据环境的改变而改变以保持士气，“可控”是指能检查执行情况以便于采取措施。

10.4 销售薪酬

薪酬是销售经理管理销售人员的有效手段之一。好的薪酬制度一方面能稳定销售队伍，另一方面能提高管理效率，调动销售人员的积极性，从而达成公司的销售目标。

销售人员每天面对的大部分都是突发性的问题和各式各样难以想象的客户，每一笔生意的成交经过可能都不太一样，每天所发生的事情都没有办法事先预料，每天遭遇的困难甚多，因此人员流动率通常都比公司其他人员高得多。要想留住这些销售人员，必须给予公平合理的薪酬待遇，让他们所付出的辛劳与所获得的薪酬成正比，进而调动销售人员的积极性和创造性。

10.4.1 销售薪酬的含义、作用与类型

1. 销售薪酬的含义

销售薪酬是指销售人员通过在某组织中从事销售工作而取得的利益回报，包括工资、佣金、津贴、福利及保险和奖金。

企业销售人员的薪酬通常包括以下几个部分。

(1) 基础工资。这是相对稳定的薪酬部分，通常由职务、岗位及工作年限决定，它是销售薪酬的基础，是确定退休金的主要依据。

(2) 津贴。这是工资的政策性补充部分。如对有高级销售职称的人员给予职称津贴、岗位津贴、工龄津贴、地区补贴、国家规定的价格补贴，等等。

(3) 佣金。这是根据销售员工的销售业绩给予的薪酬，它有时又称销售提成。对销售员工来讲，佣金一般是销售薪酬的主体。

(4) 福利。这通常指销售员工均能享受，与其贡献关系不太大的利益，如企业的文化体育设施、托儿所、食堂、医疗保健、优惠住房等。福利一般是根据国家政策来给予的。

(5) 保险。这是指企业在销售员工受到意外损失或失去劳动能力以及失业时为其提供的补助，包括工伤保险、医疗保险、失业保险等。

(6) 奖金。奖金是根据销售员工的业绩贡献或根据企业经济效益状况给予的奖励，有超额奖、节约奖、合理化建议奖、销售竞赛奖、年终综合奖、荣誉奖等。

由此可见，销售薪酬不仅仅限于薪金，而且还包括其他方面的回报。一个企业的销售薪酬的实施对其销售竞争优势有长远的影响。

2. 销售薪酬的作用

销售薪酬是一种奖励，而受到奖励的行为对销售队伍的稳定起着最有效的作用。因此，设计和实施一套有效的销售薪酬制度是非常必要的。

(1) 激励员工，保证企业营销目标顺利实现。由于销售薪酬不仅决定销售员工的物质生活条件，也是一个人社会地位的决定因素，是全面满足销售人员生理、安全、社交、自尊及自我实现需要的经济基础。因此，薪酬是否公平合理对销售人员积极性影响很大。适度的销售薪酬能激发销售人员的工作热情，他们会超额完成任务，从而保证企业利润目标的实现。因此，适度薪酬成为许多企业制定薪酬制度的出发点。

(2) 保证销售人员利益的实现。一般来讲，销售人员利益实现主要来源于销售薪酬。销售人员的薪酬追求动机是比较复杂的，他们既要获得物质利益（保障生活稳定），又要获得事业的发展、职位的升迁和人际关系的改善。因此，企业制定了销售薪酬制度后，能达到稳定销售队伍，完成企业销售目标的目的。

(3) 简化销售管理。合理的销售薪酬制度能大大简化销售管理工作。销售活动是一种复杂的经营活动，涉及的费用方式也比较复杂，如果没有一定的薪酬制度，势必会使销售费用和销售人员薪金的管理非常复杂，操作起来也很费劲。所以，有了薪酬制度，可以使这些复杂的管理工作变得简单，销售经理会有更多的时间去加强对销售活动的管理，以提高工作效率。

销售薪酬是否合理关系到一个企业（部门）能否吸引、保持高素质销售员工队伍，能否有效调动销售员工积极性的重大问题。销售薪酬不合理可引起一系列后果（见图10-10）。因此，企业管理人员必须高度重视销售薪酬工作，力争把它做好。

图 10-10　销售薪酬不合理产生的后果

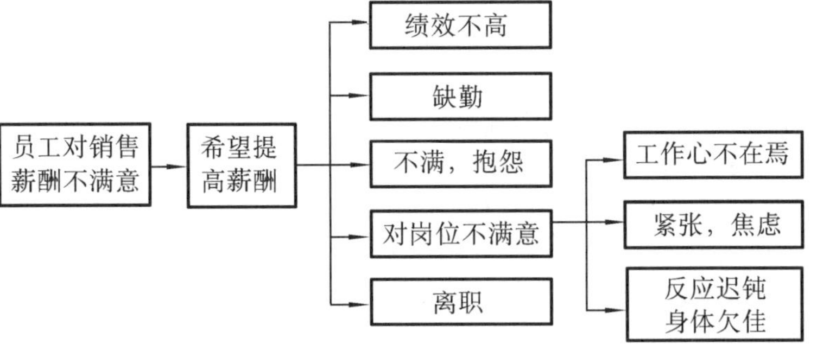

3. 企业销售薪酬的类型

企业的销售薪酬制度涉及三个方面的问题：一是从销售人员的角度来看，希望获得稳定而较高的收入；二是从管理人员的角度来看，力求销售成本的降低；三是从消费者的角度看，希望从销售人员手中以较低价格获得自己所需要的商品。可见这三者的追求目标并不一致，正是由于这种目标之间存在的固有矛盾，使得建立一套合理的薪酬制

度成为一件比较复杂的事情。

根据企业的实际经验，销售薪酬的类型大体有以下几种。

1) 纯粹薪水制度

纯粹薪水制度又称固定薪金制度，是指无论销售人员的销售额是多少，其在一定的工作时间之内都获得固定数额的薪酬，即一般所谓的计时制。固定薪酬的调整主要依据对销售人员的表现及销售结果的评价。

当企业销售人员需为顾客提供技术或咨询意见或需负担很多销售推广工作时，单纯的薪水制度是最适合的薪酬制度。这种制度也适用于销售人员从事例行销售工作，如驾驶车辆分送酒类、饮料、牛奶、面包和其他类似产品的情况。当公司生产的是大众化的产品而且容易推广时，销售员不需花太多时间和工夫向客户说明，生意就可能迅速成交，在这种情况下，公司会偏向于采用“不发佣金”的固定薪金制度。

纯粹薪水制度的优点是：易于操作，且计算简单。销售人员的收入有保障，易使其有安全感；当有的地区有全新调整的必要时，可以减少敌意；适用于需要集体努力的销售工作。

纯粹薪水制度的缺点是：缺乏激励作用，不能继续扩大销售业绩；就薪酬多少而言，有薄待绩优者而厚待绩差者之嫌，显得有失公正；若不公平的情形长期存在，则销售员流动率将增高，而工作效率最高的人将首先离去。

2) 纯粹佣金制度

纯粹佣金制度是与一定期间的销售工作成果或数量直接有关的薪酬形式，即按一定比率给予佣金。这样做的主旨是给销售人员以鼓励，其实质是奖金制度的一种。

公司聘用销售员时如果销售的重点是获得订货单，而销售以外的任务不太重要时，佣金制度常被广泛的采用。如服装业、纺织业、制鞋业，以及医药业、五金材料的批发业等。有些无实际产品的行业如广告、保险和证券投资业，便完全采用佣金制度。

单纯佣金制度最大的优点是对业务员提供了直接的金钱鼓励，可以促使他们努力提高销售量。采用本制度，销售能力高者可较薪金制获得更多的薪酬，同时能力低者也可获得与其能力相对等的薪酬。虽然采用佣金制初期销售人员的变动率会加快，但仔细分析，离开者大都是能力低的销售人员。这种制度的适应面大，可为多种类型公司采用。

佣金可根据销售额或销售数量（毛额或净额）来计算。其计算可以是基于总销量，也可以是基于超过配额的销货量，或配额的若干百分数。佣金也可以根据销售人员的销售对公司利润的贡献来定。支付佣金的比率可以是固定的，即第一个单位的佣金比率与第 100 个单位的佣金比率都一样；也可以是累进的，即销售量（或利润贡献等）越高，其佣金比率越高。比率也可以是递减的，即销售量越高，其比率越低。与此同时，佣金比率也应顾及产品性质、顾客、地区特性、订单大小、毛利量、业务状况的变动等。

纯粹佣金的支付方法有如下三种。

(1) 保证提存或预支账户。让销售人员预支一定金额，将来由其所得佣金偿还。如果所得佣金大于预支金额，则不必归还其差额，实际上与纯粹薪水方法相似。

(2) 非保证提存或预支账户。销售人员必须偿还全部预支金额，如果本期佣金不足偿还，可递延至下期清算。所以预支金额实际上相当于一种借款形式。

(3) 暂记账户。每个月给予各销售人员一定的金额，记入该人员暂记账户的借方；每位销售人员每月应得的佣金，应记入本账户的贷方。年底结账时，如果有贷方余额，

应补发给该销售人员；如果借方有余额，可以注销如同保证预支账户，也可递延至下年度结算，如同非保证预支账户。

纯粹佣金制度的优点是：富有激励作用；销售人员能获较高的薪酬，能力越高的人赚的钱也越多；销售人员容易了解自己薪水的计算方法。控制销售成本较容易，可减少公司的营销费用。

纯粹佣金制度的缺点是：销售人员的收入欠稳定，在销售波动的情况下其收入不易保证，如季节性波动、循环波动；销售人员容易兼差，同时在好几个企业上班，以分散风险；销售人员推销其本身重于推销公司的产品，因为若推销自己成功，可提升自身价值；这类销售人员往往身带好几种名片，代表好几家公司，销售不同种类的产品；公司营运状况不佳时，业务人员会纷纷离去；增加了管理方面的人为困难。

3) 薪水加佣金制度

纯粹薪水制度缺乏弹性，对销售人员的激励作用不够明显，而且纯粹佣金制令销售人员的收入波动较大，销售人员缺乏安全感。薪水加佣金制度则避免了前两种制度的不足，它是一种混合薪酬制度。

薪水加佣金制度是以单位销货或总销货金额的一定百分比（一般较小）作佣金，每月连同薪水一起支付，或年终时累积支付。

薪水加佣金制度的优点是：与奖金制度相类似，销售人员既有稳定的收入，又可获得随销货额增加而增加的佣金。其缺点是：佣金太少，激励作用效果不大。

4) 薪水加奖金制度

薪水加奖金制度是指销售人员除了可以按时收到一定薪水外，还获得许多奖金。奖金是按销售人员对企业作出的贡献发放的。

薪水加奖金制度的优点是：可鼓励销售人员兼做若干涉及非销售的销售管理的工作。其缺点是：销售人员不重视销售额的多少。

5) 薪水加佣金再加奖金制度

薪水加佣金再加奖金制度兼顾了薪水、佣金和奖金的优点，是一种比较理想的薪酬制度。薪水用来稳定销售人员，而利用佣金及奖金可以加大对销售人员的激励程度，以促进工作总体成效的提高。这种方法被许多企业所采用。

它的优点是：给销售人员提供了赚取更多收入的机会。可以留住较有能力的销售人员；销售人员同时领有固定薪金，生活较有保障；奖励的范围加大，使目标容易依照计划达成。

它的缺点是：计算方法过于复杂；除非对渐增的销售量采用递减的佣金，否则会造成销售人员获利不成比例；销售情况不好的时候，底薪太低，往往留不住较有才能的人；实行此制度需要较多有关记录报告，因此提高了管理费用。

6) 特别奖励制度

特别奖励就是规定薪酬以外的奖励，即额外给予的奖励。这种特别奖励在国外是以红利的形式出现的，它可以和前面任意一种基本薪酬制度结合使用。

企业给予的额外奖励分为经济奖励及非经济奖励两种。经济奖励包括直接增加薪水或佣金，或间接的福利，如假期加薪、保险制度、退休金制等。非经济奖励的方式很多，如通过销售竞赛给予销售人员一定荣誉——记功、颁发奖章及纪念品等。额外奖励可根据销售人员超出配额的程度、控制销售人员费用的效果或所获得新客户的数量等

来决定，它一般有以下三种形式。

(1) 全面特别奖金。全面特别奖金是指企业在特殊的时间里，如圣诞节、春节或年底，不计盈利率发给所有销售人员的奖金。可以是付给每名销售人员同样数额的奖金，也可以是根据现在的工资和在本公司工作时间的长短来支付奖金。例如美国普强公司向那些在公司工作了一到两年的销售人员发放一份相当于他们年薪的 1.5%的圣诞红利，工作了两年或三年的人得到的则是年薪的 2%。有的企业这个百分比会高至 8%。这种奖励是单独支付的，与雇员的业绩无关。

(2) 业绩特别奖励。这是一种与业绩相关的奖励，有很多种形式，但按照是奖励给个人还是集体，可以把它们分为个人业绩特别奖和集体业绩特别奖两大类。奖金的发放不仅可以按销售额或所售数量，还可以按毛利率或销售业绩评估、开发的新客户数、公司或地区销售单位的收入或销售额以及某种产品的销售额来计算。集体业绩特别奖的发放是为了培养团队销售精神，一般是按照销售区域来发放的。

发给一个销售地区的奖金数额，可能是把它的业绩同组织内其他销售地区的业绩相比较而确定的。然后，地区销售经理会按业绩再分给每个销售分区一定数额。分区经理则会把这份分区奖金平均分给全体销售人员，或是根据销售人员的个人业绩分发。

(3) 销售竞赛奖。销售竞赛是一种特别销售计划，它给销售人员提供奖励，促使他们实现短期销售目标。这些奖励包括证书、现金、物品或旅游等。有时竞赛时间会长达一年，这种奖励是除正常薪酬外额外给予的。美国每年花在销售竞赛上的奖金有数百万美元，整个行业通常会把其中的 35%用于进行销售奖励，其中 78%用在商品奖励上，22%用在旅游奖励上。

销售竞赛是一种有效的激励方式，它能够促使销售人员在工作中更加坚持不懈地去努力。管理部门可以指导销售人员去推销某些特殊商品（如滞销品）或从事某些有利于推销的非销售性活动，这都是在平时没有竞赛刺激的情况下他们所不愿做的事情。竞赛还可以促使销售人员为达到竞赛目标、赢得额外奖，而工作更加勤奋，工作时间更长。销售竞赛对于销售人员还产生了几种间接的影响。许多销售经理认为，特别奖励和这些竞赛都能增进他们所在的销售集体的团队精神及销售人员对工作的兴趣和对工作的满足感，并降低缺勤率和人员变动率。

特别奖励制度的优点是：鼓励作用更为广泛有效，常常可以促进滞销产品的销售。其缺点是：奖励标准或基础不易确定，有时会引起销售人员的不满以及管理方面的困扰。

专题 3

新进销售人员薪酬法——瓜分制

所谓“瓜分制”，就是企业将全体新进销售人员视作一个整体，确定其收入之和，每个员工的收入则按贡献大小占总贡献的比例计算，其计算公式为：个人月薪＝总工资×（个人月贡献／全体月贡献）。例如，某公司共有 6 名新进销售人员，公司根据市场和竞争对手的具体情况，确定 6 人月收入之和为 9000 元。当月 6 人完成的销售额分别为 10 万元、11 万元、12 万元、10 万元、16 万元、11 万元，则第一位销售人员的月薪为：9000 元×10 万元／（10

万元＋11 万元＋12 万元＋10 万元＋16 万元＋11 万元）＝1286 元。其他销售员薪酬依此类推可算得。

薪酬“瓜分制”剔除了市场环境因素的影响，站在同一起跑线上的新进销售人员，只要付出努力，就能在固定的总收入中占据较大份额。如此，既强化了新进销售人员之间的竞争，也提高了他们的积极性。当然，为保障新进销售人员的基本生活水平，提高他们的职业安全性，还可进一步将瓜分制与混合制结合，其计算公式为：个人月薪＝固定工资部分＋（总工资－总固定工资）×（个人月贡献／全体月贡献）。如上例中，如将每个销售员固定工资定为 500 元，则第一位销售人员的月薪计算方式为：500 元+（9000 元－500 元×6 人）×10 万元（10 万元+11 万元＋12 万元＋10 万元＋16 万元＋11 万元）＝ 1357 元。

总之，在将销售人员的薪酬与绩效指标量化的结果挂钩时，计算基数是企业降低销售费用和提高薪酬激励性、竞争性之间的平衡点。当销售人员的激励薪酬部分在企业销售费用中所占比重不大时，可将计算基数定的高一些，反之则稍低。计算基数的确定方法最好是透明的，以增加员工的公平性，提高员工满意度。

将销售人员绩效的量化结果同薪酬水平挂钩，回答了员工在企业的绩效管理中常常会提出的“我将得到什么？我的利益是什么？”。当员工看到组织所期望的目标由于较好的落实而得到回报时，与绩效相匹配的薪酬才会变得真实。即使他们会对那些得到更多奖励的人做出嫉妒或愤愤不平的反应，但是他们会承认管理层对绩效考核计划和薪酬计划都是认真的。于是，在下一个考核期，他们会更用心。这个时候，他们会开始问一些与绩效考核有关的问题，如它到底是怎么回事儿，以及如何才能得到更令人满意的绩效等。于是，他们才会在将来成为积极的参与者。与绩效考核相匹配的薪酬计划把组织所期望的绩效指标转化为行动。

10.4.2　销售薪酬制度建立的原则

建立了一套比较好的薪酬制度，经过若干时间之后又会发生变化。也就是说，目前情况下令人满意的薪酬制度，可能一年或两年之后就变成无效的了。但是如果经常加以调整，不但实施起来比较困难、费用较高，而且也会令销售人员感到无所适从，因此销售薪酬制度的建立应遵循一定的原则。

1. 公平性原则

薪酬应制定在比较客观现实的水平上，使销售人员感到他们所获得的薪酬公平合理，企业的销售成本也不至于过大。也就是说既不让销售人员感觉到吝啬，又要不给人以浪费感。只有这样才能使销售费用保持在既现实又较低的程度上。因此，薪酬制度要达到销售人员的薪酬与其本人的能力相称，并且能够维持一种合理的生活水准。同时须与企业内其他人员的薪酬相称，不可有任何歧视之嫌。

2. 激励性原则

薪酬制度必须能给予销售员一种强烈的激励作用，以便促使其取得最佳销售业绩，同时又能引导销售人员尽可能地努力工作，对公司各项活动的开展起积极作用。当销售表现良好时，销售员期望能获取特别的薪酬。企业除了赋予销售人员稳定的岗位收入以

外，要善于依据其贡献大小而在其总体薪酬上进行区分，给予数额不同的额外薪酬（奖励）。这是销售薪酬制度真正实现激励作用的关键。当然，至于额外薪酬的多少，要依据综合的因素进行评定，但绝不能采取简单化的做法，认为奖励越高，激励也就越大。

激励性原则还表现在销售薪酬制度必须富有竞争性，给予的薪酬要高于竞争对手的规定，这样才能吸引最佳的销售人员加入本企业的销售组织。

3. 灵活性原则

薪酬制度的建立应既能满足各种销售工作的需要，又能比较灵活地加以运用。即理想的薪酬制度应该具有变通性，能够结合不同的情况进行调整。实际上，不同企业的组织文化、经营状况、期望水平、市场风险存在很大的差异，导致不同行业或企业之间薪酬要求的不同。因此，企业在具体的薪酬方式的选择上，应对各种相关因素进行综合的评估，并进行科学的决策。这样的薪酬制度可以引起销售人员对顾客兴趣的注意，同时也易于执行。

4. 稳定性原则

优良的薪酬制度要能够使销售人员每周或每日有稳定的收入，这样才不至于影响其生活。因为销售量常受一些外界因素影响，销售员期望收入不会因这些因素的变动而下降至低于维持家计的水平。企业要尽可能地解决销售人员的后顾之忧，除了正常的福利之外，还要为其提供一笔稳定的收入，而这笔收入主要与销售人员所工作的销售岗位有关，而不与其销售业绩发生直接联系。

5. 控制性原则

销售人员的薪酬制度应体现工作的倾向性，应能对销售人员的努力指引方向。薪酬制度应能使销售人员发挥潜能，提高其访问效率。因此，薪酬制度的设立应能实现企业对销售人员的有效控制。企业所确立的销售薪酬制度，不能以牺牲必要的控制能力为代价，这是企业保持销售队伍的稳定性并最终占有市场的关键。为了实现这一点，企业必须承担必要的投入风险，而不能把绝大部分风险转嫁给销售人员。

10.4.3　销售薪酬制度建立的程序

由于行业、产品、区域、公司的差异性，世界上没有完全相同的销售薪酬制度，更没有十全十美的、可同时满足公司管理阶层和销售人员全部需求的薪酬制度。一套优良的薪酬制度，在理论上能够顾及到双方的各种利益，但在实务上很难完全顾及。虽然如此，只要我们在设计销售薪酬制度时从实际出发，遵循一定的程序，还是可以建立一套令人满意的薪酬制度的。建立销售薪酬制度的程序如图 10-11 所示。

由图 10-11 可以看出，建立销售薪酬制度的第一步是明确销售薪酬的目的、战略和策略。为此首先要确定企业销售队伍的目标和计划，即根据公司的销售目标决定需要多少销售人员，设立什么样的销售组织，完成什么样的销售任务。接着是确定销售薪酬制度要达到什么目的，采取什么战略与策略。

第二步是分析影响销售薪酬的主要因素，即要分析工资水平、工资结构、销售人员的要求和管理程序等主要因素对销售薪酬制度的影响。

图 10-11　销售薪酬制度建立的程序

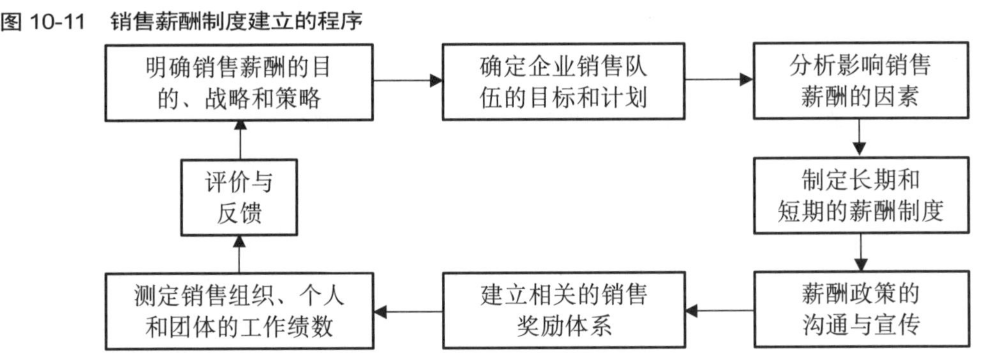

第三步是制定长期和短期的薪酬制度。长期的薪酬包括工资和福利，如基本工资、退休金、养老金和医疗保险等；短期的薪酬包括红利和奖金。薪酬制度制定后要与销售人员进行薪酬政策的沟通与宣传。

第四步是建立销售的奖励体系，即工资的升降、相关的奖励政策等。

第五步是测定销售组织、个人和团体的工作绩效，即了解这样的薪酬制度是否有利于销售工作绩效的提高。

第六步是评价与反馈，即通过销售工作绩效的测定看现行的薪酬制度是否有效，分析存在的问题与不足，提出改进建议。

10.4.4　销售薪酬的目标模式

薪酬制度是影响销售人员流动率的最主要因素之一，要想留住销售人员，并使其创造良好的销售业绩，除了企业要有发展远景规划外，还要通过“薪金”与“奖励”的巧妙搭配建立适当的薪酬模式。在我国当前的市场经济条件下，企业销售薪酬目标模式大体上存在四种具体的类型，适合于不同的企业或企业的不同经营时期，企业可以根据实际情况或发展进程，选择不同的销售薪酬模式。

1. 高薪金与低奖励组合模式

这种模式比较适合于实力较强的企业或具有明显垄断优势的企业。如海尔集团销售人员的薪酬制度就属于这种模式。通常企业形成了比较良好的文化氛围，并为销售人员提供了良好的福利和各项保证，从而使销售人员在社会公平的比较中获得明显的优越感、归属感和荣誉感。正因为如此，即便企业所提供的额外奖励幅度较小（通常相当于岗位工资的 20%～50%），该薪酬方式也能具有较大的激励作用。

2. 高薪金与高奖励组合模式

这种薪酬模式通常适合于快速发展的企业。这种企业发展迅速，市场扩张快，需要不断加强对销售队伍的激励力度，以扩大对市场的占有和击败竞争对手。同时，处于发展中的企业又必须加强对销售人员的行为控制，以确保企业战略的实现。实行这种薪酬模式的企业往往具有较大的凝聚力和团结作战的能力，因而要求销售人员具有较高的文化素质，能够准确理解公司的战略意图。该薪酬模式除了其岗位工资高于其他行业或企业外（甚至高于公司内其他岗位的员工），其额外奖励的幅度通常大于岗位工资的 50%，甚

至数倍。

3. 低薪金与高奖励组合模式

这种薪酬模式具有准佣金制的性质，销售人员的薪水不仅低于其他行业或企业，也可能低于公司内其他岗位的职工。这些薪金主要用于弥补正常的生活开支，甚至仅仅相当于部分促销补贴。在一些企业，其数额仅仅当于企业平均工资的1/4～2/3。但这种模式的奖励幅度比较大，可以达到员工销售额的3%～10%。这种薪酬模式通常适合于保险、汽车、房地产、广告等服务行业，也适合处于衰退期的企业或产品采用，有助于企业收回应有的收益或减少可能的损失。在市场竞争比较激烈、企业具有一定优势而管理力量较为薄弱的情况下，也可以采用这种模式。

4. 低薪金与低奖励组合模式

推行这种薪酬模式的企业，经营状况一般不是太好，或者正处于企业创业的困难时期。尽管从社会的角度来看，这种薪酬方式处于劣势，但由于该薪酬模式很可能是依据企业的实际而确定，因而如果做好宣传说明工作，也会得到销售人员的谅解。需要说明的是，企业推行这种薪酬模式的时间不宜太久，在条件改观时要适时进行调整，否则会使销售人员失去一定的耐心而转向为其他企业效力。许多企业创业或困难时销售人员没有流失，反而在企业好转或壮大时有销售人员离开，其原因之一就是没有及时转变销售薪酬模式。

10.4.5 薪酬与奖励关系的处理

确定销售人员的薪酬模式要处理好薪酬与奖励的关系。

薪酬的作用在于保证销售人员的基本生活，使其无后顾之忧，因而它对销售额的增加作用不大。奖励的作用在于激励销售人员，它影响销售人员的销售业绩和销售额。所以，在设计薪酬与奖励的组合时要考虑二者对销售业绩的边际效用，即销售管理者要注意在不同薪酬组合下，可能使企业获得的边际收入如何。

经济学的边际效用理论告诉我们，每增加一元薪酬与增加一元佣金或奖金，其边际效用往往是不同的，因为两者的收入稳定性不同。从管理学角度来看，每种方法多支付一元产生的边际收入，必须与每一元边际薪酬成本相等。如果由多付一元奖励所增加的收入大于减少一元薪酬所降低的收入，则奖励的比例即可增加。因为在此种情况之下，奖励对收入的影响比薪酬对收入的影响更大。

由此可见，销售管理者应处理好薪酬与奖励的关系，确定合理的薪酬与奖励比例。一般而言，奖励占整个薪酬的比例大体为10%～35%。奖励比例的确定可参考表10-10。

表 10-10 奖励比例确定参考表

情　况	奖励应占整个薪酬的比率	
	较高	较低
销售人员个人技能在销售中的重要性	甚大	较小
销售人员所属公司的名气	默默无闻	人尽皆知
公司对广告及其他营业推广活动的依赖	小	大

续表

公司产品价格和质量的竞争力	小	大
售后服务的重要性	轻微	在
销售量的重要性	较大	较小
技术或集体销售的影响范围	小	大
销售人员不能控制的影响销货因素的重要性	轻微	甚大

本章小结

确保销售业务高效运转必须有高效率的销售组织体系和有激励性的薪酬体系。销售组织的设置要把握分工、协调、授权、团队的原则，考虑到商品特征、销售策略、商品销售范围、渠道特性、外部环境等对销售组织设置的影响。在实际中，可按照区域、职能、产品、顾客等设置销售组织，并考虑每种组织结构的特点和适用性。

明确销售组织结构以后，需确定在一定组织结构下销售人员的数量，可以采用的方法有销售目标分解法、工作总量分解法、边际销售额－成本法等，但各种方法侧重点有所不同，销售目标分解法是从完成销售目标所需人数来考虑的，注重结果；工作总量分解法是从实现目标所需工作量来确定人数的，注重过程；边际销售额-成本法注重从经济的角度来考虑。在实际的应用中，必须根据企业的实际情况来选择合适的方法。

销售区域设计与管理是企业销售组织战略得以实现的关键因素，正确进行销售区域设计与管理是销售经理使辖区销售额和利润实现最大化的有效方法。销售区域可以按照地区、行业、产品、客户名单划分。

在进行销售区域设计当中，要遵循公平合理、可行性、挑战性、目标具体性原则，并按照选择地理控制单元、选择起始点、将控制单位组合成销售区域、调整初步设计方案、安排销售人员的步骤进行。

区域销售涉及管理问题，管理销售区域有三个一般步骤：规划公司的销售区域；确定每个销售人员的责任辖区；设计销售业务人员责任辖区的销售路线。但在具体的运作当中可能有其他更具体有效的方法。

薪酬是销售经理管理销售人员的有效手段之一。好的薪酬制度一方面能稳定销售队伍，另一方面能提高管理效率，调动销售人员的积极性，从而达成公司的销售目标。一般来讲，销售薪酬包括纯粹薪水制、纯粹佣金制、薪水加佣金制、薪水加奖金制、薪水加佣金再加奖金制和特别奖励制度等类型，要注意每种制度的特点并适当采用。

一套完善的销售薪酬制度是保证企业销售业绩的稳定器，因此销售薪酬制度的建立应遵循公平性、激励性、灵活性、稳定性、控制性等原则，并按照一定的程序进行。第一，要明确销售薪酬的目的、战略和策略。第二，分析影响销售薪酬的主要因素。第三，制定长期和短期的薪酬制度。第四，建立销售的奖励体系。第五，测定销售组织、个人和团体的工作绩效。第六，评价与反馈，分析存在的问题与不足，提出改进建议。

在一定薪酬机制保证条件下，企业还有还要选择适当的薪酬模式，一般有高薪酬与低奖励组合模式、高薪金与高奖励组合模式、低薪金与高奖励组合模式、低薪金与低奖励组合模式等，

企业要根据实际情况灵活采用。

最后要处理好薪酬与奖励关系的处理，薪金的作用在于保证销售人员的基本生活，奖励的作用在于激励销售人员，它影响销售人员的销售业绩和销售额。一般而言，奖励占整个薪酬的比例大体上保持 10％～35％。

关键术语

销售组织　　边际销售额-成本法

销售区域　　苜蓿叶模式

销售薪酬

参考文献

[1] 李先国. 销售管理[M]. 北京：企业管理出版社，1996.

[2] 菲利普·科特勒. 营销管理[M]. 9 版. 梅汝和, 等, 译.上海：上海人民出版社，1999.

[3] 熊银解. 查尔斯·M.富特雷尔. 销售管理[M]. 2 版. 北京：高等教育出版社，2005.

[4] 董春艳. 战略性薪酬设计的实践应用——以某石油销售分公司为例[J]. 中国人力资源开发，2005(11).

[5] 日本市场活动研究所. 销售百事通[M]. 北京：经济管理出版社，1991.

思考题

1. 影响销售组织设置的因素有哪些?
2. 销售组织结构类型有哪几种? 你认为以后的发展趋势是什么?
3. 怎样理解企业确定销售人员的“边际销售额-成本法”?
4. 销售区域管理的主要内容有哪些?

案例研讨

腾飞科技是一家有 30 余人的小公司，从事办公自动化用品销售，公司原有业务销售人员 15 人。和其他一些公司一样，腾飞科技也采用了基本工资加业务提成的薪酬模式，老板对员工也挺和善，员工之间也能够和睦相处，但令人费解的是跳槽现象却时有发生。很多本来销售业绩做得很好的销售人员说走就走了，公司人员的频繁流动使得销售业绩下滑；另外发现有些销售人员还在其他公司兼职，身在曹营心在汉，原本三天办完的事现在要五天，老板为此愁眉不展。腾飞公司的销售人员能力和背景参差不齐，和众多的公司一样这里也存在 20/80 现象，20%的销售人员的业绩占到公司销售部门业务总额的 80%，而跳槽的却正是这 20%的销售主力。一时之间该公司成了人才市场招聘会的座上常客，很多销售计划因人员的流动而搁浅或被

迫中断，腾飞的发展势头受到了公司内因的遏制，招聘成了公司的日常工作。然而新招聘的销售人员仍然是来一批走一批，很少有人超过半年的，令人摸不着头脑。但症结究竟在哪里呢？是分配制度不合理，不能激发员工的工作热情，还是另有原因？

为揭开个中究竟，公司老板不得已对部分已跳槽的销售人员进行了走访，发现了两个细节，但同时也是很致命的细节。第一，他们觉得基本工资不平等。腾飞公司和其他公司一样，也过于迷信在甄选销售人员时对学历的要求，而且根据招聘的销售人员的学历不同，将基本工资依据学历做了等级设计。大致如下：

(1) 刚步出校门的，学习市场营销专业的大专起点销售人员，基本月薪900元；

(2) 有相关工作经验，非市场营销专业的大专学历的销售人员，基本月薪800元；

(3) 有一定工作经验，中专起点的销售人员，基本月薪600元。

从上面我们不难看出，有一定工作经验的中专学历的销售人员基本月薪，比刚步出校门的营销专业销售人员低300元。由于腾飞公司所在的城市办公自动化产品销售公司众多，市场竞争激烈导致赢利水平低下，一桩十几万的单，甚至利润仅有2 000～3 000元，所以按照腾飞公司现行的业务提成标准，销售主力的提成比新手只多500～600元。由于有等级底薪制的存在，这样一算销售主力的月收入仅比新手多出300元左右，而他们的业务量却比新手要大得多才能保持这一收入水准。第二，腾飞公司没有很好的产品组合，给他们获得更多更好的合同带来了障碍。办公自动化设备有着严格的代理制度，像腾飞这样的小公司是很难拿到产品代理权的，只能成为其他代理商的分销商；一旦用户要的品种较多时，销售人员就无能为力了，只有通过兼职来弥补这一缺陷了，否则自己的业务量很难保证，收入也自然受到影响。销售人员只好跳槽去那些产品组合比较多的公司。很显然，这就是销售人员频繁跳槽的内因所在。

腾飞公司在薪酬设计上的模仿使自己走进了误区，它使销售人员的基本月薪有了层次感，军心难以稳定。营销专业的资历浅者也比有工作经验的中专学历销售人员高出300元，但大家所从事的工作内容并无二致，然而提成比例却又没有等级设计，做1000元销售额和做十万元是一样的提成比例，换了任何人心理也不平衡，更别说忠诚于公司了。

思考题

1. 你认为腾飞公司的薪酬设计存在哪些关键弊病？
2. 如果你是一个高级营销顾问，你打算怎样对腾飞公司的销售薪酬体系进行再设计？

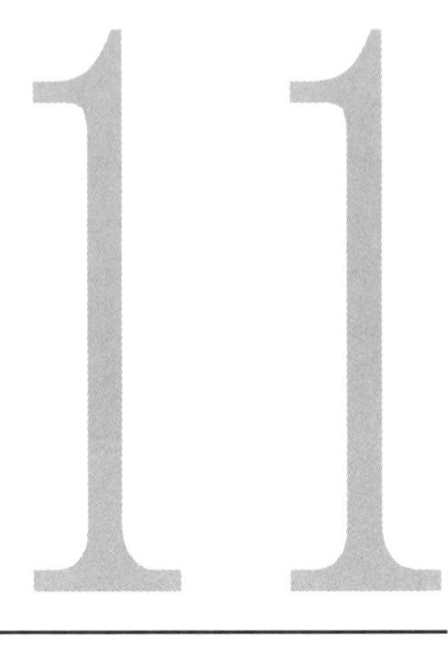

第 11 章　销售预测

本章提要　本章根据销售预测在销售管理和营销计划中的地位，介绍了基本的定性预测技术和定量预测技术及其在销售预测中的应用。

引　　例

空调经销商也需要预测

空调经销商与生产厂家的交易有两种基本方式：经销与买断销售。每个空调生产厂家都希望经销商专营自己品牌的空调。但是，由于各地有实力的经销商屈指可数，空调销售竞争空前激烈，生产厂家的讨价还价能力相对下降，造成空调经销商专营一家和兼营多家空调的状况并存。

每个商家都是要靠卖点什么来生存的，那么空调经销商卖的什么呢？

（1）销售效率。销售效率取决于经销商的下级渠道与相应的推广执行。

（2）垫资。大部分地区每年使用空调的时间也就是 100 天，顾客的购买集中发生在这 100 天里。由于空调生产准备时间需要 15～80 天，运输需要 10 天，生产能力有限，空调生产企业只能在旺季到来之前，靠预测的销量数据，提前采购零部件、安排生产。这就需要经销商在淡季打款提货，打款越多，折扣越大，旺季时的讨价还价能力越强。

（3）配送与安装。由于购买在 4～6 月呈井喷状，需要强大的送货上门和安装能力。而配送与安装在淡季量极少，无论厂家还是商家都不愿常年保有这样一支服务队伍，需要招之即来、来之能战、挥之即去的能力。

（4）“听厂家的话”和其他服务。目前，各主要经销商均在销售效率和垫资方面进行较量。销售效率是指在最小成本下能达到的销售额，必须把库存费用考虑进去，而垫资的基础就是预测，这就导致预测的准确性成为经销商经营的核心因素。

当然，预测不可能 100％准确。但是，准确到 60％应该是合理的，70％算良好，超过 80％是出色。这里不仅仅指数量，还包括品牌、机型、功率、档次、技术与功能特征。并要

根据预测确定经销商自己的重点主推产品、上量产品、陪衬商品。

一、预测热销货

1. 经销商在日常经营中注意收集信息

关键的信息有天气、居民收入变化和各厂家传播热点与投入、促销方式与投入、销售政策、价格、畅销型号及销量、市场占有率、库存等。经营区域内主要竞争对手的进货、销售与库存和推广信息，应由专人负责数据管理。

2. 抓住预测关键时点

1）9 月

因为此时新的空调营销年度已经开始，各个厂家的年度营销计划已经有了眉目，10 月起各厂家会争先恐后地开订货会，发布销售政策，争夺淡季打款。因此，经销商要预测热销品牌，决定重点关注哪几家的订货会和销售政策。

首先，预测下一年度对空调销售起核心作用的因素(价格、功能、广告、服务、质量、促销)。预测畅销的空调卖点、类型(柜机、分体、窗机、中央空调等)、档次。

从近三年的趋势看，2001 年最能打动消费者心灵的主流卖点是价格与服务，即价格效能比。2002 年、2003 年依然如此，说明消费者越来越成熟。畅销的卖点则比较分散，有质量、效率、换风、健康等。空调分体机仍占有最大的销量，柜机和家用小型中央空调增长较快，未来一年一般会沿着这个趋势发展，但应扩大柜机和小型中央空调的预测比例。

档次主要根据价格段划分。每年的价格区间不同，例如，2001 年一匹分体机 3 000 元以上为高档，2 200 元以上是中档；在 2002 年，1 800 元以上可以列入中档，2500 元以上属于高档；2003 年，1300 元以上的列入中档。大部分产品的销售规律是“曲高和寡”，越是高档量越小，经销商要根据自身的历史销售数据统计出高中低档的比例及其变化，从近三年的趋势可以推断明年的高中低档产品比例。

2）12 月

这次预测是关键性的，因为此时绝大部分厂家的销售政策、销售策略、产品等已经明朗。经销商要根据此次预测结果敲定主推产品、主销产品、陪衬产品等，根据明年主销卖点、品牌和机型、功能、功率等决定垫资的方向和结构。根据预测销售量的 70%左右决定打款的数额，决定是否买断某个型号(这种机会并不是在任何时候都有的)以及未来几个月的进货策略。

这次预测决定着经销商能否拿到数量适当的畅销产品。具体来说，经销商要在上次预测的基础上，根据新的市场信息，预测明年的主销品牌和机型、功能、功率、外观、技术(变频、定频)等。

首先预测明年的热点品牌。可以用对号入座法，前面已经判断了下一年度起核心作用的因素、畅销的空调卖点。

接着就是比较各个空调品牌，判断哪一家的产品、传播、策略等方面与核心因素最吻合。例如，2000 年以前，消费者对质量最看重，格力一直高唱的“好空调，格力造”是热点。2001 年起，消费者看重性能价格比，海尔、格力、美的的质量与服务好，品牌认知度高，但是价格高；科龙生产能力最大，质量服务也好，品牌认知度较高，但价格也高；不知名品牌价格低，但消费者不放心。于是，既打品牌、质量和服务牌，又走低价路线的志高空调成为当年黑马。2002 年，沿着同样的路子，奥克斯的力度更大，成为 2002 年销量增长最快的品牌。2003 年，从科龙到格力几个大品牌也大幅降低了价格，降价力度突出的科龙获取了多年梦寐以求的第一集团军前三强的位置，奥克斯等黑马的黑度才有所黯淡。

一般企业在 10 月的产品订货会上会介绍其销售政策、传播支持、价格、新产品等。进行比较的数据不难得到。而对于功能、功率、外观、技术(变频、定频)等的变化趋势，业内人士了如指掌，对热销货也大致能押准，真正有难度的是销售量预测。

二、预测销售量

销售量预测的方法很多，诸如业务员意见法、历史数据分析法、权重法和时间序列法等。这里提出另一种方法，这种方法一是比较适应空调市场极强的季节性、快速多变的竞争格局，有较高的准确率；二是需要收集的信息相对比较容易得到，收集方法简单。

该方法的主要难点是如何结合企业的具体情况来确定各个参数。

1. 区域总体需求会有什么变化

(1) 往年本地销量。市场有惯性，近三年的平均销量，尤其去年的销量是预测的基数。

(2) 平均气温。空调基本是靠天吃饭的行业，温度一小度，需求变化一大步。也可以用 4～7 月的雨天数或者降雨量来进行预测。气温影响整体市场需求。

2. 本企业的市场占有率会有什么变化

经销商的市场占有率与所经销的品牌密切相关。竞争对手如果是同品牌同型号，零售价格相差 30 元(分体 1 匹机)，可能就会产生重大影响。而许多零售终端并不完全是经销商自己的，那么，进货价格相差 10 元可能就会有极大影响。因此，要确保同品牌同型号价格不高于竞争对手。

如果是不同的品牌，经销商不同的运作方式将影响市场的表现。

(1) 品牌溢价——当地消费者认同并愿意接受的品牌差价。例如，第一集团的空调比第二集团的同档次、同功率空调价格高 13%，消费者可以接受；高 18%，消费者可能纷纷倒戈。因此，经销商需要测定自己经营的品牌与主要对手的品牌之间的溢价差。

(2) 价格与促销——厂家的销售政策计入价格。促销构成价格减让，由于厂家要求同一地区的价格相同，促销成为第二价格手段，被各商家频繁使用。由于促销的价值与成本的不对应性，这里构成了更多的变数，是经销商可以大做文章的地方。

(3) 卖点及传播的力度——可以直接用不同品牌之间的区域传播费进行比较，兼顾传播效率和卖点的差别。

(4) 经销商的传播(包含广告与公关)。谁喊得响，谁就有可能吸引更多的眼球，虽然传播的效应近十年来一路下滑，但传播的作用是谁都不容忽视的。

网络变化，竞争对手与自己的零售网络数量和效率的变化。注意配送与安装能力及信誉，这在旺季可能构成瓶颈。

3. 预测公式

销售量=往年同期区域销售量加权平均数×今年市场平均增长率
×本企业往年市场占有率×气温变化影响率
×(1+价格、促销和品牌溢价营销率＋终端网络影响率+传播影响率)

由于往年同期区域销售量加权平均数×本企业往年市场占有率=本企业往年市场平均销量所以，公式还可以是

销售量=本企业往年市场平均销量×今年市场平均增长率×气候变化影响率
×(1+价格、促销和品牌溢价营销率+终端网络影响率+传播影响率)

公式变量说明：

往年同期销量平均数=0.6×去年同期销量+0.3×前年同期销量+0.1×大前年同期销量

市场平均增长率是指一般由国家有关统计或调查机构或行业协会公布的去年的实际增长率和今年的预计增长率。

气温变化影响率=(今年预测期平均气温−去年同期平均气温)
×温度每升降 1 度影响市场总需求量的百分比

式中，温度升降 1 度影响市场总需求量的百分比可以通过研究近 3～5 年的区域市场销售量和平均气温的关系得到。

价格、促销、传播和品牌溢价影响率 =(主要竞争品牌(价格−促销折价)
−本品牌(价格−促销折价)＋ 品牌溢价)/空调平均单价×100%

促销折价是指消费者认同的企业促销方式的让利金额。例如，假设企业对购买 1 匹空调的顾客赠送声称价值 3 000 元的金表，假设金表的成本是 200 元，促销价值既不是 3 000 元，也不是 200 元，而是在消费者眼中这块金表值多少钱，这就是促销的魅力所在。有的企业成本 200 元的赠品使消费者认为值 1 000 元，而有的企业 300 元的赠品在消费者心目中只值 100 元，这是展示营销人的功力的竞技场。

传播影响率 =(经销品牌传播投入−主要竞争对手传播投入)/经销品牌传播投入×100%

这里的品牌传播投入是厂家和商家投入之和，基本以厂家为主。假设各个品牌的传播管理水平相当，便于计算，如果能够分析确认各个公司的传播水平与效果差异，预测会更准确。

11.1 销售预测概述

11.1.1 销售预测的概念

预测是人们对客观事物未来发展的预料、估计、分析、判断和推测。预测充分体现了人类活动的能动性，因为，世上的一切生物中，只有人类能够对未来作出合理预见。对于现代管理来说，加强预测是提高管理应变能力的需要。预测主要解决两个基本问题：①在一定时期内管理活动可望达到什么水平，即目标规定的任务能完成到什么程度；②能获得多少资源来支持实现目标方案的各种活动，即人力、物力、技术、时间、信息等资源可以筹集到多少。预测是决策的前提，科学预测是正确决策的依据。销售预测是在未来特定时间和区域内对产品的销售数量与销售金额进行估计。销售预测是企业进行各项决策的前提与基础。

11.1.2 销售预测的原理

1）连续性原理

连续性原理又称连贯性原理或惯性原理，是指一切客观事物的发展都具有符合规律的连续性。客观事物在其发展的过程中是按一定规律进行的。这种规律贯彻始终，它的未来的发展与其过去和现在的发展是紧密相关的。例如，企业产品的市场占有率、产品销售量如果没有受到突发的外部影响，它们将保持原有的发展轨迹而逐渐变化。连续性原理说明，只要未来事物的发展变化环境保持不变，就可以依据其过去的发展变化规律进行预测。

2）类推原理

类推原理，是指许多事物相互之间在发展变化上常有类似之处，即事物发展变化的某些特征常常是相似的。例如，电视机、电脑、汽车等的需求在不同的国家或地区的发展过程中具有很强的类似之处。许多产品在发展中国家（或者经济相对欠发达的地区）的发展过程与其在发达国家（或者经济较发达的地区）的发展过程非常相似，只是存在时间上的先后差异。因此，可以依据先进国家或地区当前或过去一段时间的市场发展状态类推相对落后国家或地区的当前或将来的市场发展状况。

3）相关性原理

相关性原理，是指世界上各种事物之间都存在着直接或间接的联系。事物之间，或构成一种事物的诸多因素之间，存在着或大或小的相互联系、相互依存、相互制约的关系。任何事物的发展变化都不是孤立的，都是与其他事物的发展变化相互联系、相互影响的。例如，轿车需求量的急剧增加是因为我国经济高速发展、道路扩建以及人们收入增加的结果。因此，准确把握事物之间的内在相互联系，就可以依据某些事物的发展变化来预测另外一些相关事物的发展变化。

11.1.3 销售预测的方法

预测方法都有其适用范围，有时可以用几种方法来预测同一个对象，以提高精确度。从方法本身的性质出发，可以将预测方法分为两大类：定性预测方法和定量预测方法。定性预测方法是以市场调查为基础，通过决策者的经验和价值判断进行预测。“头脑风暴法”、“德尔菲法”是经常使用的定性预测方法。定性预测方法往往使用在长期预测上。定量预测则是用各种变量构建的模型来表示需求和各种变量之间的关系。一般来说，量化程度较高的预测方法用于短期预测。几种最为常见的定量预测方法有时间序列法、回归法、相关关系法。

11.1.4 销售预测的步骤

1. 确定预测目标，制订预测计划

目标清楚，任务明确，才能有的放矢地进行有效的预测。预测目标和任务是反映一定时期内市场预测工作要达到的水平和程度，是市场预测工作中的第一步。预测目标的确定直接影响着预测对象、范围、内容以及预测方法的选择等一系列工作的安排。预测目标不同，预测对象、范围、内容、方法都会不同。所以，预测目标应当尽量详细具体，操作时才能具体实施。为了保证预测目标的实现，需要制订切实可行的预测计划。预测计划主要包括预测任务的组织，人员及预测对象、范围、内容的确定；预测准备工作；资料来源及其收集方法；预测方法的选择；预测结果的要求；预测工作的时间进度和经费预算等。预测计划一经确定就应遵照执行，在执行过程中如发现问题，就应及时对计划进行调整和完善。

2. 收集和整理相关资料

预测资料的数量和质量直接关系到预测，结果的精确度。一般来说，占有的相关

资料越多，预测得到的结果就会越准确，因此要扩大资料的来源。首先要注意从企业内部以及外部收集各种现成的相关的第二手资料。第二手资料的收集比较省时省力，应该尽量利用。除此之外，要注意第一手资料的收集。第一手资料能充分反映市场变化的实际情况。一般来说，可以通过询问、观察的方式收集有关的第一手资料。

对收集所得的各类资料，大都需要整理加工，把零星的资料整理成有条理的、系统的、有用的信息资料。资料的整理工作一般包括资料的编辑、编码，资料的录入和资料的清理等工作。

3．选择预测方法，进行预测

选择合适的预测方法是提高销售预测精确度的一个重要因素。根据所要预测的对象以及所掌握的现有资料，选择适当的定性预测方法或定量预测方法对预测对象进行预测。

4．分析预测误差

预测误差是预测值与实际值之间的差额。由于预测值是预测人依据历史和现状资料，凭经验判断或定量计算等方法对未来的一种估计，很难使预测值同实际发生值完全吻合。预测误差是客观存在的，难以完全避免。但是，预测误差会影响预测结果的效用和价值。如果预测误差超过一定程度，就将失去预测意义，用于决策则会产生某种危害。所以，预测人员不但应分析不同的预测项目对精确度的要求，而且要分析预测误差产生的原因，测定误差的程度，并找出把预测误差控制在允许值范围内的方法。

5．确定预测值，作出决策

在对预测结果进行了必要的评价、修正后，确定可靠的预测值，然后就可以根据销售预测为企业作出合理决策提供科学的依据。

11.2 定性预测方法

定性预测方法是依靠人们观察分析能力、经验判断能力和逻辑推理能力所进行的预测分析，它是预测者根据所了解的情况和实践积累的经验，对客观情况所作的主观判断，也可叫做调查研究预测法。定性预测方法的主要特点是利用直观的材料，依靠个人经验的综合分析，对事物未来状况进行预测。

定性预测在工程实践中被广泛使用，无论是有意的还是无意的，特别适合于对预测对象的数据资料(包括历史的和现实的)掌握不充分，或影响因素复杂，难以用数字描述，或对主要影响因素难以进行数量分析等情况。

定性预测偏重于对市场行情的发展方向和各种影响销售成本因素的分析，能发挥专家经验和主观能动性，比较灵活，而且简便易行，可以较快地得出预测结果。但是在进行定性预测时，也要尽可能地搜集数据，运用数学方法，其结果通常也是从数量上作出测算。

定性预测方法主要有：经验判断法，包括经验评判法、会议专家法和专家调查法(德尔菲法)；主观概率法；调查访问法等。适用的定性预测方法主要有以下几种。

11.2.1 主观概率法

主观概率法是市场趋势分析者对市场趋势分析事件发生的概率（即可能性大小）作出主观估计，或者说对事件变化动态的一种心理评价，然后计算它的平均值，以此作为市场趋势分析事件的结论的一种定性市场趋势分析方法。主观概率法一般和其他经验判断法结合运用。

1. 有关主观概率法的阐释

企业常常感慨于市场总是变化不定、琢磨不透，这的确是个让人伤脑筋的问题。在社会和自然界中，某一类事件在相同的条件下可能发生也可能不发生，这类事件称为随机事件。不同的随机事件发生的可能性大小是不同的，在这种情况下，就产生了概率。概率就是用来表示随机事件发生可能性大小的一个量。例如，市场上某种新商品的销售状态就是不确定的随机事件，有畅销、平销或滞销三种可能性，而出现畅销、平销或滞销的可能性用系数或百分数表示，就是概率。概率分为主观概率和客观概率两种。

主观概率是指根据市场趋势分析者的主观判断而确定的事件发生的可能性的大小，反映个人对某件事的信念程度。所以主观概率是对经验结果所作主观判断的度量，即可能性大小的确定，也是个人信念的度量。主观概率也必须符合概率论的基本定理：①所确定的概率必须大于或等于 0，而小于或等于 1；②经验判断所需全部事件中各个事件概率之和必须等于 1。

2. 主观概率的特点

主观概率是一种心理评价，判断中具有明显的主观性。对同一事件，不同的人对其发生的概率判断是不同的。主观概率的测定因人而异，受人的心理影响较大。谁的判断更接近实际，主要取决于市场趋势分析者的经验，以及知识水平和对市场趋势分析对象的把握程度。

在实际中，主观概率与客观概率的区别是相对的，因为任何主观概率总带有客观性。市场趋势分析者的经验和其他活信息是市场客观情况的具体反映，因此不能把主观概率看成是纯主观的东西。另一方面，任何客观概率在测定过程中也难免带有主观因素，因为实际工作中所取得的数据资料很难达到（大数）规律的要求。因此，在现实中，既无纯客观概率，又无纯主观概率。

3. 主观概率法的应用示例

例如，某企业根据市场销售的历史和现状，对市场趋势分析期内经营情况及可能出现的自然状态，分别提出估计值和概率，如表 11-1 所示。

表 11-1 主观概率预测表

人　　员	销售员甲			销售员乙			销售员丙		
状态估计	最高销售	最有可能销售	最低销售	最高销售	最有可能销售	最低销售	最高销售	最有可能销售	最低销售

续表

主观概率	0.3	0.5	0.2	0.2	0.6	0.2	0.2	0.5	0.3
销售估计/件	1 000	800	600	1 200	1 000	800	900	700	500
期望值/件	820			1 000			680		

主观概率预测法实施步骤如下。

1）确定主观概率

预测人员根据自己对市场的把握，估计市场未来可能会出现哪几种状况（例如最高销售、最有可能销售和最低销售），这几种状态出现的可能性有多大（即确定主观概率），并确定各种状态下的预测值。

2）计算各个销售人员预测的期望值

期望值的计算方法为

期望值＝最高估计值×概率＋中等估计值×概率＋最低估计值×概率

如销售员甲预测的期望值为

$$1\,000\times0.3+800\times0.5+600\times0.2=820\text{（件）}$$

按同样的方法可计算出乙的期望值为 1 000 件，丙的期望值为 680 件。

3）进行综合预测

最后进行综合预测时，就是将各位预测者的预测结果的期望值进行处理，得到一个最终的预测值。常用的处理方法如下。

（1）用算术平均值作为最终销售预测值。对上面三个销售人员的预测值的期望值进行算术平均，得到

$$(820+1\,000+680)/3=833.33\text{（件）}$$

所以，最终的预测结果为 833.33 件。

（2）用中位数作为最终销售预测值。按照从小到大排列的一组数中，排在中间位置的那个数就是中位数。例如，有按照从小到大排列的 n 个数，若 n 为奇数，那么排在 $\frac{n+1}{2}$ 位置的数就是中位数；若 n 为偶数，则取排在 $\frac{n}{2}$ 和 $\frac{n+2}{2}$ 处的两个数的平均数作为中位数。上例中由于三位销售人员预测值的期望值按照从小到大排列为 680、820、1 000，其中位数为 820。所以，采用中位数法，最终的预测结果为 820 件。

（3）用加权平均值作为最终销售预测值。考虑到各位预测人员的地位、作用和权威性的不同，在实际的数据处理中，对不同的预测人员的预测结果予以不同的权重，然后再进行综合预测。例如，对于销售人员甲、乙、丙三人分别给予权数 5、3、2，则综合预测值为

$$\frac{820\times5+1\,000\times3+680\times2}{5+3+2}=846\text{（件）}$$

4. 主观概率法的应用价值

尽管主观概率法是凭主观经验估测的结果，但在市场趋势分析中仍有一定的实用价值，它为市场趋势分析者提出明确的市场趋势分析目标，提供尽量详细的背景材料，使用简明易懂的概念和方法，以帮助市场趋势分析者判断和表达概率。同时，假定市场趋势分析期内市场供需情况比较正常，营销环境不出现重大变化，长期从事市场营销活

动的人员和有关专家的经验和直觉往往还是比较可靠的。这种市场趋势分析方法简便易行，但必须防止任意、轻率地由一两个人拍脑袋估测，要加强严肃性、科学性，提倡集体的思维判断。

11.2.2 德尔菲法

德尔菲法（Delphi Method）即社会集体经验判断法，它不仅利用本单位、本部门的集体经验预测，还利用其他单位/部门有经验的专家进行预测。这种方法开始用于技术发展预测，以后逐步推广到其他预测领域，是定性预测方法中最为有效的方法之一，应用较广泛。

1．德尔菲法的预测程序

运用德尔菲法预测，包括准备、征询和最终预测阶段三个基本阶段。

1）准备阶段

准备阶段的主要工作有确定预测目标、准备背景材料、选定专家和设计调查咨询表等。

确定预测目标包括确定预测总目标（或称预测主题）和细目标。预测细目标是为得出预测总目标，需要专家回答的一系列具体问题（或称预测事件）。这是预测最基础的一步。

背景资料是向专家提供的、与预测目标有关的国内外资料，可供专家参考。

选好专家是德尔菲法取得准确预测结果的关键一步。在选择专家时应注意以下三个问题。①广泛性。一般应实行“三三制”。本单位、本部门的专家人数占 1 / 3，与本单位、本部门有业务联系、关系密切行业的专家人数占 1 / 3，社会上有影响的知名人士、对市场问题有研究的专家人数占 1 / 3。②自愿性。选择专家应了解他们是否有时间、有精力，是否愿意参加预测活动，以避免专家意见回收率低，并为保证预测质量提供条件。③人数适度。选择专家人数不能过少，以免缺乏代表性；也不能过多，以免组织困难，成本上升。一般以 10～20 人为宜，重大预测目标可超过 100 人。

调查咨询表的设计主要是调查内容本身，同时也需在调查表中说明预测目的和对象。向专家征询的调查表，应特别注意提问必须十分明确，避免产生误解；要说明表格寄回的时间。

2）征询阶段

这一阶段的任务是轮番向专家征询预测意见。

第一轮　向专家们分别寄出调查咨询表和背景资料，请他们独立填写。在规定时间内收回调查征询表后，对专家们的意见进行综合分析和统计归纳，并提出下一轮的预测要求。

第二轮　把第一轮统计归纳的意见和预测要求再寄给专家，由专家重新提出各自的预测意见，并寄回给预测组织者。预测组织者再重新进行综合分析和归纳，并提出第三轮的预测要求。

以后参照第二轮的做法，进行第三轮、第四轮……征询专家意见，直至预测结果被认为基本趋于一致为止。

3）最终预测阶段

这个阶段的任务主要是对最后一轮的专家征询意见进行统计归纳，得出最后预测结果。统计归纳的方法与每轮征询意见后的统计归纳的方法大致相同。统计归纳的方法主要有以下几种。

（1）中位数法和上、下四分位数法。主要用于时间或数量的预测处理。把中位数作为最终预测结果或每轮的归纳协调结果，把上、下四分位数作为专家意见的离散程度。将专家预测意见（包括重复的）按从小到大（或从先至后）的顺序排列起来，处于中间的那个数称为中位数。而上、下四分位数分别表示处于专家预测意见排序数列中的 3/4 处与 1/4 处的两个数。

用中位数和上、下四分位数描述预测结果，中位数表示预测结果的期望值，上、下四分位数表示预测结果的上、下限。

（2）算术平均法。算术平均法是对所有的专家预测值进行算术平均，以所得的值作为专家预测的最终结果，主要用于数量预测的归纳处理。

（3）主观概率法。主要用于预测目标为未来事件发生的可能性大小。这种方法往往以各个专家预测的主观概率的加权平均值作为集体预测的归纳结果。

（4）比重法和评分法。主要用于对非量化预测进行归纳统计。对于预测产品的品种、花色、质量、包装及新产品开发等非量化的预测意见，可采用比重法或评分法进行归纳统计。

比重法是指计算出专家对某个意见回答所占的人数比例，然后以比例最高者作为预测的归纳结果。例如，某企业研制一新产品，请 12 位专家对其成功与否进行预测，其中 7 人认为成功的可能性较高，另 5 人持否定态度。成功比重为 7/12=0.583，失败比重为 5/12=0.417，专家预测意见的归纳结果为成功的可能性较大。

评分法是对产品特征的重要性或不同牌号的同类商品质量给予评分，然后用比重法归纳出各个特征的重要性或不同牌号同类商品质量高低的排序。

2. 德尔菲法的特点

（1）匿名性。德尔菲法采取背靠背征询意见的办法，专家彼此间没有横向联系，只与预测组织者保持联系，只是在已取得预测结果时，如有必要才组织专家进行讨论。这样，就可避免在征询意见时受权威意见的影响。

（2）反馈性。预测组织者每次轮番向专家征询意见时，都要把预测组织者归纳统计的结果和预测要求反馈给每个专家。这样，就使各个专家预测意见得到信息反馈，有助于他们开拓思路、独立思考和集思广益。

（3）收敛性。德尔菲法的反馈性，使每个专家的预测意见不断地得到修正。同时，预测组织者又不断对各个专家预测意见进行统计归纳，经过几轮征询后，统计结果将可能趋于收敛，意见趋同。而这种趋同并不带有集体讨论预测法中盲从权威的色彩。

11.2.3 个人经验判断法

个人经验判断法是凭借个人的知识经验和分析综合能力，对预测目标作出未来发展趋向的推断。推断的成功和准确与否取决于个人所掌握的资料，以及分析、综合和逻辑推理能力。

1. 相关推断法

相关推断法是根据因果性原理，从已知的相关经济现象和经济指标，去推断预测目标的未来发展趋向。例如，农村用电的普及和收入的提高与农村电视机的销量相关。在调查到农村通电的户数和收入的增加率时，就可以推断出农村电视机的销售量增加额。儿童玩具的需要量增加，可从儿童人数和购买力的提高方面去推断。运用相关推断法，应先根据理论分析和实践经验，找出影响预测目标的主要因素；再根据因果性原理，进行具体的推断。

2. 对比类推法

对比类推法是依据类比性原理，从已知的相类似经济事件去推断预测目标的将来发展趋向。例如，需要预测今后一段时间全国照相机市场需求状况，只需选取若干大、中、小城市及一些有代表性的农村地区进行调查分析，以类推全国总需求的情况。这是一种应用较广泛的局部总体类推法，除此之外，对比类推法还有产品类推法（根据产品的相似性类推）、地区类推法（根据地区的相似性类推）、行业类推法（根据行业的相似性类推）等。在应用对比类推法时，应注意相似事物之间的差异。因为相似不等于相等，在进行类推时，根据相似事物的差异往往要作一定的修正，才能提高类推预测法的精度。

11.2.4　企业集体经验判断法

企业集体经验判断法是由预测人员召集企业内部有经验的管理者（如经理、科长）、业务人员（如销售员、采购员）和职能部门人员（如会计人员、统计人员）等，组成一个小组，对未来市场的发展趋势作出判断预测，最后由预测人员把小组中每个成员的预测意见集中起来，进行综合处理，得出最后预测结果。小组内的人员可以单独进行各自的预测，也可以在会上进行充分的讨论并调整各自原来的预测结果。企业集体经验判断法，相对于个人经验判断法有十分明显的优点，它利用了集体的经验和智慧，避免了个人掌握的信息量有限和看问题片面的缺点。企业集体经验判断法，又称为专家小组意见法。很显然，凡是有丰富经验和一定预测能力的人员均可成为这里的“专家”。

预测意见的综合处理一般分两步进行：第一步采用主观概率统计法计算出每个预测者的预测期望值；第二步运用加权平均法或算术平均法计算预测最终结果。

11.2.5　领先指标法

领先指标法就是通过将经济指标分为领先指标、同步指标和滞后指标，并根据这三类指标之间的关系进行分析预测。

（1）领先指标。在变化时间上早于预测对象，即波峰或波谷的出现时间均早于预测对象。

（2）同步指标。在变化时间上与预测对象完全同步，即出现波谷与波峰的时间与预测对象相一致。

（3）滞后指标。在变化时间上迟于预测对象。

领先指标法预测的一般步骤：首先，根据预测的目标和要求找出领先指标；然后，画出领先指标、同步指标、滞后指标的时间序列图；最后，进行预测。

11.3 定量预测方法

定量预测也称统计预测，它是根据已掌握的比较完备的历史统计数据，运用一定的数学方法进行科学的加工整理，借以揭示有关变量之间的规律性联系，用于推断未来发展变化情况的一类预测方法。

定量预测基本上可分为两类。一类是因果分析法，它包括一元回归法、多元回归法和投入产出法。回归预测法是因果分析法中很重要的一种，它从一个指标与其他指标的历史和现实变化的相互关系中，探索它们之间的规律性联系，作为预测未来的依据。另一类是时序预测法。它是以一个指标本身的历史数据的变化趋势，去寻找市场的演变规律，作为预测未来的依据，即把未来作为过去历史的延伸。时序预测法包括平均平滑法、趋势外推法、季节变动预测法和马尔可夫时序预测法。

定量预测的优点是：偏重于数量方面的分析，重视预测对象的变化程度，能作出变化程度在数量上的准确描述；它主要把历史统计数据和客观实际资料作为预测的依据，运用数学方法进行处理分析，受主观因素的影响较少；它可以利用现代化的计算方法来进行大量的计算工作和数据处理，求出预测目标未来发展的最佳数据曲线。定量预测的缺点是比较机械，不易灵活掌握，对信息资料质量要求较高。

进行定量预测，通常需要积累和掌握历史统计数据。如果把某种统计指标的数值按时间先后顺序排列起来，就便于研究其发展变化的水平和速度。这种预测就是对时间序列进行加工整理和分析，利用数列所反映出来的客观变动过程、发展趋势和发展速度，进行外推和延伸，借以预测今后可能达到的水平。

11.3.1 回归预测法

1. 什么是回归分析法

在社会经济活动中，任何事物的产生和变化总是由一定的原因引起的，并对其他一些事物产生影响。换言之，各种社会经济活动总是存在于一定的相互联系之中。事物之间的相互关系可以分为两大类。

（1）确定性关系，亦即函数关系，用以描述由某种确定的原因必然导致确定的结果的因果关系。换言之，函数关系是指事物间的数量变化关系可以用函数关系式表示的确定性关系，即对自变量的每一确定的值 x，因变量总是确定的但不一定唯一确定的值 y 与之对应。所以，在人们已经掌握事物间的函数关系后，已知一个变量即可确定另一个变量的取值。比如，在产品价格不变的条件下，销售额可以由销售量来确定。设产品价格为 a，销售量为 x，销售额为 y，则可以得到函数 $y=ax$。在数学、物理、化学等自然科学领域中存在许多函数关系。而在预测所涉及的社会经济领域中，函数关系很少，大量存在的是相关关系。

（2）相关关系，亦称非确定性关系，是指变量之间相互关系中不存在数值对应关系的非确定性的依存关系。函数关系是对确定的非随机变量而言的。相关关系则是对随机变量而言的。即一个变量的确定值为 x，与其有相关关系的另一个变量的对应值并不确定。比如，供求与价值之间的关系就是一种相关关系。值得指出的是，函数关系和相

关关系虽是两种不同类型的相互关系，但并没有严格的界限。

对变量间的相关关系进行分析和研究的方法称为相关分析。主要包括以下两个方面。一是确定事物之间有无相关关系，这是相关分析的前提。因为只有当事物之间具有相关关系时，才能进行相关分析。二是确定相关关系的密切程度，这是相关分析的主要目的和主要内容。相关关系的密切程度用相关系数或相关指数来衡量。

回归分析预测是对具有相关关系的变量，在固定一个变量数值的基础上，利用回归方程测算另一个变量的取值的平均数。它是在相关分析的基础上，建立相当于函数关系式的回归方程，以反映或预测相关关系变量的数量关系及数值。

所以，相关分析与回归分析都是研究变量之间相互关系的分析方法。从广义上讲，两者都可统称为相关分析。从狭义上讲，两者的差异如上所述。

2. 回归分析法的一般步骤

1）确定相关关系

正确确定相关关系对回归分析预测具有决定性作用。确定相关关系，至少应做好以下工作。

（1）确定相关变量。相关关系必然体现在若干变量之间，确定相关变量是找出具有相关关系的具体变量。就销售预测而言，销售量（销售额）或需求量的目标必定是因变量，其确定并不困难。所以，确定相关变量的难点和重心是确定自变量，即确定影响和制约预测目标（因变量）的因素。确定自变量，既要对历史资料和现实调查资料进行分析，又要充分运用预测人员的经验和知识，进行科学的定性分析。要充分注意事物之间联系的复杂性，用系统思维的方式对复杂的关系进行系统分析，确定那些主要的影响因素。

（2）确定变量之间相关的类型。变量之间的相关关系有多种类型。确定变量之间相关的类型一般可通过绘制相关图直现地看出。相关图是将自变量和因变量的数值对应地绘在直角坐标系中所形成的散点图。根据散点图的形状，大致可以认识变量之间是否相关，是正相关还是负相关，是线性相关还是非线性相关。

确定变量之间线性相关的密切程度通常可通过测算相关系数进行。相关系数的计算公式为

$$r=\frac{\sum(x-\bar{x})(y-\bar{y})}{\sqrt{\sum(x-\bar{x})^2\sum(y-\bar{y})^2}}$$

式中，x 为自变量的值，$\bar{x}$ 为自变量的平均数，y 为因变量的值，$\bar{y}$ 为因变量的平均数。

2）建立回归方程模型

建立回归方程，可根据变量之间的相关关系，用数学表达式给予表示。由于变量之间的数量关系不同，回归方程可分为线性回归和非线性回归两种。

线性回归方程的一般表达式是

$$y=a+b_1x_1+b_2x_2+\cdots+b_nx_n$$

当线性回归是一个因变量与一个自变量之间的方程时，称为简单线性回归或一元线性回归，即直线回归，其表达式为

$$y=a+bx$$

3）求解方程，确定模型参数

应用回归方程进行预测，首先要计算方程式中的各项参数，比如方程 $y=a+bx$ 中的参数 a 和 b。通常，回归方程中的参数可用最小二乘法求解，把求得的各项参数值代入回归方程。

最小二乘法的中心思想是通过数学模型，配合一条较为理想的趋势线，使得原数列的观测值与模型的估计值的偏差平方和 Q 为最小。用公式表示为

$$Q=\sum_{i=1}^{n}(y_i-\hat{y}_i)^2=\text{最小值}$$

式中：y_i——原数列的观察值（因变量值）；

$\hat{y}_i$——模型的估计值（因变量的预测值）。

$$Q=\sum_{i=1}^{n}(y_i-\hat{y}_i)^2=\sum_{i=1}^{n}(y_i-a-bx_i)^2$$

根据极值定理，为使 Q 具有最小值，则对 a 和 b 分别求偏导数，并令其等于零，即

$$\begin{cases}\dfrac{\partial Q}{\partial a}=-2\sum_{i=1}^{n}(y_i-a-bx_i)=0\\ \dfrac{\partial Q}{\partial b}=-2\sum_{i=1}^{n}(y_i-a-bx_i)x_i=0\end{cases}$$

整理得

$$\begin{cases}na+b\sum_{i=1}^{n}x_i=\sum_{i=1}^{n}y_i\\ a\sum_{i=1}^{n}x_i+b\sum_{i=1}^{n}x_i^2=\sum_{i=1}^{n}x_iy_i\end{cases}$$

对以上两个等式联立求解，得到回归系数的估计值为

$$\begin{cases}b=\dfrac{n\sum x_iy_i-\sum x_i\sum y_i}{n\sum x_i^2-(\sum x_i)^2}\\ a=\dfrac{\sum y_i}{n}-b\dfrac{\sum x_i}{n}\end{cases}$$

为了方便计算，一般定义：

$$S_{xx}=\sum(x_i-\overline{x})^2=\sum x_i^2-\frac{(\sum x_i)^2}{n}$$

$$S_{yy}=\sum(y_i-\overline{y})^2=\sum y_i^2-\frac{(\sum y_i)^2}{n}$$

$$S_{xy}=\sum(x_i-\overline{x})(y_i-\overline{y})=\sum x_iy_i-\frac{\sum x_i\sum y_i}{n}$$

式中：$\overline{x}=\dfrac{\sum x_i}{n}$，$\overline{y}=\dfrac{\sum y_i}{n}$。

这样方程组的解也可以写成：

$$\begin{cases}a=\overline{y}-b\overline{x}\\ b=\dfrac{S_{xy}}{S_{xx}}\end{cases}$$

4）模型拟合效果的评价

利用回归模型对因变量进行预测后，还要对预测结果的可信程度进行评价。常用的评价方法有相关分析、方差分析等。

（1）相关系数。自变量与因变量之间的线性相关程度，通常用统计学中说明两变量之间线性关系密切程度的相关系数来描述。相关系数用 r 表示，计算公式为

$$r=\frac{\sum(x_i-\bar{x})(y_i-\bar{y})}{\sqrt{\sum(x_i-\bar{x})^2\sum(y_i-\bar{y})^2}}=\frac{S_{xy}}{\sqrt{S_{xx}S_{yy}}}$$

或者

$$r=\frac{n\sum x_iy_i-(\sum x_i)(\sum y_i)}{\sqrt{\left[n\sum x_i^2-(\sum x_i)^2\right]\left[n\sum y_i^2-(\sum y_i)^2\right]}}$$

相关系数 r 具有以下特性。① 相关系数取值范围为 $-1\leqslant r\leqslant 1$。② 相关系数 r 的符号与 b 相同。当 $r>0$ 时，称为正线性相关，这时 y_i 有随着 x_i 增加而线性增加的趋势；当 $r<0$ 时，称为负相关，这时 y_i 有随着 x_i 增加而线性减少的趋势。③ 若相关系数 $|r|$ 越接近 1，两个变量之间的线性相关程度就越高；若相关系数 $|r|$ 越接近 0，两个变量之间线性相关程度就越低。通常当 $r=0$ 时，回归方程 $b=0$，说明因变量 y 的取值与自变量 x 无关，称 x 与 y 线性无关（但是可能存在其他的非线性关系）；当 $|r|=1$ 时，即 $\hat{y}=y$，观察样本所有点都落在回归直线上，称 x 与 y 存在完全确定的线性相关关系；当 $0<|r|<1$ 时，称 x 与 y 存在一定的线性相关关系，其线性相关的密切程度由 $|r|$ 的大小说明。一般 $|r|>0.7$ 为高度线性相关密切程度，$0.3<|r|\leqslant 0.7$ 为中度线性相关密切程度，$|r|\leqslant 0.3$ 为低度线性相关密切程度。

由于相关系数 r 是用观察样本资料计算所得，它所说明的线性相关密切程度对总体具有多高的可信度，需要进行相关系数检验。相关系数检验步骤如下。①选择显著性水平 α，通常取 0.05 或 0.1。②根据 α 值和（$n-k$），k 为变量，从相关系数临界值表中查临界值 r_c。③比较 r 与 r_c，当 $|r|>r_c$ 时，表明两个变量间的线性相关具有显著性，有（$1-\alpha$）的可信度，适于预测；当 $|r|\leqslant r_c$ 时，只能说明计算 r 值纯属偶然，不适合用该模型进行预测。

（2）方差分析。方差分析是指对因变量 y 的变异进行偏差平方和分析（见表 11-2）。目的是了解所拟合的回归线性方程与实际观察值之间的接近程度如何，判明回归效果的好坏。

$$S_T=S_{yy}=\sum(y_i-\bar{y})^2=\sum[(y_i-\hat{y}_i)+(\hat{y}_i-\bar{y})]^2$$
$$=\sum(y_i-\hat{y}_i)^2+\sum(\hat{y}_i-\bar{y})^2$$

表 11-2 方差分析表

偏差来源	自由度	偏差平方和 S	均方和 MS	F
回归 S_R	m	$S_R=\sum(\hat{y}_i-\bar{y})^2=S_{xy}^2/S_{xx}$	$MS_R=S_R/m$	$F=MS_R/MS_E$
剩余 S_E	$n-m-1$	$S_E=\sum(y_i-\hat{y})^2=S_{yy}-S_{xy}^2/S_{xx}$	$MS_E=S_E/(n-m-1)$	
总和 S_T	$n-1$	$S_T=S_{yy}$	—	

其中，$\sum(\hat{y}_i-\bar{y})^2$ 称为回归偏差平方和，记为 S_R。它反映总偏差平方和中由于自变

量 x 与因变量 y 的线性关系而引起的 y_i 的变化，能被自变量 x 变异的回归影响而解释的那部分偏差平方和。其计算可以简化为

$$\sum(\hat{y}_i-\overline{y})^2=\sum[a+bx_i-(a+b\overline{x})]^2=b^2\sum(x_i-\overline{x})^2=b^2S_{xx}=\frac{S_{xy}^2}{S_{xx}^2}S_{xx}=\frac{S_{xy}^2}{S_{xx}}$$

等式中 $\sum(y_i-\hat{y}_i)^2$ 称为剩余偏差平方和，记为 S_E。它可以被认为是除回归方程式中自变量 x 以外的受随机因素影响产生的偏差平方和。它的大小可以简化为

$$S_E=\sum(y_i-\hat{y}_i)^2=S_T-S_R=S_{yy}-\frac{S_{xy}^2}{S_{xx}}$$

可决系数也是衡量因变量与自变量关系密切程度的指标，它取值介于 0 与 1 之间，并取决于回归模型所解释 y 方差的百分比。可决系数（R^2）的计算公式为

$$R^2=\frac{S_R}{S_T}=\frac{S_{xy}^2/S_{xx}}{S_{yy}}=\frac{S_{xy}^2}{S_{xx}S_{yy}}=r^2$$

可决系数 R^2 是通过 x 与 y 的相关关系解释的偏差占总偏差的比重，反映了由于使用回归方程预测 y_i 而使总偏差平方和减少的程度。但是，这种分析结果对总体是否显著，具有何种置信度，还需要借助统计学中的 F 检验来判断。

F 检验是将回归分析的回归偏差平方和同剩余偏差平方和并考虑各自的自由度后求得的平均偏差平方和加以比较，所得到的比值为 F 统计量。计算公式为

$$F=\frac{S_R/m}{S_E/(n-m-1)}=\frac{MS_R}{MS_E}\sim F(m,n-m-1)$$

式中：m——自变量个数；

MS_R——平均回归偏差平方和；

MS_E——平均剩余偏差平方和。

F 检验的一般步骤如下。①确定检验的显著性水平α。②根据α以及自由度 m 和自由度 $n-m-1$，查 F 分布表的临界值 $F_\alpha(m,\ n-m-1)$。③计算 F 统计量的统计值 F（通过编制方差分析表获得，见表 11-2）。④将 F 与 $F_\alpha(m,\ n-m-1)$ 比较，作出判断。若 $F>F_\alpha(m,\ n-m-1)$，则认为回归预测模型具有显著水平，回归预测模型所含自变量的变化足以解释因变量的变化，在选择显著性水平α上，从总体上看回归模型是有效的；若 $F\leqslant F_\alpha(m,\ n-m-1)$，则回归预测模型达不到预定的显著性水平，回归预测模型所含有的自变量的变化不足以解释因变量的变化，在选择显著性水平α上，从总体上看回归模型是无效的。

5）进行预测

对于任一给定的自变量 $x=x_0$，因变量 y 的点估计值 y_0 可由回归方程计算：$y_0=a+bx_0$。预测可以分为点值预测和区间预测。如果所求的预测值是某个具体的数值，称为点值预测；如果所求的预测值有一个数值范围，则称为区间预测。一般而言，点值预测计算方便，而区间预测能更精确地告诉人们所求预测值大致的波动范围。区间预测可以通过下面的公式计算。

在小样本情况下（$n\leqslant30$），y_0 的置信度为$(1-\alpha)$的置信区间为

$$\left(\hat{y}_0\pm t_{\frac{\alpha}{2}}(n-2)\sqrt{MS_E}\sqrt{1+\frac{1}{n}+\frac{(x_0-x)^2}{S_{xx}}}\right)$$

在大样本情况下（$n>30$），y_0 的置信度为$(1-\alpha)$的置信区间为

$$\left(\hat{y}_0 \pm z_{\frac{\alpha}{2}}\sqrt{MS_{\mathrm{E}}}\right)$$

3．一元线性回归预测举例

某企业统计了在 40 个地区广告投放的次数与产品在这些地区的销售额，具体数据见表 11-3。

表 11-3　广告投放次数与销售额的关系

编号	广告次数/次 x	销售额/万元 y	x^2	xy	y^2
1	4	2 205	16	8 820	4 862 025
2	5	2 603	25	13 015	6 775 609
3	5	2 655	25	13 275	7 049 025
4	5	2 701	25	13 505	7 295 401
5	6	2 794	36	16 764	7 806 436
6	6	2 602	36	15 612	6 770 404
7	7	2 861	49	20 027	8 185 321
8	7	3 150	49	22 050	9 922 500
9	7	2 456	49	17 192	6 031 936
10	7	3 680	49	25 760	13 542 400
11	8	3 153	64	25 224	9 941 409
12	8	3 432	64	27 456	11 778 624
13	8	3 185	64	25 480	10 144 225
14	8	2 835	64	22 680	8 037 225
15	9	4 108	81	36 972	16 875 664
16	9	3 436	81	30 924	11 806 096
17	9	3 295	81	29 655	10 857 025
18	9	3 757	81	33 813	14 115 049
19	10	4 036	100	40 360	16 289 296
20	10	3 322	100	33 220	11 035 684
21	10	3 762	100	37 620	14 152 644
22	11	5 651	121	62 161	31 933 801
23	11	4 260	121	46 860	18 147 600
24	12	4 382	144	52 584	19 201 924
25	12	5 561	144	66 732	30 924 721
26	12	3 932	144	47 184	15 460 624
27	12	4 818	144	57 816	23 213 124
28	13	4 261	169	55 393	18 156 121

续表

编号	广告次数/次 x	销售额/万元 y	x^2	xy	y^2
29	13	4 504	169	58 552	20 286 016
30	13	5 700	169	74 100	32 490 000
31	14	4 218	196	59 052	17 791 524
32	16	5 700	256	91 200	32 490 000
33	16	5 033	256	80 528	25 331 089
34	16	6 670	256	106 720	44 488 900
35	17	6 446	289	109 582	41 550 916
36	17	5 253	289	89 301	27 594 009
37	18	6 206	324	111 708	38 514 436
38	18	4 505	324	81 090	20 295 025
39	19	5 204	361	98 876	27 081 616
40	19	6 183	361	117 477	38 229 489
$\sum$	436	164 515	5 476	1 976 340	736 454 933

1）做散点图，判断广告次数与销售额的关系

设广告次数为 x，销售额为 y，绘制散点图。由散点图形状可以看出两者为线性关系（见图 11-1）。

图 11-1 广告次数与销售额的散点图

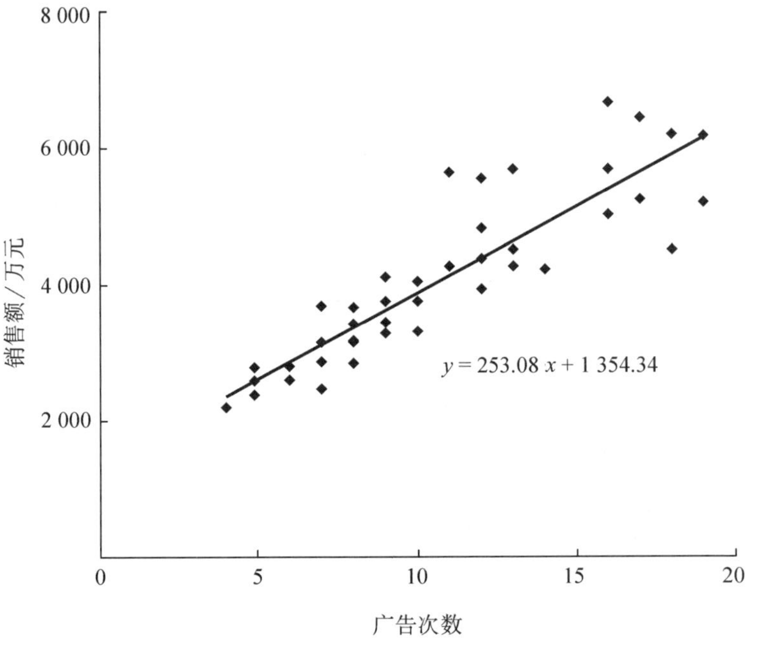

2）建立一元线性回归模型

$$\hat{y}=a+bx$$

3）计算回归系数

$$\begin{cases} b=\dfrac{n\sum x_iy_i-\sum x_i\sum y_i}{n\sum x_i^2-(\sum x_i)^2} \\ a=\dfrac{\sum y_i}{n}-b\dfrac{\sum x_i}{n} \end{cases}$$

$$b=\frac{n\sum x_iy_i-\sum x_i\sum y_i}{n\sum x_i^2-(\sum x_i)^2}=\frac{40\times 1\ 976\ 340-436\times 164\ 515}{40\times 5\ 476-436^2}=\frac{7\ 325\ 060}{28\ 944}=253.08$$

$$a=\frac{\sum y_i}{n}-b\frac{\sum x_i}{n}=\frac{164\ 515}{40}-253.08\times\frac{436}{40}=1\ 354.34$$

因此，所求回归预测模型为：$y=1\ 354.34+253.08x$。

回归系数 $a=1\ 354.34$，是回归直线在 y 轴上的截距，根据回归模型，从理论上说就是在没有进行广告宣传时，该产品的销售额也会达到 1 354.34 万元；回归系数 b=253.08，说明广告次数每增加一次，该地区该产品的销售额就会增加 253.08 万元。

4）检验线性关系的显著性

（1）相关分析。根据公式：

$$r=\frac{n\sum x_iy_i-(\sum x_i)(\sum y_i)}{\sqrt{\left[n\sum x_i^2-(\sum x_i)^2\right]\left[n\sum y_i^2-(\sum y_i)^2\right]}}$$

$$=\frac{40\times 1\ 976\ 340-436\times 164\ 515}{\sqrt{(40\times 5\ 476-436^2)(40\times 736\ 454\ 933-164\ 515^2)}}$$

$$=\frac{7\ 325\ 060}{\sqrt{69\ 263\ 342\ 077\ 680}}=\frac{7\ 325\ 060}{8\ 322\ 460.1}=0.880$$

取显著性水平 $\alpha=0.05$，因为 k=2，n=40，$n-k$=38，查表得到 r_c=0.313。因为 $r>r_c$，故相关系数 r=0.880 表明两个变量间的线性相关具有显著性，有 95%的可信度，适于预测。

（2）方差分析。根据表 11-3 计算相关数据：

$$S_{xx}=\sum(x_i-\bar{x})^2=\sum x_i^2-\frac{(\sum x_i)^2}{n}=5\ 476-\frac{436\times 436}{40}=723.60$$

$$S_{yy}=\sum(y_i-\bar{y})^2=\sum y_i^2-\frac{(\sum y_i)^2}{n}$$

$$=736\ 454\ 933-\frac{164\ 515\times 164\ 515}{40}=59\ 825\ 302.38$$

$$S_{xy}=\sum(x_i-\bar{x})(y_i-\bar{y})=\sum x_iy_i-\frac{\sum x_i\sum y_i}{n}$$

$$=1\ 976\ 340-\frac{436\times 164\ 515}{40}=183\ 126.50$$

则

$$S_R=\sum(\hat{y}_i-\bar{y})^2=S_{xy}^2/S_{xx}=\frac{183\ 126.50\times 183\ 126.50}{723.60}=46\ 345\ 100.89$$

$$S_T=S_{yy}=59\ 825\ 302.38$$

$$S_E=S_T-S_R=59\ 825\ 302.38-46\ 345\ 100.89=13\ 480\ 201.49$$

再编制方差分析表如表 11-4 所示。

表 11-4　方差分析表

偏差来源	自由度	偏差平方和 S	均方和 MS	F
回归 S_R	1	46 345 100.89	46 345 100.89	130.644
剩余 S_E	38	13 480 201.49	354 742.14	
总和 S_T	39	59 825 302.38	—	

取显著性水平$\alpha=0.05$，查 F 分布表得 $F_{0.05}(1,38)=4.10$。因为 F=130.644>4.10，所以可以认为从总体上讲，广告次数与销售额两变量间线性关系显著，回归分析建立回归方程对总体而言，预测有效性达到 95%。

5）预测

假定某地区下年度的广告次数为 x_0=20 次，代入方程 y=1 354.34+253.08x，得到 y_0=1 354.34+253.08×20=6 415.94（万元）。置信度为 95%的置信区间用大样本公式计算为：$\left(6\ 415.94\pm1.96\sqrt{354\ 742.14}\right)$，即（5 248.56, 7 583.32）。

11.3.2　时间序列预测法

时间序列预测法，是指将过去的历史资料及数据，按时间顺序加以排列构成一个数字序列，根据其动向预测未来趋势。这种方法的根据是过去的统计数字之间存在着一定的关系，这种关系，利用统计方法可以揭示出来，而且过去的状况对未来的销售趋势有决定性影响。因此，可以用这种方法预测未来的趋势，它又称为外推法或历史延伸法。

1．影响时间序列变动的因素

（1）长期趋势变动（T）。它是时间序列变量在较长的持续时间内的某种发展总动向。它可以在一个相当长的时间内表现为一种持续向上、持续向下或平稳的趋势。它描述了一定时期经济关系或市场活动中持续的潜在稳定性。时间序列数据的这种波动不是意外的冲击因素所引起的，而是随着时间的推移而逐渐发生的变动。例如，工农业生产的发展、国民生产总值、收入水平等的逐渐增长模式对某类产品销售量的影响。这种逐渐增长趋势模式，如果其过去的社会经济状况在将来仍继续保持不变，那么就可以利用这种趋势模式，预测该时间序列变量长期趋势变动的结果。

（2）季节变动（S）。它是由于自然条件和社会条件的影响，时间序列在一年内随着季节的转变而引起的周期性变动。例如，我国春节以及黄金周所在的月份，商品零售均有明显的提高；冷饮、服装的消费有明显的季节性；同样，水果、蔬菜等农作物的生产和销售也有明显的季节性。这就是说，季节性变动基本上是每年重复出现的周期性变动。

（3）周期波动（C）。周期波动又称循环变动，是指时间序列在为期较长的时间内(一年以上至数十年)，呈现出涨落起伏。它与长期趋势不同，不是朝单一方向持续发展，而是呈现涨落相间的波浪式起伏变动。与季节变动也不同，它的波动时间较长，变动周期长短不一，也许是几年或数十年，上次出现后，下次何时再出现难以预料。

（4）不规则变动（I）。又称随机变动，是指偶发事件导致时间序列出现数值忽高

忽低、时升时降的无规则可循的变动。例如，股票市场受突然出现的利好或利空消息的影响使股票价格产生的波动，等等。

2. 时间序列的分解模型

在上述四类因素的影响下，时间序列数据的变化，有的具有规律性，如长期趋势变动和季节性变动；有的不具有规律性，如循环变动及不规则变动。时间序列分析法，就是要运用统计方法和数学方法，把时间序列数据作为随机变量 Y 分解为 T、S、C 和 I 四种变动，也就是说 T、S、C 和 I 四种变动的综合作用构成了时间序列 Y 的变动。时间序列 Y 可以表示为以上四个因素的函数，即

$$Y_t = f(T_t, S_t, C_t, I_t)$$

时间序列分解的方法有很多，较常用的模型有加法模型和乘法模型。

加法模型为

$$Y_t = T_t + S_t + C_t + I_t$$

乘法模型为

$$Y_t = T_t \times S_t \times C_t \times I_t$$

3. 时间序列法预测实例

下面用一个实例来解释时间序列的分解方法。表 11-5 是某商品 1997—2006 年各季的销售量，根据表中的数据预测 2007 年各季的销售量。本例采用乘法模型进行预测。

表 11-5 某商品 1997—2006 年各季销售量数据

季度		序号 t	销售量/吨 Y	长期趋势 T	移动平均	中心化平均 TC	$SI=Y/TC$ /(%)	季节变动/(%) S	周期变动 $C=TC/T$ /(%)	不规则变动 $I=Y/TCS$	预测值 $\hat{Y}=TS$
(1)		(2)	(3)	(4)	(5)	(6)	(7)	(8)	(9)	(10)	(11)
1997 年	1	1	5 467	15 260.08	—	—	—	39.28	—	—	5 994.38
	2	2	19 233	15 310.20	—	—	—	119.21	—	—	18 251.55
	3	3	27 000	15 360.33	15 900.00	15 887.50	169.94	163.28	1.03	1.04	25 081.02
	4	4	11 900	15 410.45	15 875.00	15 879.25	74.94	78.22	1.03	0.96	12 054.43
1998 年	1	5	5 367	15 460.58	15 883.50	15 737.63	34.10	39.28	1.02	0.87	6 073.14
	2	6	19 267	15 510.70	15 591.75	15 645.88	123.14	119.21	1.01	1.03	18 490.57
	3	7	25 833	15 560.83	15 700.00	15 833.25	163.16	163.28	1.02	1.00	25 408.40
	4	8	12 333	15 610.95	15 966.50	15 845.63	77.83	78.22	1.02	1.00	12 211.26
1999 年	1	9	6 433	15 661.08	15 724.75	15 758.13	40.82	39.28	1.01	1.04	6 151.90
	2	10	18 300	15 711.20	15 791.50	15 883.25	115.22	119.21	1.01	0.97	18 729.59
	3	11	26 100	15 761.33	15 975.00	15 895.88	164.19	163.28	1.01	1.01	25 735.79
	4	12	13 067	15 811.45	15 816.75	15 962.63	81.86	78.22	1.01	1.05	12 368.10
2000 年	1	13	5 800	15 861.58	16 108.50	16 146.00	35.92	39.28	1.02	0.91	6 230.66
	2	14	19 467	15 911.70	16 183.50	16 129.25	120.69	119.21	1.01	1.01	18 968.61
	3	15	26 400	15 961.83	16 075.00	16 208.38	162.88	163.28	1.02	1.00	26 063.17
	4	16	12 633	16 011.95	16 341.75	16 287.50	77.56	78.22	1.02	0.99	12 524.93
2001 年	1	17	6 867	16 062.08	16 233.25	16 149.88	42.52	39.28	1.01	1.08	6 309.42
	2	18	19 033	16 112.20	16 066.50	16 083.25	118.34	119.21	1.00	0.99	19 207.63
	3	19	25 733	16 162.33	16 100.00	16 158.25	159.26	163.28	1.00	0.98	26 390.56
	4	20	12 767	16 212.45	16 216.50	16 345.75	78.11	78.22	1.01	1.00	12 681.77

续表

季度		序号 t	销售量/吨 Y	长期趋势 T	移动平均	中心化平均 TC	$SI=Y/TC$ /(%)	季节变动/(%) S	周期变动 $C=TC/T$ /(%)	不规则变动 $I=Y/TCS$	预测值 $\hat{Y}=TS$
(1)		(2)	(3)	(4)	(5)	(6)	(7)	(8)	(9)	(10)	(11)
2002 年	1	21	7 333	16 262.58	16 475.00	16 670.88	43.99	39.28	1.03	1.12	6 388.18
	2	22	20 067	16 312.70	16 866.75	16 925.00	118.56	119.21	1.04	0.99	19 446.65
	3	23	27 300	16 362.83	16 983.25	16 875.00	161.78	163.28	1.03	0.99	26 717.94
	4	24	13 233	16 412.95	16 766.75	16 650.00	79.48	78.22	1.01	1.02	12 838.61
2003 年	1	25	6 467	16 463.08	16 533.25	16 433.25	39.35	39.28	1.00	1.00	6 466.94
	2	26	19 133	16 513.20	16 333.25	16 287.50	117.47	119.21	0.99	0.99	19 685.67
	3	27	26 500	16 563.33	16 241.75	16 225.00	163.33	163.28	0.98	1.00	27 045.33
	4	28	12 867	16 613.45	16 208.25	16 191.63	79.47	78.22	0.97	1.02	12 995.44
2004 年	1	29	6333	16 663.58	16 175.00	16 162.50	39.18	39.28	0.97	1.00	6 545.70
	2	30	19 000	16 713.70	16 150.00	16 100.00	118.01	119.21	0.96	0.99	19 924.68
	3	31	26 400	16 763.83	16 050.00	16 066.75	164.31	163.28	0.96	1.01	27 372.71
	4	32	12 467	16 813.95	16 083.50	16 150.13	77.19	78.22	0.96	0.99	13 152.28
2005 年	1	33	6 467	16 864.08	16 216.75	16 162.63	40.01	39.28	0.96	1.02	6 624.46
	2	34	19 533	16 914.20	16 108.50	16 125.13	121.13	119.21	0.95	1.02	20 163.70
	3	35	25 967	16 964.33	16 141.75	16 112.50	161.16	163.28	0.95	0.99	27 700.10
	4	36	12 600	17 014.45	16 083.25	16 200.00	77.78	78.22	0.95	0.99	13 309.11
2006 年	1	37	6 233	17 064.58	16 316.75	16 516.75	37.74	39.28	0.97	0.96	6 703.22
	2	38	20 467	17 114.70	16 716.75	16 962.63	120.66	119.21	0.99	1.01	20 402.72
	3	39	27 567	17 164.83	17 208.50	—	—	163.28	—	—	28 027.48
	4	40	14 567	17 214.95	—	—	—	78.22	—	—	13 465.95
2007 年	1	41	—	17 265.08	—	—	—	39.28	—	—	6 781.98
	2	42	—	17 315.20	—	—	—	119.21	—	—	20 641.74
	3	43	—	17 365.33	—	—	—	163.28	—	—	28 354.87
	4	44	—	17 415.45	—	—	—	78.22	—	—	13 622.79

1）做折线图，了解时间序列数据的变化规律

从图 11-2 可以看出该时间序列数据存在明显的季节变动和上升的长期趋势。

2）计算长期趋势 T

从折线图可以看出销售量 Y 具有明显的上升趋势，本例用直线趋势拟合，以时间 t 作为自变量，以销售量 Y 作为因变量，建立直线拟合模型：$T_t=a+bt$。

利用最小二乘法，估计参数 a 和 b，其公式为

$$b=\frac{n\sum tY-\sum t\sum Y}{n\sum t^2-(\sum t)^2},\qquad a=\frac{\sum Y}{n}-b\frac{\sum t}{n}$$

其中 $n=40$，得到参数：$a=15\ 209.95$，$b=50.13$。

因此，长期趋势拟合方程为

$$T_t=15\ 209.95+50.13t$$

根据长期趋势方程可以得到各个季度的长期趋势值。如 2007 年第一季度 $t=41$，其长期趋势值为

$$T_{41}=15\ 209.95+50.13\times 41=17\ 265.08$$

图 11-2　产品销售波动图

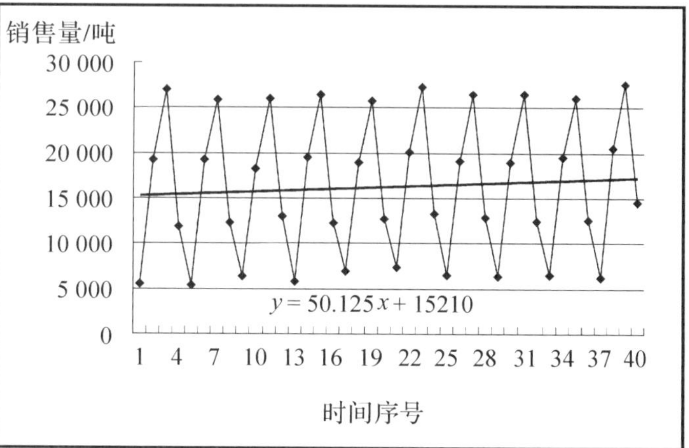

同理，2007 年另外三季的长期趋势值如下：

$$T_{42}=15\ 209.95+50.13\times42=17\ 315.20$$
$$T_{43}=15\ 209.95+50.13\times43=17\ 365.33$$
$$T_{44}=15\ 209.95+50.13\times44=17\ 415.45$$

3）计算季节指数 S

对时间序列数据 Y 进行移动平均后可以消除季节变动（S）和不规则变动（I），剩下变动 T 和 C，然后用序列数据 Y 除以 TC 得到变动 SI，最后再消除不规则变动 I 得到季节变动 S。

先对时间序列数据 Y 进行移动平均，步长 m 取 4（因为一年分为四个季节），得到 Y 的移动平均值，其结果见表 11-5 第（5）栏。其中，第（5）栏前面两个数据 15 900 和 15 875 的计算如下：

$$\frac{Y_1+Y_2+Y_3+Y_4}{4}=\frac{5\ 467+19\ 233+27\ 000+11\ 900}{4}=15\ 900.00$$
$$\frac{Y_2+Y_3+Y_4+Y_5}{4}=\frac{19\ 233+27\ 000+11\ 900+5\ 367}{4}=15\ 875.00$$

因为移动平均值应该放在各移动平均项的中间位置，即第一个移动平均值应放在 $m/2+0.5$ 处，第二个移动平均值应放在 $m/2+1+0.5$ 处。将这两个移动平均值再平均后放在 $m/2+1$ 处，即将 $\frac{15\ 900.00+15\ 875.00}{2}=15\ 887.50$ 放在 $t=3$ 处。其他移动平均值按这样进行中心化移动平均处理，从而得到了不含季节变动和不规则变动的序列 TC（见表 11-5 第（6）栏）。

将 Y 除以 TC 得到只含有季节变动和不规则变动的 SI，见表 11-5 第（7）栏。将序列 SI 按表 11-6 重新排列。根据表 11-6 计算历年同季平均数，因四个季节平均数之和为 400.122 8，而不是 400，因此需要对同季平均进行修正，其修正系数为 400.122 8/400=1.000 307。用各季平均数乘以修正系数得到季节指数。将季节指数放入表 11-5 中对应的历年各季中，见表 11-5 第（8）栏。

表 11-6　价格指数计算表

年　份	第一季	第二季	第三季	第四季
1997 年			169.94	74.94
1998 年	34.10	123.14	163.16	77.83
1999 年	40.82	115.22	164.19	81.86
2000 年	35.92	120.69	162.88	77.56
2001 年	42.52	118.34	159.26	78.11
2002 年	43.99	118.56	161.78	79.48
2003 年	39.35	117.47	163.33	79.47
2004 年	39.18	118.01	164.31	77.19
2005 年	40.01	121.13	161.16	77.78
2006 年	37.74	120.66		
同季合计	353.64	1 073.23	1 470.01	704.22
同季平均	39.29	119.25	163.33	78.25
季节指数	39.28	119.21	163.28	78.22

4）计算周期变动 C

根据前面用最小二乘法得出了长期趋势 T，以及对时间序列数据 Y 进行移动平均后可以消除季节变动（S）和不规则变动（I），剩下序列 TC。因此，将序列 TC 除以 T 就可以得到周期变动因素 C，即 $C=TC/T$。其结果见表 11-5 第（9）栏。

5）计算不规则变动 I

根据上面对时间序列 Y 的分解，销售量的变动已经被分解出长期变动 T、季节变动 S 和周期变动 C。使用乘法模型 $Y=T\times S\times C\times I$，有不规则变动 $I=Y/TSC$。不规则变动序列 I 见表 11-5 第（10）栏。由于不规则变动是偶然因素引起的，其变动没有规律可循，因此，分解出不规则变动因素对于时间序列的预测没有多少价值。

6）预测

根据预测模型，若不考虑季节变动和循环变动因素，预测模型简化为 $\hat{Y}_t=T_t\times S_t$。因此，2007 年第一季度的预测值为

$$\hat{Y}_{41}=T_{41}\times S_{41}=17\ 265.08\times 39.28\%=6\ 781.98（吨）$$

同样，可以计算 2007 年其他各季销售量的预测值如表 11-7 所示。

表 11-7　时间序列分解法预测值

季　度		长期趋势值 T	季节指数 S	销售量预测值
2007 年	第一季度	17 265.08	39.28	6 781.98
	第二季度	17 315.20	119.21	20 641.74
	第三季度	17 365.33	163.28	28 354.87
	第四季度	17 415.45	78.22	13 622.79

本章小结

销售预测是在未来特定时间和区域内对产品的销售数量与销售金额进行估计。销售预测是企业进行各项决策的前提与基础。从方法本身的性质出发，可以将预测方法分为两大类：定性预测方法和定量预测方法。

销售预测的步骤一般包括：①确定预测目标，制订预测计划；②收集和整理相关资料；③选择预测方法，进行预测；④分析预测误差；⑤确定预测值，作出决策。

定性预测方法主要有：经验判断法，包括经验评判法、会议专家法和专家调查法(德尔菲法)；主观概率法；调查访问法等。

定量预测方法基本上可分为两类。一类是因果分析法，它包括一元回归法、多元回归法和投入产出法。回归预测法是因果分析法中很重要的一种，它从一个指标与其他指标的历史和现实变化的相互关系中，探索它们之间的规律性联系，作为预测未来的依据。另一类是时序预测法。它是以一个指标本身的历史数据的变化趋势，去寻找市场的演变规律，作为预测的依据，即把未来作为过去历史的延伸。时序预测法包括平均平滑法、趋势外推法、季节变动预测法和马尔可夫时序预测法。

关键术语

定性预测技术　　主观概率法　　德尔菲法
定量预测技术　　时间序列分析

参考文献

[1] 吕效国. 南通某品牌啤酒销售预测分析[J]，职业时空，2007(3).
[2] 苗敬毅，张玲. 管理预测技术与方法[M]. 北京：清华大学出版社，2014.
[3] 黄丹. 市场调研与预测[M]. 北京：北京师范大学出版社，2007.
[4] 景奉杰. 市场营销调研[M]. 2 版. 北京：高等教育出版社，2010.
[5] 徐国祥. 统计预测和决策[M]. 2 版. 上海：上海财经大学出版社，2005.
[6] 王燕. 应用时间序列分析[M]. 北京：中国人民大学出版社，2005.
[7] 何晓群，刘文卿. 应用回归分析[M]. 2 版. 北京：中国人民大学出版社，2007.

思考题

1. 什么是定性预测方法？什么是定量预测方法？
2. 销售预测的基本步骤有哪些？
3. 德尔菲法及其特点是什么？
4. 回归预测法与时序预测法各自的应用条件有哪些？

案例研讨

南通某品牌啤酒销售预测

江苏大富豪啤酒有限公司是“中国啤酒工业十强企业”，系中外合资企业，由中方持大股。公司中方股东南通富豪酒业有限公司，是江苏省高新技术企业，大量应用高新设备与技术，不断改造传统啤酒产业，多次荣获省、市科技进步奖。大富豪系列啤酒还连续多年荣获省免检产品、省重点保护产品、省质量信得过产品、省质量信用产品称号。大富豪啤酒市场覆盖面和占有率每年以 30％的幅度提升，产品畅销华东地区，还销往我国香港、台湾地区，并批量出口日本、俄罗斯。根据对近 5 年大富豪啤酒每月销售量资料的整理，利用趋势预测分析，预测第六年啤酒销售量。

1. 资料搜集整理（见表 11-8 至表 11-9）

表 11-8　近 5 年啤酒每月销售量及季节比重　　单位：吨

月份	第一年	第二年	第三年	第四年	第五年	月平均	季节比重/（%）
1	18	20	27	40	48	30.6	5.9
2	10	12	18	30	36	21.2	4.09
3	4	5	10	18	23	12	2.32
4	4	6	9	15	30	12.8	2.47
5	11	25	40	45	78	39.8	7.67
6	15	30	55	80	97	65.4	10.68
7	18	42	90	114	125	77.8	15
8	12	21	25	40	47	29	5.95
9	10	15	17	35	45	24.5	4.71
10	25	40	75	90	103	66.6	12.84
11	30	72	80	105	128	83	16
12	31	58	72	73	96	66	12.73
合计	188	346	518	685	856	518.6	100

表 11-9　近 5 年啤酒分品种销售量及构成比重　　单位：吨

年份	瓶装销售量	散装销售量	扎啤销售量	合计	瓶装比重/(%)	散装比重/(%)	扎啤比重/(%)
第一年	86	102	—	188	45.7	54.3	—
第二年	182	164	—	346	52.6	47.4	—
第三年	293	205	20	518	56.6	39.5	3.9
第四年	409	236	40	685	59.7	34.5	5.8
第五年	517	284	55	856	60.4	33.2	8.4

2. 预测分析过程（见表 11-10）

表 11-10　近 5 年啤酒销售量及增长量

单位：吨

年　份	第一年	第二年	第三年	第四年	第五年
啤酒销售量	188	346	518	685	856
逐期增长量	—	158	172	167	171

由表 11-10 可知，啤酒销售逐期增长量大体相同，可拟合线性模型进行趋势预测分析。

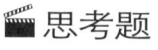

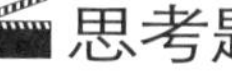思考题

请根据上述条件，预测该公司第六年的销售量。

第 12 章　销售人员的绩效评价

本章提要　绩效评价对于销售人员具有重要的激励和导向作用。本章分析了销售人员绩效评价的作用，介绍了销售人员绩效评价的程序，描述了用于评价销售人员的标准，提出了有关衡量销售绩效的若干标准与方法。

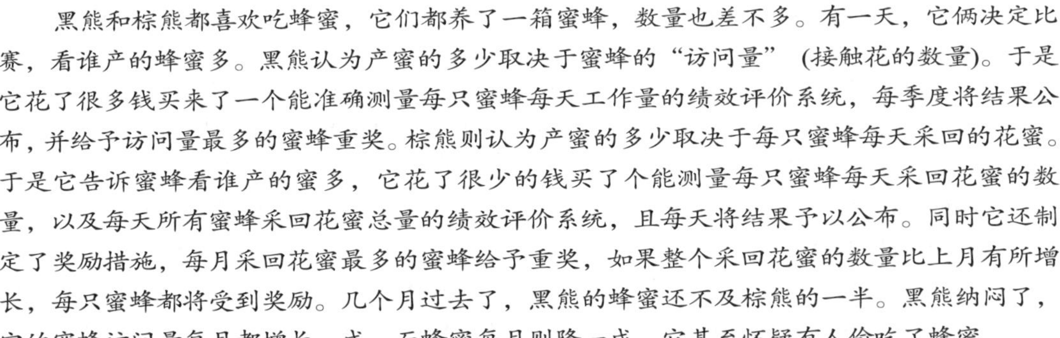

引　例

棕熊与黑熊的销售绩效评价

黑熊和棕熊都喜欢吃蜂蜜，它们都养了一箱蜜蜂，数量也差不多。有一天，它俩决定比赛，看谁产的蜂蜜多。黑熊认为产蜜的多少取决于蜜蜂的“访问量”（接触花的数量）。于是它花了很多钱买来了一个能准确测量每只蜜蜂每天工作量的绩效评价系统，每季度将结果公布，并给予访问量最多的蜜蜂重奖。棕熊则认为产蜜的多少取决于每只蜜蜂每天采回的花蜜。于是它告诉蜜蜂看谁产的蜜多，它花了很少的钱买了个能测量每只蜜蜂每天采回花蜜的数量，以及每天所有蜜蜂采回花蜜总量的绩效评价系统，且每天将结果予以公布。同时它还制定了奖励措施，每月采回花蜜最多的蜜蜂给予重奖，如果整个采回花蜜的数量比上月有所增长，每只蜜蜂都将受到奖励。几个月过去了，黑熊的蜂蜜还不及棕熊的一半。黑熊纳闷了，它的蜜蜂访问量每月都增长一成，而蜂蜜每月则降一成。它甚至怀疑有人偷吃了蜂蜜。

是什么造成了黑熊这么差的业绩呢?让我们来看看它们的绩效评价系统。众所周知，蜜蜂产蜜的多少关键取决于花蜜，而黑熊单纯评价“访问量”，蜜蜂是不会将主要精力投入到具有关键性的花蜜上的，因为花蜜采得越多，蜜蜂就飞得越慢，飞得越慢就意味着访问量越少。黑熊在奖励访问量多的蜜蜂时，很多蜜蜂心理都不平衡。而且一些蜜蜂如果发现了一大片花丛，出于自身的利益，不会将这些信息告诉其他蜜蜂。于是不能信息共享，也不能做到整体作战。

反之，棕熊则真正把握住了决定产蜜多少的关键性因素——花蜜。围绕这一关键性因素，它配备了硬件系统，制定了奖励机制，承认并重视了团队整体贡献。这种机制使得一些飞得快的蜜蜂可能首先去寻找目标，发现目标后将这一信息告诉体质强壮的蜜蜂，大家一起采集

花蜜。而剩下的体弱的蜜蜂则将采回的花蜜贮存起来，将它们酿成蜂蜜。

销售绩效评价系统像一根无形的指挥棒，时时刻刻指引着销售人员向某一方向发力、前进。企业应建立什么样的销售绩效评价系统才算是科学合理的呢？

12.1 销售人员绩效评价的作用与原则

12.1.1 销售人员绩效评价的作用

销售人员绩效评价是指组织依照预先确定的标准和一定的评价程序，运用科学的评价方法，按照评价的内容和标准对评价对象的工作能力、工作业绩进行定期和不定期的绩效评价，以便销售管理者能及时采取必要的行动，使销售管理更富有效率，保证销售目标的完成。销售人员绩效评价在销售管理过程中的作用主要表现以下几点。

（1）销售人员绩效评价是给予公平报酬的依据。通过科学评价，给予公平的报酬，对激励销售人员有着重要的影响。有效的销售人员绩效评价方案应当对销售人员的业绩进行恰如其分的评价，并在评价的基础上给予销售人员相应的报酬和待遇，避免产生不公平的现象，激励销售人员继续努力。

（2）销售人员绩效评价是达到销售目标的有力的保障。销售目标是销售管理过程的起点，它对销售组织、销售区域设计以及销售定额的制定起着指导性作用。销售人员绩效评价能促使销售目标顺利完成。

（3）销售人员绩效评价是发现销售人才的有效手段。通过销售评价能够准确判断销售人员的实际销售能力以及其拥有理论的运用状况。如果发现他们缺乏某一方面的能力，可以对其进行培训，补充和加强这方面的能力；如果发现他们在某一方面的能力还没有得到充分的发挥，可以给予更具有挑战性的任务，为他们提供施展才华的机会。同样，如果发现他们在某一方面有自己的特长，应该积极引导，发展其优势方面。

（4）销售人员绩效评价有利于加强对销售活动的管理。在销售管理过程中，销售经理一般每月对销售人员进行一次评价。有了每月的评价，在各销售区域的业务活动量会自动增加。销售人员都希望自己能够获得较好的评价成绩，所以销售活动的效率也会相应地提高。评价能够让销售经理监控销售人员的行动计划，及时发现问题，从而有足够的时间作调整。

（5）销售评价是有效的激励的手段。在销售评价的过程中，销售人员可以看到成绩，坚定信心。同时，也可以看到自己的缺点和不足，明确努力的方向，以便将来可以做得更好、更加出众。

12.1.2 销售人员绩效评价的原则

为了使评价结果能够准确反映被评价部门及被评价者的实际业绩，评价必须自始至终坚持以下原则。

（1）公平原则。对每一被评价者（部门）都应一视同仁，不带任何主观倾向性。为此，必须做到：评价标准客观、统一，让每一位被评价者（部门）接受相同的评价；评价要素全面且相互独立，保证每一位被评价者（部门）都能受到全面的评价，避免以偏概全；评价时间与方式统一，保证评价实施过程公平。

（2）公正原则。评价结果应不受评价者的个人兴趣爱好、专业特长、价值取向及感情倾向的影响。为此，必须做到：综合运用多种评价方法，以避免单一方法存在的误差累积放大效应；由不同层次的评价者共同进行评价，保证评价结果具有充分的代表性；自我评价与他人评价相结合，根据不同评价内容的特点决定采用自我评价与他人评价或二者同时使用；评价要素与各要素量表分开，保证评价者只根据各评价要点作出评价，不受评价结果的影响；采用科学方法对评价结果进行整理分析，剔除各种异常值，保证评价结果的准确性；评价活动与评价结果的使用分开，评价体系独立运作，保证评价活动只对被评价者（部门）按评价内容作出客观的评价。

（3）公开原则。评价活动应有足够的透明度，并接受被评价者（部门）及员工的监督，保证评价过程严格遵循公平、公正原则。为此，必须做到：评价标准公开，让每一位被评价者（部门）知道用什么标准对其进行评价；评价方法公开，让每一位被评价者（部门）知道是被如何评价的；评价结果公开，并让被评价者（部门）鉴定认可；建立评价档案，并允许相关部门核查。

就销售人员的具体的绩效评价来讲，还需要遵循以下原则。

（1）综合绩效评价原则。营销主管在制定绩效评价项目时，如果只单纯评价销量或销售回款，可能会导致销售人员过分向公司申请政策来讨好经销商，诱使经销商压货，不考虑市场整体或将来发展，拼命开发经销商，导致产品积压在经销商那里而过期变质，企业对经销商抱怨增多，企业产品市场崩溃。如果评价销售人员的项目太多，可能会分散销售人员的注意力，搞不清楚什么是重要工作，区域的销售目标是什么，主要精力如何投入，等等。为了确保销售人员开发市场与运作市场的数量与质量，营销主管或人力资源部门可以采取硬指标和软指标相结合，以硬指标为主、软指标为辅的方式评价销售人员。

（2）差别化原则。对销售人员的考评实行差别化，才能实现能者多劳、多劳多得的分配原则。同时也可以激励销售人员努力去寻找新的市场增长点，开拓市场。

（3）全方位激励的原则。激励应该注意正激励和负激励的结合，对一些市场运作突出的销售人员可以给予现金、出国旅游、送出学习、赠送汽车、配送期权、企业通报突出贡献、晋级、提高待遇等从物质到精神富有强大吸引力和感染力的奖励政策。奖项可以设置一些单项奖，如最佳市场增量奖、最佳新客户开发奖、最佳新品推广奖、最佳客户评价奖等。同时对销售业绩排名落后的销售人员应该给予黄牌、红牌、下岗、解除合同关系等方式进行处罚。

12.2　销售人员绩效评价的程序

销售人员的评价作为销售工作的重要环节，要有组织、有计划地进行。一般要经历以下六个阶段。

1．制订绩效评价计划

为了保证销售人员绩效评价顺利进行，必须事先制订计划，在明确评价目的的前提下，根据目的的要求选择评价的对象、内容、时间。不同的评价目的，其评价的对象也不一样。如销售人员晋升职务，只需考察和评价具有晋升资格的那部分人，而加薪或评先进，其评价对象就应包括全体销售人员。不同的评价目的、对象，其重点考察的内

容也不一样。如发奖金，则应以销售人员工作成绩为主要考察内容。不同的评价目的、对象、内容，其评价时间会有所差别。如一个人的思想品质在一段时间内是比较稳定的，其考察时间可以长一些，一般是一年一次；对于直接从事销售活动的员工，其工作业绩变化可能很快，因此考察期应短一些，可以按月考察。

2. 确定绩效评价的标准和方法

1）绩效评价的标准

绩效评价标准是指对销售人员绩效进行评价的标准和尺度。绩效评价标准可分为绝对标准和相对标准两类：

（1）绝对标准。这种标准是以某种客观现实为依据的，不以被评价者或评价者的个人意志为转移，有较强的客观性。如出勤率达到 96 %，文化程度达到大学本科等。绝对标准又可分为：①业绩标准，如对销售人员的销售定额要求；②行为标准，如上班时间不准看报纸，不准扎堆闲聊，不准在办公室吸烟，不得在工作场所喧哗、打闹等；③任职资格标准，如要求销售人员具有两年以上的销售工作经验等。

（2）相对标准。将销售人员之间的绩效表现相互比较，也就是以相互比较来评定个人工作的好坏。此时，每个人既是被比较的对象，又是比较的尺度，因而标准在不同的被评价群体中往往存在差别。

2）编制评价标准的原则

（1）绩效评价定量要准确。评价标准能用数量表示时，应尽可能用数量表示。同时，标准的定量必须准确。定量准确包括：各种指标标准的起止水平应是合理的；各标准的含义、相互间的差别应是明确合理的，评分应是等距的；选择的等级档次数量是合理的。

（2）绩效评价内容要科学合理。所谓科学是指评价标准要反映社会组织的技术水平、管理水平。所谓合理是指评价标准不能太严也不能太松，既不能使员工的评价分数都较低，也不能使员工的每项指标都达到满分。一般应以多数员工都能达到的水平为评价的及格分。

（3）绩效评价文字应简洁、通俗。应尽量使用人们常用的大众化语言和词汇，表达力求简明扼要，专业术语及模棱两可的词句尽量不用，以减少因评价者对词汇概念理解的不同而产生的评定差异。

3）评价方法

在确定绩效评价目标、对象、标准以后，就要选择相应的绩效评价方法。需要注意的是，绩效评价的方法很多，每种方法都有自己的特点，在实际工作中应根据具体的评价要求有针对性地加以选择。常用的绩效评价方法在下一节具体论述。

3. 实施绩效评价

对销售人员绩效进行具体评价，一般包括销售人员日活动情况评价、月业绩评价、服务能力评价、工作能力评价、工作纪律评价等。

4. 分析评价

1）评定等级

对销售人员每一个评价项目评定等级。一般可分为 3～5 等，如分为好、中、差三等，或分为优、良、合格、稍差、不合格五等。

2）量化评价项目

为了将不同性质的评价项目结果综合评定，就必须分别对各个项目予以量化，即赋予不同评价等级以不同分数值，用以反映实际特征。以好、中、差三等为例，可以把“好”这一等定为10分，“中”这一等定为6分，“差”这一等定为3分。

3）计分评定

在评价过程中，要对每一个员工每一评价项目进行评定打分，然后还要做出综合的评定。在进行综合评定时，有两种情况要区别对待。一是对同一项目不同评价结果的综合。有时同一项目由若干人对某一员工同时进行评价，但得出的结果不一定相同。为综合这些评价意见，可采用算术平均法或加权平均法综合。二是对不同项目的评价结果加以综合。在评价时，往往需要从总体上对一个人进行评价，需要将其知识能力、判断能力、社会交际能力等综合起来评价，而这些项目由于受评价的目的、被评价人的具体职务的影响，同一项目在整个评价体系中的地位是不同的，因此，必须将各个项目分配以合适的权数。

例如，以好、中、差三等为例，假设3个人对某员工工作能力的评价分别为“好”（10分）、“中”（6分）和“差”（3分）。如采用算术平均的方法，该员工的工作能力应为“中”（6.3分）。如果参加评价的3个人分别是其主管、同事和下属，其评价结果的重要程度不同，则可以通过赋予他们不同的权重反映出来。如果主管上司的意见最重要，则权重可定为50%；同事次之，权重可定为30%；下属再次之，权重可定为20%。此时可采用加权平均法计算:$10\times50\% + 6\times30\%+3\times20\% =7.4$（分），该员工的工作能力应为“中”。

分析评价是一个十分复杂的变化过程。因此，这一过程的重点工作，是要提高分析评价的信度和效度，减少评价误差。

5. 绩效评价反馈

绩效评价反馈是指将评价的意见反馈给被评价者。一般有以下两种形式。

（1）绩效评价意见认可，即评价者将书面的评价意见反馈给被评价者，由被评价者予以同意认可，并签字。如果被评价者有不同意见，可以提出异议，并要求上级主管或人力资源部门予以裁定。

（2）绩效评价面谈，是指管理者要对员工的绩效表现进行交流与评价，确定员工本周期绩效表现，然后，根据结果，与员工做一对一、面对面的绩效沟通，将员工的绩效表现通过正式的渠道反馈给他们，让员工对自己表现好的方面和不好的方面都有一个全面的认识，以便在下一个月绩效做得更好，达到改善绩效的目的。绩效评价面谈记录和绩效评价意见，也需要被评价者签字。

6. 绩效评价结果运用

绩效评价不是目的，因此要特别注意绩效评价结果的运用。在绩效评价过程中获得的大量有用信息可以运用到社会组织的各项管理活动中：

（1）可以通过向员工反馈评价结果，帮助员工找到问题、明确方向，这对员工改进工作、提高工作绩效会有促进作用；

（2）可以为人力资源决策如任用、晋升、加薪、奖励等提供依据；

（3）可以用来检查社会组织管理的各项政策的运用结果，如人员配置、员工培训等方面是否有失误，还存在哪些问题等。

12.3 收集绩效评价资料

在进行销售员绩效评价时，对销售人员的资料和信息收集一定要全面、充分。资料的来源主要有销售人员的销售报告、销售情况记录，客户的投诉和意见，销售人员的工作态度和表现，以及公司内其他职员对销售人员的意见等。其中，最重要的来源是销售报告，这是考评销售人员的主要依据。

1. 销售员的销售报告

销售报告可分为销售活动计划报告和销售活动业绩报告两类。其中销售活动计划报告包括地区年度市场营销计划和日常工作计划等。许多公司现在已开始要求推销人员制定销售区域的年度市场营销计划，在计划中提出发展新客户和增加与现有客户交易的方案。各公司的要求也不尽相同。有些公司要求对销售区域的发展提出一般性意见；另一些公司则要求列出详细的预计销售量和利润估计。它们的销售经理将对计划进行研究，提出建议，并以此作为制定销售定额的依据。

日常工作计划由销售人员提前一周或一月提交，说明计划进行的访问和巡回路线。管理部门接到销售代表的行动计划后，有时会与他们接触，提出改进意见。行动计划可指导推销人员合理安排活动日程，为管理部门评估其制订和执行计划的能力提供依据。

销售活动业绩报告主要提供已完成的工作业绩，如销售情况报告、费用开支报告、新业务的报告、失去业务的报告、当地市场状况的报告等。

2. 销售情况记录

销售员的有关销售记录如终端客户情况记录、区域的销售记录、销售费用的支出等，都是评估销售员的宝贵资料。如利用这些资料可计算出某一推销人员所接订单的毛利，或某一规模订单的毛利，对于评估绩效有很大的帮助。

3. 客户的投诉和意见

在评估销售人员时应该听取顾客的意见，要调查销售员有无客户的投诉。有些销售人员业绩很好，但在客户服务方面做得并不理想，特别是在商品紧俏的时候更是如此，这样会影响销售工作的进一步开展。某公司一位推销人员负责某地区的销售事务，经常以商品紧张为由对其顾客提出一些非分要求，如要求用车等，对公司形象造成了很不好的影响。

收集顾客意见的途径有两种，一种是顾客的信件和投诉，另一种是定期进行顾客调查。

4. 工作态度和表现

销售员在平时的工作态度和表现也应当列入考评范围，一个销售人员的工作业绩再好，若工作态度和表现欠佳，也不能算是一个优秀的销售人员。这一资料的来源主要

来自营销经理、销售经理或其他有关人员的意见，销售人员之间的意见也可作为参考。这些资料可以提供一些有关推销人员的合作态度和领导才干方面的信息。

12.4　设定绩效考评标准

要评估销售人员的绩效，一定要有良好而又合理的标准。绩效标准不能一概而论，管理人员要充分了解整个市场的潜力和每一位销售人员在工作环境和销售能力上的差异。绩效标准应与销售额、利润额和企业目标一致。销售人员评价模型如图 12-1 所示。

图 12-1　销售人员评价模型

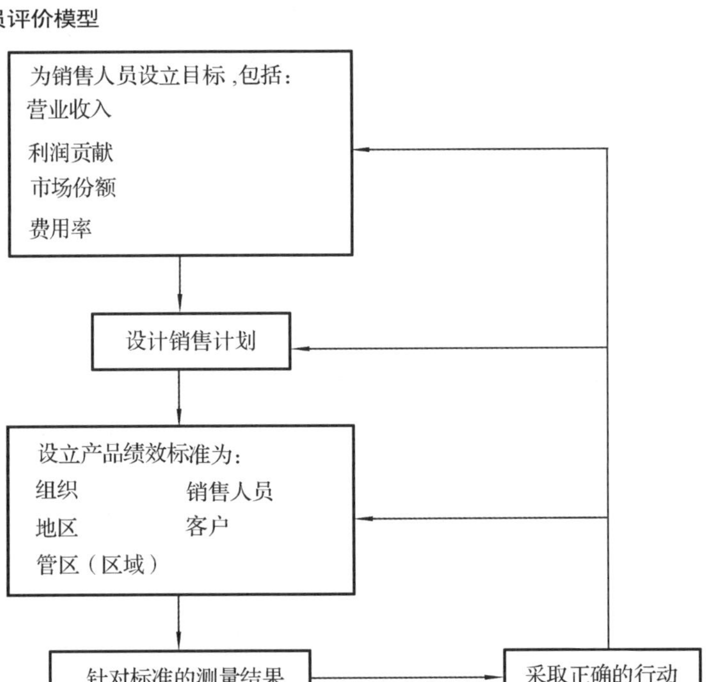

销售人员绩效评价包括结果评价和过程评价。结果评价就是评价销售人员工作目标的完成情况，但单纯结果评价有许多问题，如：销售人员的业绩并不完全取决于自己的努力程度，还要受企业对市场的支持及区域市场潜力等影响。评价是一个复杂的过程，难免会产生不公平。一些不能产生销售业绩但又很重要的工作（如晨会、填写销售日报表等），销售人员不愿意去做。过程评价可以弥补结果评价的不足，即明确规定销售人员必须履行的职责和必须做的工作，如规定销售人员怎样拜访客户、发货、催收货款、填写销售日报表及如何使市场生动化、查点客户库存、张贴 POP（宣传单页）等。通过一套作业制度和程序保证销售工作的实现。

企业既要评价结果，也要评价过程，二者在评价中占多大比重则要根据企业具体的营销环境来确定。如一些企业 70%评价业绩，30%评价过程，以便全方位地评价销售人员的业绩。

绩效评价指标具有导向作用，只评价销售量会导致销售人员急功近利，忽视市场

运作的基础工作，对销售工作的长期发展有负面作用。因此，要合理建立评价指标。一般而言，企业绩效评价指标分为定量的评价指标和定性的评价指标。定量评价指标主要包括：

（1）销售量（金额）——这是最常用的标准；

（2）毛利——销售人员为企业赚了多少钱；

（3）访问率（每天访问的次数）——评价销售人员的努力程度，但不能表示销售的效果；

（4）访问成功率——衡量销售人员的工作效率；

（5）每工作日的平均订单数——评价销售人员的工作效率；

（6）平均订单数目——与每工作日平均订单数目结合起来评价；

（7）销售费用与费用率——衡量每次访问的成本及直接销售费用与销售额的比率；

（8）新客户——这是销售人员对企业的特殊贡献；

（9）客户投诉——衡量销售人员为客户服务的情况；

（10）市场占有率（特别是区域性销售人员在该销售区域与竞争对手相比之下的市场占有率，是表明该区域销售成绩的重要标准）。

专题 1

我国台湾地区一些企业认为评价标准应包括如下内容。

（1）销售业绩与业绩目标达成率。销售人员的责任就是创造业绩，因此，衡量销售成果是否与预定目标相符成为关键因素。几乎每家企业都以达成率为首要标准。

（2）客户满意度。企业有满意的客户，才会有源源不断的业绩。企业需要定期请客户评估销售人员的服务绩效，如产品知识、服务建议、技术指导、送货及时性、经营建议、销售人员处理问题的及时性等。

（3）销售人员的获利率。销售量（额）是单一标准，结合销售时的价格、费用、折让（返利）、收款期、坏账率，总体评价后"销售人员获利率"，才是销售人员对企业的贡献。

（4）销售人员业绩与市场占有率。区域性销售人员在该销售区域与竞争者相比之下的市场占有率，是表明该区域销售成绩的重要指标。

（5）销售人员的销售费用。如果销售人员的销售价格较低，或销售费用（如交际费、赠品、交通费、通信费及销售杂项费用）偏高，说明销售量的含金量不高。

（6）销售经理的评价。销售人员不是单兵作战，销售经理对销售人员的评语，如团队合作、创新精神、学习精神都是重要的标准。

定性的评价指标主要包括以下两个方面。

（1）个人工作能力评价。销售人员的工作能力包括基础能力、业务能力、素质能力。销售人员的基础能力是指其对所从事的工作要求专业知识掌握的如何，对本企业的产品知道多少、对竞争者的产品了解多少等；销售人员的业务能力包括对市场的保持和开发能力如何，发展了多少新用户，有没有开发新地区等；销售人员的素质能力包括整个人的形象、言谈、举止、待人接物，个人知识修养，处理突发事件的能力等。

（2）工作态度。包括对工作的积极性、热情程度和责任感。销售人员在销售过程中是否积极主动地开展销售工作，对工作是否兢兢业业，能否积极配合公司开展销售工作，与其他销售人员的协调性，对公司的利益是否有强烈的责任感等。

这些指标在不同的企业中会有不同的组合和应用，要视企业的具体情况而定。

12.5 选择绩效评价方法

绩效评价的方法很多，就销售人员的绩效评价来讲，具有代表性的方法主要是尺度评价法、关键事件法、目标管理法和360度反馈评价法。

1. 尺度评价法

尺度评价法是绩效评价中最简单和运用最普遍的方法。它以表格的形式列举出一些绩效构成要素，如工作质量、生产效率、勤勉性、独立性等。此外，还需列举出跨越范围很宽的工作绩效等级，如杰出(在所有方面的绩效都十分突出)、很好(工作绩效的大多数方面明显超出职位的要求)、好（绩效达到了工作标准)、需要改进(在绩效的某一方面有缺陷)、不满意(工作绩效无法让人接受)。在进行工作绩效评价时，首先针对每一位下属员工从每一项评价要素中找出最能符合其绩效状况的分数，然后将每一位员工得到的所有分值相加，即得到其最终的工作绩效评价结果。

专题2

科龙公司对分公司经理的评价指标包括主指标：①回笼（销售回笼完成率），在评价中占40%的比重；②开单（开单完成率），占30%的比重。辅指标：①网点达标（网点达标率），占10%的比重；②网络开发，占10%的比重；③应收账款管理，占10%的比重。同时设“雷区激励”，对完成不好的工作扣分：①库存管理，累计扣5分；②投诉，累计扣5分；③媒体曝光，累计扣5分；④日常管理，累计扣5分。对分公司销售人员的评价，除了回笼、开单、应收账款管理、投诉与经理相同外，还增加了分销、业务往来、价格管理等指标。

宗申公司对销售人员的评价指标则有销量、回款、日常管理、信息管理、综合能力等内容。其中，日常管理包括：①日报表、下月计划销量；②当月总结（针对市场存在的问题拿出书面整改措施）、下月工作计划安排；③代理商对零售商销售政策的执行情况；④严格区域管理；⑤劳动纪律、办公场地的规范；⑥每月对客户的访问不得少于10家。信息管理包括：①对信息的收集、分析、整理、反馈情况，包括本公司新产品推广、价格、市场网络情况和竞争对手的新款、价格、政策、销售量等信息；②对市场异动的信息分析，销售量上升或下降必须以书面报告分析原因，对竞争对手的市场宣传、促销在第一时间传真信息。综合能力包括：①对市场的调控能力；②对代理商的协调能力；③协调技术服务工作的能力；④对突发事件的处理能力及处理的及时性和准确性；⑤对市场的分析和预测能力。并且第③、④、⑤条未完成好要加倍扣分。

需要注意的是：如果绩效评价指标少，则不能有效引导销售人员的行动；如果绩效评价指标过多，同样不能产生好的效果，因为没有重点的过多的指标可能使销售人员无所适从，扣分过多，就会失去评价的激励作用。

2．关键事件法

关键事件法采用关键事件对于员工进行考评。关键绩效指标是指通过对组织内部某一流程的输入端、输出端的关键参数进行设置、取样、计算、分析，衡量流程绩效的一种目标式量化管理指标，它把组织的战略目标分解为可运作的远景目标，从而建立组织绩效管理系统的基础。平时主管人员将每一位下属在工作活动中所表现出的最佳行为或不良行为（如事故）记录下来。然后在既定的一段时间后，根据记录的情况来评价员工的工作绩效。

在日常评价过程中，部门负责人需要观察、书面记录销售人员有关工作成败的关键性事实，从而构成评价依据，最终得出评价结论。

3．目标管理法

彼得・德鲁克将目标管理定义为“由下级与上级共同决定具体的绩效目标，并定期检查完成目标进展情况的一种管理方式，再根据目标的完成情况来确定奖励或处罚”。这种方法要求企业各级主管让员工参与工作目标的制定，由此决定上下级的责任和分目标，明确责、权、利；在目标实施过程中，充分信任员工，进行适度的授权，让员工实行“自我控制”，努力完成工作目标；以目标对下级进行评价，评定成果，进行奖励，激发员工的积极性，保证企业总目标的实现。

实施目标管理法通常分为 6 个步骤：设定目标，审议组织架构和职责分工，确定下级目标，上下级就实现目标的条件和奖惩达成协议，实现目标管理的过程及总结与评估反馈，如图 12-2 所示。

图 12-2　目标管理的步骤

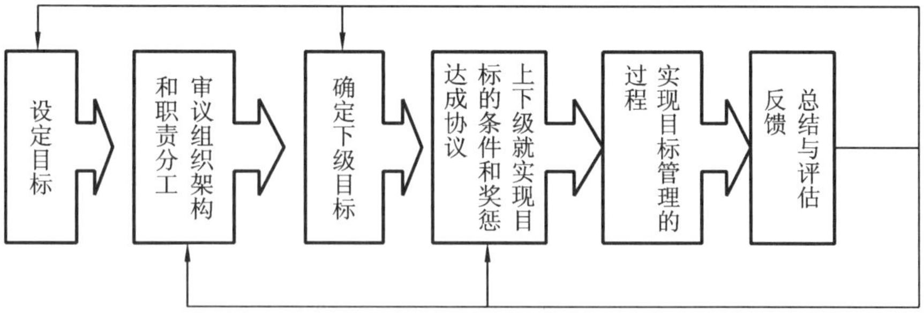

设定目标 → 审议组织架构和职责分工 → 确定下级目标 → 上下级就实现目标的条件和奖惩达成协议 → 实现目标管理的过程 → 总结与评估反馈

在评价之前，销售主管人员和销售人员共同制定评价期内要达到的工作目标，所制定的目标必须明确具体，可以计量。目标确定以后，还要制订达到目标的具体计划，以及执行计划中的绩效评价标准。绩效评价时，对照既定的目标和绩效评估标准，对销售人员完成目标的情况作具体的评估。通过绩效评价，可以发现销售人员的实际工作绩效与既定目标之间的差距。销售主管人员与被评价的销售人员一起找出造成这些差距的原因，并采取相应的改进措施，提高销售人员的工作绩效，实现既定的目标。表 12-1 是一个销售人员目标管理的评价报告案例。

表 12-1 销售人员目标管理的评价报告案例

目 标 项 目	计划目标	完成情况	完成率/（%）
销售电话拨打次数	100	104	104
接触新客户次数	20	18	90
批发销售 A 号新产品数量	30	30	100
销售 B 号新产品数量	10 000	9 750	97.5
销售 C 号新产品数量	17 000	18 700	110
客户投诉/服务电话	35	11	31.4
成功完成销售函授课程的数量	4	2	50
每月底完成销售报告的次数	12	10	83

经研究表明，目标管理法具有较高的有效性，它通过指导和监控行为而提高工作绩效，因为目标管理使销售人员知道期望于他们的是什么，从而把时间和精力投入到最大程度实现重要的组织目标的行为中去。此外，目标管理的绩效标准是按相对客观的条件来设定的，因而评分相对没有偏见，是一种比较公平的绩效评估方法。

但目标管理评价体系也有一些不足之处：

（1）目标管理使销售人员的注意力集中在目标上，但它并没有指出达到所要求的行为，这对一些需要指导的销售人员来说是个问题；

（2）目标管理倾向聚焦于短期目标，这可能导致销售人员为达到短期目标而牺牲长期目标；

（3）因为目标是上级与下级共同制定，双方达成一致的，因此绩效标准可能因销售人员能力的不同而不同，绩效标准不统一影响了目标管理的有用性。

4．360 度反馈评价法

360 度反馈评价，也称为全视角评价或多个评价者评价，是爱德华 • 埃文等在 20 世纪 80 年代提出。它是由被评价人的主管、同事、下属、客户、供应商、零售商甚至本人担任评价者，从四面八方对被评者进行全方位的评价。评价的内容涉及员工的任务绩效、管理绩效、周边绩效、态度和能力等方方面面。评价结束，再通过反馈程序，将评价结果反馈给本人，达到改变行为、提高绩效等目的。

在 360 度反馈评价中，主管对员工的评估并不总是最好的，因为有的主管可能根本没有机会观察被评估的员工；同事的评估与主管评估相比稍微可靠一些，因为同事有足够的机会观察被评估的员工的表现；下属的评估可能是最能够反映被评估员工的日常表现的各个方面，但问题是，下属可能害怕得罪领导或希望领导奖励而使评估的结果扭曲；自我评估可能是最客观的一种评估方法，因为有研究表明，与其他方法相比，自我评估的结果相对准确，但会与主管的评估产生偏差；不管是供货商还是客户，他们对被评估员工的了解并不全面，而且客户的期望往往会与组织的期望有差异。不同的评估者所具有的特点如表 12-2 所示。

表 12-2　不同评估者的特点

评估者	特　　点
自我	因自我认识的偏差而倾向于夸大评估； 由于有一些盲点而倾向于夸大评估； 有些人会倾向于低估自我
主管	倾向于夸大评估； 评估标准的界限不明确； 不同的被评估者之间的界限不明确
同事	可靠且有效； 对接受反馈的人有很高的可信度
下属	在提供适当的保护的情况下评估的结果是可靠、有效的
客户	如果客户与被评估的员工有工作接触，评估是可靠、有效的； 评估标准之间的界限不太明确
供应商	在被评估的员工看来，评估结果有较高的可信度

从 360 度反馈评价法在企业中的实施效果看，存在优点和不足，具体表现如表 12-3 所示。

表 12-3　360 度绩效反馈评价法优缺点

优　　点	缺　　点
比较公平公正	信息的收集处理量大，运行成本高
所获得的绩效管理信息较全面	培训工作量大且要求高
能使企业的全面质量管理得到改进	对员工素质要求高
有利于部门之间沟通	由于立场不同，易产生相互冲突的评价结果
有利于人力资源部门根据评价结果开展工作	
有利于体现企业对员工评价的重视	

因此，销售部门在实施 360 度进行绩效评价时应注意以下几点：

（1）要取得公司高层领导的支持与配合，在公司内部倡导一种变革、创新、竞争、开放的文化，让员工能够从观念上接受这种考评方式；

（2）应加强宣传和沟通，对评价者进行有效的培训，向员工讲清其意义何在，了解评价目的，消除评价中的人为因素；

（3）要结合本企业或组织的实际，根据最近相关原则、有机结合原则和经济可行原则合理选择考评主体，力争以最小的成本达到对考评客体客观、公正的评价；

（4）在评价完毕后，企业应积极地将评价结果反馈给员工，指导其改进工作中的不足之处，从而提高评价的效率，这才是绩效评价的目的。

5．绩效评价过程举例

1）确定考评指标

假定某企业对销售人员的考评内容主要确定为以下五个方面，具体细分指标见表

12-4。

（1）销售配额的完成情况。在规定时间内是否完成了企业所分配的销售额，这是评价一个销售人员最为直接、最有说服力的内容之一。

（2）完成销售任务的质量。完成销售任务的质量包括两个方面：实际履行合同的数量与所签订合同数量的对比；产品销售以后的回款情况，回款率是否达到 100%。

（3）工作态度。包括对工作的积极性、热情程度和责任感。销售人员在销售过程中是否积极主动地开展销售工作，对工作是否兢兢业业，能否积极配合企业开展销售工作，与其他销售人员的协调性，对企业的利益是否有强烈的责任感等。

（4）工作能力。销售人员的工作能力包括基础能力、业务能力、素质能力。销售人员的基础能力是指其对所从事的工作要求专业知识掌握的如何，对本企业的产品知道多少，对竞争者的产品了解多少等；销售人员的业务能力包括对市场的保持和开发能力如何，发展了多少新用户，有没有开发新地区等；销售人员的素质能力包括整个人的形象、言谈、举止、待人接物，个人知识修养，处理突发事件的能力等。

（5）素质能力。能为销售部部门提出合理化建议以及处理销售过程中突发事件的能力。

表 12-4 考评指标分解表

考评指标	考 评 要 点
销售配额完成情况（A）	考评期间销售任务完成率(a_1)=实际销售量/目标销售量×100%
	与上年同期相比销售量增长情况(a_2)=本期实际销售量/上年同期实际销售量×100%
销售质量（B）	回款率(b_1)=(销售总额－赊欠额)/销售总额×100%
	收回欠款率(b_2)=收回欠款额/总欠款额×100%
工作态度（C）	按照有关规章制度，积极从事所分配的工作(c_1)
	能够积极接受难度大的新工作，并努力完成(c_2)
	积极进行业务联系和工作汇报(c_3)
	如实报销销售费用，不欺骗企业(c_4)
	组织纪律性强，按时出勤(c_5)
工作能力（D）	能够想方设法开发新市场，提高销售量(d_1)
	正确掌握所分配的销售任务，采取有效的行动(d_2)
	能够从企业全局利益出发，与同事配合协调工作(d_3)
	以诚意对待用户，为提高企业的信誉作出贡献(d_4)
	能够解决用户在使用过程中出现的突发问题，及时为用户排忧解难(d_5)
综合素质（E）	能够及时处理事件(售后服务、接待用户、及时传递信息等)(e_1)
	提出合理化建议(e_2)

2）给考评指标分配权数

销售部门结合本部门的实际，根据各项评价指标的重要程度确定指标的权重。假设销售配额完成情况(A)、销售质量(B)、工作态度(C)、工作能力(D)和综合素质(E)这五项评价指标分配的权数分别为 30%、20%、20%、20%、10%；然后将各项考评指标的权数分解到各考评要点，如将销售配额完成情况指标(A)的权数 30%分配到考评期间销售任务完成率(a_1)和与上年同期销售量增长情况(a_2)这两项考评要素，分别占 15%。具

体分解结果见表 12-5 中的第（1）栏、第（2）栏。

表 12-5　考评指标权数分配表

考评指标及权数／（%） （1）	考评要点权数／（%） （2）	销售人员甲的得分 （3）
销售配额完成情况（A=30%）	a_1=15	95
	a_2=15	80
销售质量（B=20%）	b_1=10	90
	b_2=10	90
工作态度（C=20%）	c_1=4	90
	c_2=4	85
	c_3=4	95
	c_4=4	90
	c_5=4	95
工作能力（D=20%）	d_1=4	98
	d_2=4	95
	d_3=4	80
	d_4=4	90
	d_5=4	95
综合素质（E=10%）	e_1=5	95
	e_2=5	95
综合评价结果	90.27	

3）划分评价等级

将各项评价指标的评价要点分为五个等级：优、良、中、合格、不合格，各等级的分值范围见表 12-6。

表 12-6　各项评价等级表

评 价 等 级	分值范围（分）
优秀	90～100
良好	80～89
中等	70～79
合格	60～69
不合格	低于 60

4）进行评价

对各销售人员的销售业绩进行评价时按照各项评价指标的评价要点进行打分，将各位销售人员的对应得分填在表 12-5，如某企业销售人员甲各项指标评价要点的得分如表 12-5 第（3）栏所示。

5）确定评价结果

根据销售人员甲各考评要点的得分以及各要点权数计算其综合考评成绩。

$$\begin{aligned}总成绩&=A\times30\%+B\times20\%+C\times20\%+D\times20\%+E\times10\%\\&=(a_1+a_2)\times30\%+[(b_1+b_2)+(c_1+c_2+c_3+c_4+c_5)\\&\quad+(d_1+d_2+d_3+d_4+d_5)]\times20\%\\&\quad+(e_1+e_2)\times10\%\\&=(95+80)\times30\%+[(90+90)+(90+85+95+90+95)\\&\quad+(98+95+80+90+95)]\times20\%\\&\quad+(95+95)\times10\%\\&=90.27\end{aligned}$$

销售人员甲最终的考评成绩为 90.27 分，按照上述的评分标准，销售人员甲的评价等级为优秀。

本章小结

绩效评价是对员工在一定时期内的工作业绩进行考察和评定，确定员工是否达到预定的绩效标准的管理活动。对销售人员进行绩效评价是销售管理的基本内容之一。

除了考虑公平、公正、公开的基本原则外，就销售人员的具体的绩效评价来讲，则需要遵循以下几个原则：一是综合绩效评价原则；二是差别化原则；三是全方位激励的原则。

对销售人员业绩的评价应该遵循一定的程序，具体来说一般有以下几个步骤：①确定销售分析计划；②收集销售分析资料；③研究销售分析资料；④作出销售分析结论；⑤编写销售分析报告。

要评估销售人员的绩效，一定要有良好而又合理的标准。管理人员要充分了解整个市场的潜力和每一位销售人员在工作环境和销售能力上的差异。绩效标准应与销售额、利润额和企业目标一致。销售人员绩效评价包括结果评价和过程评价。

一般而言，企业绩效评价指标分为定量的评价指标和定性的评价指标。

绩效评价的方法很多，就销售人员的绩效评价来讲，具有代表性的方法主要尺度评价法、关键事件法、目标管理法和 360 度反馈评价法。

关键术语

绩效评价	结果评价与过程评价
尺度评价法	关键事件法
目标管理法	360 度反馈评价法

参考文献

[1] 孙斌．棕熊与黑熊的销售绩效考核[J]．推销员，2004 (7).

[2] 熊银解．销售管理[M]．3 版．北京：高等教育出版社，2010.
[3] 王丽娟．绩效管理[M]．北京：清华大学出版社，2009.
[4] 孙宗虎，李艳．岗位绩效目标与考核实务手册[M]．3 版．北京：人民邮电出版社，2012.
[5] 李先国，杨晶．销售管理[M]．4 版．北京：中国人民大学出版社，2016.
[6] 孙宗虎，李作学．目标分解与绩效考核设计全套[M]．2 版．北京：人民邮电出版社，2014.

思考题

1. 如何理解综合绩效评价原则?
2. 销售人员绩效评价的基本步骤有哪些?
3. 绩效评价的定量评价指标和定性评价指标有哪些?
4. 目标管理法和 360 度反馈评价法的优缺点是什么?

案例研讨

案例 1　完成任务却拿不到绩效工资

张经理就职于国内著名家电企业 A 公司的武汉分公司，刚刚被提升为销售经理，全权负责湖北省的销售。他上任的第一把火还没烧热，销售主管小刘就提出辞职。张经理知道，小刘这段时间的压力非常大，想辞职也不是一天两天了。公司绩效评价文件规定："个人完成任务后，只有在分公司任务完成的情况下才能拿到绩效工资。评价点中开单量占 35%、回款占 40%、零售量占 25% "。小刘与前任销售经理的个人关系不错，这三个月来为了完成整个分公司的销量任务而拼命回款、压货。虽然每个月小刘的个人任务都完成 120%以上，但分公司连续三个月离总任务都差上一截，小刘累死累活也没拿到绩效工资。更糟糕的是，由于过度透支市场容量，本月本区域的销量任务只完成了 50%，老上司偏在这时候调离，看不到希望的他只好另谋高就。在武汉区域做销售主管期间，张经理就对公司的评价体系颇有看法。这个评价制度大体存在以下三个方面的问题。

（1）缺失过程评价。销售人员月初睡大觉，月底拼命开单、压货。销售经理每到月底挨个给销售人员打电话，结果该完不成还是完不成；有些经销商抱怨销售人员只到月底打款的时候才出现；卖场经销商的促销员对公司产品不了解，有些人甚至对竞品、渠道、终端的最新情况一无所知；有些经销商反映本区域价格体系混乱，销售人员不闻不问只管压货。

（2）销售人员在每月 25 日前后如完成任务的 90%，就处于等待和观望状态，并多方打探其他人的业绩完成情况和分公司整体业绩完成情况。如果分公司整体基本能完成，就做最后冲刺；若不能完成，就将原本在当月能开的单和能收的款项转移到下月，以备后用。

（3）单一的绩效评价点不能对每月重点市场起到良好的推动作用。销售人员为完成零售量，大卖低端产品，造成公司产品结构严重不合理，平均销售利润下滑。

张经理寻思着，如何趁着"新官上任三把火"的时机，变革薪酬制度。

在争取到上级的支持后，张经理着手推行他的"加强过程评价、业务重点工作评价、动态监控业绩完成情况"的综合绩效评价制度以及任务限时完成制度，从而开始了他的业务评价制度的变革之旅。

张经理针对原业务评价制度缺失过程评价而出现的销售人员月初睡大觉月底拼命开单、压货的现象，决定在新的评价制度中设置业务过程评价。张经理根据上述想法制定了销售人员过程评价表(见表 12-7)。

表 12-7　销售人员过程评价表

考核内容	考核点		权重
工作计划	是否有月工作计划	1 分	15
	计划执行情况	7 分	
	是否每天写工作日志	1 分	
	计划执行情况	6 分	
经销商拜访计划	县城网点每月 4 轮以上	5 分	45
	每周培训经销商人员进行 2 次	5 分	
	重要竞争对手经销商和重点潜在客户每周至少 1 次	5 分	
	有效网点达标率	10 分	
	主要经销商满意率	10 分	
	是否每月为分销网点提供 1 套营销方案	10 分	
卖场零售与促销	每月亲自站柜台 4 天以上	8 分	20
	每月对重点卖场经销商、营业员进行专题培训 1 次	6 分	
	每个区域市场培养 5 个以上核心经销商	6 分	
信息管理	需提供的信息主要有经销商数据库，竞品最新出台的政策和价格变动情况，渠道和终端对竞品政策和价格变动的反应		10
市场控制	保证区域市场秩序、价格秩序的稳定		10

张经理又根据销售人员在每月 25 日前后如完成任务的 90%的就处于等待和观望状态，并多方打探各区域业绩完成情况和分公司整体业绩完成情况，如分公司整体基本能完成就做最后冲刺，如不能完成就将原本在当月能开的单和能收的款转移到下月，以备后用的现象，将月销售任务细分为：上旬销售任务（1—10 日），回款评价占全月回款评价的 20%，开单评价占全月开单评价的 30%，零售完成任务占全月零售任务的 50%；中旬销售任务（11—20 日），回款评价占全月回款评价的 35%，开单评价占全月开单评价的 30%，零售完成任务占全月零售任务的 30%；下旬销售任务（21—30/31 日），回款评价占全月回款评价的 45%，开单评价占全月开单评价的 40%，零售完成任务占全月零售任务的 20%。上旬、中旬、下旬完成的任务分别占月底绩效评价的 30%、30%、40%（见表 12-8）。

表 12-8　销售人员业绩项目细分表

时　间	回款任务占全月的比重	开单任务占全月的比重	零售任务占全月的比重	完成的任务占月底绩效评价的比重
上旬（1—10 日）	20%	30%	50%	30 %
中旬（11—20 日）	35%	30%	30%	30%
下旬（21—月底）	45%	40%	20%	40%

经过充分征集大家的意见，这个过程评价占整个评价比重的 30%，消除了以前绩效评价占据 100%的现象，也杜绝了销售人员月初睡大觉月底跑断腿的现象。这个评价过程得到了大家的认可，并立即开始执行。

经过几个月的努力，张经理平稳而高效地度过了考察期，最重要的是销售团队已经摆脱了只重结果不重过程的工作状态，为实现长久销售任务的完成打下了坚实的基础。也因为新的评价核制度使张经理对团队每日的工作状态了如指掌，该分公司的业绩一度出现了节节攀升的局面，上任一年时间，张经理即被总公司评为“全国销售标兵”。

思考题

张经理的绩效评价方式成功的原因何在?

案例 2　B 企业的绩效评价方案

B 企业原来是一家以出口为主的大型肉制品企业，近年来开始进入国内市场，未来 3 年的目标是做到行业的前列。N 市是 B 企业所在省会城市，消费潜力大、辐射能力强，而且企业特别看重本企业在省内的影响力，因此，N 市自然被列入 B 企业的战略性市场，2010 年第一个销售办事处也就是在 N 市设立了，要统一管理除公司总部所在的地区以外的所有省内市场。但一年多过去了，其他起步较晚的省市无论是销售量、销售网络覆盖面还是产品知名度都有大幅度提高，甚至一些不被看好的边远省份的销售量都日益增长，N 市办事处不仅销售量没有上去，而且销售商换来换去，销售人员流失严重，没有信心，投入产出严重失衡。

N 市市场的销售人员绩效评价政策是在 2010 年初制定的，由于当时市场问题没有这么多，管理者认为最大限度地提高销售量是中心工作，要解决的主要问题是销售人员的积极性问题，因此在设计绩效评价方案时偏重的是“绩”，即工作的结果，评价体系要点如下（以销售人员为例，下同）:

销售人员全部工资为：档案工资（固定工资+绩效评价工资）+销售提成+年终奖。其中，档案工资中固定工资 50%作为底薪，只与考勤挂钩；绩效评价工资占 50%；销售提成为销售收入的 1%，按月兑换。

绩效评价工资的计算公式是：绩效评价工资=当月完成量/当月任务量×当月个人得分。其中当月个人得分是上一级主管依据个人平时表现评定，分数为 0.85～1.1。

思考题

1．该企业的绩效评价方案有哪些问题?

2．如果你是该企业的人力资源总监，你将会对该企业销售人员的绩效评价方案做出哪些调整?

3．请结合案例谈谈，你认为对销售人员的绩效评价方案设计中需要注意哪些问题?

后　记

POSTSCRIPT

本书涵盖了销售战略计划与预算、销售伦理与法律、销售流程与技巧、销售人员招聘与培训、绩效评价、关系管理以及网络时代的销售管理等一个销售管理决策者的主要工作内容。其中参考了不少国内外有关销售管理方面的著作和教材，以及一些国内最新企业销售管理方面的案例资料。在此，特向所有相关作者表示真挚的谢意。

本书的作者主要来自武汉科技大学、武汉理工大学、湖北中医药大学、湖南科技学院以及武汉工商学院。写作分工如下：陈涛（武汉科技大学）主要撰写绪论、第一章；王海斌（武汉理工大学）主要撰写第二章；曹忠红（湖南科技学院）主要撰写第三、十二章；孙伟（武汉科技大学）主要撰写第四、五章；李习平（湖北中医药大学）主要撰写第六、七章；李四兰（武汉科技大学）主要撰写第八章；黄晗（武汉工商学院）主要撰写第九章；罗俊（武汉科技大学）主要撰写第十章；吴世军（武汉科技大学）主要撰写第十一章。陈涛、孙伟负责本次修订。由陈涛任主编，孙伟、李习平、曹忠红任副主编。

本书修订的完成更得益于华中科技大学出版社人文分社领导、编辑的关注、指导和督促，也得到了不少营销领域前辈老师的提携。希望本书的修订再版能对中国企业的销售管理提供一定的帮助。

当然，由于时间紧迫和匆忙，加上能力所限，错误在所难免。恳请广大读者提出意见和建议。

编　者

2022 年 5 月

网络增值服务使用说明

教师使用流程

1. 登录网址：http://rwsk.hustp.com/

2. 审核通过后，您可以在网站使用以下功能：

管理学生
建立课程
布置作业
下载教学资源
查询学生学习记录等

学生使用流程

1. PC端学员操作步骤

（1）登录网址：http://rwsk.hustp.com/

（2）查看课程资源

如有学习码，请在个人中心学习码验证中先验证，再进行操作。

2. 查看课程资源

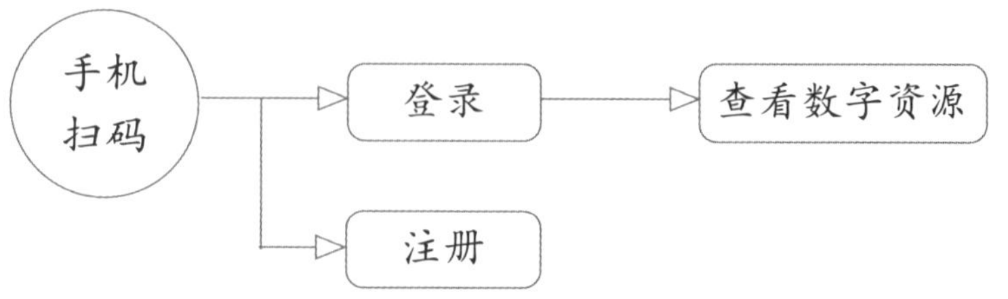